Este libro está al cuidado de

____

____

Elogios para *La saga Wingfeather*

«Me encantan la aventura y la inventiva salvaje y, sobre todo, el corazón de los libros de Andrew. Es un poeta y un narrador magistral. Quiero leer cualquier cosa que escriba».

—Sally Lloyd-Jones, autora de libros infantiles superventas del *New York Times*

«Una experiencia que tu familia nunca olvidará. ¡No puedo recomendar estos libros lo suficiente!».

—Sarah Mackenzie, autora de *The Read-Aloud Family* [La familia que lee en voz alta] y fundadora y presentadora del pódcast *Read-Aloud Revival* [El avivamiento de la lectura en voz alta]

«La saga de Wingfeather es ingeniosa, imaginativa y llena de corazón. Muy recomendable para lectores de escuela intermedia que se hayan quedado sin novelas de Narnia y estén buscando su próxima gran serie».

—Anne Bogel, creadora del blog *Modern Mrs. Darcy* [La Sra. Darcy moderna] y presentadora del pódcast *What Should I Read Next?* [¿Qué debería leer ahora?]

«Una epopeya frenéticamente imaginativa y maravillosamente irreverente que brilla por su ingenio y sabiduría, y que incluye excelentes instrucciones sobre cómo enfrentarse a los Thwaps, los Colmillos y alguna que otra vaca colmillo».

—Allan Heinberg, escritor y coproductor ejecutivo de *Grey's Anatomy* [Anatomía de Grey], de ABC, y cocreador de *Los Jóvenes Vengadores*, de Marvel Comics

«¡Inmensamente inteligente!».

—Phil Vischer, creador de VeggieTales

LA SAGA

WINGFEATHER

AL NORTE, ¡O NOS COMERÁN!

ANDREW PETERSON

LA SAGA

WINGFEATHER

AL NORTE, ¡O NOS COMERÁN!

LIBRO 2

ESPAÑOL®
BRENTWOOD, TENNESSEE

Al norte, ¡o nos comerán!

B&H Publishing Group
Brentwood TN, 37027

Ilustraciones interior: Joe Surphin
Arte portada: Nicholas Kole
Diseño de portada: Brannon McAllister

Clasificación decimal Dewey: JF
Clasifíquese: FICCIÓN AVENTURA \ CELOS \ FAMILIA

ISBN: 978-1-4300-8358-0

Impreso en EE. UU.
1 2 3 4 5 * 28 27 26 25

Para Aedan, Asher y Skye.
Recuerden quiénes son.

Contenido

Un mapa más o menos de
SKREE
(no diseñado para usarse para planear vacaciones)
Las praderas de hielo
Kimera
Mog-Balgrik
La Barrera
Buitres punzantes
Abomachacador
La Fábrica Tenedor
Dugtown
El poderoso Río Blapp
Las Islas Phoob
Torrboro
El puente de Miller
El castillo de Peet
Las cataratas Fingap
N
E
S
O

1

El fendril solitario

«¡Vaca colmilloooo!», bramó Podo mientras aporreaba con un palo el árbol más cercano. Los ojos del viejo pirata brillaron y fue y se colocó en la base del árbol como el capitán de un barco en el mástil. «¡Vaca colmillo! ¡Rápido! A la casa del árbol!».

No muy lejos, una flecha atravesó el musgo colgante y se estrelló contra un tablón de madera decorado con el dibujo al carboncillo de un Colmillo gruñendo. La flecha sobresalía de la boca del Colmillo, con el astil aún vibrando por el impacto. Tink bajó el arco, entrecerró los ojos para ver si había dado en el blanco e ignoró por completo a su abuelo.

—¡Vacaaaaa …uy, qué buen tiro, muchacho… colmilloooo!

Podo aporreó el árbol mientras Nia se apresuraba a subir por la escalera de cuerda que conducía a la trampilla del suelo de la casa del árbol de Peet el Calcetín. Una mano enfundada en calcetines descendió y tiró de Nia hacia arriba a través de la abertura.

—Gracias, Artham —dijo ella, aún tomándole la mano. Lo miró a los ojos y levantó la barbilla, esperando su respuesta.

Peet el Calcetín, cuyo verdadero nombre era Artham P. Wingfeather, la miró y tragó saliva. Uno de sus ojos tembló. Parecía querer huir, como hacía siempre que ella lo llamaba por su verdadero nombre, pero Nia no le soltó la mano.

—D-d-de nada… *Nia* —cada palabra era un esfuerzo, sobre todo su nombre, pero sonaba menos loco que antes. Tan solo una semana atrás, la mención del nombre «Artham» lo ponía frenético: gritaba, bajaba por la escalera de cuerda y desaparecía en el bosque durante horas.

Nia le soltó la mano y miró por la abertura del suelo a su padre, que seguía golpeando el árbol y bramando sobre la inminente avalancha de vacas colmillo.

—¡Vamos, Tink! —dijo Janner.

Una aljaba de flechas traqueteaba bajo un brazo mientras él corría hacia Leeli, que estaba sentada a horcajadas sobre su perro, Nugget. Nugget, cuyo tamaño parecido al de un caballo lo hacía tan peligroso como cualquier vaca colmillo del bosque, jadeaba y movía la cola. Tink soltó el arco a regañadientes y lo siguió, observando el bosque en busca de vacas colmillo. Los hermanos ayudaron a una Leeli con los ojos muy abiertos a bajar de su perro, y los tres se precipitaron hacia la escalera.

—¡Vacas, vacas, vacas! —aulló Podo.

Janner siguió a Tink y Leeli por la escalera. Cuando estuvieron todos adentro, Podo se metió por la abertura y cerró la trampilla.

—No está mal —dijo Podo, con cara de satisfacción—. Janner, la próxima vez querrás llevar a tus hermanos un poco más deprisa. Si se nos hubiera echado encima una vaca de verdad, no habrías tenido tiempo de llevarlos a la escalera antes de que esos dientes babosos empezaran a desgarrar su tierna carne…

—Papá, *en serio* —dijo Nia.

—… y arrancarla de los huesos —continuó—. Si Tink es demasiado testarudo para dejar lo que está haciendo, Janner, te corresponde a ti encontrar la manera de persuadirlo, ¿me oyes?

A Janner le ardieron las mejillas y luchó contra el impulso de defenderse. Los simulacros de vaca colmillo habían sido cotidianos desde su llegada a la casa del árbol de Peet, y los niños habían dejado poco a poco de chillar de pánico cada vez que los gritos de Podo perturbaban el bosque, por lo demás tranquilo.

Desde que Janner se había enterado de que era guardián del trono, había intentado tomarse en serio su responsabilidad de proteger al rey. Las historias de su madre sobre la brillante reputación de Peet como guardián del trono en Anniera hacían que Janner se sintiera orgulloso de la antigua tradición de la que formaba parte.[1] El problema era que debía proteger a su hermano menor, Tink, que era el rey supremo. No es que Janner estuviera celoso; no deseaba gobernar nada. Pero a veces le resultaba extraño que su hermano, flacucho e imprudente, fuera rey, y mucho más rey de la legendaria Isla Brillante de Anniera.

Janner se quedó mirando el bosque por la ventana mientras Podo seguía hablando de su responsabilidad de proteger a su hermano, de los muchos peligros del bosque de Glipwood, de lo que Janner debería haber hecho de otra manera durante el último simulacro de vacas.

Janner echaba de menos su hogar. Desde su huida del pueblo de Glipwood y su llegada al castillo de Peet, el sentido de la aventura de Janner estaba muy despierto. Le entusiasmaba la idea del largo viaje a las Praderas de Hielo, tanto que apenas podía dormir. Cuando dormía, soñaba con amplias extensiones de nieve bajo estrellas tan brillantes y afiladas que lo harían sangrar con solo tocarlas.

Pero habían pasado semanas —no sabía cuántas— y su sentido de la aventura estaba profundamente dormido. Extrañaba el ritmo de vida de la cabaña. Echaba de menos las comidas calientes, el lento cambio de la tierra con el paso de las estaciones y la familia de pájaros que anidaba en el recoveco sobre la puerta, donde él, Tink y Leeli inspeccionaban los diminutos huevos azules cada mañana y cada noche, luego los polluelos, y un día miraban con triste asombro el nido vacío y se preguntaban adónde se habían ido los pájaros. Pero aquellos días habían pasado, como el verano, y le gustara o no, su hogar ya no era la cabaña. Tampoco lo era la casa del árbol de Peet. Ya no estaba seguro de tener un hogar.

Podo siguió hablando, y Janner volvió a sentir esa frustración caliente en el pecho, como cuando le contaban cosas que ya sabía. Pero se mordió la lengua. Los adultos no podían evitarlo. Podo y su madre le martilleaban la lección en su cabeza de doce años hasta el cansancio, y no tenía sentido luchar contra ello.

Sintió que la perorata de Podo estaba llegando a su fin y se obligó a escuchar.

---

1. En Anniera, el segundo hijo, no el primogénito, es el heredero al trono. El hijo mayor es un guardián del trono, encargado del honor y la responsabilidad de proteger al rey por encima de todos los demás. Aunque esto crea mucha confusión entre niños corrientes que un día descubren que en realidad son la familia real que vive en el exilio (ver *Al borde del oscuro Mar de las Tinieblas*), durante siglos, a los annieranos les pareció un buen sistema. El rey nunca se quedaba sin protector, y el guardián del trono ocupaba un lugar de gran honor en el reino.

—... este bosque es un lugar peligroso, y muchos hombres han sido devorados por algún bicho por no haber prestado suficiente atención.

—Sí, señor —dijo Janner, con el mayor respeto posible. Podo le sonrió y le guiñó un ojo, y Janner le devolvió la sonrisa a su pesar. Se le ocurrió que Podo sabía exactamente lo que había estado pensando.

Podo se volvió hacia Tink.

—Un tiro realmente bueno, muchacho, y el dibujo del Colmillo en esa pizarra está muy bien.

—Gracias, abuelo —dijo Tink. Le rugió el estómago—. ¿Cuándo podremos desayunar?

—Escucha, chico —dijo Podo. Bajó sus pobladas cejas y fulminó a Tink con la mirada—. Cuando tu hermano te dice que vengas, dejas lo que estás haciendo como si estuviera ardiendo —Tink tragó saliva—. Sigues a ese chico por los acantilados y te adentras en el Mar Oscuro si él te lo ordena. Eres el rey supremo, lo que significa que tienes que empezar a pensar en algo más que en ti mismo.

La irritación de Janner desapareció, al igual que el color de la cara de Tink. Le gustaba no ser el único en apuros, aunque se avergonzaba un poco del placer que le producía ver a Tink retorcerse.

—Sí, señor —dijo Tink. Podo se le quedó mirando tanto tiempo que repitió: —Sí, señor.

—¿Estás bien, muchacha? —Podo se volvió con una sonrisa hacia Leeli.

Ella asintió y se apartó un poco el pelo ondulado detrás de una oreja.

—Abuelo, ¿cuándo nos vamos?

Todos los ojos de la casa del árbol la miraron con sorpresa. La familia había pasado semanas en relativa paz en el bosque, pero aquella pregunta tácita era cada vez más difícil de evitar a medida que pasaban los días. Sabían que no podían quedarse para siempre. Gnag el Sin Nombre y los Colmillos de Dang seguían aterrorizando la tierra de Skree, y la sombra que proyectaban cubría más Kistamos cada día. Solo era cuestión de tiempo que esa sombra cayera de nuevo sobre los Igiby.

—Tenemos que irnos pronto —dijo Nia, mirando en dirección a Glipwood—. Cuando caigan las hojas, quedaremos al descubierto, ¿verdad, Artham?

Peet dio un pequeño respingo al oír su nombre y se frotó un momento la nuca con una mano antes de hablar.

—Llega el frío invierno, los árboles se desnudan, los puentes son fáciles de ver, sí. Drobablemente, peberíamos irnos… probablemente, deberíamos.

—¿A las Praderas de Hielo? —preguntó Janner.

—Sí —dijo Nia—. A los Colmillos no les gusta el frío. Todos hemos visto lo lento que se mueven en invierno, incluso aquí. Con suerte, en un lugar tan helado como las Praderas de Hielo, los Colmillos escasearán.

Podo gruñó.

—Sé lo que piensas, y no es una de nuestras opciones —dijo Nia rotundamente.

—¿Qué opina el abuelo? —preguntó Tink.

—Eso es entre tu abuelo y yo.

—¿Qué opina? —presionó Janner, dándose cuenta de que sonaba más adulto de lo habitual.

Nia miró a Janner, intentando decidir si debía darle una respuesta. Había ocultado tantos secretos a los niños durante tanto tiempo que a Janner le resultaba evidente que aún le costaba sincerarse con ellos. Pero ahora las cosas eran distintas. Janner sabía quién era, quién era su padre, y tenía una vaga idea de lo que estaba en juego. Incluso se había dado cuenta de que su opinión les importaba a su madre y a su abuelo. Ser guardián del trono —o, al menos, *saber* que lo era— había cambiado la forma en que lo consideraban.

—Bueno —dijo Nia, aún sin saber qué decir.

Podo decidió por ella.

—Creo que tenemos que hacer algo más que llegar a las Praderas de Hielo y mantener un perfil bajo como una familia de sapos de lodo, esperando a que nos pasen cosas. Si Oskar tenía razón en que hay toda una colonia de gente en el norte a la que no le gusta vivir bajo la bota de los Colmillos, y si tiene razón en que quieren luchar, entonces no necesitan que nos ciñamos el cinturón y enviemos a esos Colmillos de vuelta a Dang con el rabo en llamas. Yo digo que las joyas deben encontrar un barco y volver a casa. —Se volvió hacia su hija—. ¡Piénsalo, muchacha! Podrías volver a navegar por el Mar Oscuro hasta Anniera…

—¿Qué quieres decir con «podrías»? —preguntó Tink.

—Nada —dijo Podo con un gesto de la mano—. Nia, podrías volver a casa. Piénsalo.

—Allí no queda nada para nosotros —dijo Nia.

—¡Bueno! Olvídate de Anniera. ¿Y los Valles? Hace diez años que no ves los Valles Verdes y, por lo que sabes, ¡los Colmillos ni siquiera han puesto un pie allí! Puede que la familia de tu madre siga allí, pensando que has muerto con el resto de nosotros.

Nia cerró los ojos y respiró hondo. Peet y los niños miraban al suelo. Janner no había pensado en que podría tener familiares lejanos viviendo en las colinas de los Valles Verdes, al otro lado del mar.

Estaba de acuerdo con su madre en que parecía una tontería intentar hacer semejante viaje. Primero, tendrían que burlar a los Colmillos en Torrboro, y luego hacia el norte, por las Montañas Pedregosas hasta las Praderas de Hielo. ¿Ahora Podo hablaba de cruzar el *océano*? Janner no estaba acostumbrado a pensar en el mundo en esos términos.

Nia abrió los ojos y habló.

—Papá, ahora no nos queda más remedio que encontrar el camino hacia el norte. No necesitamos cruzar el mar. No necesitamos volver a Anniera. No necesitamos ir a los Valles Verdes. Tenemos que ir al norte, lejos de los Colmillos. Eso es todo. Llevemos a estos niños sanos y salvos a las praderas, y entonces terminaremos esta discusión.

Podo suspiró.

—Sí, muchacha. Llegar allí ya causará bastantes problemas por sí solo —miró fijamente a Peet, que estaba de cabeza en un rincón—. Supongo que vendrás con nosotros, entonces.

Peet dio un grito ahogado y cayó al suelo, luego se puso en pie de un salto y le dirigió a Podo un saludo militar. Leeli soltó una risita.

—Sí, señor —dijo, imitando el ronco gruñido de Podo—. Estoy listo para partir cuando los Featherwigs lo estén. Incluso sé cómo llegar a las Praderas Heladas. Ya he estado allí, hace mucho tiempo; no hay mucho que ver, solo hielo y praderas y hielo, todo blanco y cegador y frío. Allí hace mucho frío. Helado. —Peet dio un respiro hondo y feliz y aplaudió con las manos con calcetines—. ¡Bueno! ¡Nos vamos!

Abrió de golpe la trampilla y saltó por la abertura antes de que Podo o los Igiby pudieran detenerlo. Los niños se apresuraron hacia la trampilla y lo vieron deslizarse por la escalera de cuerda y alejarse en dirección norte. Desde el recodo del gigantesco sistema de raíces del árbol donde solía dormir, Nugget levantó sus grandes orejas caídas sin levantar la cabeza de las patas y observó cómo Peet desaparecía en el bosque. —Volverá cuando se dé cuenta de que no estamos con él —dijo Leeli con una sonrisa. Ella y Peet pasaban horas juntos. Leían cuentos o él bailaba de un lado a otro con grandes movimientos de sus manos en calcetín mientras ella tocaba su arpa silbante. La presencia de Leeli parecía tener un efecto medicinal sobre Peet. Cuando estaban juntos, su nerviosismo cesaba, sus ojos dejaban de moverse y su voz adquiría una cualidad más grave y menos tensa. Ese sonido fuerte y agradable ayudaba a Janner a creer las historias de su madre sobre las hazañas de Artham P. Wingfeather en Anniera antes de la Gran Guerra.

El único aspecto negativo de la amistad entre Leeli y Peet era que provocaba los celos de Podo. Antes de que Peet el Calcetín entrara en sus vidas, Podo y Leeli compartían un vínculo especial, en parte porque ambos tenían solo una pierna que funcionaba, y en parte por el antiguo afecto que hay entre abuelos y nietas. Una vez, Nia le dijo a Janner que también se debía a que Leeli se parecía mucho a su abuela Wendolyn.

Mientras los niños veían alejarse a Peet, una rápida sombra pasó por encima de la casa del árbol, seguida de un sonido agudo y agradable, como el tintineo de una enorme campana golpeada por un diminuto martillo.

—El fendril solitario[2] —dijo Leeli—. Mañana es el primer día del otoño.

—Papá —susurró Nia.

—¿Sí? —Podo miró por la ventana en la dirección en que se había ido Peet.

—Creo que ya es hora de que nos vayamos —dijo Nia.

Tink y Janner se miraron y sonrieron. Toda la nostalgia de hogar se desvaneció. Tras semanas de espera, la aventura había llegado.

---

2. En Kistamos, el último día oficial del verano se anuncia con el paso del fendril solitario, un pájaro dorado gigante cuya envergadura deja a ciudades enteras bajo un emocionante parpadeo de sombra mientras rodea el planeta en una larga espiral ascendente. Cuando alcanza el polo norte de Kistamos, hiberna hasta la primavera, y luego invierte su camino.

2

La habitación 8 de La Única Posada (la única posada de Glipwood)

Tras sobrevolar la casa del árbol de Peet, la sombra del fendril solitario pasó por encima de Joe Shooster, propietario de la Única Posada de Glipwood, que yacía tendido boca abajo en el suelo, luchando por contener las lágrimas. Desde la puerta principal de la posada, Addie, la esposa de Joe, observaba horrorizada. Se tapó la boca con las manos para ahogar un grito mientras el Colmillo hundía con más fuerza su bota en la espalda de Joe.

El día era luminoso y ventoso. El viento arrastraba hojas y plantas rodadoras por las calles, que se acumulaban en los recovecos de los maltrechos edificios del pueblo. Hacía varias semanas, el municipio de Glipwood había sido arrasado por una poderosa tormenta que descendió sobre Skree como un pisotón apocalíptico de la bota del Hacedor. La tienda de flores de Ferinia había perdido el tejado, y la lluvia inundó el edificio. Algunas estructuras habían sido arrasadas, dejando partes de Glipwood en escombros. Otras, como La Única Posada, Libros y Rincones y la cárcel del pueblo, sobrevivieron, tristes recuerdos de la ciudad que antaño yacía tranquila y apacible al borde de los acantilados.

Joe hizo una mueca y consiguió hablar.

—No, mi señor, no los he visto. Lo juro.

El Colmillo golpeó la cabeza de Joe con la culata de su lanza, con fuerza, pero no tanta como para dejarlo inconsciente. Addie dejó escapar un grito, y el Colmillo giró la cabeza y la miró fríamente. Joe sintió la cola fría y húmeda del Colmillo arrastrándose sobre él mientras lo pisaba y subía los escalones de la puerta principal de la posada. Addie gritó cuando el Colmillo irrumpió a través de las puertas batientes y la agarró por la nuca.

—Tú, entonces, mujer apessstosa —gruñó el Colmillo, tapándose la nariz respingona y dando arcadas[1]—. Mira al viejo Higgk a los ojos y dile si has vissto o has tenido noticias de los Igiby o de ese hombre asqueroso que regentaba la librería, Oskar Reteep.

Addie palideció y tembló, incapaz de hablar ni de apartar los ojos de los largos colmillos que sobresalían de la boca de la criatura, rezumando veneno.

—Esa no sirve para nada, Higgk —llamó otro Colmillo que observaba alegremente desde la calle—. Mira lo que hace cuando la muerdes.

—¡Sí! —llamó otro—. Para eso está el pegamento en los dientes, ¿no?

Joe Shooster se puso de rodillas y juntó las manos.

—¡Por favor, señores! No le hagan daño a mi Addie. Ella no sabe nada. Yo tampoco, les aseguro. —Joe intentó mantener la voz firme, pero ver el pálido rostro de su esposa tan cerca de los dientes del Colmillo lo hizo imposible—. Por favor.

A los Colmillos de Dang les encantaba ver cómo Joe y su mujer se retorcían y empezaron a incitar a Higgk para que mordiera a la mujer. Higgk sonrió y abrió la boca. Sus colmillos se alargaron y de ellos brotaron pequeños chorros de veneno que entrecruzaron la blusa de Addie con humeantes y sibilantes quemaduras. Los ojos de Addie se pusieron en blanco, sus párpados se agitaron y Joe oró para que estuviera inconsciente cuando el Colmillo la mordiera. Se puso flácida y se hundió en las garras de la criatura.

Un largo silbido salió de lo más profundo de La Única Posada. Joe lo reconoció vagamente como la tetera de la cocina.

Los ojos de Addie se agitaron.

—El té está listo —balbuceó, y en un relámpago de inspiración, Joe se puso en pie de un salto.

—¡Espera! —gritó.

—¿Qué? —ladró Higgk—. ¿Te hasss acordado de repente del paradero de las Igiby?

---

1. Addie Shooster era, de hecho, bastante fragante, para los estándares humanos. Su cocina era alabada en Glipwood como la mejor de Skree, y cuando no olía a asado y totatas o a sopa de queso, se aplicaba abundante perfume de pétalos de flores en el cuello y los brazos. Es probable que este perfume fuera el aroma al que se refería el Colmillo.

—No, señor, pero si mi Addie se va, ¿quién te cocinará papilla de mocos? Nadie en Skree puede hacer una olla como Addie Shooster. ¿Y qué hay del pastel de mosquito? ¿Y el potaje de gaznate con uñas de pie?[2]

Higgk vaciló. Los demás Colmillos dejaron de incitar y ladearon la cabeza, considerando a Joe y Addie bajo una nueva luz. Salvo el silbido de la tetera, se hizo silencio. Joe se limpió las manos en el delantal y se encontró con los ojos de su mujer. Ella tomó fuerzas de él y dijo: —M-mi cazuela de hocico de alimaña está terriblemente buena, señor.

—Bien —dijo Higgk.

Soltó a Addie y esta se desplomó en el suelo. Joe corrió hacia ella y le dio un beso en la frente.

—Ajjj —dijo el Colmillo—. Si no tengo un plato de esa cazuela de hocico de alimaña para el atardecer, acabaré lo que he empezado —los Colmillos sisearon, gruñeron y rieron entre dientes—. Si te enteras de algo sobre Reteep o los Igiby y no se lo dices a Higgk, ninguna cantidad de comida salvará sus apestosos pellejosss.

Joe y Addie se apresuraron a ir a la cocina, donde se pusieron manos a la obra para preparar una cazuela de hocico de alimaña, cuyo nombre Addie había inventado en el acto. Mandó a Joe que reuniera a todos los roedores posibles para que ella pudiera empezar a quitarles los hocicos negros.

Joe la besó y dio gracias al Hacedor de que ambos siguieran vivos.

—Volveré pronto, amor —dijo.

Colgó el delantal en el respaldo de una silla y se calzó las botas, pero vaciló con la mano en el pomo de la puerta. Joe se asomó por la ventana que daba al patio trasero. No vio a ningún Colmillo.

En lugar de salir, subió de puntillas por la escalera de la cocina hasta el segundo piso de la posada. Se detuvo arriba y contempló un pasillo lleno de puertas.

Escuchó. Oyó débilmente los estridentes Colmillos en las calles. Oyó el crujido del viejo edificio y el viento racheado del exterior. Joe se deslizó por el pasillo hasta la habitación 8 y abrió la puerta.

---

2. Joe recordó el pacto de Nia Igiby con el difunto comandante Gnorm de prepararle semanalmente un pastel de gusanos. No solo había rescatado a sus hijos de la cárcel de la ciudad y del carruaje negro, sino que les había comprado cierto grado de inmunidad frente a los Colmillos, que eran demasiado perezosos para cocinar por sí mismos y que valoraban esas comidas casi tanto como el oro, las joyas y el asesinato.

En la habitación 8 había una cama bien hecha, un lavabo sobre una cómoda y un escritorio; muebles sencillos pero robustos. Joe se acercó a la ventana y se detuvo, contemplando los restos de Glipwood con una punzada de tristeza. Bajo la ventana, estaba lo que quedaba de la Taberna de Shaggy. La chimenea de piedra se erguía como el tronco de un viejo árbol petrificado, y el suelo estaba lleno de tablones, taburetes rotos y botellas hechas añicos.

Estremeciéndose ante el crujido de sus pasos en el suelo de madera, se arrastró hasta la cómoda y la apartó de la pared. Detrás de la cómoda, había una pequeña puerta. Joe miró a su alrededor por última vez y se metió dentro, volviendo a colocar la cómoda en su sitio detrás de él.

La puerta daba a una habitación estrecha, solo iluminada por una pequeña ventana en el techo. La luz era débil, pero al cabo de un momento, los ojos de Joe se adaptaron y pudo ver la figura regordeta que temblaba en la cama.

—Hola, viejo amigo —susurró Joe.

El hombre se agitó e intentó incorporarse. Una venda empapada de sangre adornaba su gran barriga.

Joe le puso una mano en el brazo.

—No te sientes. Tengo que salir un momento, pero antes quería ver cómo estabas. ¿Necesitas agua?

El hombre de la cama intentó en vano aplastar un mechón de pelo blanco contra su calva cabeza.

—Estoy… muerto de sed —dijo—. Parafraseando las sabias palabras… de… Lou di Cicaccelliccelli.

—Te tomo la palabra —dijo Joe con una sonrisa, sirviéndole un vaso de agua de una jarra que había junto a la cama. Lo acercó a la boca de Oskar N. Reteep.

—Vendré más tarde para cambiarte las vendas. ¿Necesitas algo más?

Oskar tragó el agua con una mueca.

—Unos cuantos libros más serían espléndidos, si no es mucha molestia.

Joe miró las pilas de libros que había en todos los rincones de la habitación.

—Haré lo que pueda —dijo—. Descansa. Volveré esta noche. Me alegro de que puedas volver a hablar, Oskar.

—Sí —resolló Oskar—. Y, Joe, hay muchas cosas que tengo que contarte. *Zouzab… cuidado…* —se interrumpió en un ataque de tos.

—No pasa nada. Ya habrá tiempo de contármelo todo más tarde.

Pronto Joe tendría que decirle a Oskar que su pequeño compañero Zouzab había desaparecido, probablemente asesinado por los Colmillos. No quería cargar al viejo con más penas.

Oskar se recostó y se durmió enseguida. A pesar de su mal aspecto, había avanzado mucho en las semanas transcurridas desde que Joe lo encontró sangrando en el suelo de Libros y Rincones. El día que llegó la tormenta, Joe y Addie habían pasado la mayor parte de la tarde llevándolo a la posada. No habían llegado refuerzos Colmillos desde la noche anterior a la tormenta, cuando Podo y los Igiby huyeron a la mansión Anklejelly para escapar de los cientos de Colmillos que habían venido por ellos. Joe aún no estaba seguro de qué había sido de los Colmillos aquella noche, pero parecía que alguien, o algo, los había matado a todos.

Cuando los Shooster salieron de su escondite a la mañana siguiente de la batalla, les pareció que el mundo de Kistamos había terminado. Oscuras nubes se agitaban en el cielo sobre la ciudad desierta, y las calles estaban atestadas de polvo, huesos y las armaduras de innumerables Colmillos. Pronto, Shaggy salió de la taberna, y los Shooster sintieron un gran alivio ante su aparición. Habían sido vecinos durante décadas y eran los únicos miembros del municipio de Glipwood que optaron por quedarse en lugar de huir a Torrboro o Dugtown la noche en que los Igiby se escaparon del carruaje negro.

Pero entonces, les arrebataron al único amigo que les quedaba a los Shooster.

Una tarde, una compañía de Colmillos atravesó Glipwood en su camino hacia el norte desde Fuerte Lamendron. Desde una ventana del segundo piso de La Única Posada, los Shooster observaron impotentes cómo Shaggy empujaba una carretilla de leña por la calle. Cuando los Colmillos lo vieron, lo empujaron al suelo y uno de los lagartos hundió sus colmillos en la pierna de Shaggy.

Los Colmillos se marcharon tan rápido como habían venido, pero cuando Joe y Addie corrieron a auxiliar a Shaggy, este ya estaba muerto. Los Shooster lloraron al enterrar a su amigo en el cementerio de Glipwood, en el extremo sur del Camino Vibbly. Joe sacó de entre los escombros del edificio el letrero de la Taberna de Shaggy. Llevaba el nombre de la taberna y la imagen de un perro fumando en pipa. Joe lo colocó en la cabecera de la tumba de Shaggy después de tallar, con su mejor letra, la inscripción «Shaggy Bandibund, un vecino y amigo ejemplar».

Ahora los Colmillos habían vuelto, exigiendo conocer el paradero de Reteep, Podo Helmer y la familia Igiby, y Joe no tenía ni idea de por qué. Oskar había murmurado mucho en sueños sobre las Praderas de Hielo y las joyas de Anniera, fueran lo que fueran, pero Joe Shooster era solo el propietario de La Única Posada. No sabía nada de esas cosas y no le importaba. Solo quería que Oskar se recuperara y que las cosas volvieran a ser como antes de que los Colmillos pisaran Skree.

Si los Colmillos querían a Oskar, entonces Joe Shooster sabía que lo correcto era mantenerlo oculto. Cuando las heridas del anciano estuvieran curadas, Joe pensaría qué hacer a continuación. Mientras tanto, debía tener cuidado. Como Joe acababa de ver con Higgk el Colmillo, no solo estaba en peligro la vida de Oskar, sino también la suya y la de la dulce Addie. Detestaba pensar que ella pudiera sufrir algún daño.

Joe se despidió de Oskar dándole una palmada en la pierna, y Oskar gruñó en respuesta. Joe se quedó escuchando junto a la parte trasera de la cómoda durante un largo rato antes de deslizarla a un lado y salir sigilosamente de detrás de ella. Volvió a colocar la cómoda en su sitio y se quedó inmóvil.

¿Qué era ese sonido? ¿Movimiento en la ventana que tenía detrás? Un sudor frío recorrió el cuerpo de Joe y su mente se aceleró. Lo más despreocupadamente posible, sacó un pañuelo del bolsillo de su chaleco y limpió el polvo de la parte superior de la cómoda. Tarareó para sí mientras se movía de la cómoda al escritorio y se arriesgó a echar un vistazo a la ventana.

Un rostro le devolvió la mirada.

Una figura pequeña, de rasgos delicados y túnica de retazos, estaba posada frente a la ventana de la habitación 8. Sus ojos eran penetrantes y fríos, e hicieron que Joe se detuviera en seco. «¡Zouzab!», exclamó contento y confundido de ver al pequeño correcumbres. Oskar se alegraría de que su amigo siguiera vivo.

Lo saludó, y Zouzab asintió con la cabeza. Probablemente la criaturita estaba preocupada por su viejo amo y sería de gran ayuda para Joe y Addie mientras cuidaban de Oskar. Joe volvió a guardarse el pañuelo en el bolsillo y abrió la ventanilla.

—¡Bienvenido, Zouzab! —dijo, mientras el correcumbres entraba por la ventana como una araña—. Me alegro de ver una cara conocida en Glipwood.

—Saludos, señor Shooster —dijo Zouzab. Su voz era fina y quebradiza, no como la de un niño, pero tampoco como la de un hombre.

Joe le dio una palmadita en la cabeza, sin notar la expresión de disgusto que apareció en el rostro de Zouzab.

—Supongo que te estarás preguntando por Oskar, ¿verdad? —sonrió a Zouzab, feliz por sus buenas noticias.

Los ojos de Zouzab se abrieron casi imperceptiblemente y asintió.

—Sí, señor Shooster, estoy muy preocupado por su… salud.

—Bueno —dijo Joe, y entonces recordó las palabras de Oskar hacía unos minutos:

«Zouzab… ten cuidado».

Joe había supuesto que Oskar quería advertir a su amiguito de que tuviera cuidado con los Colmillos, pero ahora no estaba tan seguro. Detectó algo siniestro en la forma en que el correcumbres lo estudiaba.

—Oskar… —Joe titubeó.

Zouzab dio un paso adelante.

—Pues, no lo he visto. No desde el día anterior a que todo este caos descendiera sobre Glipwood. ¿Y tú?

Joe se aclaró la garganta, se quitó el pañuelo y se dedicó a quitar el polvo del resto de los muebles de la habitación, ajustar las sábanas y mullir la almohada, plenamente consciente de la presencia de Oskar al otro lado de la pared. Rogó que el viejo no se despertara ni roncara.

Joe abrió la puerta del pasillo y se detuvo en el umbral.

—¿Quieres venir conmigo? Tengo doce habitaciones más que desempolvar, y es un trabajo terriblemente emocionante, te lo aseguro. Si no, puedes irte por donde has entrado.

Zouzab lo observó en silencio, como un gato a punto de saltar. Los dos permanecieron en la habitación 8 durante lo que a Joe le pareció una eternidad, antes de que Zouzab echara un último vistazo al lugar, se inclinara y saltara ligeramente al alféizar de la ventana.

—Adiós, señor Shooster —dijo Zouzab, y con un revoloteo de retazos, se marchó.

Joe cruzó la habitación con piernas temblorosas para cerrar y echar el pestillo a la ventana. Entonces, el silencio se hizo añicos por un fuerte estallido de flatulencias procedente de la habitación secreta de Oskar.

La cabeza de Zouzab apareció en la ventana.

—Perdona —dijo Joe, encogiéndose de hombros.

El correcumbres entrecerró los ojos, arrugó la nariz y desapareció.

3

Dos planes

El entusiasmo de Janner y Tink se había evaporado.

Los chicos olvidan a veces que, antes de partir hacia una aventura, si es posible, hay que empacar. Hay situaciones en las que empacar es secundario —como cuando uno escapa de un edificio en llamas—, pero si hay tiempo para planificar, organizar y discutir antes de partir, es un hecho que los adultos lo harán. Cuando los niños dicen que es hora de irse, quieren decir: «Es hora de irse». Cuando los adultos lo dicen, en realidad quieren decir: «Es hora de empezar a pensar en irse en un futuro próximo».

Tras el pronunciamiento de Nia, ella y Podo prosiguieron con las tareas del día como si no se hubiera llegado a una decisión monumental. Al día siguiente, los niños cortaron leña, lavaron ropa y mantas, trajeron agua del arroyo y prepararon carne para salarla y secarla mientras los mayores planeaban, organizaban y discutían.

Aquella noche, después de cenar, Nia y Podo desenrollaron un viejo mapa para trazar su ruta hacia las Praderas de Hielo. Acordaron viajar al sur, hasta el límite del bosque, y luego hacia el oeste, a lo largo de la frontera, hasta llegar a la carretera de Torrboro. En Torrboro, volverían a viajar hacia el sur y el oeste para bordear la ciudad y evitar a los Colmillos concentrados allí.

—A tres días al oeste de Torrboro, el poderoso río Blapp no es tan caudaloso. Es ancho pero lo bastante poco profundo como para vadearlo —dijo Podo—. Y no debería haber tantos Colmillos allí.

—¿Y la Barrera? —dijo Nia.

—¿Qué es la Barrera? —preguntó Janner.

—Supongo que no habrás oído hablar de ella. Está aquí —dijo Podo, y pasó el dedo por el mapa—. La Barrera es el mejor intento de Gnag para evitar que los skreeanos hagan exactamente lo que nosotros intentamos hacer. Es un muro que recorre toda la frontera sur de las Montañas Pedregosas. Está patrullado por Colmillos, día y noche. Unos años después de que los Colmillos tomaran el control, algunas personas se dieron cuenta de que los Colmillos no se movían demasiado rápido con el frío, así que muchos skreeanos huyeron hacia el norte. Por supuesto, la mayoría murió. Los Colmillos son más lentos con el frío, pero aún pueden luchar y morder. Sobre todo cuando a quienes persiguen son mujeres, niños y hombres sin armas. La respuesta de Gnag fue construir la Barrera. No impide el paso a todo el mundo (hay mucho muro que patrullar), pero hace su trabajo lo suficientemente bien como para que las masas no intenten huir. Oskar me dijo que si estás al oeste de Torrboro y tu compañía es lo bastante pequeña, puedes encontrar una brecha en el muro y pasar desapercibido. Eso es lo que pretendemos hacer.

—Y Peet dice que puede llevarnos a atravesar las montañas —dijo Nia.

—Siempre que no se despierte alguna mañana con la cabeza mal atornillada y nos haga caer por un precipicio —se mofó Podo—. O hacia una grieta o un nido de abomachacadores.[1]

—Nugget no les teme a los abomachacadores —dijo Leeli con orgullo. Abajo, Nugget ladró al oír su nombre. Janner no quiso decirle a Leeli que incluso Nugget podría ser una presa fácil para un abomachacador.

—Necesitaremos provisiones para veinte días —dijo Nia.

—Sí, lo que significa que deberíamos planear para treinta —respondió Podo.

—¿Por qué? —preguntó Janner.

—Porque, querido, nunca se sabe lo que puede pasar —respondió Nia—. Los viajes como este rara vez salen según lo planeado.

—Pero, ¿cómo has llegado a esa cifra? —preguntó Janner. —¿Llevará veinte días llegar a las Praderas de Hielo?

—Bueno, son unos dos días hasta Torrboro, luego tres días más para vadear el Blapp y… ¿sabes qué, muchacho? —dijo Podo con suavidad.

—¿Señor?

—Me resultará más fácil enseñártelo que explicártelo. Tenemos mucho que resolver, y cuando empieces a viajar, aprenderás más de lo que yo pueda contarte ahora. ¿Entendido?

Janner suspiró.

---

1. ¡Abomachacadores! ¡Ay!

—Sí, señor.

Nia y Podo trasladaron la discusión a la otra habitación y dejaron a los niños con una larga lista de tareas de su T.H.A.G.S.[2] para mantener la mente ocupada hasta la hora de acostarse.

Mientras los niños Igiby se acomodaban para que Podo les contara un cuento antes de acostarse, Oskar N. Reteep se esforzaba por leer a la luz mortecina que entraba por la ventana del techo de su habitación secreta. Entrecerró los ojos a través de las gafas para leer las últimas frases de un libro titulado *La anatomía de un insulto*.[3]

—Vieja bruja tonta —murmuró Oskar, mientras tiraba el libro a un lado. Cayó sobre un montón de libros que había en el estrecho espacio entre la cama y la pared—. No distinguiría un buen insulto de un sapo de lodo.

Oskar recordó que se había quedado dormido antes de poder advertir a Joe sobre Zouzab. Dudaba que el pequeño traidor siguiera por allí, pero Joe y Addie debían saber que el correcumbres estaba aliado con los Colmillos, por si acaso.

Oskar estaba terriblemente hambriento y sospechaba que había dormido más de un día, aunque sin una visita de Joe, no podía estar seguro. También se sentía más fuerte. Había cruzado un umbral en su recuperación y ahora podía hablar sin toser.

Hizo una mueca mientras se inclinaba hacia delante y apoyaba los pies en el suelo, con una mano colocada con cautela sobre el vendaje que le envolvía el torso. A primera hora de la mañana, a la luz de su linterna, Oskar se había dado cuenta de que era capaz de mantenerse en pie e incluso de arrastrar los pies por el pequeño espacio de sus aposentos. Estaba ansioso por demostrárselo a Joe en su siguiente visita, pero para decepción y creciente preocupación de Oskar, Joe

---

2. Tres Honorables Además de Grandiosos Saberes: La Palabra, la Forma y la Canción. Algunos tontos creen que hay un cuarto honorable y grandioso saber, pero esos científicos están lamentablemente equivocados.

3. De Helba Grounce-Miglatobe, una conocida psicóloga que afirmaba haber sido ridiculizada indebidamente de niña y, como tal, era experta, según su libro, en el campo de la «mezquindad y el insulto».

nunca apareció. No había oído ninguno de los golpes y voces familiares de la cocina o la sala común. Durante todo el día, había leído y releído libros, intentando acallar el persistente temor de que algo anduviera mal.

Todos los días, Joe o Addie le cambiaban las vendas, le llevaban agua y comida, y cuando Oskar estaba lo bastante lúcido para escuchar, le hablaban en voz baja de los Colmillos, los Igiby y Podo. Oskar tuvo cuidado de no revelar la verdadera identidad de los niños Igiby. Cuanto menos supieran, mejor.

Al principio, su preocupación era solo por los Shooster. Ahora tenía sed, le gruñía el estómago y empezó a considerar la gravedad de su propia situación. Dudaba que pudiera cuidar de sí mismo o incluso colarse por la pequeña puerta él solo, y la idea de morir de hambre o de sed en su habitación oculta lo hacía pensar que estaba en una tumba. Se preguntó si algún día, dentro de unos años, alguien descubriría su esqueleto tendido en la cama, rodeado de libros. Se preguntó qué libro estaría leyendo cuando por fin exhalara el último suspiro, y decidió tomar uno bueno en cuanto sintiera que se acercaba el final, para que quien lo descubriera supiera que tenía buen gusto literario. Oskar se quitó las gafas y las limpió con la esquina de la sábana.

Se recolocó las gafas y se ajustó un largo mechón de pelo para que le cubriera la cabeza. Oskar no era más capaz de admitir su derrota que de admitir que estaba más calvo que una piedra. Miró la pequeña puerta de la pared opuesta. Su herida había dejado de sangrar, pero no estaba en condiciones de arrastrarse por la puertecilla. Se rio al pensar que su enorme barriga podría ser más un obstáculo que su puñalada.

Sus reflexiones sobre su corpulencia y su efecto en la huida se vieron interrumpidas por un grito que atravesó las paredes de madera de la posada. Oskar se puso tenso. El grito se apagó y dio paso a los gruñidos apagados de Colmillos. Los labios del anciano se movieron en oraciones susurradas mientras miraba desesperado alrededor de su sombría celda, preguntándose qué hacer. Reunió fuerzas, respiró hondo y se puso en pie. Se le nubló la visión y oyó otro grito. Parecía Addie.

Oskar se dirigió hacia la puerta paso a paso, maldiciendo su peso, su herida y a los Colmillos de Dang con insultos fuertemente influidos por su reciente estudio del libro de Helba Grounce-Miglatobe. Llegó a la puerta y apoyó una mano en la pared para estabilizarse, respirando con dificultad y notando con una punzada de pánico que una nueva mancha de sangre manchaba su vendaje.

Se puso de rodillas con gran esfuerzo y apoyó un hombro contra el respaldo de la cómoda que le servía de puerta. Los sonidos de lucha procedentes del exterior de la posada eran ahora más claros, y los Colmillos no solo gruñían, sino que reían.

No tenía idea de lo que haría una vez que consiguiera salir de la habitación, pero su instinto le exigía que hiciera algo. No sabía cuál era la acción correcta, pero estaba claro que la incorrecta sería quedarse tumbado en la cama y escuchar los sonidos de sus amigos siendo capturados —o asesinados— por los Colmillos.

Oskar empujó con todas sus fuerzas y la cómoda se deslizó. Estremeciéndose de dolor en el pecho, se arrastró hasta la ventana abierta y jadeó.

La Taberna de Shaggy era una ruina de tablones rotos. Al otro lado de la calle, lo que quedaba de la tienda de flores de Ferinia estaba roto y triste como un lirio pisoteado. A su lado, para su alivio, el propio Libros y Rincones de Oskar seguía en pie, tal como Addie Shooster le había asegurado, intacto salvo por una tira de tejas de madera que faltaba en el tejado.

El asombro de Oskar ante el maltrecho estado del municipio de Glipwood se convirtió en pavor cuando divisó el origen de los gritos.

Una yunta de caballos negros estaba enganchada al carruaje negro. Pero no era el carruaje negro que Oskar había visto la noche en que Podo Helmer y Peet el Calcetín lucharon contra los Colmillos. Este carruaje era más largo y elegante y, para horror de Oskar, daba más miedo que el otro. En lugar de una cámara, había varios compartimentos horizontales lo bastante grandes para un hombre, como si el carruaje fuera un vagón que llevara una pila de ataúdes de hierro girados sobre sus costados. De la parte superior del carruaje se elevaban largos pinchos que creaban un recinto parecido a un fuerte, donde dos Colmillos se encaramaban con ballestas.

Joe Shooster yacía inmóvil en la calle. Un grupo de Colmillos lo rodeaba y lo pinchaba con las culatas de sus lanzas. Otro Colmillo agarró los brazos de Addie por la espalda y la empujó escaleras abajo desde la cárcel. Uno de los Colmillos de la parte superior del carruaje accionó un interruptor, y la más baja de las puertas horizontales se abrió con estrépito. Dos de los Colmillos arrastraron a Joe hasta el carruaje y lo arrojaron dentro. Addie gritó cuando la obligaron a entrar en la caja situada encima de la de Joe. Los Colmillos cerraron de golpe las puertas del ataúd y se rieron mientras el conductor encapuchado azotaba a los caballos y ponía a andar el carruaje.

Entonces, una conversación se coló por la ventana.

—Eso fue divertido —dijo un Colmillo que estaba en la calle de abajo.

—Sí. Nada como cuando se retuercen y gritan —exclamó otro con añoranza—. Ojalá hubiera más de estos días. Llevo días de pie en esta ciudad sin nada que hacer más que rascarme las escamas.

—No tardaremos en tener algo de acción —dijo el primero.

—¿Eh? ¿Qué sabes tú que yo no sepa?

—Los correcumbresss dicen que los Igiby están en el bosque.

—Imposible.

—¿Por qué?

—Porque las vacas ya se los habrían tragado.

—No. Están con ese tipo de los calcetines. El malo. No les teme a las vacas colmillo. El correcumbres dice que tiene puentes entre los árboles. Dice que viven en una casa en un árbol.

Los ojos de Oskar se abrieron de par en par y sonrió a pesar de su dolor. ¡Los Igiby estaban vivos!

—¿Viviendo en una qué? —preguntó el Colmillo.

—En una casa del árbol.

Hubo una pausa.

—¿Qué es una casa en un árbol?

—No lo sé. Aunque me suena familiar. Algo sobre eso me produjo un extraño malestar en las tripas.

—Bueno, lo averiguaremos mañana. Esta noche llega el resto de las tropas; entonces nos adentraremos en el bosque para encontrarlos. Saldremos mañana después de la primera comida. Los atraparemos por sorpresa.

—No —suspiró Oskar.

Entonces, sus fuerzas se apagaron como una vela y se desplomó en el suelo de la habitación 8, sin darse cuenta del pequeño charco de sangre que se acumulaba debajo de él.

4

Palabras apropiadas de Ubinious el Desaparecido

A la mañana siguiente, después del desayuno, Peet el Calcetín regresó a la casa del árbol con un ratociélago desollado y destripado al hombro. Mencionó al pasar que tal vez había una jauría de sabuesos cornudos pisándole los talones, momento en que Podo despertó a Nugget para que estuviera alerta. Mientras Peet subía con el cadáver del ratociélago por la puerta de la casa del árbol, el aullido de un sabueso cornudo recorrió el aire y Nugget se lanzó tras él hacia el bosque.

Janner y Tink estaban sentados con las piernas cruzadas en el suelo de la casa del árbol, tratando por todos los medios de prestar atención a sus T.H.A.G.S., aunque sus mentes daban vueltas de emoción por el viaje que tenían por delante.

Tink estaba ocupado dibujando de memoria la cabaña Igiby a petición de su madre. Ella decía que quizás nunca volverían a Glipwood, y ¿no era lindo que Tink tuviera el cuaderno de bocetos de su padre para hojearlo y poder ver retazos del pasado de su familia? A los once años, Tink no era capaz de imaginarse pasando su cuaderno a nadie, y mucho menos a sus propios hijos. Pero le gustaba dibujar, y Janner sabía que al menos entendía algo del valor de conservar su trabajo, de contar su historia con los dibujos que hacía.

Janner se centró en su diario, intentando describir la intensa expectación que sentía por el inminente viaje a las Praderas de Hielo y su frustración por tener que esperar mientras se hacían los preparativos. Leeli estaba sentada en el hueco de la rama de un árbol gordo, memorizando las letras de un libro de canciones.

Janner oyó ladrar a Nugget, miró por la ventana y vio al perro que regresaba del bosque más profundo, llevando en la boca el cuerpo inerte de un sabueso cornudo. Nugget era tan gentil con los niños que resultaba difícil imaginarlo atacando algo, pero el perro gigante era capaz de matar algo más que sabuesos cornudos. Él y Peet se habían enfrentado a un asalto de cientos de Colmillos de Dang y habían sobrevivido sin una sola herida que Janner pudiera ver.

En la base del árbol, Peet trabajaba duro, cavando un hoyo para enterrar un cofre lleno de sus diarios. Eran demasiados para cargarlos, y no quería que cayeran en manos de los Colmillos. Chilló cuando Nugget dejó caer al sabueso muerto sobre el montón de tierra que había junto al agujero, y espantó al perrazo.

—¡Los sabuesos son mal sabor! Mal sabor en tu guiso y peor en tus libros.

Nugget gimoteó y arrastró al sabueso de vuelta entre los árboles.

Justo cuando Janner sumergía la pluma en el frasco de tinta y reanudaba la escritura en su diario, la voz de Nia llamó desde abajo.

—Chicos, bajen. Necesito que se prueben las mochilas.

Janner y Tink tiraron sus libros a un lado y bajaron la escalera con estrépito.

Nia estaba de espaldas a un montón de cachivaches y miraba a sus hijos con los brazos cruzados. Había pasado las últimas semanas cosiendo diligentemente unas mochilas con las viejas mantas de Peet y unas cuantas pieles de animales apiladas en un rincón de la casa del árbol, y ahora les entregó a cada uno una mochila terminada, cubierta de solapas, lazos, botones y compartimentos.

Janner se la echó a la espalda. Sabía que necesitarían comida, pero no sabía qué otras provisiones requería un largo viaje.

—Aquí está el libro que te dio tu padre —dijo Nia, colocándolo en la mochila de Janner—. Lo envolví para que esté a salvo. Y necesitarás esto —le entregó la espada envainada de Tink, señalándole las ataduras de cuero con las que debía amarrarla a la mochila de su hermano.

Las mochilas se hicieron cada vez más pesadas a medida que Nia las llenaba con los objetos necesarios: una caja de cerillas, un yesquero engrasado por si se acababan las cerillas, bolsas de carne seca, paquetes de sal, un rollo de cuerda, un cuchillo plegable que Nia había sacado de la cámara de armas de la mansión Anklejelly, y una túnica y calzones adicionales. Nia ató el arco sin cuerda de Janner y una aljaba de flechas al lado de la mochila opuesto a la espada; luego hizo lo mismo con Tink.

Dio un paso atrás y entrecerró los ojos al ver las mochilas en la espalda de sus hijos.

—Las mochilas serán suficientes —dijo, asintiendo con la cabeza. Luego miró a sus hijos, y Janner gimió—. Pero su aspecto no. Vamos.

Nia sometió a Janner y a Tink a un doloroso fregado. A Janner le pareció que su madre pretendía arrancarle la piel de los huesos. Luego, se puso a trabajar en sus cabellos. Con una de las navajas plegables que había guardado en sus mochilas, Nia les serró el pelo, gruñendo y tirando de él hasta que los mechones desgreñados de Janner y Tink quedaron amontonados a sus pies.

Cuando estuvo satisfecha, tomó un espejo y lo levantó. Janner se miró sorprendido. En las angustiosas semanas que habían pasado desde que rescataron a Leeli de Slarb, habían ocurrido muchas cosas. Janner podía verlo en sus propios ojos: una mirada de gravedad, una madurez que esperaba que algún día se convirtiera en sabiduría. Le entregó el espejo a Tink, preguntándose si su hermano pequeño notaría lo mismo en él.

En cambio, Tink puso inmediatamente la cara más tonta y fea que pudo y estalló en carcajadas. Leeli lo animó con sus propias carcajadas, y Tink siguió así durante varios minutos, inventando caras tontas y riendo hasta que no podía respirar. Por mucho que lo intentó, Janner no pudo evitar sonreír ante las payasadas de su hermano, y notó que su madre también sonreía.

He aquí, pensó Janner, *el rey supremo de Anniera. Que el Creador nos ayude.*

Sus pensamientos se vieron interrumpidos por un extraño sonido en el bosque.

Janner se asomó a los árboles, preguntándose si sería su imaginación. Tras semanas en el bosque de Glipwood, había llegado a reconocer el chillido del ratociélago, el croar del sapo de lodo, el horrible mugido de la vaca colmillo y el aullido del sabueso cornudo. Peet incluso les había enseñado los distintos pájaros que cantaban en las ramas y cómo distinguir cuáles eran hostiles, cuáles traviesos y cuáles estaban entonando cantos fúnebres para otros pájaros que habían sido engullidos por un tragador.

Pero este sonido era diferente. Era casi humano. Janner hizo un rápido inventario de su familia para asegurarse de que todos estaban presentes y, para su creciente alarma, todos lo estaban.

—*¡Shh!* —Janner puso una mano sobre la boca de Tink—. ¿Oyes eso?

—Mmmf —respondió Tink.

El sonido se hizo más fuerte, acompañado ahora por el leve *kshhh-kshhh* del chasquido de las ramas y la maleza pisoteada bajo los pies. Podo y Nia también lo oyeron. Todos se quedaron de pie, con las cabezas giradas, escuchando. Nugget gimoteó y se paseó de un lado a otro hasta que Leeli lo hizo callar.

Por fin, la voz que resonaba entre los maderos se acercó lo suficiente como para que las palabras resultaran claras.

En palabras de Ubinious el Desaparecido: «¡Corran, Igibys! Si están ahí, ¡corran! ¡Están en camino!

5

Un traidor entre los árboles

Oskar Noss Reteep rebotaba y se sacudía encima del desconcertado asno como gelatina en un terremoto. Llevaba las riendas en alto y hacía tiempo que había perdido toda esperanza de que sus pies encontraran los estribos. Las gafas le colgaban de una oreja y un magnífico mechón de pelo blanco, pegado justo encima de la oreja, se levantaba de donde lo había apretado contra la cabeza y flameaba tras él como una bandera de rendición.

Janner casi se desmaya al reconocer a su antiguo jefe. La última vez que había visto a Oskar, el viejo yacía moribundo en el suelo de Libros y Rincones, urgiéndole a huir. Aquella última y horrible noche en el municipio de Glipwood, en medio del horror de la batalla de los Colmillos, la traición de Zouzab y la huida de la familia a la mansión Anklejelly, Janner había dado por muerto a Oskar. Verlo vivo lo conmocionó, pero rápidamente el impacto se transformó en alegría. Janner sonrió cuando Reteep llegó hasta él, haciendo tanto ruido que las bandadas de aves posadas en los árboles graznaron y se alejaron aleteando.

—¡Janner! —la voz de Podo se abrió paso entre los pensamientos de la cabeza de Janner—. ¡Muchacho!

Janner salió de su aturdimiento y se dio cuenta de que, de todos los Igiby, él era el único que estaba quieto. Jadeó cuando por fin se dio cuenta de lo que Oskar estaba bramando.

—¡Corran, Igibys! En las palabras de…

Antes de que pudiera terminar, el pobre burro (ya fuera por el cansancio o porque ya no podía soportar la indignidad de un jinete tan movedizo) se desplomó. Los ojos de Oskar se desorbitaron mientras volaba por los aires hacia el claro donde estaba Janner. Voló con una gracia sorprendente, con el pelo al viento, las gafas colgando, la boca formando una O perfecta mientras las riendas, aún firmemente sujetas por él, se tensaron y voltearon al orondo hombre para que aterrizara de espaldas a los pies de Janner.

El burro rebuznó.

Oskar yacía en el suelo, parpadeando, sorprendido de no estar muerto.

—¡Janner! Hijo mío, me alegro de verte. Vine lo más rápido que pude. —Oskar hizo una mueca de dolor y se puso una mano en el costado mientras Janner lo ayudaba a ponerse en pie. El abdomen del anciano estaba envuelto en vendas manchadas de sangre.

—No sé cómo está vivo, señor Reteep, pero me alegro —dijo Janner.

Podo descendió por la escalera del castillo de Peet con un fardo a la espalda, mientras Nia y Leeli recogían víveres y los metían en varias mochilas. Tink dejó caer uno a uno los diarios encuadernados en cuero de Peet desde una ventana de la casa del árbol; Peet los recogió y los apiló sobre un rectángulo de tela áspera extendido en el suelo.

—¡Ya están todos, tío Peet! —gritó Tink.

Peet asintió, dobló la tela sobre los libros y metió la pila en el agujero que había cavado.

—¡Oskar! ¿Cuánto tiempo tenemos? —ladró Podo.

—Oh, vaya —Oskar se sacudió el polvo—. No más de unos minutos. Intenté escabullirme, pero me vieron, y son cientos. ¡Cientos!

Un nuevo sonido recorrió el bosque. Un sonido horrible, como nunca había oído Janner. En parte gemido, en parte gruñido, estaba claro que procedía de algo grande. Incluso Nugget gimió. Saltó hacia Leeli y apretó su gran cuerpo peludo contra ella, ya fuera para protegerla o para ser protegido, Janner no estaba seguro.

—Y eso es lo otro —dijo Oskar con gravedad.

—¿Qué? —Podo se echó al hombro una mochila cargada de provisiones—. ¿Qué es lo otro?

—Los trols —Oskar se estremeció y arrugó la nariz.

¿Trols? Un escalofrío de miedo recorrió a Janner. Nunca había visto un trol, aunque la *Criatupedia* de Pembrick describía varias razas de trols, todas formidables y espantosas a la vista.

El corazón le dio un vuelco al ver la expresión de preocupación que apareció en el rostro de Nia. Se mostraba serena en las peores circunstancias, capaz de volverse gélida incluso cuando aumentaba el calor del peligro. Pero cuando el gruñido del trol volvió a sonar, más cerca que antes, su rostro se arrugó de un modo que la hizo parecer vieja y cansada, aunque solo por un instante.

Podo miró fijamente a Oskar, y luego asintió.

—Bueno, tanto si vienen trols como Colmillos o mi bisabuela Olaraye, nos iremos de aquí rápido. Janner, trae aquí ese burro y ata lo que puedas a la silla. ¡Tink!

—Sí, señor —dijo Tink desde detrás de Podo.

—Ayuda a tu hermana con sus cosas, luego ten preparados tu arco y tus flechas. Monta en Nugget con ella y dispara a todo lo que estés seguro de poder acertar. Asegúrate, ¿entendido? Las flechas son preciosas.

—Sí —dijo una voz delgada como papel justo por encima de ellos—. Las flechas son preciosas. Pero me temo que no servirán de nada a los Igiby.

Zouzab Koit estaba encaramado en lo alto de la copa del árbol y los miraba con rostro inexpresivo. Oskar balbuceó, tan enfurecido que no se le ocurrió a quién citar.

—¡Tú! —gritó Podo, con la cara ya enrojecida por el torrente de maldiciones que estaba a punto de brotar de su boca.

Pero antes de que pudiera decir una palabra, Peet el calcetín chilló y saltó a una altura imposible, balanceándose hacia las ramas donde se agazapaba Zouzab. Zouzab se escabulló, haciendo sonar su agudo silbato mientras Peet lo perseguía. En una ráfaga de ramas que se arremolinaban y hojas que caían, el Hombre Calcetín y el correcumbres se perdieron de vista, dejando a Podo y Oskar temblando y sin habla. Su furia se vio interrumpida por otra llamada de trols, y luego por otro silbido, no muy lejos.

—¡No hay tiempo! ¡Muévanse! —dijo Podo.

Mientras Janner ponía en pie al cansado asno, Nia empujó la tierra hacia el agujero donde Peet había escondido sus preciados diarios. Arrojó un montón de hojas sobre la tierra fresca y las esparció para ocultarla.

—Papá, ¿adónde iremos? —gritó Nia; mientras Podo se apresuraba a subir por la escalera a la casa del árbol.

—¡No lo sé, muchacha! Al norte, supongo —respondió por encima del hombro—. Ahora no podemos ir al sur, como habíamos planeado.

—Pero no hay nada más al norte que el río. Quedaremos atrapados.

—¡Ah! —dijo Oskar—. Hay un puente. Un camino a través de… —se dobló y tosió.

Janner corrió a su lado para sujetarlo.

Podo bajó la escalera en un abrir y cerrar de ojos, cargado con un montón de carne seca que metió en su mochila.

—Somos tontos si nos quedamos aquí un poco más. ¡Apúrense!

—Toma —Nia lanzó la mochila de cuero de Peet a Janner—. Ata esto al burro y luego recoge tus cosas. ¡Vamos!

—Mamá, el señor Reteep está herido —dijo Janner—. ¿Dónde está el agua del primer pozo?

—No lo sé, hijo. La tenía Artham. Tendremos que darle un poco a Oskar cuando nos alejemos lo suficiente de los Colmillos —se volvió hacia Oskar—. ¿Puedes hacerlo? ¿Puedes montar?

Oskar asintió, resollando.

La espada de Janner, amarrada a un lado de la mochila, golpeó contra su cadera cuando se la echó sobre los hombros y le recordó lo pesadas, reales y peligrosas que eran las espadas… y las situaciones que las requerían. Los gemidos de los trols se hicieron más fuertes y Janner pudo oír el pesado ruido de los pies al marchar.

Leeli estaba sentada a horcajadas sobre Nugget, con las manos en los mechones de pelo negro que se acumulaban a los lados de la gran cabeza de su perro, y su muleta más reciente colgada del hombro con un cordel. Tink estaba sentado justo detrás de su hermana, con el arco preparado. Nia sujetaba las riendas del cansado burro y le pasaba una mano tranquilizadora por la mandíbula. Cuando Oskar intentó montar el burro, este lo miró con ojos hoscos y rebuznó.

—Muy bien, muchachos y muchachas —gritó Podo—, partimos a paso ligero, ¿me oyen?

—Pero, abuelo, ¿y el tío Peet? —preguntó Leeli.

Podo bajó la voz y habló sin mirar a su nieta a los ojos.

—No vamos a esperarlo. No hay tiempo. Ya nos alcanzará.

—Pero…

—*¡Tras ellos!* —gruñó la apenas perceptible pero inconfundible voz de un Colmillo de Dang.

Janner vio aparecer un rostro verde y escamoso en la distancia recortada por los árboles, luego otro, y otro. Podo agarró a Nugget por el cuello y lo condujo a la carrera, adentrándose en el bosque de Glipwood.

6

El borde del barranco

A través del bosque, corrieron a toda velocidad. Detrás de ellos, como una tormenta invisible que soplaba entre los árboles, llegaban los aullidos, gemidos y pisotones del ejército de los Colmillos. El asno no necesitó que Janner lo empujara para acelerar el paso. Peet el Calcetín no aparecía por ninguna parte, pero su chillido cortaba de vez en cuando los sonidos más oscuros que se oían tras ellos.

Podo los condujo hacia adelante, e incluso con su cojera de pata de palo, tenía que controlar su velocidad para que el resto pudiera seguirle el ritmo. Janner y su madre corrían con el burro de ojos salvajes entre ellos, y Oskar resoplaba y resollaba en la retaguardia.

Mientras corrían, Janner miró por encima del hombro y vio una hilera de Colmillos que entraban y salían entre los árboles, y entre ellos, tres trols imponentes, que rompían miembros gordos como ramitas. Janner sintió una combinación de horror y fascinación y deseó poder detener de algún modo la persecución para poder ver mejor a uno de los apestosos armatostes.

—Janner, mira por dónde vas —dijo Nia, y él apenas si llegó a esquivar un pequeño árbol. Por delante, Nugget trotaba junto a Podo, eligiendo el camino con cuidado para que Leeli estuviera a salvo de las ramas bajas. Con cada bramido de los trols, las orejas de Nugget se aplastaban contra su cabeza y gemía.

—*Shh*, muchacho —dijo Leeli, inclinándose hacia delante para hablarle al oído.

Tink iba sentado detrás de Leeli con el arco preparado.

—Tink, ¿puedes verlos? —resopló Janner.

—Sí, los veo —respondió Tink, intentando ocultar la preocupación en su voz—. Se están acercando. Abuelo, ¡se están acercando!

—Sí, los oigo, muchacho —dijo Podo—. Tú mantén esa flecha en la cuerda.

Janner intentó no mirar atrás, pero no pudo evitarlo. Vio aún más Colmillos y trols, lo bastante cerca como para distinguir miradas de regocijo despiadado en sus rostros. También podía olerlos. Un olor penetrante y amargo contaminaba el aire, y con el olor llegaron recuerdos de Slarb, Gnorm y el carruaje negro, de carne fría y húmeda de Colmillos. Con los recuerdos llegó un miedo profundo y abrumador. Desde que Oskar había irrumpido en el claro, Janner había sentido tensión y urgencia, pero ahora que recordaba el férreo agarre de una garra Colmillo y el rezumar de veneno de uno de sus dientes, sentía verdadero miedo.

—¡Oskar! —gritó Nia.

Janner vio al anciano tambalearse, balanceándose como una pila de platos a punto de desplomarse. Cuando Oskar alargó la mano para sostenerse del árbol más cercano, Janner vio con alarma que la mano del anciano estaba brillante de sangre. Las rodillas de Oskar se doblaron y se desplomó en el suelo.

Podo volvió corriendo hacia su amigo y tiró de él para ponerlo en pie.

—¡Janner, haz lugar! —ordenó Podo. Janner bajó los petates y las provisiones del lomo del burro y, con la ayuda de Podo, subió a Oskar a la pobre bestia. El anciano yacía boca abajo, tendido sobre la silla como un animal de caza recién matado. Tenía los párpados caídos y el rostro pálido y húmedo.

—¡Tink! —gritó Leeli, y Janner se volvió para ver un nuevo motivo de temor. Un sabueso cornudo irrumpió entre las filas de los Colmillos y se abalanzó sobre ellos. Llevaba un collar, y su cara y su cuerpo estaban decorados con pintura de guerra negra.

Tink se quedó paralizado sobre la espalda de Nugget.

—¡Dispara! —rugió Podo.

Tink parpadeó dos veces y volvió en sí. Sacó el arco y soltó la flecha, y el sabueso se desplomó en un estallido de hojas.

Podo no necesitó dar la orden de correr como locos. Nugget se puso en marcha tan deprisa que Tink casi se cae de espaldas. Nia corría junto al burro rebuznante y sostenía a Oskar, que se quejaba mientras se sacudía.

El camino era difícil. El bosque al norte de la casa del árbol de Peet se elevaba y descendía en colinas cada vez más empinadas. De vez en cuando, tenían que bordear barrancos traicioneros, cauces secos enmarañados con árboles caídos.

Desde lo alto de una larga pendiente, Janner vio que los Colmillos estaban a solo un tiro de flecha de distancia, y que dos de sus sabuesos cornudos más corrían hacia los Igiby. Tink lanzó otra flecha y falló. Mientras se apresuraba a sacar otra, Peet se abalanzó desde los árboles con las garras al descubierto, mató a los sabuesos y volvió a desaparecer entre las hojas.

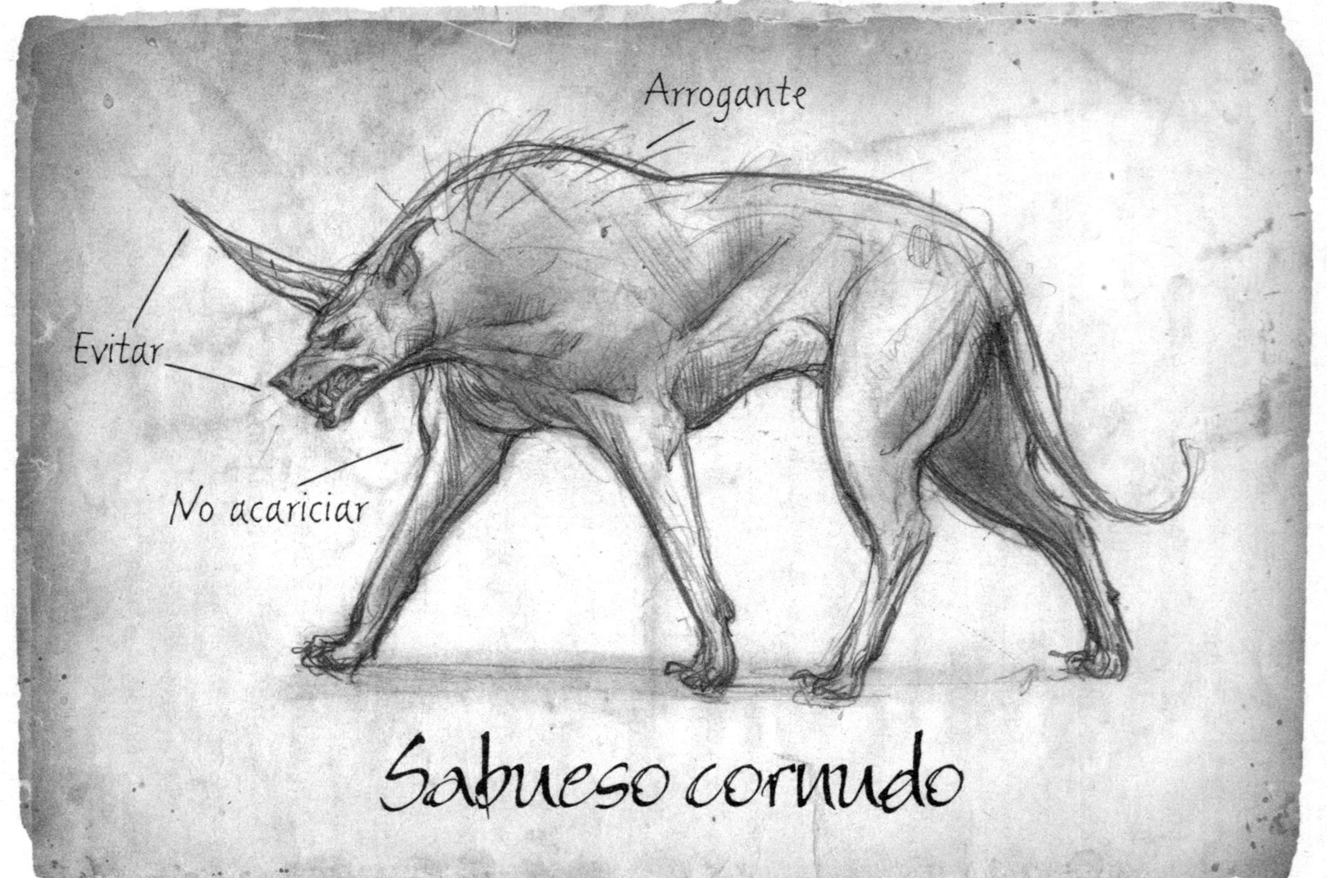

De la *Criatupedia* de Pembrick

Janner sabía que Peet no era rival para tantos Colmillos, pero su repentina presencia fue como un viento fresco en un día caluroso. Un guardián del trono de Anniera ocupaba el espacio entre los Igiby y sus enemigos.

La aparición de Peet también tuvo un efecto sorprendente sobre los Colmillos. Janner no podía ver mucho, pero sintió que el espacio entre él y los Colmillos aumentaba. Aunque se contaban por centenares, los Colmillos se mantuvieron rezagados, con los ojos cautelosos puestos en las ramas de arriba.

De repente, Janner se encontró derrapando por una orilla escarpada. Podo había conducido a Nugget a un profundo barranco y estaba a medio camino de la depresión, entre ramas viejas, hojas marrones y troncos podridos. La zanja se extendía mucho en ambas direcciones, así que no tuvieron más remedio que cruzarla.

El burro se detuvo en seco al borde de la pendiente. Janner tiró de las riendas mientras Nia empujaba desde atrás, pero el animal no se movió. Tenía los ojos fijos en el suelo del barranco y los orificios nasales se dilataban y contraían como un corazón palpitante.

Si Janner no hubiera estado corriendo y temiendo por su vida, habría recordado lo que la *Criatupedia* de Pembrick decía sobre los barrancos del bosque de Glipwood; habría pensado en advertir a su familia antes de que bajaran al suelo atestado de árboles. Si Janner no hubiera estado pensando en los Colmillos y los trols que gruñían por el bosque a sus espaldas, habría sugerido con firmeza que la familia Igiby encontrara una forma de *rodear* el barranco, aunque ello añadiera horas y kilómetros al viaje.

Si Peet el Calcetín, tan familiarizado con los peligros del bosque, hubiera estado con ellos y no defendiéndolos de los Colmillos, los trols y los sabuesos cornudos, habría sugerido con insistencia que la familia Igiby *no* descendiera al agujero.[1]

Pero lo hicieron.

---

1. De la *Criatupedia* de Pembrick: «Evitar a toda costa los barrancos y sumideros del Bosque de Glipwood. Es bien sabido que la rocaracha gigante tiende su trampa en esos lugares. Pero la rocaracha gigante, al acecho bajo las hojas y ramas que se acumulan en el fondo del barranco, es solo uno de los peligros para el inconsciente que se adentra allí. El dulce aroma que desprende la hembra de la rocaracha gigante sume a algunos animales en un trance temperbólico y los atrae irresistiblemente hacia la rocaracha que espera. No es infrecuente encontrar reunidas en el barranco varias criaturas mortales atrapadas y esperando el regreso de la rocaracha gigante desde las profundidades de la tierra, donde cuida a sus crías».

7

Monstruos en la hondonada

Nugget estaba al fondo del barranco con una gran pata encima de un viejo tronco podrido, Leeli y Tink sobre su espalda. Nia se deslizó hacia abajo para unirse a ellos mientras Podo y Janner, a medio camino de la ladera, tiraban de las riendas del burro. Janner se encaramó a la parte trasera del burro y empujó con todas sus fuerzas, pero no sirvió de nada. La bestia, asustada, rebuznaba y sacudía la cabeza en señal de desafío. No tenía intención de ir más lejos.

—¡Vamos, viejo burro terco! —gritó Podo.

—Necesitamos que te acerques un poco más —dijo dulcemente la voz de Leeli desde el otro lado del barranco—. Eso es. ¡Vamos!

El burro paró las orejas al oír la voz de Leeli y dejó de rebuznar. Dio un paso vacilante hacia delante. Podo arqueó una ceja hacia Leeli, que le sonrió en respuesta. Janner se arriesgó a echar otro vistazo a sus espaldas mientras se deslizaba por la ladera del barranco.

Peet el Calcetín había bajado de los árboles y estaba de pie ante la hilera de Colmillos recelosos, con los brazos cruzados sobre el pecho, la espalda recta, la barbilla levantada y los ojos cerrados. A Janner le recordaba al alcalde Blaggus cuando dirigía la orquesta del municipio de Glipwood.

Entonces, surgió un trol de las primeras líneas de Colmillos. Era la primera vez que Janner veía claramente a una de las criaturas, y comprendió por qué Nia y Podo parecían tan preocupados cuando Oskar los mencionó. Las piernas del trol eran cortas y robustas, pero la criatura era el doble de alta que un hombre. Su torso y sus brazos rebosaban músculos y venas; una cabeza diminuta con un brote de pelo gris asomaba entre sus hombros. Los ojos del trol se ocultaban en la sombra de su frente huesuda, a la que correspondía una mandíbula huesuda que parecía bastante fuerte como para derribar la puerta de un castillo.

La bestia empuñaba un garrote de hierro en un puño del tamaño de una carretilla. Sostuvo el garrote por encima de la cabeza durante un instante, luego gruñó a Peet (de forma quejumbrosa) y lo bajó de golpe. El suelo vibró y se desprendieron guijarros de la orilla donde estaba Janner. El burro perdió el valor que Leeli había despertado y retrocedió.

—¡Abuelo! —gritó Janner—. ¡Tenemos que dejarlo!

Salieron del barranco, bajaron a Oskar del lomo del burro y echaron sus brazos sobre los hombros de ellos.

El trol volvió a golpear el suelo con su garrote.

Peet seguía sin moverse. Permanecía petulante e inmóvil, ganando un tiempo precioso para los Igiby, igual que había hecho en su huida a la mansión Anklejelly. Cuando Janner y Podo llegaron al fondo del barranco donde esperaban los demás, Janner echó una última mirada al aterrorizado burro. Sintió lástima por él y se preguntó si los Colmillos lo pondrían a trabajar o se lo comerían.

Entonces vio, colgando de la silla del burro, la mochila de Peet.

Se escabulló por debajo del brazo de Oskar y trepó ladera arriba. Los trols y los Colmillos se habían acercado al lugar donde Peet saltaba en círculos y silbaba para sí. Aquel hombre era tan valiente como loco, y los Colmillos no sabían qué pensar. Janner intentó desatar las correas que ataban la mochila de Peet al burro, pero no se aflojaron, así que la abrió para tomar lo que pudo. Rebuscó entre un fajo de diarios atados con cuerda, un martillo, una bota vieja, un ratón vivo y un frasco de cuero: el agua del primer pozo.

Janner jadeó. Se metió el frasco en el bolsillo lateral de los pantalones y volvió a saltar al barranco.

Pero algo andaba mal.

Nugget ya debería haber subido por el otro lado, pero permanecía inmóvil en el fondo del barranco. Leeli suplicó a su perro que despertara de su trance. Tink había desmontado y estaba delante de Nugget con las manos a los lados de la cara del gran perro, llamándolo por su nombre.

Nugget respondió con un quejido perezoso.

Entonces Tink gritó y forcejeó con algo que tenía a sus pies. Janner trepó por encima de los árboles caídos hasta su hermano antes de que nadie más tuviera tiempo de reaccionar. Cuando vio la fuente de la angustia de Tink, Janner gritó también.

De un espacio entre dos ramas muertas en el suelo del barranco —que ahora Janner se daba cuenta de que no era un suelo—, surgió una cabeza de ojos lechosos. Tenía la nariz húmeda y ancha, el hocico largo como el de un caballo, pero más robusto, y dos colmillos amarillentos sobresalían de una boca llena de dientes torcidos y afilados: una vaca colmillo, atrapada bajo ellos en una gigantesca guarida de rocarachas. Lo que pensaban que era el suelo del barranco era más bien un gigantesco montón de escombros ahuecado desde abajo.

Dentro de la boca de la vaca estaba el pie izquierdo de Tink, un pie que habría sido separado de su cuerpo y estaría bien encaminado hacia el sistema digestivo de la bestia si la vaca no hubiera estado aletargada en la niebla de la trampa gaseosa de la rocaracha. Los ojos de la vaca colmillo rezumaban un líquido amarillo y giraban somnolientos mientras introducía más profundamente el tobillo de Tink en sus fauces.

Janner tiró de la pierna de Tink, pero los dientes más pequeños de la vaca estaban inclinados hacia dentro.[1] Si la vaca hubiera estado completamente despierta, Janner estaba seguro de que Tink sería otro miembro más de su familia con un solo pie funcional.

Podo apareció con la espada desenvainada y golpeó al monstruo, pero la cabeza de la vaca solo se veía parcialmente a través de la abertura entre las ramas, y no pudo hacerle el daño suficiente para liberar la pata de Tink de su boca.

---

1. Para impedir que la presa escape. No es más que una de las muchas características mortales de la vaca colmillo de Skree. Ver la ilustración, *Al borde del oscuro Mar de las Tinieblas,* página 314.

La conmoción sacó a Nugget de su trance. El perrazo ladró y tensó el cuerpo, asimilando la situación como si acabara de despertar de un sueño. Cuando vio a la vaca, se abalanzó sobre la abertura del suelo, lo que casi hizo que Leeli saliera volando de su lomo. Cuando aterrizó, el mosaico de ramas donde se encontraban se movió y reveló más de la cabeza de la vaca colmillo.

Los hermanos y su abuelo se miraron el tiempo suficiente para darse cuenta de que estaban a punto de caer… y entonces lo hicieron.

Nugget se estrelló contra el suelo. Leeli aterrizó sobre el suave pelaje del flanco de su perro, y Janner, Tink y Podo la siguieron, de cabeza, estrellándose contra el frondoso suelo de la guarida de la rocaracha gigante.

Janner estaba desorientado, pero se dio cuenta de que, en la caída, el pie de Tink se había soltado de las fauces de la vaca. Entonces vio el miedo en la cara de Podo. El viejo pirata miró más allá de Janner hacia algo que lo congeló como a una estatua.

La guarida estaba plagada de monstruos.

8

Una espina de desprecio

Había cuatro vacas colmillo, una familia de ratociélagos que silbaban y se agitaban, un sabueso cornudo herido que se sostenía solo sobre tres patas y un topoespín que se tambaleaba y enseñaba las púas. En el suelo había montones de huesos de animales, y los cráneos de todo tipo de criaturas del bosque miraban a los Igiby.

—No muevan ni un músculo, muchachos —susurró Podo. La vaca colmillo que había estado chupando la pata de Tink se apoyó en el lateral del recinto, respirando agitadamente, con un traqueteo enfermizo en la garganta. Los animales estaban aletargados, pero Janner pudo ver que, bajo el aturdimiento provocado por el gas de la rocaracha, las bestias eran feroces y estaban hambrientas.

—¡Despierta, Nugget! —Leeli tomó su pata entre las manos y la sacudió—. ¡Nugget, por favor!

Nugget yacía donde había caído, hecho un montón de pelo negro. El perro jadeaba, con los ojos vidriosos, como si estuviera dormitando junto al fuego, al borde de un sueño feliz. El veneno de la rocaracha era más fuerte aquí. Leeli se acercó a la cabeza de Nugget, sin prestar atención a las bestias que tenía tan cerca, y volvió a llamarlo por su nombre.

Tink se sentó en el suelo y sintió arcadas ante la baba de vaca que tenía en el pie. Su zapato y la parte inferior de su pantalón estaban mojados, goteaban y olían lo suficientemente mal como para que una ansiosa banda de moscas ya zumbara a su alrededor.

Nia llamó a través del agujero que había sobre ellos.

—¡Chicos! ¡Leeli! ¿Están bien?

—¡Sí, muchacha, están bien! —respondió Podo, sin apartar los ojos de la congregación de animales. Bajó la voz—: Muchachos, desenvainen las espadas, y háganlo despacio.

Janner se levantó con cuidado, tirando de Tink por la correa de su mochila.

—Qué ascooo —gimió Tink ante el *spluuuch* que sonó cuando apoyó su peso en el pie mojado.

¿De verdad le preocupa más su pie mojado que la situación en la que nos encontramos?, pensó Janner con un destello de ira.

Cuando Janner desenvainó su espada, Tink se sobrepuso a su asco y desenvainó la suya. Los dos chicos se colocaron uno al lado del otro, justo detrás de Podo. El sabueso cornudo sacudió la cabeza y sus ojos recobraron algo de energía. Parecía estar deseando atacar, despertarse lo suficiente para ejercer algo de violencia antes de que la rocaracha acabara con su vida. Las vacas colmillo mugieron y sacudieron sus poderosos flancos para despertar de su estupor.

El sabueso cornudo gruñó. Sus labios se curvaron hacia atrás en un gruñido, y un zarcillo de baba colgaba de uno de sus dientes más largos. Dio un paso tambaleante hacia delante y puso la pata en el camino del topoespín atontado. El topoespín siseó y arqueó la espalda. Tres púas de la longitud de un antebrazo brotaron de su lomo y se clavaron en el cuello del sabueso cornudo.[1]

El sabueso se abalanzó sobre el topoespín. Los ratociélagos chillaron y saltaron, las vacas mugieron y, finalmente, Nugget volvió en sí. Bostezó y se rascó detrás de la oreja con una de sus gigantescas patas traseras.

—Nugget, ¡despierta! —gritó Leeli, y el perro se despertó, pero solo lo suficiente como para levantarse, bostezar y estirarse. Las vacas y los ratociélagos se movían en círculos. Chocaron contra las paredes y soltaron una lluvia de hojas y ramitas.

—No podemos salir sin dejar morir aquí a Nugget —dijo Podo—. Nunca podría trepar por el agujero que hicimos en el techo. ¿Ven eso? —Podo apuntó con la espada a una mancha de luz en el otro extremo del barranco, más allá de los animales—. ¿Donde el suelo se inclina hacia arriba? Cuando te lo diga, ve hacia allí y haz un agujero en el techo lo bastante grande para que Nugget pueda seguirte.

Janner divisó una mancha de luz solar que se abría paso a través del techo ramificado. Los animales bloqueaban el camino. Antes de que Janner pudiera

---

1. Las púas de los topoespines tienen poco veneno. Su función principal es de defensa, aunque se sabe que los atacan en grupo para derribar a animales más grandes. El topoespín tiene, por supuesto, dientes muy afilados.

preguntarse por el plan de Podo, su abuelo gritó y saltó a la refriega, haciendo girar la espada.

—¡Ahora! —gritó Podo.

El viejo pirata blandió su espada, apartando a las vacas, el sabueso, los topoespines y los ratociélagos. Los animales se volvieron contra Podo como uno solo, chasqueando las mandíbulas y con ojos rezumantes.

—¡Tink… —gritó Janner— pon a Leeli sobre Nugget! ¡Ahora!

—¿Qué?

—¡Ahora!

Tink hizo una mueca de dolor, pero obedeció y arrojó a su hermana sobre Nugget. Janner tiró del perro hacia delante, hacia el caos donde Podo luchaba contra las bestias.

—¡Tink, no te quedes ahí parado! —gritó Janner—. ¡Ya escuchaste lo que dijo el abuelo! ¡Haz un agujero en el techo! Si eres un rey, ¡*actúa* como tal!

Tink se quedó helado. Miró a Janner como si acabara de recibir una bofetada, y luego corrió a través de la lucha tan rápido como solo Tink podía correr. Se arrastró por la pendiente más lejana del barranco y cortó las ramas del techo.

La vacilación de Tink no duró mucho —medio latido—, pero en ese raquítico espacio de tiempo rugieron en el interior de Janner multitud de pensamientos amargos, todos ellos dirigidos a su hermano como flechas. *He aquí* —pensó de nuevo, esta vez sin rastro de humor— *al rey supremo de Anniera.*

Justo cuando Janner apresuraba a Nugget y Leeli para que pasaran junto a Podo y las vacas colmillo, la luz se coló por el agujero del techo. Tink había conseguido pasar. Envainó la espada y arrancó las ramas.

Janner se encaramó a la retaguardia del perro y empujó, intentando no pensar en el sonido de la lucha de Podo justo detrás de él. Leeli se inclinó hacia delante y cerró los ojos cuando Nugget irrumpió por el agujero y saltó por el otro lado del barranco.

Janner le dio una palmada en la espalda a Tink.

—¡Vamos! —Tink trepó por el agujero—. *Esta vez no dudó*, pensó Janner. Se volvió y gritó: —¡Abuelo, vamos! ¡Estamos afuera!

Fue en ese momento cuando Peet el Calcetín saltó desde el borde del barranco a toda velocidad, con los brazos abiertos como alas. Janner observó a su tío con asombro.

Púas (puntiagudas)

Cola abultada

¿Tio Bahb?

Topoespín

De la *Criatupedia* de Pembrick

Hacía tiempo que sus calcetines habían caído hechos jirones, cortados en pedazos por las garras en los extremos de sus antebrazos rojizos. El pelo blanco de Peet caía detrás de él; una de sus cejas era plana y baja, la otra se arqueaba como un rizo de humo; y en sus ojos, ardía un único propósito: *Proteger. Proteger. Proteger.*

Lo que más impresionó a Janner de su tío en aquel momento no fue el grácil salto por el aire ni las mortíferas y misteriosas garras, sino que, en medio de todo el peligro y el pánico, la mirada de Artham P. Wingfeather estaba clavada en *él* con lo que Janner sabía que era un intenso afecto.

Allí, en el barranco de la rocaracha gigante, con las vacas colmillo abajo y los Colmillos de Dang acercándose, Janner se sintió seguro.

Pero solo por un momento.

Podo gritó. Cuando Peet se posó en la maraña de ramas del borde del agujero, Janner se giró, esperando ver que las vacas colmillo habían vencido a Podo después de todo. Pero las vacas ya no estaban.

O casi habían desaparecido.

La mitad superior de una vaca colmillo desapareció en la boca de… *¿qué?* Janner vio que su inquebrantable abuelo se estremecía, retrocediendo sobre piernas temblorosas hacia la abertura donde estaba Janner.

De la oscuridad de la parte trasera de la guarida, surgió la rocaracha gigante.

9

La rocaracha gigante

Unas patas largas y enjutas salían de un agujero en la parte trasera de la guarida y se agitaban como un grupo de brillantes palos de escoba negros. Estaban unidas a lo que parecía una cruza entre grillo, escarabajo y babosa.

El lomo de la rocaracha era redondeado y duro, pero con placas, de modo que podía retorcerse y doblarse, y su brillo le daba la apariencia de estar húmedo o sudoroso. Bajo la cúpula de su caparazón blindado, había una cara con cuatro ojos brillantes: dos grandes sobre dos más pequeños, todos unidos a la cabeza por tallos. La boca de la rocaracha era igual que la de un humano que se frunce para besar, excepto por las mandíbulas arácnidas que rodeaban los labios y se retorcían, chasqueando como el sonido de unas canicas derramadas sobre un suelo de madera.

Janner jadeó cuando la boca de la criatura se abrió y engulló una vaca colmillo adulta. La vaca mugió impotente mientras los cientos de pequeñas mandíbulas negras la introducían cada vez más profundamente en las fauces de la rocaracha. A Janner le costó verlo. Se dio vuelta cuando la cabeza de la vaca desapareció y el mugido se interrumpió.

El sabueso cornudo saltó sobre sus tres patas buenas hacia Janner, no para atacarlo, sino para escapar del insecto imponente. La rocaracha gigante se recompuso y sacó el resto de su cuerpo del agujero, mostrándose tan larga y gruesa como una casa. Con sus enjutas patas, agarró al sabueso cornudo y se lo tragó con un gran sorbo sibilante.

Peet el Calcetín saltó por el agujero del techo y aterrizó en cuclillas, como un felino. La rocaracha volvió sus cuatro ojos negros hacia Peet y empezó a contonearse hacia él. Podo rugió y levantó la espada. Peet se apartó rodando de las patas de escoba de la cucaracha justo cuando Podo descargaba su espada contra una de ellas con todas sus fuerzas. La espada repiqueteó y rebotó en la pata, pero la rocaracha se sobresaltó y retrocedió el tiempo suficiente para que Podo saltara a su lado, hacia Janner.

Peet se agazapó en el rincón más alejado de la guarida, entre un montón de huesos de animales. Levantó un hueso del tamaño de un garrote y golpeó algo del montón. El topoespín y la familia de ratociélagos salieron tambaleándose, claramente presas del pánico, pero frenados por el vapor venenoso de la rocaracha. La rocaracha engulló al topoespín con su pastoso hocico negro.

Pensando que seguiría con los ratociélagos, Peet se separó de la esquina. Pero la rocaracha hizo caso omiso de los ratociélagos, saltó hacia delante e impidió el paso de Peet con sus patas delanteras.

—¡Muchacho, tenemos que salir de aquí! —gritó Podo, arrastrando a Janner por el cuello de la camisa. Janner vio a su tío a la sombra de la rocaracha gigante, con huesos hasta los tobillos, e imaginó los huesos del pobre Peet tirados en el suelo entre ellos.

—¡No! —aulló Janner, zafándose del agarre de su abuelo. Había visto lo inútil que era la espada de Podo contra la armadura de la rocaracha, pero quizás si se acercaba lo suficiente para apuñalar a la criatura cerca de la cabeza, podría encontrar un punto débil.

Janner se obligó a avanzar con piernas temblorosas hasta situarse a unos metros de la rocaracha. El animal apoyó sus numerosas patas contra la pared, a ambos lados del Hombre Calcetín, encerrándolo en una especie de jaula. El rostro de insecto de la criatura era inexpresivo, pero parecía disfrutar jugando con su presa. La boca fruncida se abría y cerraba mientras las mandíbulas que la rodeaban repiqueteaban a solo unos centímetros de la cara de Peet.

Janner se acercó todo lo que pudo a la cabeza de la rocaracha y desenvainó la espada. Detrás de los tallos que sostenían los ojos bulbosos de la criatura, vio un agujero lo bastante grande como para apuñalarla, una rotura en la armadura donde podría enterrar la hoja en la piel blanda. Cerró su mente a los chasquidos, los chillidos de los ratociélagos y los gritos frenéticos de Podo a sus espaldas, y solo pensó en clavar su espada en el cuello de la rocaracha gigante para que su tío pudiera sobrevivir.

Janner asestó su golpe. La hoja se deslizó hacia abajo, más allá de las articulaciones de las piernas, detrás de los tallos de los ojos y en el hueco oscuro donde Janner esperaba que hubiera carne blanda desprotegida, pero su espada chocó contra algo duro como la piedra.

No había ningún punto blando. Su codo vibró y su empuñadura vaciló. Una de las patas de la rocaracha arrojó a Janner al otro lado de la guarida. Janner cayó de espaldas y se quedó sin aire. Sintió un ligero dolor en la cadera, probablemente de una roca o un hueso del suelo de la guarida.

La rocaracha soltó a Peet y, con un gran chasquido, se acercó a Janner.

Todo pareció ralentizarse. Janner vio cómo Peet saltaba de la esquina y corría hacia él. Los ojos negros de la rocaracha gigante miraron de reojo a Peet, pero no se apartó de su camino. Cuando Peet pasó por debajo del agujero del techo, una mano enorme —una mano de trol— se estiró hacia abajo, agarró a Peet por el pelo y lo levantó a través del agujero, mientras este pataleaba y arañaba con sus garras inútilmente el enorme puño del trol.

La rocaracha se inclinó sobre Janner, ensanchó sus horribles mandíbulas y abrió sus labios negros y blandos. A Janner le sorprendió no sentir más pánico. Se tumbó boca arriba, observando a la terrible bestia con una especie de fascinación y sorpresa por saber que *así* sería como moriría. También sintió una irritación por la roca que le causaba tanta molestia en la cadera.

Entonces Janner se dio cuenta, con una sombría sonrisa, de que no era una roca. Era el frasco de Peet, con agua del primer pozo.

Mientras la rocaracha se relamía, Janner se preguntó qué pasaría si bebía el agua, aunque en realidad no tenía heridas físicas que debieran curarse. Luego, se preguntó qué pasaría si la rocaracha se bebía el agua y, sin pensarlo demasiado, Janner sacó el frasco del bolsillo, lo abrió y lo arrojó a la boca de la rocaracha.

De las gotas surgieron volutas de vapor que salpicaron la cara de la bestia mientras el frasco giraba en el aire. Entonces, el frasco desapareció, enterrado en las profundidades del vientre del monstruo, donde tan recientemente habían ido a parar las vacas colmillo, un sabueso cornudo y un topoespín. La bestia retrocedió, tambaleándose. Sus patas y mandíbulas giraban a una velocidad enceguecedora, y el vapor salía de su boca como el humo de una chimenea.

Una mano agarró la camisa de Janner y lo arrastró hacia atrás. De repente, los gritos de Podo perforaron todo lo demás y sacudieron los oídos de Janner.

—¡NUNCA HE VISTO UNA TONTERÍA TAN THWAPÍSTICA! JANNER WINGFEATHER, ¡LEVÁNTATE AHORA MISMO!

Janner tomó su espada y se metió por el agujero, luego subió por la ladera norte del barranco con Podo pisándole los talones.

Janner y Podo llegaron a la cima y encontraron a Oskar tendido en el suelo, inconsciente. Nia y Tink estaban junto a Leeli y Nugget, y no miraban a Janner, sino al otro lado del barranco.

Janner se volvió y vio, reunidos al borde de la ladera, demasiados Colmillos para contarlos. Tenían las espadas desenvainadas, las flechas preparadas y las lanzas alzadas. Algunos observaban a los Igiby con aire petulante, y otros miraban el agujero en el suelo del barranco. Entre los Colmillos había cuatro trols, tan altos que sus cabezas rozaban las hojas y las ramas de los árboles. En el hombro corpulento de un trol, estaban sentados Zouzab Koit y otro correcumbres, que parecían muy satisfechos consigo mismos. En las malolientes garras de otro trol, Peet el Calcetín se retorcía, graznaba y sacudía la cabeza presa del pánico.

—Son ellos —dijo Zouzab.

Un Colmillo al frente de la fila asintió.

—Una palabra mía —gritó— y el trol le exprimirá la vida a Artham Wingfeather.

10

El poderoso río Blapp

Los Colmillos y los trols se reunieron a un lado del barranco, los Igiby al otro.

—Saben tan bien como yo que Peet preferiría morir antes que dejar que se quedaran con estos niños —gritó Podo a través del espacio. Los Colmillos de Dang se separaron para que el trol que sujetaba a Peet pudiera avanzar.

Las manos del trol eran enormes. Los tres dedos y el pulgar de cada mano tenían la longitud de un brazo de Janner y el doble de grosor. Con una mano, el trol agarró a Peet por la cintura, inmovilizándole los brazos a los costados, y con la otra le cubrió la cabeza, de modo que no se le veía nada de la cara. Un mechón del pelo blanco de Peet asomaba por la parte superior del puño de la bestia. El trol parecía un niño sujetando una muñeca.

—Puede que sea cierto —respondió el Colmillo—, y si prefiere morir, ¿quién soy yo para interponerme en su camino?

El Colmillo hizo un gesto al trol y, con un gruñido, este apretó con más fuerza. Peet se puso rígido. Sus piernas se tensaron hacia abajo y sus dedos de los pies apuntaron al suelo del bosque.

—¡Alto! —gritó Leeli.

Su voz era un sonido brillante y hermoso. Empujó a Nugget hacia delante para que se colocara con sus grandes patas al borde del barranco. Tenía la espalda recta y a Janner le pareció que estaba más enfadada que asustada.

—¡Suéltalo ahora mismo! —su voz era tan seria e imperiosa que, por un momento, los trols y los Colmillos parecieron considerar su exigencia.

—Leeli, quédate atrás —dijo Nia—.

—Puede que seas la doncella musical de Anniera, jovencita, pero aquí no tienes ningún poder —dijo Zouzab. Cuando el correcumbres mencionó la Isla Luminosa, los Colmillos lanzaron un coro de gruñidos.

El líder de los Colmillos miró a uno de los arqueros, que asintió. En el silencio del bosque, Janner oyó un débil sonido, como el crujido de los árboles al viento: el tensado de las cuerdas de los arcos.

Peet empezó a forcejear, con sus gritos amortiguados por la mano del trol sobre su cabeza. El arquero Colmillo movió la cabeza escamosa hacia un lado, siguiendo la línea de visión de la flecha, y entrecerró un ojo.

La flecha apuntaba a Podo.

Janner no podía ordenar sus pensamientos. Sabía que a una palabra del comandante de los Colmillos, los arqueros del otro lado del barranco podrían enviar un centenar de flechas volando hacia ellos. Pero si los Colmillos los querían muertos, se dio cuenta de que ya lo estarían. Gnag quería las joyas de Anniera, y los quería vivos, aunque Janner no tenía idea de por qué.

—Abuelo, baja —dijo Janner con la voz más firme que pudo reunir.

Ya fuera porque Podo sintió lo mismo que Janner o porque se sometió a alguna nueva autoridad en la voz de su nieto, se dejó caer al suelo detrás de Janner. Un coro de silbidos furiosos se deslizó por la distancia que separaba a los Colmillos de los Igiby, y Janner vio que había habido más de una flecha dirigida a su abuelo.

—Mamá, ponte detrás de mí —dijo.

—No seas tonto —susurró Nia—. Es demasiado peligroso.

—Creo que tienen miedo de matarnos —susurró Janner—. Gnag nos quiere vivos, pero no creo que ocurra lo mismo contigo, con el abuelo y con Oskar. Por favor, ponte detrás de mí.

Nia lanzó una mirada ardiente a los Colmillos de enfrente y se agachó detrás de Janner. Tink retrocedió y se escondió detrás de Nia.

—¡No, Tink! —dijo Janner apretando los dientes—. Quédate adelante. No quieren dispararnos, solo a los mayores.

Tink soltó una carcajada nerviosa y se puso de pie de un salto.

—Ya lo sabía. Lo sabía.

Janner estuvo a punto de soltar una carcajada a pesar del peligro, pero entonces recordó la forma en que Tink había dudado en la guarida de las rocarachas, y su risa se esfumó.

Nugget y los niños Igiby se colocaron como una muralla frente a los tres adultos.

El comandante Colmillo los observó con interés durante un momento, y luego estalló en carcajadas. Los demás Colmillos se unieron a la carcajada, e incluso los trols soltaron algo parecido a una risotada. Las mejillas de Janner ardieron de humillación.

—¿Adónde creen que van a ir, tontos? —preguntó el Colmillo. Cuando habló, las risas se apagaron—. ¿Creen que podrán aguantar allí para sssiempre, mientras sus mayores se encogen detrás de ustedes como gatitos? —Al oír esto, el pecho de Podo retumbó—. ¿Y qué harán cuando acabe este essstúpido enfrentamiento? En cuestión de minutos, estaremos al otro lado de este barranco y serán atados y apaleados. ¿Adónde irán? ¿Al río? ¿Cruzarán a nado el poderoso Blapp sin que los apuñale el pez daga o se ahoguen en los rápidos?

A Janner se le erizó la piel de vergüenza. El Colmillo tenía razón. Durante esos instantes, Podo, Nia y Oskar estaban a salvo detrás de los niños, pero ¿qué harían cuando los Colmillos avanzaran? Janner podía oír el débil estruendo de los rápidos del río en la distancia, pero ¿qué harían cuando lo alcanzaran? El Colmillo tenía razón. Estaban atrapados y no se podía hacer nada.

—¡Ah! —continuó el Colmillo—. ¿Y qué pasa con este flacucho? ¿Dejarás que Mooph lo estruje como a una fruta? No, creo que están acabados, Wingfeathers. Gnag el Sin Nombre tiene planesss para ustedes.

—Janner —susurró Tink—. Janner, la rocaracha. Mira.

Del agujero en el suelo del barranco surgió un zarcillo de vapor, y en las sombras se retorció una oscuridad más profunda. Un temblor sacudió el suelo y envió guijarros y ramitas traqueteando hacia la guarida de la rocaracha.

Si un poco de agua del primer pozo hizo a Nugget tan grande como un caballo, ¿qué le habrá hecho una botella entera a la rocaracha?, se preguntó Janner.

Miró a través del barranco a su tío en el puño del trol. ¿Qué haría Peet? Peet era el verdadero guardián del trono de Anniera. ¿Sugeriría que Janner, Tink y Leeli se entregaran después de todo lo que se había hecho para mantenerlos vivos y a salvo de Gnag el Sin Nombre?

Janner no lo creía.

Entonces, tomó una decisión.

—Atrás —susurró Janner. Agarró el codo de Tink y el cuello de Nugget y los hizo retroceder.

—Janner, ¿qué haces? —preguntó Podo—. Nos hemos quedado sin opciones, muchacho. Oskar está al límite de sus fuerzas, y el Blapp es lo único a lo que podemos huir.

Oskar bostezó y se incorporó.

—Al contrario —dijo—. He echado una siesta muy reparadora. Y como he dicho antes, recuerdo… —se ajustó las gafas y miró hacia el norte—. Podo, viejo amigo, ¿has oído hablar del Puente de Miller?

—¿De qué hablas, Reteep? No es momento de lecciones de historia.

—En palabras de…

—En palabras de Podo Helmer, ¡estamos atrapados! Será mejor que nos entreguemos y esperemos una salida cuando el Hacedor nos la proporcione.

—¿Qué es el Puente de Miller? —preguntó Tink.

Un recuerdo afloró en la mente de Janner, la imagen de un mapa de Skree de un libro de historia que había estudiado hacía solo un año. Donde el poderoso río Blapp vertía sus aguas en el Mar Oscuro de las Tinieblas se encontraban las Cataratas Fingap. Entre paréntesis, bajo las palabras «Cataratas Fingap», estaba escrito «Puente de Miller, Segunda Época». Janner parpadeó y la imagen de su mente se desvaneció.

—¡Atrás! —volvió a decir. Luego llamó al comandante Colmillo, intentando mantener la templanza en su voz—. Ahora nos vamos. Ha sido una agradable visita. Saluden de nuestra parte a Gnag el Sin Nombre cuando lo vean.

El comandante Colmillo vio que los Igiby se alejaban y gruñó. Janner miró a su tío en las garras del trol y se aterrorizó porque acababa de costarle la vida a Peet el Calcetín. El comandante Colmillo se alejó del barranco dando pisotones y dio una orden al trol. Janner respiraba entrecortadamente y sus ojos se cerraron de forma involuntaria. No podía soportar ver cómo el trol mataba a su tío.

Pero no oyó ningún grito, ningún sonido de lucha. Janner abrió los ojos y vio que el trol que había retenido a Peet había desaparecido. Sin embargo, no tuvo tiempo de considerarlo, porque la voz del comandante Colmillo resonó en el bosque.

—¡TRAS ELLOS!

—¡Corran! —dijo Janner, que giró sobre sus talones y tiró de su madre para ponerla en pie. Tink y Podo ayudaron a Oskar a levantarse y colocaron uno de los brazos del anciano sobre la espalda de Nugget. El otro brazo pasó por encima del hombro de Podo, y el perro y el pirata corrieron tras Tink con Oskar entre los dos. Janner y Nia ocuparon la retaguardia.

Detrás de ellos, los Colmillos se precipitaron por el barranco. Janner oyó que la cubierta de madera cedía bajo su peso, luego los gritos de los Colmillos,

los bramidos de los trols y, por encima de todo, un castañeo espeluznante: el chasquido insectil de la rocaracha gigante.

Janner se arriesgó a mirar detrás de él y contempló una brillante pesadilla negra que irrumpía por encima del borde del barranco. La rocaracha gigante había triplicado su tamaño. La espalda abovedada del bicho gigante se alzaba como una burbuja dura y aceitosa, y sus patas agitadas parecían lanzas articuladas, apuñalando y arañando a los Colmillos. Justo cuando Janner apartaba los ojos de la carnicería, un trol voló por los aires y se estrelló contra un árbol como si no fuera más que un juguete.

Corrieron y corrieron. Nadie habló. Nadie preguntó por el Puente de Miller. Los únicos sonidos eran su respiración agitada, los gritos de los trols que resonaban en el bosque y el rugido constante del poderoso Blapp, que se acercaba a cada paso que daban.

—Los Colmillos no tardarán en superar esa cosa —dijo Podo entre jadeos. Janner sabía que los Colmillos no tardarían en pisarles los talones, pero unos minutos eran mejor que nada, ¿no? Al menos seguían siendo libres, aunque corrieran por sus vidas.

Entonces, recordó a Peet. Quizás en la confusión del ataque de la rocaracha gigante, el tío Artham había encontrado una forma de escapar.

Oskar tropezó y sus brazos se soltaron de Nugget y Podo.

—Estoy bien, estoy bien —aseguró, haciendo una mueca de dolor mientras Podo tiraba de él para ponerlo en pie.

Se detuvieron. Todos menos Leeli estaban sin aliento y pálidos de tanto correr. Nia se adelantó un poco y miró hacia el norte, con las manos en las caderas.

Podo se agarró al hombro de Janner y carraspeó.

—No guardaron nada del agua del primer pozo antes de arrojársela a la rocaracha, ¿verdad? A Oskar le vendrían bien una o dos gotas.

—No, señor —murmuró Janner. Agachó la cabeza, medio apenado y medio enfadado por estar a punto de recibir un sermón por algo que les había salvado la vida. Se quedó mirando al suelo, dolorosamente consciente de que el resto de la familia lo estaba mirando.

Pero Podo no lo sermoneó. Levantó la barbilla de Janner y lo miró a los ojos.

—Bien hecho, muchacho. Has mantenido la calma. Estoy orgulloso de ti —palmeó la espalda de Janner—. Es como Barcos y Tiburones, ¿no? Siempre hay una salida.

—No siempre —dijo Nia, que se encontraba en lo alto de una elevación no muy lejos.

Cuando Janner la alcanzó, vio que habían llegado al final del bosque de Glipwood. Bajo ellos, retorciéndose entre una masa de rocas húmedas, se extendían las aguas blancas y furiosas del poderoso río Blapp.

11

El final del camino

—Entonces, ¿qué es eso del Puente de Miller? —preguntó Tink.

Se detuvieron en la cresta de una colina y contemplaron el caos infranqueable del poderoso río Blapp.

El costado de Oskar había dejado de sangrar, pero el viejo estaba casi exhausto. Llevaba corriendo desde aquella mañana, primero al robar el burro de los Colmillos del establo de detrás de la tienda de flores de Ferinia, luego al conducirlo hacia el norte y adentrarse en los peligros del bosque, solo para verse obligado a huir cuando por fin llegó hasta sus amigos. Se secó la frente con un pañuelo e intentó sonreír. Era una sonrisa cansada y demacrada que hizo temer a Janner por la vida de su mentor, aunque también lo hizo amar aún más al amable anciano.

—Es tan antiguo que podría ser una leyenda —empezó Oskar. Se le doblaron las piernas y Janner corrió a su lado para sostenerlo—. Ay, ay, ay.

—Creo recordar haberlo visto en un mapa —dijo Janner—. Es un puente… en las Cataratas Fingap.

—¡Cataratas Fingap! —espetó Podo—. ¿Cómo puede haber un puente en ese horrible lugar? Fui allí de niño, y lo único que había era nubes y truenos, una cosa que hace que se te enrosque el estómago en la garganta. No, de ninguna manera. No podemos ir al este.

—¿Por qué no? —dijo Nia—. No podemos ir al oeste. El bosque se extiende kilómetros y kilómetros, y quién sabe con cuántas vacas nos encontraremos, aunque los Colmillos no nos atrapen.

—Pero las Cataratas Fingap están demasiado cerca del Mar Oscuro. Podríamos caer dentro. —Podo cruzó los brazos sobre el pecho, como si aquello pusiera fin a la conversación.

—Papá, si hay un puente, y está a poca distancia de aquí, podríamos cruzarlo antes de que los Colmillos sepan que está ahí. Incluso podrían suponer que hemos ido hacia el oeste. Creo que deberíamos escuchar a Oskar y Janner.

—Óyeme, muchacha —Podo bajó las cejas mirándola—. Llega un momento en que tienes que elegir entre la muerte y la captura. Preferiría morir antes que dejar que esos babosos me ataran, pero tenemos que pensar en esos jóvenes. Ya viste cómo se contuvieron esos Colmillos cuando los niños se pusieron delante de nosotros. Esos lagartos no quieren matarlos. O sí quieren, pero temen hacerlo por miedo a Gnag el Sin Nombre. Quizás tengan más posibilidades de sobrevivir si nos entregamos. Tal vez Gnag no resulte ser tan malo.

Nia enarcó una ceja.

Podo agitó una mano en el aire.

—No me refiero a eso. Solo digo que si los Colmillos no pretenden matarlos, tal vez eso sea mejor que ser arrojados por el borde de las cataratas y caer al mar.

Tink asintió.

—Creo que tiene razón, mamá. No quiero morir —tragó saliva—. Y *de verdad* no quiero morir al caer por los acantilados.

—Gracias, muchacho. Me alegro de que tengas algo de sentido común.

Nia estaba tan alterada que no podía hablar. Janner odiaba ver a su madre y a su abuelo enfrentados. Cuando Peet estaba cerca, los dos hombres discutían constantemente, pero esto era diferente. Era algo más profundo que una discusión. Era una decisión que significaba algo más que la paz entre dos personas: era la diferencia entre la vida y la muerte para todos ellos. Janner no sabía qué pensar. Si se entregaban, al menos seguirían vivos. Mientras estuvieran las joyas de Anniera, el trono de la Isla Brillante tenía una oportunidad de ser restaurado. Pero si morían, cualquier plan que Gnag tuviera para los niños se frustraría, lo que tenía que ser algo bueno.

—No podemos dejar que nos capturen —dijo Leeli—. ¿Habría elegido el rey Esben (Papá) la captura antes que la muerte? Eligió la muerte, ¿no? Podría haber escapado del castillo, pero eligió arriesgar su vida por, bueno, lo que fuera que había en el castillo que necesitaba proteger.

—Abuelo, quizás lo logremos —dijo Janner—. Tal vez *haya* un puente.

—Pero ¿y si no lo hay? —preguntó Tink, moviendo el peso de su mochila.

—Hay un puente —dijo Oskar—. Tiene que haberlo, viejo amigo. Barcos y Tiburones, ¿recuerdas?

—¡BIEN! —rugió Podo, y luego se controló rápidamente—. Bien. Tal vez haya un puente. Oskar, si dices que hay un puente en las Cataratas Fingap, allí iremos. ¡Muévanse! Hemos perdido un tiempo precioso.

Nugget no tuvo problemas para saltar de roca en roca. Tink también saltaba, intentando en vano seguir el ritmo del perro y su hermana. El poderoso Blapp se precipitaba con creciente frenesí a medida que se acercaba a las cataratas. El aire estaba espeso por una niebla que empapaba a los Igiby y a Oskar, pero olía limpio y penetrante.

Se abrieron paso entre las rocas a medida que se elevaba la orilla, tan empinada que a Janner le preocupaba que fuera imposible encontrar una forma segura de descender hasta el puente, si es que existía. La otra orilla del Blapp no tenía un aspecto diferente: rocas húmedas y esquisto que se inclinaban hasta la línea de los árboles. Sabía por los mapas que el río dividía uniformemente el bosque de Glipwood. Más allá del bosque, al norte, estaban las Montañas Pedregosas y luego las Praderas de Hielo. Siempre había soñado con ver más de Kistamos, pero nunca imaginó que estaría huyendo de Colmillos, trols y sabuesos cornudos.

—¡Miren! —gritó Leeli.

Ella y Nugget estaban a un tiro de piedra del resto, donde el río daba un giro brusco a la derecha y parecía dirigirse directamente hacia un imponente acantilado y desaparecer.

—¡Ya lo veo! —dijo Leeli—. Las Cataratas Fingap, y luego el mar. ¡Es precioso!

Al oír estas palabras, Podo inclinó la cabeza y cerró los ojos, orando o con preocupación, Janner no lo sabía. La boca del anciano se contrajo en las comisuras y sus orificios nasales ardieron. La juventud que le había proporcionado el agua del primer pozo había desaparecido. Janner vio ahora a un anciano cansado, con la ropa mojada y el pelo blanco y gris colgando de la cabeza en mechones fibrosos. Los ojos de Podo se abrieron y lo miraron fijamente. Se miraron durante un momento, luego Podo le guiñó un ojo, forzó una sonrisa y avanzó hasta la siguiente roca.

Detrás de ellos, Janner oyó el gruñido de un trol y el aullido de un sabueso cornudo.

Tiró de su madre hasta la siguiente roca y la tomó de la mano mientras avanzaban a toda prisa. Podo ayudó a Oskar, mientras Tink se mantenía cerca de Leeli y Nugget. Janner se alegró de ver que Tink se volvía cada pocos pasos para asegurarse de que no necesitaban su arco.

Finalmente, doblaron el recodo del río y contemplaron, muy abajo, un penacho de niebla iluminada por el arco iris, la nube sibilante que se agitaba desde las Cataratas Fingap. El río estaba dividido por escarpados y elevados riscos en cientos de rugientes cauces que se precipitaban hacia abajo en una blanca locura. Mucho más allá y por debajo de la niebla se extendía el ancho y silencioso gris del Mar Oscuro de las Tinieblas.

Una vista así exigía que el grupo se detuviera en seco. Se acurrucaron juntos, empapados y cansados. Si Janner hubiera sido capaz de leer la mente, se habría enterado de que cada uno de ellos tenía el mismo pensamiento: con los Colmillos detrás y las cataratas delante, parecía seguro que el río los mataría. Los absorbería y los arrojaría a las frías y negras profundidades.

Tink se puso delante de su abuelo, intentando hacerse oír por encima del rugido de las cataratas.

—¿Qué? —gritó Podo.

—¡Dije que no veo ningún puente! —gritó Tink.

Tink tenía razón. La idea de que alguna vez hubiera habido un puente en las Cataratas Fingap le parecía ridícula a Janner ahora que podía ver el lugar con sus propios ojos.

—¿Qué hacemos? —gritó Janner.

—¡Nos vamos! —dijo Leeli. El viento le revolvía el pelo en la cara, y Leeli miraba al mar con una expresión familiar de férrea determinación.

El rostro de Podo, sin embargo, estaba ceniciento. Apoyaba una mano en el hombro de Oskar y sus ojos miraban en todas direcciones menos hacia el mar. Los dos hombres presentaban un aspecto lamentable. Oskar tenía el vientre envuelto en vendas ensangrentadas y la parte superior de la cabeza brillaba por la humedad. De las cejas de Podo, goteaban agua y sudor. Ambos tenían los hombros caídos y la boca abierta. Era injusto que dos ancianos —dos hombres *buenos* que deberían estar sentados junto al fuego con los pies en alto y la barriga llena— estuvieran aferrados el uno al otro a orillas del poderoso Blapp, con la muerte delante y detrás.

—Abuelo —dijo Leeli—. Puedo ver el mar desde aquí, y no es oscuro en absoluto. Es ancho, terrible y hermoso. Debemos ir por ahí. No sé por qué, y sé que debería tener miedo, pero hay algo... *correcto* al respecto. Hay algo en el tamaño del océano, en la forma en que se extiende eterna y llanamente: me dan ganas de cantar.

Parecía una tontería, pero los ojos de Leeli estaban firmes. Inclinó la barbilla y se apartó el pelo de la cara para que el viento se lo llevara por detrás. Podo sonrió a su nieta y asintió. Janner miró más allá de la niebla, pero solo vio el océano y no sintió más que un mareado escalofrío en el estómago al ver lo lejos que estaba de las cataratas.

Nia puso una mano en el collar de Nugget, respiró hondo y condujo al perro y a Leeli por la pendiente rocosa hacia las cataratas.

Un gran estruendo partió el aire.

Justo detrás de Janner, una roca del tamaño de un caballo estalló en astillas de piedra. Janner levantó la vista y vio a un trol que se asomaba por el borde de la orilla desde entre los árboles. Entonces aparecieron varios Colmillos, y pronto la arboleda sobre la orilla del río se llenó de ellos.

Las flechas repiquetearon contra las rocas que rodeaban a Oskar y Podo. Janner gritó a Tink y se acercaron a los ancianos. Las flechas se detuvieron de momento, pero Janner vio que los Colmillos conversaban y señalaban a Nia. Ella se colocó cerca de Leeli, pero no tan cerca como para que un buen arquero tuviera muchas dificultades para evitar a la niña y acertar a la madre.

Podo hizo un gesto con la mano y le gritó a Nia que se mantuviera cerca de Leeli. Los Igiby se apresuraron por un tramo de esquisto que corría paralelo a un charco espumoso en la orilla del río. Por el rabillo del ojo, Janner vio las formas de unos peces tan largos como su brazo nadando en los bajíos.

—¡Aléjense del agua! —gritó mientras corrían. Nadie oyó lo que decía, pero miraron hacia donde señalaba y se alejaron todo lo posible de la orilla.

Janner miró hacia atrás y vio a dos trols que se deslizaban por la orilla, sacudidos por las rocas más grandes y con una sonrisa tan amplia que vio en cada una de sus bocas dos dientes frontales cuadrados con un generoso espacio entre ellos. Con mucha menos gracia (aunque eso es difícil de imaginar), los Colmillos cayeron detrás de los trols tan caóticamente como si los hubieran empujado desde arriba (que probablemente era lo que había ocurrido). Los trols se pusieron de pie, se sacudieron y salieron tras los Igiby al trote, justo cuando el primero de los Colmillos llegaba al fondo.

Cuando los trols pasaron por las aguas poco profundas, bancos de peces daga saltaron del agua. Sus narices afiladas como agujas se clavaron profundamente en la tosca carne de los trols. Los trols gemían y arrancaban los peces mientras más saltaban del agua, y Janner sintió que se le revolvía el estómago al ver lo cerca que habían estado él y su familia de correr la misma suerte.

Todos se apresuraron a acercarse a las cataratas menos Tink, que se quedó mirando las rocas.

—¡TINK! —gritó Janner.

Tink tenía un ojo entrecerrado y la cabeza ladeada. Observaba la orilla por encima de las cataratas como si estudiara un árbol que iba a dibujar.

—¿Qué estás *haciendo*? —exclamó Janner. Tiró tan fuerte del brazo de Tink que su hermano tropezó y cayó.

—¡Ay! —gritó Tink mientras se levantaba de un salto.

—¡Tink, están justo detrás de nosotros!

—¿Crees que no lo sé? —dijo Tink con los dientes apretados, adelantándose a su hermano.

—Entonces, ¿qué estabas haciendo? —espetó Janner.

Tink no contestó.

Los chicos se detuvieron en seco cuando alcanzaron a los demás, que habían llegado al final del camino. Estaban al borde de un acantilado. Debajo había un remolino de niebla.

A la izquierda corría el río, furioso, blanco y frío.

A la derecha, la empinada ladera húmeda de esquisto y peñascos se elevaba y desaparecía en la bruma gris.

Detrás de ellos, avanzaban los trols y los Colmillos.

—No hay ningún puente, ¿verdad? —preguntó Janner.

—Ya no, hijo —respondió Nia—. Si alguna vez hubo un puente, ya no existe.

12

Estruendo, rocío y piedra

—Así que este es el final —dijo Janner.

Nia sonrió y le apartó un mechón de pelo húmedo de los ojos.

—Me alegro de que lo hayamos intentado.

Janner apoyó la cabeza en el hombro de su madre, sorprendido de poder encontrar algo de consuelo cuando su situación era tan sombría, y todo porque estaba cerca de aquellos a quienes amaba y que lo amaban también.

Entonces pensó en Tink. Janner se abalanzó sobre él y clavó un dedo en el pecho de su hermano.

—¿Qué hacías ahí atrás? Llevamos todo el día en peligro, ¡pero tú te quedas parado! ¿Acaso esto es un juego para ti?

—¡No me quedé parado porque sí! Vi algo…

—Oh, ya basta —dijo Leeli—. Ahora no es el momento —se inclinó hacia delante y apoyó la cabeza entre las orejas de Nugget. El perro gimoteó y movió la cola—. ¿Por qué no vienen?

—Porque saben que estamos atrapados, muchacha —dijo Podo—. Mira.

Los Colmillos se reunieron al pie de la orilla y ordenaron a los trols que retrocedieran. Los Colmillos parecían preocupados por la posibilidad de que los niños se precipitaran por las cataratas en la lucha si avanzaban demasiado deprisa, así que procedieron con cautela. Aparecieron más Colmillos y se organizaron en filas. Mientras tanto, los trols se arrodillaron como niños a la orilla del río y pasaban los dedos por el agua acelerada. Cuando los peces daga saltaban, los trols risueños los lanzaban a los rápidos.

—¿Adónde vamos ahora? —preguntó Oskar.

—A ninguna parte —dijo Podo con un profundo suspiro—. Nos quedamos y luchamos. —Desenvainó la espada—. Luchamos y no nos rendimos hasta que el agua nos llegue a los dedos de los pies, ¿eh? Si ocurre algo terrible y nosotros, los viejos, no salimos de esta, permanezcan juntos, ¿entendido? Luchen con uñas y dientes si es necesario, pero permanezcan juntos. No sé lo que el viejo Gnag tiene planeado para ustedes, pero confíen en el Creador y… hagan lo que su padre hubiera querido. Hagan lo que su madre y yo querríamos. No sigan solo su corazón. Su corazón los traicionará.

—Tink, ¿adónde vas? —preguntó Janner. Tink estaba a unos diez pasos, siguiendo un camino alrededor de una roca que parecía flotar en la niebla—. ¡Tink! —gritó Janner, enfadándose de nuevo.

—Ya te dije, me pareció ver algo —dijo Tink, sin levantar la vista—. Una silueta en las rocas, como si alguien hubiera empezado a dibujar unas escaleras o un camino para bajar desde la línea de árboles, pero nunca lo hubiera terminado. ¡Mira! —dio una patada a unas piedras sueltas.

Lo único que veía Janner eran más rocas.

Tink puso los ojos en blanco y se quitó un poco más de esquisto.

—Escalones —dijo.

El trozo cuadrado de roca estaba desgastado por años de erosión, pero era claramente artificial, tan ancho como la longitud de una espada y cortado en el lecho rocoso.

—No veo por qué te alegras tanto. ¿De qué manera uno o dos escalones nos ayudarían a escapar de los Colmillos?

Tink señaló por debajo del acantilado donde se reunían los demás, y Janner comprendió. Vio enterrada bajo los guijarros y la losa la débil silueta de más escalones, cortados en el frente del acantilado. Incluso ahora que sabía que estaban allí, tenía que entrecerrar los ojos y usar la imaginación para ver las escaleras, y no estaba seguro de que nadie, salvo Tink, las hubiera visto.

Janner se rio y le dio una palmada en la espalda a Tink.

—¡Escaleras! ¡Tink encontró escaleras!

Los escalones probablemente conducían a otro callejón sin salida, pero saber que su última defensa no ocurriría allí, en la orilla, sino hasta dentro de unos minutos, hizo que Janner se sintiera embriagado de emoción.

Mientras Podo enarcaba una ceja y Oskar levantaba las dos, Nia, Leeli y Nugget saltaron hacia donde estaban Janner y Tink. Nia vio enseguida los escalones. Jadeó, besó la frente de Tink y ayudó a Nugget a que bajara. Janner, tras lanzar una mirada de disculpa a Tink, siguió a su hermano hacia abajo. Podo y

Oskar fueron los últimos. En unos instantes, desaparecieron bajo el borde del acantilado y en medio de la niebla.

La escalera era traicionera, no más que un estrecho saliente cortado en la pared de roca. La pared se desviaba de la orilla y parecía conducir directamente a la cascada, mientras que, a la derecha, el suelo caía y se desvanecía en el vacío que había debajo.

Por encima del ruido de las cataratas, se oía a Oskar y Podo justo detrás de Janner y Tink, resoplando y refunfuñando cosas como: «Maldita ropa mojada» y «Tengo las gafas tan empañadas que apenas si veo» y «Acelera el paso, hombre, que no tardarán en llegar».

Justo delante de Janner, Nugget se mantenía lo más cerca posible de la pared, con el rabo entre las piernas. La cornisa los llevó tras un torrente de agua, un pasadizo de estruendo, rocío y piedra. Cuando emergieron, la escalera descendía más bruscamente hacia la niebla.

Nugget se detuvo y Janner chocó con el trasero del perro.

—¿Qué pasa? —les preguntó a Nia y a Leeli mientras se escurría junto a Nugget.

—Los escalones terminan aquí —dijo Tink, señalando una cascada de agua blanca que siseaba a través de una brecha tan ancha como el camino que salía de la cabaña Igiby. Si hubiera sido un arroyo del bosque, podrían haber saltado al otro lado sin problemas.

Janner se acercó sigilosamente y metió la mano en el agua corriente, y esta fue sacudida hacia abajo como si alguien la hubiera abofeteado. No había forma de que pudieran vadear o cruzar a nado sin ser arrastrados.

—¿Qué nos retiene? —preguntó Podo desde atrás de Nugget.

Janner se volvió para contestar y vio a Colmillos bajando los escalones detrás de ellos.

—¡Abuelo! —gritó.

En un movimiento fluido, Podo desenvainó su espada, giró sobre sí mismo y acabó con el hombre serpiente más cercano. El segundo Colmillo de la fila tardó unos instantes en comprender lo que había ocurrido, pero cuando lo hizo, gruñó y blandió la espada hacia Podo.

—¡Deprisa! —rugió Podo, esquivando un golpe y pateando al segundo Colmillo. Otro lo seguía de cerca.

—Tink, ¿puedes hacerlo? —gritó Janner.

—¿Hacer qué?

—¡Saltar! Es nuestra única oportunidad. ¿Puedes hacerlo?

—¿Pero después qué? ¿Y Oskar? ¿Y el abuelo?

Janner volvió a estallar.

—¡No lo sé! Incluso si eres el único que lo consigue, ¡es mejor que si nos atrapan a todos! ¿Puedes hacerlo?

Sin decir nada más, Tink retrocedió, respiró hondo y saltó. Aterrizó al otro lado del hueco y rodó hasta ponerse en cuclillas.

—Leeli, ¿puedes hacer que Nugget salte? —gritó Nia.

—Creo que sí —dijo Leeli. Se inclinó y susurró a Nugget al oído.

—¡Aquí, chico! —gritó Tink. Dio una palmada y silbó.

Janner vio a Podo forcejeando con otro Colmillo, que blandía una lanza. Podo esquivó la punta de la lanza y chocó contra el anca de Nugget. El perro chilló y saltó al otro lado de la brecha.

—¡Buen chico, Nugget! —gritó Nia.

—Mamá, eres la siguiente —dijo Janner—. ¡Vamos!

Nia agarró el codo de Janner.

—No, hijo, deberías…

—¡Vamos! —gritó Janner, y Nia saltó. Era delgada y fuerte, pero sus pies no llegaron al otro lado. Aterrizó con la cintura en el borde, las manos agitándose para encontrar apoyo en la roca. Sus piernas desaparecieron en el torrente de agua y la voltearon.

—¡Mamá! —gritó Leeli.

Tink la agarró de las manos y tiró con todas sus fuerzas, pero podía sentir que su madre se le escapaba. Nia no gritó. Apretó la mandíbula y clavó la mirada en su hijo y en su hija, con los ojos fijos en ellos, de modo que las venas le sobresalían en las sienes.

Nugget agarró con los dientes un pliegue de la blusa de Nia, la levantó de los rápidos y la dejó en el suelo. Nia rodó sobre su espalda, jadeando.

Janner no estaba seguro de qué hacer a continuación. Sabía que podía saltar, pero ¿y Oskar y Podo? Alguien tendría que retener a los Colmillos para que los demás pudieran escapar, y si Nia apenas había dado el salto, Oskar perecería con toda seguridad.

Janner desenvainó su espada.

Quería ser lo bastante fuerte y valiente como para meterse delante de Podo y luchar contra los Colmillos para que su abuelo pudiera escapar, pero sabía que no era rival para los Colmillos. Aunque habían demostrado ser malos luchadores, seguían siendo venenosos y fuertes. Habían pasado muchas cosas en las semanas transcurridas desde el Festival del Día del Dragón —había ayudado a Podo a derrotar al comandante Gnorm y se había acostumbrado al peso de una espada—, pero solo tenía doce años.

Janner se dijo que no estaba siendo cobarde: estaba siendo realista. Gnag quería las joyas de Anniera, no a Podo ni a Oskar. ¿No sería lo correcto escapar mientras pudiera? ¿No le dirían Oskar y Podo que hiciera lo mismo?

Miró atrás a través de la niebla y vio a Tink, Nia y Leeli observando; ninguno seguro de qué hacer. Podo seguía furioso, maldiciendo a los Colmillos entre el ruido metálico de las espadas y el estruendo del poderoso Blapp. Oskar se llevó una mano al costado herido y se hundió en el suelo.

Janner estaba en la brecha entre sus seres queridos, con la espada desenvainada, dudando entre dos terribles opciones: huir y esperar que Podo pudiera contener a los Colmillos el tiempo suficiente para que él y sus hermanos pudieran cruzar las cataratas —si es que había una forma de hacerlo— o lanzarse a una lucha que no podría ganar.

Entonces, Janner recordó a su tío. Vio en su mente la forma en que Peet el Calcetín había surcado el aire hacia el barranco de las rocarachas con aquella mirada feroz en sus ojos inyectados en sangre.

Proteger. Proteger. Proteger.

Janner ya no era solo Janner Igiby, del municipio de Glipwood. Era Janner Wingfeather, guardián del trono de Anniera, protector del trono y de aquellos a quienes amaba. Se imaginó a Peet —Artham Wingfeather—: pelo negro azabache, ojos brillantes, brazo fuerte que blandía la espada. Artham le recordó que por sus venas corría sangre real, real no solo por su ascendencia, sino por el amor de quienes lo habían precedido y habían dado su vida por él.

Un grito de guerra surgió de su interior como una fuente. Tiró de Oskar para ponerlo en pie y lo llevó a rastras a la orilla del agua.

En los escalones superiores, otro Colmillo apareció junto al de la lanza y apuntó a Podo con una ballesta. Justo antes de que disparara, Podo agarró el extremo de la lanza y golpeó a un Colmillo contra el otro, derribándolos a ambos por el borde. La saeta salió disparada hacia la niebla. Antes de que el viejo pirata tuviera tiempo de recuperar el aliento, otros dos Colmillos surgieron de la niebla. Podo gimió.

—¡Tink, ayuda a bajar a Leeli! —ordenó Janner—. ¡Nugget, ven aquí! ¡Aquí!

Con un quejido, Nugget volvió a saltar por el hueco.

—Vamos, señor Reteep —dijo Janner—; necesito que se suba a la espalda de Nugget.

—Madre mía —resolló Oskar—; no creo que sea una buena idea, joven Janner. En palabras del poeta Shank Po: «Preferiría no hacerlo. ¿Qué otra opción hay?».

Janner sonrió a su pesar.

—Vamos, señor.

Tiró de la cabeza de Nugget hacia el suelo, y el cuerpo del perro siguió. Oskar se acercó cojeando al perro gigante y cayó sobre él sin gracia. Nugget gimoteó y se puso en pie bajo el peso del hombretón. Oskar rodeó el cuello de Nugget con los brazos.

Nugget, por muy fuerte que fuera, nunca había cargado con alguien tan grande como Oskar. El perro husmeó en el borde y lloriqueó a Leeli. Ella sonrió y aplaudió dos veces.

El perro se agachó, flexionó los grandes músculos de sus patas y saltó. Aterrizó bien, pero Oskar perdió el agarre y cayó al suelo.

Janner se volvió hacia Podo.

—¡Chico, será mejor que te vayas! Al viejo Podo no le queda mucho. ¡Tienes que ponerte a salvo! —Podo clavó la lanza en otro Colmillo—. Estoy en un buen sitio. No pueden atacar más de dos a la vez. Alguien tiene que quedarse aquí y contenerlos.

Janner vio la lógica del plan de Podo. Tenía sentido.

Pasó junto a Podo y levantó la espada. No estaba seguro de cómo colocar los pies o sujetar el arma para el ataque que se avecinaba, pero sabía que si Artham Wingfeather, guardián del trono de la Isla Luminosa, pudiera verlo ahora, sonreiría.

13

El puente de Miller

Janner no tuvo ocasión de blandir su espada.

Los dos Colmillos de los escalones se retiraron hacia la niebla y dejaron a Janner y Podo estupefactos.

—¡Vamos, muchacho!

El viejo pirata no perdió tiempo en bajar los escalones. Se detuvo al borde del agua. Sin que nadie se lo dijera, Nugget volvió a cruzar de un salto y se agachó para que Podo pudiera subir. El perro gigante ladró y lo cruzó al otro lado.

Janner fue el último en cruzar.

Siguieron adelante, incapaces de ver más allá de unos metros. El saliente de roca se ensanchó y les permitió avanzar a mayor velocidad. Entonces, por encima del estruendo de las cataratas, llegó el sonido familiar y escalofriante del gruñido del trol. Debajo vibraba un *tump-tump-tump* sordo, como si el río tuviera un corazón palpitante. Janner se dio cuenta de que el trol bajaba corriendo los escalones detrás de ellos.

—¡Deprisa! —exclamó Janner. Se puso al frente de la procesión y encontró a Tink bajando el primer peldaño de otra estrecha escalera.

—¡Me estoy dando prisa! —espetó Tink—. ¡Es que no veo lo que hay delante!

Janner bajó los escalones a toda velocidad, pasando por delante de Tink, con la esperanza de que no terminaran bruscamente como los anteriores, o el impulso lo llevaría directamente al precipicio. Inmediatamente, la niebla se aclaró. La luz del sol se abrió paso en algunos lugares y vio el cielo azul.

El corazón de Janner palpitaba al compás del *tump* de las pisadas de los trols.

—¡Aquí abajo está más claro! —gritó por encima del hombro—. ¡Tal vez ya estemos cerca del otro lado!

Los demás descendieron los escalones tan rápido como se atrevieron. Janner no perdía de vista la niebla que había tras ellos, esperando a que surgieran los trols.

El aire pasó de ser una niebla sin rasgos a convertirse en volutas y rizos apuñalados por los rayos del sol. El cielo era totalmente visible por encima, pero por debajo solo había niebla, por lo que parecía que caminaban sobre una nube.

Entonces, con un soplo de viento, la niebla se disipó durante un instante abrumador. El gris eterno del Mar Oscuro de las Tinieblas se desplegaba ante ellos. Aquí, la meseta de Skree era el doble de alta que los acantilados de Glipwood. Las pequeñas olas blanquecinas eran invisibles a esta altura, y el horizonte se curvaba hacia el norte y el sur, lo que hizo que Janner se preguntara si los libros que había leído tenían razón al afirmar que Kistamos era tan redondo como la luna.

Por fin, Janner vio la cúspide final de las Cataratas Fingap y se dio cuenta, en un instante de desesperación, de que apenas si habían empezado a cruzar el gigantesco río. Allí donde el Blapp se precipitaba sobre el borde y se adentraba en el mar, el río se dividía en una veintena de canales, todos ellos tan anchos como ríos, que se extendían como venas espumosas antes de precipitarse en el Mar Oscuro.

Sin embargo, las aguas hacían una última parada en su descenso.

Una plataforma de roca sobresalía y atrapaba las cataratas como una mano abierta, formando un lago poco profundo en su palma. En el extremo de la plataforma, se alzaban torres de piedra como dedos gigantes curvados hacia arriba, y las aguas blancas se deslizaban entre ellas y volvían a fundirse al caer. Entre cada una de las torres se extendía lo que desde esta distancia parecía un tramo de roca delgada como el papel.

El puente de Miller.

Janner pudo ver que había sido construido por una civilización mucho mayor que la suya. Las torres estaban desgastadas por miles de años de intemperie y agua, pero estaba claro que no eran formaciones naturales. *Alguien construyó esto,* pensó, y se sintió muy pequeño. Y comprendió por qué el puente era tan poco conocido; solo aquellos lo bastante insensatos como para descender por la escalera hacia la niebla llegarían a acercarse lo suficiente como para verlo.

Entonces, con la misma rapidez con que la bruma había sido disipada por la ráfaga de viento, los pensamientos de Janner se vieron dispersados por un rugido ensordecedor a sus espaldas.

Podo se volvió hacia el trol.

La criatura se cernía sobre ellos, en cuclillas sobre una roca del tamaño de una casa. Había venido de otra dirección, se dio cuenta Janner, probablemente saltando a través de la niebla de roca en roca para poder cortar el paso a la familia o, al menos, sorprenderla. Mientras Podo había estado vigilando la escalera por detrás, el trol se había acercado por arriba. Tras dedicar una sonrisa tonta a la familia Igiby, la bestia se recompuso y saltó de la roca.

—¡Corran! —bramó Podo.

Sin tener en cuenta la vertiginosa altura, Janner agarró a Nugget por el cuello y bajó a toda velocidad los escalones, que se separaban de la pared del acantilado y se estrechaban.

Lo que había sido una saliente era ahora un puente sostenido por torretas de piedra. El camino seguía siendo lo bastante ancho para que dos personas pudieran caminar a la vez, pero la caída a ambos lados lo hacía precario. Nugget seguía a Janner solo porque Leeli se lo aseguraba constantemente, y Janner se preguntó más de una vez si el antiguo puente soportaría el peso del perro gigante. Oró para que así fuera, aunque esperaba que se derrumbara bajo el trol.

El trol aterrizó en la cornisa con un estrépito que hizo vibrar los pies de Janner. Justo detrás de él, Nia bajaba los escalones tan rápido como podía, con Oskar cojeando a su lado y un brazo alrededor de su hombro. Tink tomó la retaguardia con Podo y bajó las escaleras hacia atrás con el arco apuntando al trol. Janner volvió a recordarse que, si sobrevivían, le debía a Tink una disculpa y un gran elogio.

El trol se detuvo donde la cornisa se convertía en el puente. El bruto ladeó la cabeza y se rascó la mata de pelo, luego golpeó el puente con el puño. Guijarros salieron disparados y desaparecieron en el agua, pero el puente resistió. Un segundo trol se unió al primero, y parecían estar conversando, con sus enormes bocas agitándose seriamente. Janner deseó poder oír qué tipo de lenguaje hablaban, y si no hubiera estado corriendo por su vida, se habría reído de la idea.

Llegaron al primero de los altísimos dedos de la plataforma. La cima era una zona plana no mayor que el jardín de Igiby, lo bastante grande para seis humanos y un perro gigante, pero no mucho. Desde allí, Janner podía ver la totalidad de las Cataratas Fingap por encima y por detrás: la red de aguas vertiéndose entre las rocas, chocando contra los peñascos tallados y dispersándose de nuevo, bajando a borbotones a través del aire brumoso hasta la palma de la repisa de roca, donde el agua se reunía en lo que parecía un lago hirviente antes de deslizarse entre las torres y adentrarse en el Mar Oscuro.

La plataforma sobresalía del acantilado, de modo que cuando Janner miró hacia abajo, sintió que flotaba. Solo veía agua blanca, y debajo, el mar gris. Todo el mundo era agua.

Cada uno de ellos, incluso Nugget, se quedó sin aliento. Su llegada a la primera torre parecía todo un logro, y los trols aún no se habían aventurado por el puente, así que acordaron en silencio detenerse para descansar un momento. Nugget llevó a Leeli al centro del grupo. Estaba sentada con la espalda recta. Una mano acariciaba el cuello de Nugget y con la otra se hacía sombra en los ojos mientras contemplaba el horizonte con una calma que desconcertó a Janner. Tink tomó la mano de Nia y apoyó la cabeza en su brazo, como el niño cansado que era.

Janner apretó la mandíbula. Deseó estar de vuelta en la cabaña Igiby, tumbado en la litera debajo de Tink, riéndose con su hermano de alguna tontería. Sus vidas en Glipwood no habían sido ideales, pero estar de pie sobre una roca en medio del clamor de las Cataratas Fingap tampoco lo era. Incluso los T.H.A.G.S. parecían mejor que aquello.

Podo carraspeó y escupió en el Mar Oscuro. Janner vio que su abuelo temblaba, mirando al mar con lo que parecía desafío. La espada de Podo estaba desenvainada como si el océano, o algo en él, estuviera a punto de atacar.

—¿No sería mejor que siguiéramos? —gritó Oskar, apoyándose cansadamente en el flanco de Nugget—. Ya vienen.

Todas las miradas se volvieron hacia la cornisa que había detrás de ellos. Los dos trols se aferraron al muro de piedra para que la larga fila de Colmillos tuviera espacio para cruzar el puente en fila india.

Con un profundo suspiro, Podo se apartó del mar y sacudió la cabeza como si despertara de un sueño.

—Tink, ¿cuántas flechas te quedan?

—Veinte, quizás veinticinco.

Podo entornó los ojos mirando a los Colmillos que cruzaban el palmo.

—Sí. Eso ayudará, al menos durante un rato. ¿Y tú, Janner?

—¿Señor?

—Flechas. ¿Tienes alguna?

—Sí, señor. Tenía treinta y dos cuando partimos. Janner soltó las cuerdas que ataban su arco a la mochila y preparó una flecha.

—No pierdan tiempo, muchachos. No tienen dónde esconderse y puede que nos den tiempo a cruzar. Cuando esos lagartos estén lo bastante cerca como para ponerlos nerviosos, dense la vuelta y corran como locos. Les diría que es hora de ser hombres —dijo Podo—, pero veo que ya lo saben.

Janner tensó su arco y apuntó al Colmillo más cercano.

Podo y los demás avanzaron por el estrecho puente hasta la siguiente torre. El puente no era largo, pero con el Mar Oscuro bostezando a miles de metros bajo ellos, la marcha era lenta. Nia tiró del cuello de Nugget mientras Podo y Oskar la seguían, con el viento azotándoles el pelo y la ropa.

Los Colmillos se encontraban a medio camino de donde estaban los chicos. Tink soltó la cuerda de su arco y envió una flecha zumbando por el aire.

14

La última torre

El primer Colmillo de la larga fila se sacudió y cayó del puente. Janner disparó a continuación y observó con disgusto cómo su flecha se arqueaba en el aire y desaparecía hacia el agua. Cuando el segundo disparo de Tink derribó a otro Colmillo, este miró de reojo a Janner con un atisbo de sonrisa.

Janner apuntó con cuidado y volvió a fallar. Al tercer disparo, dio por fin en el blanco. *Quedan veintinueve flechas,* pensó, preguntándose cuántos Colmillos estarían ensartados a lo largo de la cornisa y de vuelta a la orilla del río. ¿Cientos?

Gracias a Tink, los Colmillos caían sin cesar desde el puente de la escalera y la línea no avanzaba más. Los Colmillos estaban agitados, pero debían saber que tarde o temprano se acabarían las flechas, y no les devolvían los disparos. Los querían vivos. Mientras los lagartos no cambiaran de opinión, los chicos eran la defensa más segura contra las criaturas. Janner echó un vistazo al resto de la compañía y vio que habían llegado a la segunda torre y se acercaban al siguiente puente.

El arco de Tink vibró y otro Colmillo cayó al agua agitada. Para su sorpresa, Janner vio que el frente de la fila estaba más lejos que antes.

—¡Funciona! —gritó Tink.

El Colmillo de adelante agitó la espada y gritó a la fila, intentando, supuso Janner, que retrocedieran. Dos Colmillos tropezaron en la torpe retirada y cayeron gritando al agua.

—¿Por qué retroceden? —preguntó Tink.

El Colmillo al mando hizo señas a los trols, pero estos negaron con la cabeza. Entonces, el Colmillo señaló a Janner y Tink y blandió su espada contra uno de los trols. El trol volvió a negar con la cabeza, pero con menos seguridad. Finalmente, el otro trol asintió y soltó su agarre de la pared. El otro hizo lo mismo, y las dos bestias se acercaron al borde del largo puente de escaleras que conducía directamente adonde Janner y Tink estaban arrodillados.

Janner tragó saliva. Seguramente, el puente era demasiado viejo, demasiado frágil para soportar el peso de las criaturas gigantes.

Pero los antiguos sabían lo que hacían cuando construyeron el Puente de Miller. Los dos trols se abrieron paso hacia el centro. Janner rogó que el puente se derrumbara, pero no fue así. Cuando vieron que aguantaría, los trols sonrieron estúpidamente y aceleraron el paso.

Tink disparó al primer trol, pero la flecha rebotó en su piel.

—¡Vamos! —dijo Janner, poniendo a Tink en pie. Los Igiby huyeron y los trols saltaron tras ellos. Las bestias acortaban la distancia a cada zancada mientras los Colmillos les seguían los talones.

Más lejos, los demás se acercaban al puente que conducía a la quinta y última torre. *¿Y entonces, qué?* —se preguntó Janner—. *¿Qué ocurre cuando no queda ningún lugar al que huir?*

Justo cuando los chicos llegaron al puente de la tercera torre, el suelo tembló. Los trols estaban solo unos metros por detrás, y una de las bestias había golpeado con el puño el suelo de la torre.

Tink se adelantó a Janner a toda velocidad, con los brazos y las piernas bombeando, pero con el horrible sonido de los resoplidos de los trols tan cerca, Janner pudo seguirle el ritmo a su hermano por primera vez en su vida. Podo se detuvo en el borde de la torre más lejana e hizo señas frenéticas a los chicos para que siguieran adelante. Janner vio miedo en el rostro de su abuelo. Podo desenvainó su espada y corrió hacia ellos con un grito extendido por su curtido rostro.

La distancia pasó zumbando en un borrón de piedra resbaladiza, agua blanca y mar sobre la plataforma. Janner podía sentir el ruido sordo de las pisadas de los trols justo detrás de él. Sintió una lejana sensación de alivio al ver a Nia y Oskar subiendo por la pendiente de la orilla norte del río. Al menos *ellos* lo habían conseguido. Si tan solo hubiera un modo de impedir que los trols y los Colmillos cruzaran, estarían a salvo… al menos por un tiempo.

Podo se detuvo en el centro del último puente mientras los chicos se acercaban a él, pero no los miraba. Sus ojos ardientes estaban fijos en el trol que tenían a sus espaldas. Podo levantó la espada y arqueó la espalda, tensando cada músculo de su pecho de barril.

—¡Tink, agáchate! —exclamó Janner.

A medio camino, los dos chicos Igiby se agacharon y pasaron a toda velocidad junto a su abuelo por lados opuestos. Janner sintió que su pie derecho resbalaba del borde del puente y vio la vertiginosa superficie del mar justo debajo, pero su impulso lo llevó hasta la torre, donde tropezó y cayó. Janner se volvió a tiempo de ver cómo la espada abandonaba la mano de Podo y giraba en el aire hacia el troll que se acercaba.

La espada se enterró en el cuello de la bestia. El trol abrió sus pequeños ojos por la sorpresa y cayó hacia delante mientras arañaba la empuñadura de la espada con manos torpes. Podo se meneó hacia atrás en el puente para esquivar a la bestia mientras se desplomaba. Cuando este se estrelló contra el puente, la habilidad de los antiguos constructores fue puesta a prueba por última vez… y fracasó.

Un poderoso temblor hizo que las rocas cayeran al agua. El trol muerto yacía inmóvil, con la hoja de la espada asomando entre sus hombros. El otro trol, de pie justo detrás de su compañero muerto, aullaba y se golpeaba el pecho. En su furia, no se percató de lo que Janner, Tink y Podo comprendieron de inmediato: el puente estaba a punto de caer.

Una emoción recorrió a Janner como un rayo. *¡Puede que lo consigamos! ¡Si el puente se derrumba, puede que lo consigamos!*

Más rocas se desprendieron del tembloroso puente. El segundo trol interrumpió su rugido al darse cuenta por fin de lo que estaba ocurriendo. Los Colmillos se congregaron en la torre detrás del trol, gruñendo y asomándose a su alrededor para ver qué pasaba.

Janner volvió a ponerse en pie y corrió con Podo y Tink a través de la última torre. Del otro lado, Nugget llevó a Leeli por los escalones de la torre hasta la suave orilla norte, donde esperaban Nia y Oskar. Leeli desmontó y se abrazó a Nia.

El corazón de Janner se aceleró al ver a su familia, y luego se detuvo cuando se volvió para ver que el puente aún no había caído. El trol pasó por encima de su compañero muerto y siguió atravesando el puente dañado. Rugió y flexionó sus poderosos brazos.

Por favor —pensó Janner—. *Por favor, que caiga.*

Con un gran crujido, el puente se desplazó y se hundió un poco más. Los Colmillos que se congregaban en la torre se agitaron a medida que se desprendían más piedras.

Podo sacudió el puño hacia el trol.

—¡Vamos, monstruo! ¡Da otro paso!

El suelo volvió a temblar, y los ojos minúsculos del trol pasaron del puente al mar. Pero, de nuevo, las rocas se asentaron.

La mirada temerosa del trol se convirtió en una sonrisa malvada. Los Colmillos gruñeron e hicieron sonar sus espadas. Para horror de Janner, el trol dio el último salto y aterrizó en la torre, solo unos metros por delante de ellos. Se elevó a toda su altura y rugió tan fuerte que las propias cataratas quedaron avergonzadas.

Janner sintió un tirón en su mochila.

—Necesitaré esto, muchacho —dijo Podo, mientras desenvainaba la espada de Janner—. Aunque no creo que mi truco de lanzar espadas funcione dos veces en un día —miró a Janner con ojos tristes—. Ahora sé un buen hombre. Lleva a esta familia a un lugar seguro, como sé que puedes hacer —besó a Janner en la parte superior de la cabeza—. Nunca dejes de luchar por ellos, ¿me oyes?

El trol dio otro paso adelante. Con un pesado suspiro, Podo levantó la espada y salió a su encuentro.

A Janner se le llenaron los ojos de lágrimas y pensó en protestar, uniéndose a Podo en su última resistencia, pero no tenía espada. Podo se la había llevado. Pensó en usar su arco, pero sabía que no haría ningún daño. Lo único que

podía hacer era obedecer la última orden de su abuelo: *«Lleva a esta familia a un lugar seguro»*. Podo solo duraría unos instantes contra el trol, pero era todo lo que podía dar.

Janner pestañeó para no llorar y se dio vuelta. Tenía que honrar el sacrificio de su abuelo alejando a su familia y manteniéndola a salvo todo el tiempo que pudiera.

Leeli gritó. Su voz aguda cortó el aire como mil flechas de plata. Janner solo tuvo tiempo de apartarse de un salto cuando Nugget, que ya no llevaba a Leeli, subió los escalones a saltos.

El perro gigante emitió un ladrido estremecedor cuando llegó a la torre, luego saltó por los aires, pasó por delante de un desconcertado Podo y se estrelló contra el trol como una roca contra la puerta de un granero.

El trol retrocedió tambaleándose, intentando en vano protegerse de los dientes de Nugget, que chasqueaban, mordían y desgarraban los brazos, el cuello y la cara del trol. El trol perdió el equilibrio y se tambaleó, lento y pesado como un árbol talado.

Chocó contra el puente con tal fuerza que las torres de ambos lados temblaron, y Janner vio cómo uno de los Colmillos perdía pie y caía. El puente que había permanecido en pie durante miles de años se desmoronó en miles de pedazos.

Nugget saltó del trol mientras caía y aterrizó con su mitad superior en la torre opuesta donde se reunían los Colmillos. Sus patas traseras arañaron la roca,

pero no encontraron apoyo, mientras los Colmillos le golpeaban la cara y las patas delanteras con sus espadas y lanzas. Nugget mordía, ladraba y gruñía. Colmillo tras Colmillo gritaban y caían de la pared mientras el perro luchaba, pero aparecieron más Colmillos, con más armas y más determinación para empujar al perro de la torre.

Janner sintió que un sollozo le brotaba de las entrañas y salía desgarrado de sus labios, y entonces llegó el sonido de Leeli en algún lugar detrás de él, gritando el nombre de Nugget. Había subido los escalones de la torre con una pálida conmoción en el rostro.

Nugget torció una pata de Colmillo con su boca y arrancó a la criatura de la pared. Las heridas le cubrían la cara y las patas delanteras. Giró su gran cabeza desgreñada y sangrante y miró a Leeli. Ella se arrastró junto a Janner, sollozando, tratando de alcanzar a su querido amigo a través del espacio vacío donde había estado el puente.

Nugget ladró por última vez, un sonido grande y suave que resonó en la piedra y el agua de las Cataratas Fingap. Janner vio un cambio en la cara de Nugget al recibir el último golpe de una lanza de Colmillo, una mirada cansada pero satisfecha que le hizo creer que el valiente perro caería al mar feliz, sabiendo que había salvado a Leeli del mal por última vez.

Y entonces, Nugget desapareció.

15

Una canción para Nugget el Valiente

Janner no lo miró caer. Sus ojos se cerraron, de manera que la piedra húmeda bajo sus manos, el viento frío, los aullidos de triunfo de los Colmillos y los lamentos de su hermana pequeña fueron lo único que experimentó.

Podo se echó a Leeli al hombro y se llevó a su nieta, arrastrando a Janner por el cuello de la camisa. Los ojos de Janner se abrieron, con la vista nublada por las lágrimas. Bajó corriendo los escalones detrás de Podo, observando como a la distancia las caras de confusión y sorpresa de Nia, Tink y Oskar.

Subieron la orilla lentamente, con corazones apesadumbrados. Nadie pronunció palabra, nadie miró atrás para ver si los Colmillos habían encontrado la forma de cruzar la brecha.

Tras una larga y tortuosa subida sobre grava y cantos rodados, los Igiby, Podo y Oskar llegaron a terreno llano. Una suave hierba verde se extendía ante ellos durante una corta distancia antes de que los árboles del bosque se agruparan formando un muro verde. Se encontraban en un claro del tamaño aproximado del municipio de Glipwood, un oasis de espacio abierto rodeado de árboles.

La zona estaba llena de grandes piedras, pero no eran los cantos rodados de las cataratas. Eran piedras cuadradas, apiladas en algunos lugares y cubiertas de maleza. Bajo la hierba, el sendero que seguían desde el río se convirtió en una calzada empedrada, y las piedras, en las ruinas de un grupo de edificios.

Leeli se dejó caer sobre la hierba y lloró.

—Me da miedo decirlo —dijo Podo con voz ronca—, pero puede que estemos a salvo. Miren.

Janner y Tink se colocaron junto a Podo y miraron hacia abajo. Desde su posición ventajosa vieron todas las Cataratas Fingap desplegadas ante ellos. A la derecha, fluía el agua blanca del poderoso Blapp, serpenteando entre la niebla de las cataratas superiores. Debajo, sobresalía la plataforma que atrapaba las aguas en su gigantesca palma. Los puentes que atravesaban las cinco torres parecían delgados como cintas. En la cuarta, por supuesto, ya no había puente, y la superficie de la torre estaba atascada por los diminutos movimientos de los Colmillos en retirada.

Janner apenas podía creer que acabara de cruzar una distancia tan precaria; de hecho, apenas podía creer que existiera un lugar así.

Se volvió para ver cómo Oskar y Nia levantaban a Leeli y la llevaban hasta un banco de piedra. Nia sostuvo la cabeza de Leeli contra su pecho y la meció de un lado a otro mientras Oskar le acariciaba la espalda. Leeli lloraba.

Janner recordó el día de la cabaña en que pensó que los Colmillos habían matado a Nugget. Había llorado un poco y pronto se había callado. Aquello le había preocupado mucho más que la forma en que Leeli lloraba ahora. Parecía mayor, ya no escandalizada porque algo así pudiera ocurrir en el mundo, sino desconsolada porque así había sido. Sus lágrimas le parecieron a Janner el tipo adecuado de lágrimas.

Tink se sentó en el suelo, de espaldas al banco de piedra, y se puso a arrancar distraídamente hierbajos de las grietas entre los adoquines. Podo se arrodilló frente a Leeli sobre su rodilla buena.

—Leeli —le dijo suavemente.

La niña tenía el pelo pegado a la cara mojada. Las mejillas estaban manchadas de rojo y le temblaba la barbilla. Buscó a su abuelo y se abrazó a su cuello, llorando más fuerte que antes. Podo la levantó y se la llevó a cierta distancia, susurrándole y acariciándole la espalda con sus manos grandes y callosas.

Janner se dejó caer en el suelo junto a Tink, y el cansancio del día cayó sobre él como una manta. Apoyó la cabeza en la piedra y miró al cielo. Unas nubes blancas se deslizaban por la cúpula azul profundo, tranquilas como un suspiro. Sus ojos se cerraron y el viento le hizo cosquillas en la cara y en los pelos de los antebrazos. La guarida de las rocarachas, luego los trols, la captura de Peet, la nublada desesperación del llano junto al río, la vertiginosa visión del Mar Oscuro, el trol que seguía de cerca a Janner… y Nugget.

Abrió los ojos y volvió a mirar al cielo. ¿Dónde estaba Peet ahora? Janner temía por él, pero estaba seguro de que seguía vivo. Había sobrevivido a cosas terribles durante años, y algo en la forma en que Zouzab lo observaba desde el hombro del trol hizo creer a Janner que Gnag quería vivo al Hombre Calcetín por alguna razón.

Durante mucho tiempo, permanecieron sentados entre las ruinas. Podo y Leeli volvieron por fin adonde descansaban los demás, y aunque su rostro aún soportaba el peso de su pena, Janner pudo ver que su hermana estaba *presente*. Sus ojos no miraban a la nada. Veían la situación, se afligían por ella y la afrontaban.

Cuando Janner se quedó dormido, fue consciente de la ausencia de Nugget; no más risitas de Leeli; no más grandes bostezos quejumbrosos; no más sensación de seguridad de saber que, fuera lo que fuera que los acechara en las sombras, al menos aquel monstruo enorme y feliz estaba de su lado.

Janner se despertó sobresaltado. Se acercaba el crepúsculo y el claro estaba envuelto en una fresca sombra. Leeli dormía en el regazo de Nia. Oskar yacía de espaldas, siseando de dolor, mientras Podo se afanaba en quitarle las vendas. Tink ayudaba a Podo con cara de asco. Janner se preguntó por un momento dónde estarían Nugget y Peet, hasta que recordó con un escalofrío que aquel día no había sido un sueño horrible.

—Aguanta un momento —dijo Podo—. Ya casi he terminado. Tink, pásame el cuchillo, ¿sí?

Tink le pasó un pequeño cuchillo a su abuelo, que lo utilizó para cortar el vendaje coagulado.

—Ya está —dijo Podo, mirando la herida de Oskar—. No es tan grave como pensaba. ¡Apenas un rasguño, grandullón! Te vendaremos de nuevo y en unos días seguro que estarás como antes.

—Que no era tan bueno, como recordarás —dijo Oskar—. En palabras de Izikk el Abofeteado: «Soy redondo como la luna e igual de grande… ¡ouch! ¡Eso duele!». —Oskar se rio y volvió sus ojos cansados hacia Janner—. ¡El Puente de Miller, muchacho! ¿Lo puedes creer? Una leyenda hecha realidad. Parece que últimamente hay mucho de eso. Joyas perdidas, hazañas heroicas. Les digo, después de ver cómo los Igiby (o debería decir, los Wingfeather) consiguen sobrevivir, me atrevo a creer que, después de todo, las viejas historias son ciertas. Todas esas epopeyas sobre victorias poderosas y reyes valientes. Si vivo lo suficiente para volver a sentarme ante un escritorio con una pluma y un pergamino, contaré sobre este día. Lo contaré para que, dentro de mil años, algún muchacho lea el día en que Janner Wingfeather se enfrentó a los Colmillos de Dang junto a su corpulento abuelo, o cómo la habilidad con el arco del joven rey Kalmar obligó a retirarse a un ejército de Colmillos.

Janner y Tink se sonrojaron.

—No te olvides de Nugget —dijo Leeli. Ahora estaba despierta, apoyada en Nia.

—Por supuesto, querida —dijo Oskar—. Escribiré sobre el valiente Nugget, cuyo ladrido hizo temblar los árboles, Nugget, cuyo amor por Leeli Wingfeather lo hizo volar al encuentro de un trol que le doblaba en tamaño, cuya potencia destrozó el Puente de Miller y salvó a los Wingfeather de una horda de Colmillos.

Janner se preparó para recibir más lágrimas de Leeli, pero ella no lloró. Se puso en pie y rebuscó en su mochila su antigua arpa silbante.

—Mamá, ¿me traes la muleta? Quiero ver el océano.

Leeli cojeó hasta el precipicio de la orilla y se sentó. Respiró hondo y miró hacia el Mar Oscuro de las Tinieblas con una sonrisa. El cielo del este se sonrojó ante la oscuridad que se avecinaba. Leeli se llevó el arpa silbante a los labios y tocó.

Janner y Tink se unieron a ella y contemplaron el mar, mientras su canción evocaba imágenes de Anniera, sentimientos de hogar, de fogón. Entonces, la canción cambió. Adoptó un tono triste, las notas se inclinaban hacia arriba como el graznido de un pájaro solitario, y Janner supo que Leeli estaba tocando para Nugget. Volcó su corazón en la canción y la llenó con todo lo que sentía.

De repente, como un sueño que revolotea en la parte frontal de su mente, Janner pudo ver a Nugget. La imagen se arremolinó como un reflejo en una olla de agua agitada, reuniéndose en imágenes claras y conmovedoras del pequeño Nugget corriendo por el prado, buscando una pelota, moviendo la cola mientras Leeli se inclinaba para darle un hueso de cerdo. Las imágenes flotaban como el humo de una pipa, escena tras hermosa escena de Nugget en todas las etapas de su vida.

Janner sacudió la cabeza y miró a su hermano. Tink también lo veía. Sonrió con asombro, mirando el aire vacío que había ante él, agitando la mano ante sus ojos para ver si la imagen se dispersaba.

Janner cerró los ojos y siguió viendo las imágenes tamizadas en la negrura, enfocadas y desenfocadas, pero siempre allí, cambiando con la melodía que tocaba Leeli. Janner volvió a abrir los ojos y se concentró en las cataratas que había más allá de la imagen. Podía ver a través de ellas si quería, pero en cuanto volvió a prestar atención a la canción, la imagen se espesó.

Entonces, algo cambió.

16

Las joyas y los dragones

Un sonido profundo sacudió el aire, un sonido que Janner había oído antes pero no sabía bien adónde. Miró a izquierda y derecha, esperando que algo surgiera de entre los árboles, preguntándose por un momento si estaba oyendo cosas que en realidad no existían. Pero no era su imaginación.

Oskar se incorporó y dijo: «¡Ah!». Nia sonrió, corrió hacia el acantilado y miró hacia el océano. Podo, sin embargo, gimió y sacudió la cabeza, luego cruzó al otro lado del claro y se adentró en el bosque. Janner no tuvo tiempo de preguntarse qué sucedía, porque para entonces, ya los había visto.

Los dragones marinos.

Muy por debajo, los dragones danzaban sobre la superficie del océano, diminutos gusanos brillantes sobre un suelo gris. Sus voces resonaban en el aire, a través de la gran distancia y por encima del rugido de las Cataratas Fingap. El canto del dragón se mezclaba con el de Leeli, y la música palpitaba de alegría y luego de tristeza.

Janner parpadeó con asombro cuando volvió a concentrarse en las imágenes que se arremolinaban ante él. Ya no veía a Nugget, sino un rocío de olas gigantes, y luego algo rojo y dorado: los dragones. Solo había visto a las criaturas desde las alturas del acantilado, pero ahora podía verlas como si flotara justo encima de la superficie del mar, a un tiro de piedra.

Eran tan hermosas como temibles. Sus cuerpos brillaban con escamas metálicas que se arremolinaban en colores. El dragón que tenía más cerca brillaba en naranja y dorado, como mil cerillas encendidas, pero las aletas de sus alas oscilaban entre tonos azules. Su cabeza era elegante y grácil, perfecta para surcar el agua, y sus ojos —grandes, profundos y serenos— provocaron un escalofrío hasta los dedos de los pies de Janner, porque de pronto quedó claro que el dragón *sabía* que lo estaban observando. Los ojos se entornaron y unos párpados translúcidos se deslizaron sobre ellos mientras el dragón abría la boca y cantaba. Tenía la boca llena de dientes en hilera, pero no de la forma torcida y amarilla de los Colmillos o las vacas colmillo; estos eran rectos, brillantes y afilados como agujas.

Janner empujó su mente a través de la imagen y volvió a mirar a sus hermanos. Leeli tenía los ojos cerrados y, aunque sonreía, las lágrimas mojaban sus mejillas mientras tocaba su instrumento. El viento agitaba el pelo de Tink, que se quedó mirando el aire vacío que tenía delante; sus ojos iban y venían como si estudiara un dibujo que colgaba a unos metros delante de su cara.

La canción cambió a un suave zumbido, y Janner volvió de nuevo su mente a la imagen flotante. Un dragón surgió de las olas portando algo negro en el lomo, encajado entre sus aletas. Era Nugget.

Los demás dragones giraban en formación alrededor del que llevaba al gran perro, con sus largos y gráciles cuellos aún arqueados mientras cantaban. Acercaron sus narices al cuerpo húmedo y maltrecho de Nugget. Juntos elevaron al perro en el aire, de modo que parecía flotar sobre las corrientes de una fuente, y luego lo llevaron bajo la superficie.

A la cripta de Yurgen, donde yacen los héroes, dijo una voz en la mente de Janner. Susurraba, gritaba y cantaba al mismo tiempo.

La canción de Leeli llegó a su fin, y Janner anheló que siguiera tocando. Cualquiera que fuera el poder que la canción había despertado en los tres niños Wingfeather, dejaría un terrible vacío cuando desapareciera.

Leeli debió sentir que se acercaba algo nuevo, porque solo se detuvo un instante. Tocó otra canción, grave y oscura, con una melodía que dio a Janner una sensación de peligro. La imagen volvió a espesarse y se cernió justo sobre las olas. El crepúsculo se había hecho más profundo, por lo que la figura que se alzaba del agua era difícil de ver. Era otro dragón, pero Janner sabía que era antiguo, incluso para un dragón. Los demás dragones se habían retorcido y danzado, pero este permanecía quieto, imperturbable ante las olas gigantes que le golpeaban los costados. Los demás habían brillado, pero este era gris y sin luz, salvo por el pálido brillo de sus ojos.

Está cerca de ustedes, jóvenes.

Janner tembló, pero no tuvo miedo; la voz no era maligna.

—Sigue tocando —le susurró a Leeli. Ella parecía inquieta, pero asintió y continuó.

Tink tenía los ojos muy abiertos y llenos de miedo, como si estuviera mirando a un fantasma. Janner estaba a punto de preguntar a Tink qué había visto que lo asustaba tanto, pero la voz volvió a hablar.

Está cerca de ti. Ten cuidado. Él destruye todo lo que toca y busca a los jóvenes para utilizarlos para sus propios fines.

—¿Quién? —susurró Janner, sin estar seguro de que el dragón pudiera oírlo—. ¿Gnag el Sin Nombre? ¿Quién?

Lo hemos estado observando, esperándolo. Navegó por el mar y está cerca de ti, niño. Podemos olerlo.

El corazón de Janner latía con fuerza. ¿Gnag el Sin Nombre estaba cerca? Janner nunca había pensado en Gnag más que como un nombre aterrador, un ser maligno y sin rasgos. ¿Podría ser que tuviera brazos y piernas y cruzara el Mar Oscuro como lo haría cualquiera, en un barco? Janner no estaba seguro de si aquel pensamiento hacía a Gnag el Sin Nombre más o menos aterrador, pero estaba seguro de que si Gnag estaba cerca, no había tiempo para descansar, ni para sentarse en el acantilado a escuchar a los dragones. Tenían que alejarse lo más posible.

El dragón se hundió bajo las olas. La canción de Leeli terminó y ella bajó el arpa silbante a su regazo con un suspiro.

Janner se frotó los ojos y sacudió la cabeza, aún sin saber si estaba soñando o no. —¿Qué acaba de pasar? —preguntó.

—No lo sé —dijo Tink—, pero se llevan a Nugget a una cueva.

—¿Cómo lo sabes? —preguntó Leeli en voz baja.

—No estoy seguro. Me lo mostraron. Los vi llevar su cuerpo a las profundidades del mar y a una cueva, donde depositaron a Nugget sobre un montón de rocas. La cueva estaba llena de huesos, y los huesos estaban cubiertos de algún tipo de marcas. Escritura, quizás.

—Les pedí que cuidaran de Nugget —dijo Leeli— con mi canción. Les dije quién era, lo que había hecho por nosotros.

—Ya no recuerdo qué aspecto tenían —dijo Janner.

Tink se quedó mirando el horizonte.

—Yo aún puedo verlos. Sus aletas… ¿has visto las aletas? Eran enormes. Ocho dragones marinos. Tres plateados, dos dorados rojizos, uno naranja y uno azul. Y el último, el viejo gris… —hizo una pausa—; y vi otras cosas, Janner. Cosas horribles —se estremeció.

—¿Qué? ¿Qué viste? ¿Era Gnag el Sin Nombre? —preguntó Janner.

—¿Gnag? No… no lo sé —Tink sacudió la cabeza y cerró los ojos.

A poca distancia, Nia los llamó.

—¿Dónde está el abuelo? ¡Papá!

Podo salió de entre los árboles. El anciano estaba agotado y cojeaba más de lo habitual mientras se dirigía hacia ellos. Tenía la mirada abatida.

—Muchachos, levanten la tienda. Pronto estará demasiado oscuro para ver.

—Abuelo, acaba de pasar algo raro —dijo Janner—. Los dragones…

—¡La tienda! ¡Ahora! —espetó Podo.

A Janner le ardieron las mejillas. ¿Qué había hecho para merecer eso? Si Gnag el Sin Nombre estaba cerca, no tenía sentido levantar una tienda. Tenían que huir o, al menos, esconderse.

—Abuelo —dijo, y Podo lo miró con ojos ardientes. Janner resistió el impulso de acobardarse y disculparse. Tenía que decir *algo*. Se irguió y apretó los puños—. Abuelo, el dragón me habló.

El rostro de Podo estaba duro.

—¿Ah, sí? —retumbó al cabo de un momento—. ¿Y qué *dijo* el dragón, muchacho?

—Dijo que Gnag el Sin Nombre estaba cerca. Que había cruzado el mar y que podían olerlo. Dijo: «Cuidado».

—Gnag el Sin Nombre —resopló Podo—. Un dragón marino dijo que el mismísimo Gnag estaba cerca. ¿Es eso lo que me estás diciendo? —el viejo pirata se cruzó de brazos y enarcó una ceja.

Janner señaló a Tink y Leeli.

—¡Pregúntales a ellos! ¡Ellos también lo oyeron! O… no lo oyeron exactamente, pero… vieron cosas y sintieron cosas. ¿Verdad?

—Sí, señor —dijo Tink—. Yo los vi; de cerca.

—Y yo los sentí, abuelo —dijo Leeli.

Podo y Nia intercambiaron una mirada, y Podo agitó una mano en el aire.

—Bueno, ¿les dijo también el dragón marino que toda su raza es una banda de mentirosos con escamas? ¿Les dijo que manipulan y confunden por pura diversión? Los dragones marinos observan las acciones de los hombres con ojo perverso y lo mismo les daría verte saltar del acantilado que huir de Gnag el Sin Nombre.

¿Qué? Janner pensó en la oleada de emociones que siempre sentía el Día del Dragón. Los dragones marinos eran aterradores, fascinantes, incluso inquietantes, pero no malvados. La canción de Leeli los había atraído, y Leeli desde luego no era malvada. Y después, estaba el cuerpo de Nugget. Los dragones se lo habían llevado con tanto cuidado... no había nada de maldad en ello. Pero ¿cómo podía Janner discutir con un pirata? Podo sabía más de todo que él, en especial sobre el mar.

—Eso fue lo que dijo. Pensé... pensé que debías saberlo —dijo Janner en voz baja, incapaz de mirar a Podo a los ojos. Si hubiera levantado la vista, habría visto que Podo tampoco era capaz de mirarlo a los ojos.

—Chicos, encárguense de levantar la tienda como les dijo su abuelo —dijo Nia al cabo de un momento—. Podemos hablar de los dragones marinos dentro de un rato. Gnag el Sin Nombre o no, todos necesitamos comer y descansar. Solo el Creador sabe cuándo podremos volver a hacerlo.

—¿Comida? —preguntó Tink.

Nia asintió.

—Comeremos el topoespín seco que nos hizo Artham.

—Comida —repitió Tink.

17

Un aliado en Dugtown

Los chicos tardaron en levantar la tienda más de lo que hubieran deseado. A Janner le costaba concentrarse en la tarea porque no dejaba de mirar por encima del hombro hacia la oscura pared de árboles, medio esperando que Gnag el Sin Nombre saltara y los engullera. Cuando terminaron, el sol se había puesto y las estrellas parpadeaban en el este. El aire estaba más frío, y con el viento constante que subía desde los acantilados, la familia y Oskar se reunieron en la tienda abarrotada tanto para calentarse como para estar en compañía.

—¿Qué pasó con la carne? —dijo Tink—. Tengo tanta hambre que podría comerme una bota.

—Pero primero deberíamos tener algo de luz —dijo Oskar.

—Señor Reteep, no podemos —acotó Janner—. El fuego saca a los bichos del bosque, ¿recuerda?

—Tienes razón, muchacho. Pero eso no ocurre con *todos* los fuegos —Reteep sacó algo de su bolsa y pidió una cerilla a Janner. Oskar tenía en la mano una vela redonda y verdosa—. Cera de mocos, muchacho. No podemos olerla, pero la mayoría de los animales detestan su olor. Miren —señaló a un insecto que zumbaba locamente por la abertura de la solapa de la tienda, luego colocó la vela sobre la hierba que había entre ellos y sonrió.

Nia sacó de su mochila varias tiras de carne seca de topoespín y se las pasó. No era mucho, pero todos lo agradecieron.

—Espero que el tío Artham esté bien —dijo Janner entre bocado y bocado.

—Yo también —susurró Nia—. Pero estoy segura de que ha estado en sitios peores que el puño de un trol. Ahora, cuéntenme lo que pasó con los dragones.

—Estaré fuera —refunfuñó Podo en voz baja—. Oskar, ¿quieres venir?

—¡Válgame, no! —dijo Oskar—. Todo este asunto me parece fascinante.

Podo salió gruñendo de la tienda y Janner le contó a su madre lo que había visto, oído y sentido.

—¿Tú también lo viste? —le preguntó Oskar a Leeli, ajustándose las gafas.

—No, señor —respondió Leeli—. No vi casi nada. Luces y formas difusas, en realidad. Pero yo… *sentí* algo. Como si mi corazón tuviera un brazo invisible que se extendía y tocaba algo en los dragones —las mejillas de Leeli enrojecieron—. Sé que no tiene sentido.

—¿Fue como si estuvieras conectada de algún modo? ¿Es eso?

—Sí… conectada. No podía oír palabras, exactamente, pero podía sentir sus pensamientos, como cuando te frotas los ojos y ves colores y formas como luciérnagas. Y las formas me decían cosas. Yo no podía entenderlas del todo, pero Janner sí.

—«A la cripta de Yurgen, donde yacen los héroes» —soltó Janner—. Acabo de recordar que los dragones dijeron eso antes de llevarse a Nugget. Esa debe de ser la cueva que vio Tink. Una especie de cementerio de dragones, supongo.

—Asombroso —susurró Oskar—. Janner, ¿has leído algo sobre Yurgen?

—No, señor. Aunque me suena.

—Fue rey de los dragones, hace mucho tiempo —dijo Oskar.

Janner cerró los ojos y pasó las páginas en su mente.

—En la Primera Época. No sabía su nombre, pero recuerdo la historia. Hundió las montañas, excavando en la tierra para intentar encontrar… ¿qué era?

—El *holoré* —dijo Oskar.[1]

—Eso es, las piedras curativas. Las necesitaba para salvar a su hijo herido, ¿verdad?

Pero nunca encontró las piedras, y cavó tan profundo que las montañas se derrumbaron…

---

1. *Holoré, ya te puedes esconder*
Holoél en la profundidad oscura
Bajo la tierra has de yacer
Vete, holoré, a dormir con soltura

Ahora levántate, holoré, nuevamente
Holoél, abundante has de brotar
La rama moribunda reverdece en su fuente
Levanta la roca donde Yurgen se supo desplomar
(Ver Libro 1, página 58-59).

—Las Montañas Hundidas —dijo Tink—. Eso no lo sabía.

—Por eso siempre te digo que leas más —dijo Janner.

Tink puso los ojos en blanco.

—Siempre supuse que era solo una leyenda —dijo Oskar.

—No es ninguna leyenda —murmuró Podo desde el exterior de la tienda.

Todos se quedaron en silencio cuando se abrió la solapa de la tienda y Podo se arrastró hacia el interior. Se instaló en el rincón más alejado, al borde de la luz de las velas.

—He navegado por las Montañas Hundidas, y nunca verás un lugar más triste. Sí, los dragones marinos son criaturas antiguas. Una mirada a sus ojos y sientes que retrocedes en el tiempo. Tienen algo más que bonitas canciones y largos dientes. *Saben* cosas —Podo se estremeció y cerró los ojos—. *Recuerdan* cosas.

—Si saben tanto, ¿qué te hace estar seguro de que mintió sobre Gnag el Sin Nombre? —preguntó Janner con cuidado.

—Porque, muchacho, si Gnag estuviera cerca, todos estaríamos muertos.

La vela parpadeó. Nadie se movió. A Janner se le erizó la piel. Finalmente, Oskar se aclaró la garganta.

—Recuerdan cosas, ¿verdad? Pues yo también —el anciano forzó una sonrisa, haciendo todo lo posible por despejar el aire espeluznante—. Recuerdo haber leído en un viejo libro que hubo una vez una alianza entre los dragones marinos y los reyes de Anniera. —Janner miró para ver si Tink estaba escuchando, pero estaba ocupado buscando migas perdidas en su regazo—. Esto fue hace dos épocas —continuó Oskar—, así que pensé que solo era una leyenda. Pero ¿después de esta noche? No estoy tan seguro. Quizás su madre sepa más que yo, niños. Al fin y al cabo, era la reina.

Nia se encogió de hombros.

—Esben mencionaba a los dragones marinos de vez en cuando, pero nunca pareció darles mucha importancia. Oí hablar de los viejos tiempos, cuando se cazaba a los dragones jóvenes.

Tink levantó la vista de su búsqueda de migas.

—¿Los cazaban?

—Era algo terrible, y fue hace mucho tiempo —dijo Nia—. No sé nada de una alianza.

—¡Ah! Pero tampoco sabías nada del Puente de Miller, alteza —dijo Oskar alegremente—. A partir de ahora voy a leer los libros antiguos con mucha más atención, te lo aseguro. En palabras de Bimm Stack: «¡Tengo una idea! Préstame atención y puede que encuentres tus zapatos».

Todos en la tienda, incluido Podo, miraron a Oskar con gran confusión, intentando descifrar qué tenía que ver aquella cita con los libros antiguos. Oskar dio otro bocado a su carne seca y se rascó la barriga.

—¿Y ahora qué hacemos? —preguntó Janner a su madre.

—¿Por qué no le preguntamos a tu abuelo? —se volvió hacia Podo—. Papá, ¿qué hacemos? —preguntó con su voz de reina, la que utilizaba cuando estaba cansada de hablar y lista para la acción. Incluso los viejos piratas más intratables se sentaban derechos cuando se les dirigía una voz así.

—Si los Colmillos envían un mensaje por cuervo a Torrboro, calculo que tenemos un día, quizás dos, antes de que se pongan a patrullar este lado del río. Por ahora, deberíamos acampar y dormir. Mañana nos dirigiremos hacia el norte, aunque no sé muy bien cómo. Una vez que pasemos la Barrera... *si es que* la pasamos, las tierras que hay entre aquí y las Praderas de Hielo me son desconocidas. El viejo y loco Hombre Calcetín era el único de nosotros que conocía el camino —Podo miró la noche a través de la solapa de la tienda.

—Hay un aliado en Dugtown —dijo Oskar.

—¿Qué aliado? —preguntó Podo.

—Se llama Ronchy McHiggins. Es un buen tipo y ha sido mi contacto durante muchos años. Está al frente de una taberna llamada la Viuda Redonda que sirve el mejor pastel marinero que he probado jamás.

—Mmm —dijo Tink—.

Lo cocina con una ramita de flor de miel, y el puré que lo cubre está copiosamente salpicado de pimienta y ajo. Siete verduras se mezclan con crema de cabra y...

—¿Podemos fiarnos de él? —preguntó Nia.

Oskar se aclaró la garganta y miró su carne de topoespín con desdén.

—Eso espero. Fue él quien me presentó a Gammon.

—¿Quién es Gammon? —preguntó Janner.

—Gammon es el líder de la rebelión en Kimera —dijo Podo. Parecía más vivo ahora que tenían el principio de un plan.

—Kimera está en las Praderas de Hielo —le dijo Nia a Tink antes de que pudiera preguntar.

—Gammon es quien me ayudó a pasar las armas de contrabando a la mansión Anklejelly —dijo Oskar a Janner—. Un tipo imponente, fuerte y astuto. Tendría que serlo para sobrevivir todos estos años. Lo conocí en Torrboro poco después de la Gran Guerra —continuó Oskar—. Vio mi carro cargado de cajas de libros y me convenció para que lo ayudara. Me sorprendió tanto encontrar a alguien con valor para desafiar a los Colmillos, aunque fuera en secreto, que acepté. Llevé armas que Gammon recogió de entre los escombros de Skree. Las escondimos en cajas debajo de libros viejos y pronto amasamos todas las armas que se encontraban bajo la mansión. Gammon tiene cámaras de armas como esa por todo el continente, esperando el día en que los skreeanos las utilicen.

—Bueno, ¿y qué está esperando? —preguntó Tink—. Si las armas están preparadas, ¿por qué no contraatacar ahora?

—Porque no está preparado. Como he dicho, es astuto. Sus seguidores confían en él implícitamente y creen que sabe lo que hace. Menos mal que está de nuestro lado —dijo Oskar—, porque con su carisma y su fuerza sería un enemigo formidable. Cada vez que me encontraba con él, estaba pendiente de cada una de sus palabras. Pero es un tipo digno de confianza, apostaría mis libros por ello.

—¿Y crees que ese tal McHiggins de la taberna puede ayudarnos? —preguntó Podo.

—Creo que sí. Es el principal contacto de Gammon en Dugtown. Si alguien puede encontrarnos un guía por las Montañas Pedregosas hasta las Praderas de Hielo, ese es Ronchy McHiggins. Su pastel marinero, como ya he dicho, es *delicioso*.

Podo lo pensó un momento y luego asintió.

—Bien. Parece nuestra mejor opción. Claro que hay que pensar en los varados.

—Ah. Los varados —dijo Oskar.

—¿Qué son los varados? —preguntó Janner.

Podo y Oskar intercambiaron una mirada.

—Mejor que nos preocupemos de los varados mañana, muchacho —dijo Oskar—. El día ya ha sido bastante largo —apagó la vela, con cuidado de que no se derramara nada de la cera, y todos se durmieron.

El último pensamiento de Janner fue una plegaria por la seguridad de su tío.

Pero Peet no estaba a salvo.

18

Viejas heridas y nueva sanidad

Peet no podía mover los brazos ni las piernas.

El trol avanzaba hacia el sur, arrastrando a Peet con una cuerda como un buey con un arado. Peet, envuelto en cadenas de la cabeza a los pies, era sacudido y golpeado por cada raíz, piedra y bache del camino. Perdía y recuperaba el conocimiento, y cada vez que se despertaba, veía a Zouzab y al otro correcumbres encaramados a los hombros del troll, observándolo con perverso placer.

Recordó el terrible chasquido de la rocaracha gigante del día anterior. Justo cuando Zouzab había ordenado al trol que se retirara del barranco, Peet vislumbró a los Igiby y a Oskar huyendo hacia el norte. Aunque había chillado y se había agitado, el trol lo sujetó con tanta fuerza que su visión se nubló y todo se volvió negro. Cuando despertó, era de noche y estaba envuelto en cadenas como una polilla en una tela de araña.

«Te alegrará saber que tus preciosas "joyas" han vuelto a escapar», le había dicho Zouzab. Estaba sentado con las piernas cruzadas junto al fuego y se metió en la boca un puñado de bayas de azúcar, luego pasó la cesta al otro correcumbres. Las manchas rojas alrededor de sus bocas parecían de sangre.

Peet se había quedado mirando a los correcumbres sin hablar, en parte porque la cadena que le envolvía la cara le dificultaba la respiración, y en parte debido a que no entendía de quién estaba hablando Zouzab. Su mente era un caos.

¿Joyas? Me encantan las joyas, pero... ¡ya lo recuerdo! ¡Los niños! ¿Quién escapó? Los niños, sí. Bien. ¿Cómo se llamaban? No recuerdo sus nombres. Hambre y sed. Duelen los brazos. No debería haberlo dejado. No era mi intención. No quería, pero lo dejé. ¡Oh, Hacedor! ¿Qué he hecho?

La mente de Peet se llenó de sombras y plumas y de un aullido que resonaba por los húmedos pasillos. Era vagamente consciente de que los correcumbres lo observaban desde el fuego mientras se retorcía y gemía en sus cadenas, pero parecían estar a un mundo de distancia.

¿Qué he hecho? Lo he abandonado. ¡No!

Un crujido de plumas, en lo más profundo de su mente, y perdió el conocimiento.

Ahora era un nuevo día y su mente estaba más clara. Sabía su nombre, los nombres de los niños Wingfeather y adónde lo llevaban. El camino subía y bajaba por colinas graduales y estaba bien marcado por el tránsito de los Colmillos. La luz del este le decía que se dirigía al sur.

Al Fuerte Lamendron.

Gritó.

Los correcumbres se rieron.

Mientras Peet gritaba en el camino hacia Lamendron, los pájaros de la mañana gorjeaban en el claro donde dormían los Igiby. Una fría luz azul se coló por la rendija de la puerta de la tienda.

Janner se estiró, forzando los ojos y sacudiendo las telarañas de su mente. A su izquierda, Podo roncaba tan fuerte que Janner se preguntó cómo no lo había despertado antes. Oskar no roncaba, pero con cada larga exhalación de aire, sus labios hacían un ventoso *pffffffffff*.

Janner se apoyó en un codo y se frotó los ojos. En la tenue luz, podía ver a Tink dormido con la cabeza apoyada en la pierna de Podo y a Leeli acurrucada junto a Nia con la mochila contra el pecho, como solía sostener a Nugget. Janner salió sigilosamente de la tienda.

El claro estaba suave por la bruma de rocío. Trozos de escombros surgían de la niebla como lápidas, pero el efecto no era desagradable. Había visto muchos amaneceres, pero nunca tan cerca de los acantilados como para ver cómo la bola ardiente se elevaba desde el mar. Caminó por la hierba húmeda y se sentó con los pies colgando sobre el acantilado.

El Mar Oscuro de las Tinieblas no estaba oscuro en absoluto a aquella hora. Las nubes plumosas del confín del mundo brillaban en naranja y amarillo salvaje. Los pájaros revoloteaban en el aire brillante más abajo.

Janner pensó en su vida de hacía solo unas semanas, en los residuos del verano, cuando había que enfardar el heno, alimentar al cerdo, escardar el jardín y la vida era aburrida. Le habían ocurrido tantas cosas al Janner que solía ser. Su vida había estado en peligro innumerables veces. En las últimas semanas, había derramado más lágrimas que en toda su vida anterior. Nugget había muerto, el municipio de Glipwood estaba devastado. Antes vivía bajo la opresión de los Colmillos de Dang, pero ahora huía de ellos.

Luego pensó en su padre, Esben, y recordó el dibujo en el que aparecía navegando el día de su duodécimo cumpleaños, una imagen que Janner consideraba la esencia de la libertad. Pensó en la sangre real que corría por sus venas y en la desaparecida gloria de su reino.

Había estado demasiado ocupado para pensar mucho en la verdadera Anniera. Revoloteaba en la distancia de sus mejores sueños, pero seguía siendo solo un sueño. Le costaba creer que existiera realmente, que al otro lado de estas mismas aguas le esperara un hogar. Una isla real en la que antes había habido ciudades reales, en la que había un castillo real, el castillo en el cual había nacido. Janner ansiaba verlo. Recordó las palabras de la carta de su padre: *«Esta es tu tierra, y nada puede cambiar eso»*. Se imaginó tumbado en el cálido viento de una ladera de brezo, con los ojos cerrados para poder sentir el latido de su tierra.

Solo tenía doce años, pero sabía lo suficiente para darse cuenta de que el camino que tenía ante sí sería duro. *¿Valdrá la pena?*, se preguntó. ¿Valía la pena perder su antigua vida para descubrir la verdad de quién era y en quién se estaba convirtiendo?

Sí.

Como el punteo de un instrumento de cuerda, el primer filo del sol se desprendió y derramó luz sobre el mundo.

El resto de la compañía estaba despierta, agradecida por la promesa de un desayuno adecuado. Podo, que había asegurado a la familia que a la luz del día un pequeño fuego sería suficientemente seguro, estaba sentado sobre una roca, reordenando el tocino que chisporroteaba en la sartén. Con la otra mano, se rascaba distraídamente el muñón que tenía debajo de la rodilla, donde antes había estado el resto de la pierna.

Janner sabía que por la noche su abuelo solía desabrocharse el arnés que le ataba la pata de palo a la pierna, pero era raro verlo a plena luz del día sin él. Era inquietante verlo ahora, vulnerable y…

—Me miras como si nunca hubieras visto mi pierna con muñón, muchacho —dijo Podo, entrecerrando los ojos hacia Janner.

—Lo siento —dijo Janner—. Es que… ¿por qué no nos cuentas cómo la perdiste?

—Lo haré, muchacho. Uno de estos días —Podo respiró hondo—. No es una historia divertida de contar para tu Podo, pero empiezo a pensar que debería desenterrarla cuanto antes. Hay cosas que deberían saber.

—¿Qué cosas? —preguntó Tink en voz baja. Janner creyó ver que Podo y Tink intercambiaban una mirada extraña, y las cejas del viejo pirata se juntaron como una nube en la parte delantera de su cabeza.

—¿Podemos desayunar? —preguntó Leeli.

—Sí, muchacha. Es una buena idea —respondió Podo, y Tink apartó la mirada.

—Oskar, ¿cómo está tu herida? —preguntó Nia.

Oskar parpadeó al oír su nombre. Tenía la mirada fija en el tocino chisporroteante.

—Está bien, querida. Mucho mejor después de dormir bien —se colocó la varilla de las gafas en la comisura de los labios—. Sabes, desde el momento en que me subí encima del viejo Nugget, sentí que algo ocurría. La herida… se calentó de algún modo, de una forma bastante agradable. Esta agua del primer pozo… ¿no creen que le habrá dado a Nugget algún poder curativo?

—Yo también tomé una dosis —dijo Podo—. ¿Sentías la herida diferente cuando te apoyabas en mí?

Oskar lo pensó un momento.

—No, no recuerdo que lo hiciera.

—Pero solo te dimos una gota, ¿recuerdas? —dijo Tink—. El tío Peet le dio demasiado a Nugget.

—Mmm —Oskar frunció el ceño y se quitó la venda ensangrentada para mostrar una cicatriz roja y brillante en el vientre.

—Ya no está —dijo Leeli.

—Un último regalo del querido Nugget, joven princesa —dijo Oskar con asombro, y Leeli sonrió.

—Entonces, ¿cuándo nos vamos? —preguntó Tink después de engullir dos tiras de tocino. Sus labios y mejillas brillaban de grasa—. Dijiste que teníamos un día antes de que los Colmillos empezaran a patrullar la orilla norte del río. ¿No deberíamos ponernos en marcha?

—Sí, muchacho; deberíamos —Podo guiñó un ojo mientras se ceñía la correa de su estaca al muslo y metía la varilla de la hebilla en un orificio muy gastado—. Ahora piensas como un rey.

Tink tragó saliva y apartó la mirada.

Janner decidió que había llegado el momento de disculparse.

—Tink, lamento haberte gritado ayer. No te lo merecías.

Tink se encogió de hombros y atizó el fuego con un palo.

—No lo habríamos conseguido sin ti, ¿sabes? De unas treinta flechas, solo acerté, ¿qué… a tres Colmillos? Tengo una puntería espantosa.

—*Tienes* una puntería terrible —dijo Tink con una sonrisa burlona.

—No sé mucho —dijo Janner—, pero si te sirve de algo, creo que vas a ser un buen rey.

La sonrisa de Tink desapareció.

—Gracias. Eso espero —dijo, en voz baja. Dejó el fuego y empezó a desmontar la tienda.

Janner miró a los demás. Había hecho todo lo posible por disculparse e incluso había ido un paso más allá con un cumplido.

—¿Qué fue todo eso? —preguntó entre dientes.

—Déjalo en paz —dijo Nia—. Se pondrá bien.

Enrollaron la tienda y la ataron a la mochila de Podo, y en unos minutos la compañía estaba lista para partir. Después de todo lo que había pasado el día anterior, Janner se sentía preparado para cualquier cosa. Su mochila había perdido su rigidez y colgaba de sus hombros de una forma que le quedaba bien. Había empuñado su espada en la batalla, y su peso ya no lo agobiaba, sino que le infundía valor. Recordaba el peso del arco en su mano, la tensión y la liberación cuando lo tensaba y soltaba las flechas. Los callos de las palmas de las manos se sentían bien, e imaginaba que algún día sus manos serían tan duras y capaces como las de Podo.

—A tus órdenes, rey Kalmar —dijo Podo inclinando ligeramente la cabeza.

Tink parecía un ratón en una trampa.

Luego, soltó un eructo que rivalizó con uno de Podo, y en un ataque de risa, la compañía se adentró en el bosque.

19

Ouster Will y los Primeros Libros

Durante todo el día, la compañía recorrió el bosque, y salvo por la persistente preocupación de que alrededor de cada árbol se escondiera una vaca colmillo o un sabueso cornudo, el viaje fue extrañamente agradable.

Janner se relajó por primera vez desde que habían abandonado el castillo de Peet, como si por fin se descongelara un río frío en su interior. Aun así, las palabras que había pronunciado el viejo dragón gris lo atormentaban.

«Está cerca de ti. Ten cuidado».

Se le ocurrió que el dragón no había dicho realmente que Gnag el Sin Nombre estuviera cerca. ¿Pero a quién más podía referirse? ¿Quién si no *«buscaría a los jóvenes para utilizarlos para sus propios fines»*? Probablemente, el dragón se refería al líder de los Colmillos del Puente de Miller. O puede que se refiriera a Zouzab Koit, pero ¿por qué iba a preocuparles a los dragones marinos un pequeño correcumbres? Probablemente, Podo tenía razón: el dragón marino mentía y manipulaba a Janner para divertirse. Pero, de algún modo, eso tampoco parecía correcto.

A cada paso que daban hacia Dugtown y lejos del mar, Janner se preocupaba menos por el dragón y disfrutaba más de la belleza del bosque. No vieron ni rastro de vacas colmillo ni de sabuesos cornudos, y solo divisaron un ratociélago cuando se escabulló detrás de un árbol lejano. Janner se preguntó por qué los animales eran tan escasos en la orilla norte del río. Pensó en los viejos tiempos en Skree, antes de la guerra, cuando Podo y Oskar decían que los guardabosques mantenían a raya a las peligrosas criaturas del bosque y la gente podía viajar por donde quisiera. El bosque era un lugar tranquilo y encantador cuando uno no corría por su vida, y Janner empezó a comprender de nuevo lo que se había perdido cuando los Colmillos invadieron.

—¿Señor Reteep? —dijo—. ¿Es cierto que Gnag el Sin Nombre solo vino a Skree por nosotros? ¿Porque quería las joyas de Anniera?

—Sí y no —respondió Oskar al cabo de un momento—. Es cierto que envió sus ejércitos aquí porque pensó que habían venido para esta zona, pero habría venido de todos modos, tarde o temprano. No te culpes por lo que ocurrió en Skree.

—Pero, ¿por qué habría venido, si no es por nosotros?

—Recuerdas la historia, ¿verdad, hijo? ¿Cuántas veces un hombre malvado llegó al poder y de repente descubrió que su reino era demasiado pequeño? Lo hicieron los Praxon en la Tercera Época. Lo hicieron los Shrivener cuando Tilmus el Doblado subió al trono, y mira lo que pasó con los surcos de Shreve. No queda nada más que los Infortunios, un terrible desperdicio donde antes había un jardín del tamaño de un océano —Oskar pasó por encima de una rama caída—. No, cuando un rey olvida quién es, se busca a sí mismo entre los escombros de las ciudades conquistadas. Lo atormenta un pozo sin fondo en el alma, y verterá en él la sangre de las naciones hasta que el pozo se trague al propio hombre.

Janner se estremeció. Aquella oscuridad profunda y hambrienta lo asustaba porque él también la sentía, aunque descubrió que no temía caer en ella, no cuando pensaba en su familia. Era como si, entre él y aquella oscuridad interior, hubiera muchos brazos que se extendían para atraparlo, brazos como las ramas de un árbol, allí para amortiguar su caída y hacer que sus manos y sus pies tuvieran asidero.

—Por eso Anniera era fuerte, muchacho —continuó Oskar—. El guardián del trono protege algo más que la carne del rey supremo. Protege su alma recordándole a cada paso lo que es bueno, noble y verdadero en el mundo. El guardián del trono no solo protege al rey, sino también al reino. Su trabajo consiste en recordar y recordar. Y, a veces, como has visto, su trabajo consiste en hacer sonar el cuerno de batalla y blandir su espada por aquellos a quienes ama.

—¿Crees que el tío Artham está bien?

Oskar asintió.

—Sí. Si ha sobrevivido tanto tiempo, es gracias a su ingenio o porque Gnag el Sin Nombre lo quiere vivo, como a ti. Quizás sea un poco de ambas cosas. No, estoy seguro de que Peet el Calcetín volverá a aparecer algún día. No es un hombre corriente, ¿sabes?

—Desde luego, no es corriente —dijo Janner.

—No me refiero a eso —dijo Oskar—. Se decía que Artham P. Wingfeather brillaba con el Fuego de Eremund.[1] Los malvados huían ante él, y durante todos los años que él y tu padre ocuparon el Castillo Rysen, la paz y la alegría corrieron profundas como un río.

—Recuerdo que mi madre decía que todas las doncellas del reino le habían echado el ojo —dijo Janner.

—Eso es lo que he leído. ¿Sabías que escribieron poesía sobre él?

—¿De verdad?

—De verdad. Veamos... —Oskar se golpeó la barbilla con un dedo. Caminaron en silencio unos instantes; entonces Oskar se aclaró la garganta y empezó.

¡Alégrense todos los hijos de la Isla Luminosa!
Un héroe recorre el campo, la colina, la arena
Con brillante espada en mano y de cuervo una melena.
¡Los malvados tiemblan cuando el guardián alza su voz!

¡Su montura tan rápida y su poderosa banda tan feroz!
Tan hermosa su palabra y tan fino su alegre rugido
¡sopla sobre la isla y de cumbre a orilla hace ruido!
¡Tan tierno arde su amor por el rey y la tierra hermosa!

—¿Quién escribió eso? —preguntó Tink.

—Pues no lo sé —dijo Oskar—. Lo encontré en un libro de poemas de Anniera. Muy valioso.

—Se llamaba Alma Rainwater[2] —dijo Nia—. Era una buena amiga mía. Siempre pensamos que se casaría con tu tío. Esperábamos que lo hiciera. Pero no logró salir del castillo.

---

1. Eremund fue guardián del trono en el año 54 de la Tercera Época. Cuando la reina suprema Nayani, su hermana menor, fue secuestrada por piratas de Symia, pasó por muchas pruebas para traerla a casa. Navegó más allá de los bordes de todos los mapas en persecución de los piratas y años más tarde regresó con la reina a su lado. Su valor era poco común, incluso entre los annieranos, y se decía que sus ojos eran dorados y brillaban en la oscuridad como velas. En la gran biblioteca del Castillo de Rysen se conservan varios libros que detallan sus hazañas. Ver *La Eremíada*, traducción de Hureman Perdus, Symar House Publishers, 345.
2. Aunque poco conocida fuera de la Isla Luminosa, Alma Rainwater fue una de los muchos poetas de Anniera cuya obra fue aclamada como revolucionaria porque rimaba y seguía una forma estricta llamada *pentámetro ba-dum-ba-dum*.

—Lo siento, alteza —dijo Oskar—. Solo conozco a Anniera a través de los libros. Caminar contigo por este bosque es como un cuento infantil hecho realidad.

Nia sonrió.

—No tienes por qué disculparte, Oskar. Recordar a Alma me hace bien. ¿Conoces más poemas suyos?

Oskar recitó todos los poemas de Anniera que podía recordar.

La compañía se detuvo para comer, y como no habían visto animales más grandes que un mip, Podo se arriesgó a encender un fuego.

—¿Ven esto? —dijo, indicando un roble con ramas que se hundían casi hasta el suelo—. Si el fuego atrae algo demasiado grande para nosotros, treparemos a ese árbol hasta que sea seguro volver a bajar. ¿Algún problema con ese plan, Reteep?

Oskar se llevó las gafas al puente de la nariz y observó el árbol.

—¡Ah! ¡Bueno! Veamos… No se me ocurre ninguna criatura del bosque más peligrosa que una vaca colmillo o un sabueso, que se sabe que son buenos trepadores. Por supuesto, podría haber serpientes o buitres punzantes; ahora *estamos* más cerca de las montañas, aunque no mucho. Y también hay bichos. Bichos urticantes como el…

—Muy bien. Ese es el plan.

Janner y Tink fueron a buscar leña mientras Leeli y Nia rebuscaban en los paquetes para encontrar ollas y sartenes y las especias necesarias para que la carne seca de topoespín supiera más a asado. Una vez que el fuego estaba crepitando agradablemente, se sentaron a su alrededor con los ojos nerviosos fijos en el bosque. Como la maleza era escasa, era posible ver los árboles a un tiro de flecha o más de distancia, lo cual era bueno, pensó Janner, porque sería fácil ver venir cualquier cosa. Pero también lo hacía sentirse observado.

Estuvieron mucho rato sentados y comiendo (demasiado tiempo, insistió Podo), y la conversación derivó hacia los tres regalos que los niños habían recibido de Anniera. Leeli y Tink le mostraron a Oskar el antiguo arpa silbante y el cuaderno de dibujo. Oskar mostró gran admiración por el arpa silbante, con los ojos muy abiertos, como un niño, recordando su importancia en la historia de Anniera. Se quedó mudo al inclinar las páginas del cuaderno de bocetos de Esben hacia una mejor luz y las miró a través de las gafas. Sus ojos brillaban de emoción.

«*Anniera*», susurró Oskar mientras miraba las imágenes de la Isla Brillante dibujadas por el propio rey supremo. Era lo más cerca que había estado nunca de ver aquel bello país con sus propios ojos.

Finalmente, Janner sacó de su mochila el gran libro encuadernado en cuero.

—¡Fascinante! —exclamó Oskar. Tomó el libro como un niño toma un caramelo.

—El abuelo dice que es uno de los Primeros Libros —dijo Janner.

—Sí —acotó Podo—. Oí que estaba entre los tesoros de Anniera, pero nunca lo vi hasta la noche en que huimos del castillo.

—¿Qué son los Primeros Libros? —preguntó Leeli.

—Hay muchas leyendas, joven princesa —dijo Oskar—. Una es que el propio Hacedor los escribió y se los dio a Dwayne (él era el primer ciudadano, ya sabes) como regalo para el cuidado y gobierno de Kistamos. Los libros le enseñaron a Dwayne los caminos de la sabiduría y lo guiaron mientras reinaba durante la Primera Época, que fue, según dicen, hace unos cinco mil años. Otra es que Dwayne y Gladys (ella era la esposa de Dwayne) escribieron juntos los Primeros Libros y que son un registro de su época gobernando el mundo. Otra teoría es que los Primeros Libros fueron escritos por Will, su segundo hijo, que causó todo tipo de problemas.

—¿Problemas? —preguntó Janner.

—En las historias lo llamaban Ouster Will —le dijo Nia—. Aquí en Skree tenemos el carruaje negro para asustar a los niños mientras yacen despiertos en la cama. Cuando yo era niña en los Valles Verdes, eran las historias de Ouster Will las que nos hacían temblar bajo las sábanas. Decían que el fantasma de Ouster Will hacía crujir tu casa por la noche, que Ouster Will era la sensación de escalofrío en la nuca cuando caminabas solo por el bosque.[3]

A Janner se le erizó la piel. Tink se pasó una mano por la nuca y se estremeció.

—Ouster Will está tan muerto en el suelo como mi abuelo Helmer —dijo Podo, resoplando—. Tú y tus historias de fantasmas.

—No digo que las *crea* —dijo Nia—. Digo que Ouster Will era un hombre malo, lo bastante malo como para que aún se cuenten historias de fantasmas sobre él miles de años después de su muerte. ¿Por qué te pones tan nervioso?

Podo gruñó.

—¿Dónde estaba? —preguntó Oskar, acariciando el gran libro que tenía en el regazo, como una madre acaricia a un bebé.

—Los Primeros Libros —dijo Janner.

---

3. Para una muestra de un poema vallerino sobre el temido Ouster Will, ver Apéndices, página 378.

—Ah. Otras leyendas dicen que Ouster Will escribió los Primeros Libros. Dicen que aprendió muchos secretos de Kistamos, secretos que el Hacedor entregó a Dwayne, destinados al rey y solo al rey.

—¿Qué clase de secretos? —preguntó Leeli.

—Bueno, durante los mil años que Dwayne gobernó…

—¿Mil años? —los ojos de Tink se abrieron de par en par.

—Sí. Quizás más. Y durante su largo reinado, vigiló cuidadosamente el primer pozo. El pozo estaba en el centro de la ciudad, y Dwayne administraba sus aguas curativas a los enfermos y heridos. Y el propio Dwayne, sin proponérselo, vivió más que nadie —Oskar miró de reojo a Podo—. Es una larga historia que no tenemos tiempo de contar ahora, pero basta con decir que Will derrocó a su padre (lo mató) y robó el trono, con la intención de utilizar el poder del primer pozo para su propio beneficio. Hay quienes creen que los Primeros Libros fueron el registro que Ouster Will hizo de los secretos que descubrió.

Janner miró el libro que Oskar tenía en el regazo con asombro y temor. Quería creer que lo había escrito el Hacedor (aunque eso parecía imposible), o que lo había escrito Dwayne, a quien Janner siempre había imaginado como un anciano amable. Se estremeció al pensar que Ouster Will, algún villano de las sombras de la historia, era el autor del libro que se le había confiado.

Oskar se estremeció de placer al abrir el libro.

—Este escrito. ¿Sabes en qué idioma está?

—No —dijo Nia—. Como papá, nunca vi el libro hasta el día que huimos. Supuse que Esben lo tenía, pero no sabía dónde lo escondía. Pasaba gran parte de su tiempo con Bonifer en aquellos últimos días.

—Squoon —dijo Oskar, mirando a Nia por encima de las gafas—. Conozco ese nombre.

—¡Bonifer Squoon! —soltó Janner—. Yo también recuerdo ese nombre. —Cerró los ojos. *«Este es el diario de Bonifer Squoon, consejero principal del rey supremo de Anniera, guardián de la Isla Luminosa. Lee esto sin mi permiso y te machacaré la nariz»*. ¿Era el consejero en jefe de Esben… eh, de mi padre?

Nia y Podo intercambiaron una mirada.

—Sí —dijo ella—. ¿Cómo…?

—Su diario estaba en el fondo de la caja de Dang —dijo Tink—. El que desempaquetamos para el señor Reteep justo antes de encontrar el mapa.

—Lo leí —dijo Oskar—. De hecho, lo estaba leyendo cuando los oí a Peet y a ti luchar contra los Colmillos frente a la cárcel aquella noche. Supuse que se trataba de una falsificación o de algún tipo de ficción de Anniera, un libro infantil tal vez, diseñado para parecer real con el fin de alimentar la imaginación de los más jóvenes. Pero ¿dices que este Squoon era realmente el consejero del rey?

—Sí, y era de los que te decían que te machacaría la nariz, eso seguro —dijo Podo—. No es que alguna vez te la hubiera machacado de verdad. Era demasiado cobarde para eso.

—Así que estaba en posesión del diario del consejero jefe del rey supremo. Allí mismo, en Libros y Rincones, pero ahora ha desaparecido para siempre. —Oskar suspiró—. En palabras de Vilmette Oppenholm en su ensayo sobre el declive de las magdalenas gratuitas: «Qué horror».

—Me pregunto cómo acabó ese diario en Skree —se dijo Nia—. ¿Dónde dijiste que habías encontrado la caja de Dang, Oskar?

—En Torrboro. A lo largo de los años, me he encontrado con varias cajas de este tipo, probablemente botín de barcos que los Colmillos piratearon entre aquí y Dang. Fue una sorpresa agradable, pero no inaudita. El diario, por supuesto, de haber sabido que era auténtico, habría sido mucho más que una sorpresa para mí.

—¿Qué contenía? —preguntó Nia.

Oskar lo pensó un momento. —Nada tan interesante. No menciona nombres que yo recuerde, solo «el rey» esto y «la reina» aquello. Escribía sobre sus viajes hacia y desde Dang. Parecía hacer mucho de eso, supervisando envíos y rutas comerciales y cosas así. Un trabajo extraño para un consejero del rey, sobre todo porque era un anciano. Pero no le di mucha importancia, pues creía que el diario era una obra de ficción.

—Recuerdo que pasaba mucho tiempo en el extranjero —dijo Nia.

—Así que era un viejo muy ocupado. ¿Qué tiene que ver esto con el libro? —dijo Podo con cierto enfado. Janner se dio cuenta de que tenía ganas de seguir adelante.

—Bonifer y Esben pasaban mucho tiempo juntos en aquellos últimos días —explicó Nia—. Los oí hablar del Primer Libro más de una vez. Es todo lo que sé al respecto.

—Las letras se parecen al vallerino, la antigua lengua de los Valles Verdes. ¿Lo recuerdas de tu juventud, alteza? —preguntó Oskar a Nia.

—Estudié el vallerino antiguo cuando era niña, pero ya nadie lo habla. —Entrecerró los ojos e inclinó la cabeza de un lado a otro—. Prueba con esto —dijo, dando vuelta el libro—. Ahí está. Hace tiempo que no lo leo, pero eso sin duda es vallerino antiguo.

—¡Ah! —dijo Oskar—. Yo también lo veo ahora —estudió la cubierta y la encuadernación del libro—. Esta no es la cubierta original. Quien la sustituyó, hace ya muchos años, tampoco conocía el idioma y colocó la nueva cubierta al revés. Lo que creíamos que era la primera página es en realidad la última. ¿Lo ves?

A Janner todo le parecía igual, pero no por ello dejaba de ser fascinante.

—Creo, alteza, que con lo que yo sé de idiomas y lo que tú recuerdas del vallerino, podríamos traducir esto —Oskar miró a Nia ilusionado.

—No lo sé —dijo ella—. Hay una razón por la que estos libros estaban ocultos. Una razón por la que no se han traducido antes.

—Pero, alteza, también debe haber una razón por la que el libro se ha conservado todos estos años.

—Y una razón por la que mi padre quería que yo lo tuviera —dijo Janner en voz baja.

—Tenemos que ponernos en marcha —resolvió Podo, echando tierra sobre el fuego—. Sé que les gustaría sentarse todo el día y mantener una agradable discusión sobre viejas lenguas retorcidas, pero tenemos un largo camino por delante.

En el bosque, resonó el crujido y el chasquido de ramas al romperse.

Janner y Tink se pusieron de pie de un salto, desenvainaron sus espadas y se colocaron a ambos lados de Podo, formando un fiero muro de protección frente a Nia, Leeli y Oskar.

Una vaca colmillo, más grande que ninguna que Janner hubiera visto jamás, se acercó pesadamente hacia ellos.

—¡El árbol! —gritó Podo—. ¡Ahora!

Segundos después, estaban a salvo entre las ramas del roble, mirando a la bestia gigante que cojeaba alrededor del tronco del árbol. De sus dientes, goteaba sangre. Los ojos lechosos de la vaca daban vueltas, salvajes e incapaces de concentrarse.

—¡Miren! —Leeli señaló una lanza que colgaba de su hombro derecho.

La vaca gorjeó. Sus ojos se agitaron y, después de estremecerse de pies a cabeza, se desplomó en el suelo y murió. Tras un momento de silencio, todos bajaron del árbol.

—Qué bueno que estaba herida —dijo Podo mientras arrancaba la lanza del costado de la vaca—, o quizás no habríamos tenido tiempo de subir al árbol.

Tink se puso en cuclillas cerca de la cabeza de la vaca y la pinchó con un palo.

—Así que hay Colmillos cerca —dijo Janner, mirando la lanza ensangrentada.

—No, muchacho —dijo Podo—. Esta no es una lanza de Colmillos. Es un arma demasiado fina para eso. Esto explica por qué no hemos visto ningún bicho hasta ahora —arrojó la lanza a un lado y se limpió la mano en los calzones—. Varados.

—¿*Ahora* nos dirás qué son los varados? —preguntó Tink.

—Sí —dijo Podo con tono sombrío—. Ladrones y asesinos. Si están por aquí, tenemos que movernos, y rápido. Cuanto antes salgamos del bosque, mejor.

20

En la Sala de Lamendron

Aquella noche, mientras el sol se ponía sobre Skree, el trol arrojó a Peet al suelo del gran salón del Fuerte Lamendron. Las antorchas parpadeaban en las paredes. Los Colmillos del perímetro de la sala siseaban ante la figura encadenada que se retorcía en el suelo frente al trono.

Zouzab y el otro correcumbres se escabulleron hasta los pies del estrado e hicieron una reverencia.

—Saludos, general Khrak —dijo Zouzab.

Justo detrás del correcumbres, Peet estaba de espaldas mirando el alto techo. Por el momento, su mente funcionaba correctamente y lo recordaba todo. El trol lo había arrastrado durante una noche y un día desde el bosque, a través del municipio de Glipwood, y por el largo camino hasta Fuerte Lamendron. A Peet le dolía todo el cuerpo de cada centímetro del viaje.

Encontraba cierta satisfacción en el miedo que había en los ojos de los Colmillos cuando lo miraban. Tenían buenas razones para tener miedo. Si se liberaba de sus cadenas, podría acabar con todas las bestias de la sala. Para asegurarse, Peet flexionó los músculos. Los Colmillos retrocedieron, pero las cadenas se mantuvieron firmes.

—Veo que has capturado al guardián del trono —dijo Khrak.

Zouzab asintió.

—Excelente. Gnag estará encantado. Pero no veo a los niños.

—Las joyas —dijo Zouzab, y luego hizo una pausa.

—¡Habla, trepador! —siseó Khrak.

—Las joyas han [...] escapado. Otra vez.

El rostro de Khrak era indescifrable. Peet sonrió. Zouzab echó un vistazo a las vigas de la sala y a las altas ventanas, probablemente por si necesitaba emprender una huida rápida. Khrak tenía fama de ser más despiadado que el Colmillo promedio, lo cual ya era mucho decir.

—Podría contarte todos los detalles sobre cómo la incompetencia de tu comandante Higgk los llevó a escapar —continuó Zouzab—, pero lo importante no es que escaparan.

—¿Y qué *esss* lo importante? —preguntó el general con voz amenazadora.

—Lo importante, general Khrak, aparte de la captura del guardián del trono, es que escuchamos lo que la madre y el abuelo planeaban y discutían, y sabemos adónde van.

—Ah. ¿Y dónde sssería eso?

—Las Praderas de Hielo.

—¿Kimera? —preguntó Khrak.

—Sí, mi señor. Saben de la fuerza reunida allí, y de su líder, un hombre llamado Gammon. Saben que los Colmillos, por muy poderosos que sean, no pueden soportar el duro frío, así que creen que allí es seguro.

—Seguro, ¿eh? —le dijo Khrak a un Colmillo cercano.

—Sí, general —dijo el Colmillo con una risita—, perfectamente ssseguro.

Los Colmillos de la sala estallaron en carcajadas.

Peet empezó a sudar. ¿Había descubierto Gnag la forma de proteger a los Colmillos del frío? ¡Tenía que encontrar la manera de avisarles a los niños!

Se esforzó y se retorció, sintiendo los ojos de Khrak sobre él, y entonces su mente se enturbió y olvidó dónde estaba, quién era, quiénes eran los niños. Se convirtió en poco más que un animal encadenado.

Cuando las risas se apagaron, el Colmillo del trono bajó del estrado y se colocó sobre Peet. Su lengua salió revoloteando y cosquilleó el aire a solo unos centímetros de la cara de Peet.

—Sé exactamente qué hacer contigo, Artham Wingfeather —dijo el Colmillo, y al oír su nombre, la mente de Peet se despejó un poco.

—N-no me envíes de vuelta —tartamudeó Peet—. P-por favor…

—¿De vuelta a Throg? —dijo Khrak con una sonrisa perversa—. ¿No quieres volver a las profundidades de Throg? Seguro que Gnag el Sin Nombre podría encontrarte un sitio en las mazmorras. ¿Tu antigua celda, tal vez? La que tenía una vista excelente, según recuerdo.

Peet lloró y sacudió la cabeza.

Khrak se enderezó y lo miró con disgusto.

—Deja de lloriquear. Serán las islas Phoob para ti, Wingfeather. Dejaremos que los Colmillos Grises intenten… *hacer* algo de ti. ¡Llévenlo a los muelles!

21

La pesadilla de Podo

A medida que el cielo se oscurecía y el bosque se ponía más negro, Podo hizo un alto. No había habido rastro de varados ni de más vacas colmillo en las seis horas transcurridas desde el almuerzo.

—¿Podemos hacer otro fuego? —le preguntó Leeli dulcemente a su abuelo.

Podo suspiró.

—No, muchacha, me temo que no. Por la noche no. Si queremos luz, tendrá que ser del tipo verdoso.

Después de una comida fría y silenciosa a la luz de la vela de cera de mocos, Podo montó la tienda cerca de un buen árbol trepador y se quedó vigilando mientras Tink y Janner se acurrucaban sobre el libro antiguo en el regazo de Oskar. De vez en cuando, el viejo librero le hacía señas a Nia para que se acercara y sostenía la vela para que pudiera ver la página. Ella le daba su mejor conjetura sobre el sonido o el significado de una letra, y luego volvía a su sitio junto a Leeli.

Janner estaba dolorido y cansado, pero su mente bullía de preguntas mucho después de que Nia apagara la vela y los demás se durmieran. Quería saber por qué Podo, que había parecido tan feliz durante las semanas en el castillo de Peet, estaba ahora tan irritable y distante. Quería saber qué había en el Mar Oscuro que inquietaba al viejo pirata. Quería saber qué le había ocurrido a Peet el Calcetín. Quería saber por qué su padre le había dejado aquel libro gigante y desgastado por el tiempo, escrito en una lengua que nadie recordaba. Quería saber quiénes eran los varados. Quería saber qué podía querer Gnag el Sin Nombre de él y de sus hermanos. La mente de Janner estaba tan cansada de pensar como sus piernas de caminar, y por fin sintió que se quedaba dormido, flotando hacia el reino de los sueños como un niño en un barco.

—Lo siento —dijo una voz.

Janner se incorporó, sin saber si estaba soñando. Al cabo de un momento, la niebla de su cerebro se disipó y recordó dónde estaba. Oyó los ronquidos y la respiración profunda de los demás, grillos fuera de la tienda y un búho en algún lugar a lo lejos.

—Lo siento mucho —volvió a oír la voz. Era Podo.

—¿Abuelo? —susurró Janner. No obtuvo respuesta. Se arrastró hasta donde yacía Podo. Con la tenue luz de la tienda, pudo ver que su abuelo tenía los ojos cerrados y la boca ligeramente abierta—. Abuelo, estás soñando —susurró Janner.

—No es excusa, señores... Lo siento. No lo sabía. Deben creerme —murmuró Podo, al borde de las lágrimas. Fuera lo que fuera que estaba soñando, era horrible. El búho volvió a ulular y Janner pensó en volver a tumbarse y dejar a Podo con su sueño, pero entonces la boca del anciano se cerró y gimió.

—*¡Abuelo!* —volvió a susurrar Janner, esta vez con una mano en el hombro de Podo.

Los ojos de Podo se abrieron. Una de sus pétreas manos se levantó y agarró a Janner por el cuello, pero Podo volvió en sí y lo soltó con la misma rapidez.

—Estabas soñando —jadeó Janner. Los dos se miraron en silencio mientras la respiración de Podo se ralentizaba.

—Afuera —susurró el anciano.

Salieron sigilosamente de la tienda y se detuvieron en el silencio vivo del bosque. Las estrellas brillaban tanto que las hojas proyectaban sombras. Podo sacó la pipa del bolsillo, la llenó de tabaco y la encendió sin decir palabra. El frío del aire se filtró a través de la ropa de Janner y le hizo tiritar, pero el olor del humo de la pipa era cálido y reconfortante y evocaba recuerdos de la cabaña Igiby y del hogar.

—Soñando, ¿eh? —dijo Podo.

—Sí, señor

—¿Qué dije?

—Dijiste que no había excusa, que no lo sabías. Y que lo sentías.

Podo dio una larga calada a su pipa y expulsó el humo lentamente.

—Sí —se dijo—. Así es.

—¿Por qué? —preguntó Janner tímidamente.

—Por cosas que hice hace mucho tiempo. Cosas que aún no se han pagado.

—Pero no me dirás qué.

—Supongo que no. Al menos, todavía no.

Janner quiso presionarlo, pero por el tono de voz de su abuelo, supo que sería mejor dejarlo.

—Vuelve a la cama, muchacho. Tengo la sensación en los huesos de que mañana nuestro pequeño paseo de vacaciones por el bosque llega a su fin.

—¿Cómo lo sabes? —preguntó Janner bostezando.

—Los árboles son más escasos. Ya no se oye el río, lo que significa que se ha nivelado. Y eso significa que nos encontraremos con los varados que le clavaron la lanza a esa vaca colmillo. Si pueden matar a uno de esos bichos, puedes apostar tus botas a que harán un trabajo rápido con nosotros.

—¿Los habías visto antes?

—Sí. Crecí aquí, recuerda. Mucho antes de que Skree fuera un lugar tan peligroso. Má y Pá viajaban a menudo a Torrboro a comprar semillas para la granja o a vender cerditos si nos sobraban. Por supuesto, las posadas de Torrboro eran demasiado caras para los Helmer, así que cruzábamos el Blapp en ferry hasta Dugtown, donde mis padres podían permitirse una habitación. En Dugtown, las cosas no eran tan bonitas, pero resultaban mucho más divertidas para un apestoso como yo —se rio para sus adentros y soltó otra bocanada de humo—. Más de una vez me separé de mis padres y me metí en todo tipo de problemas con los tipos de mala muerte de Dugtown. En más de una ocasión, esos resultaron ser varados.

»Verás, muchacho, Dugtown es una ciudad de criminales, mercenarios, vagabundos y aventureros. Si lo que buscas son problemas, allí los encontrarás. Pero hay algunos tipos que ni siquiera los habitantes de Dugtown pueden soportar. Algunos delincuentes pueden robarte la ropa interior, pero no se les ocurriría hacerte daño. Pero otros roban algo más que tus pertenencias: te robarían lo que tienes en el bolsillo *y* te cortarían el cuello, solo por diversión. Dugtown es un lugar ruidoso, pero la gente que vive allí tiene sentido de lo que es correcto y apropiado, aunque sea tan escurridizo como un pez daga. Si los habitantes de Dugtown te consideran no apto para la sociedad, es que eres muy malo. —Podo se rio—. Te destierran de la ciudad y te buscas la vida a duras penas en el río, luchando por sobrevivir entre toda una sociedad de malvados asesinos. Cuanto peor eres, más lejos del Blapp acabas.

Janner ya estaba bien despierto.

—¿Así que mañana nos encontraremos con ellos? ¿Con los varados?

—Me temo que sí. A estas alturas, serán los peores.

—Suenan tan malos como los Colmillos.

—Sí. —Podo abrazó a Janner y lo devolvió a la cama—. Peor, incluso.

Janner volvió a meterse en la tienda y se quedó despierto hasta el amanecer. Observó a su abuelo a través de la rendija de la tienda, paseándose y dando caladas a su pipa mientras el cielo pasaba del negro al azul oscuro y al blanco frío. Leeli estaba acurrucada junto a Nia, todavía abrazada a su mochila. Se le había caído la fina manta, así que Janner se la subió hasta la barbilla.

Oskar se atragantó con uno de sus monstruosos ronquidos, y los ojos de Tink se abrieron con un aleteo.

—¿Janner? —dijo con voz somnolienta.

—¿Sí?

—No quiero ser rey.

Janner estuvo a punto de preguntarle a Tink qué quería decir, pero se detuvo. Sabía exactamente cómo se sentía su hermano pequeño.

—No pasa nada. Yo tampoco quiero ser guardián del trono.

—¿No quieres? Pero lo haces muy bien. No dudas. Parece que siempre sabes qué hacer.

—No es así como se siente —dijo Janner—. No te preocupes. Estoy seguro de que… *¿seguro de qué? ¿De verdad Tink sería un buen rey?*

—¿Qué? preguntó Tink, apoyándose en un codo.

—Estoy seguro de que lo harás bien. No creo que ninguno de los dos esté hecho todavía para ser rey o guardián del trono. Creo que deberíamos estar estudiando nuestros T.H.A.G.S., jugando al balonmano y leyendo libros. Pero si eso es cierto, también lo es que se supone que los Colmillos no estén en Skree, que nuestro padre esté vivo y que Leeli tenga dos piernas sanas.

—Pero es lo que hay —dijo Tink.

—Es lo que hay.

—¿Qué vamos a hacer? —preguntó Tink.

—¿Hoy? Vamos a salir del bosque. Podo dice que probablemente nos encontraremos con los varados.

—No, me refiero a después.

—Bueno… Dugtown. Luego las Praderas de Hielo, con suerte.

—¿Y después?

—No lo sé. —Janner sintió un chasquido de irritación en el pecho. Normalmente él hacía las preguntas y se preocupaba por el futuro. Por una vez, al menos esta mañana, Janner se contentaba con dejar que las cosas sucedieran como fuera—. ¿Anniera, quizás?

—Pero parece tan... imposible, ¿verdad? Quiero decir, ¿de verdad crees que Gnag el Sin Nombre y los Colmillos y los trols nos dejarán tenerlo sin más? ¿O se supone que yo debo ser el rey que lidere... qué, un ejército de rebeldes contra esos monstruos? Janner —dijo Tink en voz baja—, no creo que pueda hacerlo. Solo quiero que me dejen en paz, como en Glipwood, antes de que ocurriera todo.

—Es demasiado tarde para eso, Tink. Además, ¿recuerdas lo que nos contó Oskar sobre los skreeanos? Dijo que en el fondo eran desgraciados, que sus vidas ya no eran realmente vidas.

—A mí me parecía una vida. Yo era feliz en Glipwood, siempre que nos mantuviéramos alejados de los Colmillos. Teníamos la cabaña, el Festival del Día del Dragón, el zibzy con los hermanos Blaggus, historias junto al fuego... ¡comidas calientes! ¡Y ahora míranos! —Nia se agitó y murmuró algo en sueños, y Tink bajó la voz—. Estamos durmiendo en una tienda, Nugget ha muerto, Peet está... quién sabe qué le habrá pasado. ¡Me duele la espalda! No me gusta llevar esta mochila —Tink se incorporó y se abrazó las rodillas—. Es que no quiero ser rey.

Janner suspiró y cerró los ojos. Él también echaba de menos a Glipwood.

Entonces, pensó en Anniera. Recordó la imagen de su padre en el barco. Recordó el tirón que sintió en el corazón cuando oyó cantar a los dragones, lo que sintió la mañana anterior cuando vio al sol deslizarse desde su tumba en el Mar Oscuro.

¿Valía la pena? *Sí.*

—Glipwood ya no está, Tink.

Tink cerró los ojos.

—No podemos volver.

Tink suspiró.

—Lo sé.

—¿Sabes lo que quiero? Quiero una larga serie de días como ayer, cuando paseábamos por el bosque, escuchando poemas sobre el tío Peet, riendo juntos. Sin espadas ni arcos ni Colmillos. Quiero descansar. Pero me temo que no podremos hacerlo en mucho, mucho tiempo, no hasta que lleguemos a Anniera. Hasta que lleguemos a casa. Si tenemos que luchar para llegar hasta allí, estoy dispuesto a hacerlo. Y si tengo que llevarte del cuello, vendrás conmigo. Mira —Janner sacó el cuaderno de dibujos de Esben de la mochila de Tink, lo abrió de un tirón y lo sostuvo a la luz que se colaba por la solapa de la tienda—. ¿Ves este dibujo? ¿El césped bajo la muralla del castillo, donde la gente está sentada junto al árbol de sombra?

—Sí. Lo he mirado cientos de veces.

—Ese es un lugar real. Y es nuestro. Y algún día te daré una *paliza* jugando al zibzy en ese césped.

Tink sonrió.

—Seré yo quien te dé la paliza. Siempre seré más rápido que tú.

Janner le dijo a Tink que lo quería, y Tink le contestó que él también lo quería, pero no como se querían los esposos. Janner le dio un puñetazo a su hermano en el hombro, y Tink se lo devolvió. Para asegurarse de que le creía, Janner pinchó a Tink en las costillas, y ambos se rieron lo bastante como para despertar a todo el mundo menos a Oskar, que resopló, se relamió y se dio la vuelta.

Podo pensó que sería divertido levantar la tienda con Oskar aún durmiendo en ella, así que tras un rápido desayuno de fruta disecada, Janner y Tink ayudaron a Podo a tirar de las estacas y levantar el palo central que mantenía la lona en alto. Se rieron y cuchichearon entre ellos mientras la levantaban como un paraguas gigante y exponían a Oskar, que seguía roncando, a la luz del sol. Cuando la tienda estuvo enrollada y amarrada a la mochila de Podo, no quedó más remedio que despertar al Sr. Reteep. Leeli lo tocó suavemente en el hombro, y su única respuesta fue un ligero cambio en el tono de sus ronquidos. Nia se unió a Leeli y empujó a Oskar por el otro lado. No tardaron en mecerlo de un lado a otro con tanta fuerza que Podo, Tink y Janner se doblaron de risa. Oskar roncaba y se rascaba la barriga.

—Mamá —dijo Leeli.

Nia se secó una lágrima, riendo aún con Podo y los niños.

—*Mamá* —repitió Leeli.

—¿Qué pasa, cariño? —preguntó Nia, intentando contenerse.

—¿Quién es esa? Señaló los árboles que había justo por encima del hombro de Nia.

Dos ojos mezquinos sobre un rostro sucio miraban a los Igiby y a Podo.

—Soy una varada, eso es lo que soy.

22

Los varados del Recodo Oriental

La varada salió de detrás del árbol.

Era una muchacha no mucho mayor que Janner, cubierta de pies a cabeza de una suciedad negra que hacía que sus ojos y sus dientes parecieran brillantes. De su delgado cuerpo, colgaban ropas hechas jirones. En la mano llevaba una daga, y la forma en que la sostenía dejaba claro que sabía utilizarla.

—¿Han visto mi vaca? —exigió la muchacha—. Le di de lleno ayer y se fue por aquí. Si se la comieron, los descuartizaré y los llevaré al campamento en un saco.

—Nadie se ha comido tu vaca, muchacha —dijo Podo, dando un paso adelante.

La niña siseó y blandió el cuchillo hacia el viejo.

—Yo no soy tu muchacha —le espetó—. Y será mejor que no des un paso más o acabaré con uno de ustedes antes de que tengan tiempo de darse cuenta de que me he ido.

Podo levantó las manos.

—Si lanzas ese cuchillo, nadie te dirá dónde está la vaca. No queremos hacerte daño, así que ¿por qué no te tranquilizas y nos dices tu nombre? El mío es Podo. Podo Helmer.

—No me importa quién seas. Solo quiero mi vaca.

Podo y la chica se enzarzaron en un concurso de miradas enojadas que, para sorpresa de Janner, ganó la muchacha.

—Bien —dijo Podo—. La vaca colmillo está a medio día de camino detrás de nosotros. Encontrarás los restos de una hoguera que cometimos la tontería de encender, y tu vaca —o lo que queda de ella— está cerca.

La muchacha varada entrecerró los ojos ante Podo y consideró la información.

—De acuerdo —asintió—. Les creo. Ahora, suelten las armas.

—Que no se te suba el humo a la cabeza, muchacha —retumbó Podo—. Nadie va a soltar ningún arma…

La chica lanzó el cuchillo tan rápido que Janner apenas la vio moverse. Chocó contra algo de madera y vio con asombro que estaba incrustado en la pata de palo de Podo. La chica ya había sacado un segundo cuchillo y estaba preparada para lanzárselo a Leeli.

—¡Ya basta! —dijo Podo con las manos en alto—. Te daremos nuestras armas, ¿de acuerdo? No hace falta hacer nada drástico.

—Bien. También nos llevaremos sus mochilas.

—*¿Nos?*

Sin hacer ruido, aparecieron más niños de detrás de los árboles y se descolgaron de las ramas, cada uno de ellos feroz como un sabueso cornudo y dispuesto a matar. Los Igiby se apiñaron alrededor del cuerpo de Oskar N. Reteep, que seguía roncando.

Sin previo aviso, Oskar se incorporó, soltando los sonidos de las letras del antiguo vallerino, y declaró que había desentrañado otra pieza del rompecabezas lingüístico. Buscó a tientas sus gafas, se las colocó en la nariz y dijo, al ver a la pandilla de niños sucios:

—Buenos días.

—Los llevaremos con nosotros —dijo la niña—. ¡Banikon! Llévate a otros cinco y busquen la vaca. Traigan todo lo que puedan cargar. Dense prisa.

Sin mediar palabra, uno de los muchachos eligió a cinco niños, y se escabulleron en el bosque tan silenciosos como las sombras.

Los varados restantes —Janner contó once— recogieron las mochilas y las armas de los Igiby y rebuscaron entre ellas, embolsándose comida y cerillas y cualquier otra cosa que se les antojara. Para alivio de Janner, mostraron poco interés por el Primer Libro, el arpa silbante y el cuaderno de dibujos de Tink.

Cuando la muchacha tuvo la certeza de que las mochilas habían sido suficientemente saqueadas, se las devolvió a los Igiby. Luego se acercó a Podo con ojo cauteloso y le arrancó la daga de la pata de palo.

—Vamos. El campamento no está lejos.

Podo asintió, y los Igiby y Oskar lo siguieron. Janner pensó que si Podo recibía órdenes, aquellos niños varados eran muy peligrosos.

Variaban en edad y tamaño. Algunos eran niños y otros niñas, aunque las niñas se comportaban como ninguna niña que Janner hubiera visto jamás. Estaba seguro de que, chicos o chicas, todos los niños varados eran mortalmente precisos con sus puñales.

Cada vez que Podo o Nia intentaban comunicarse con los niños Igiby, la niña líder siseaba y agitaba el cuchillo. Leeli aguantó como la princesa que era, caminando con su muleta sin quejarse, y hay que decir a favor de los varados que permitieron que Podo y Janner se turnaran para llevarla a la espalda de vez en cuando.

Al cabo de una hora, Janner olió humo y vio señales de un campamento no muy lejos. Varias figuras alrededor del fuego se pararon y miraron hacia los árboles mientras ellos se acercaban. Estaban sucios y desaliñados, y parecían conformes con su estado. Janner pudo ver el poderoso río Blapp no muy lejos, ancho y tranquilo.

—¿La tienes? —preguntó uno de los hombres.

—Sí y no —respondió la muchacha—. ¿Podemos acercarnos?

Nadie dijo una palabra. Janner miró a su familia y vio miedo en todos sus rostros, excepto en el de Podo, que tenía la mandíbula firme y los ojos brillaban como metal caliente. Los niños varados permanecieron en silencio alrededor de los Igiby, mirando al hombre junto al fuego y a la niña.

—¿Y quiénes son esos? —preguntó el hombre.

—No lo sé. Los encontré no muy lejos de aquí.

—¿Y encontrasteis la carne?

—Ya he dicho que sí.

El hombre del fuego ladeó la cabeza, con rabia o admiración, Janner no estaba seguro.

—Muy bien. Acérquense.

Los niños varados se deslizaron entre los adultos. Si tenían padres, no se notaba; ninguno de los niños abrazó ni saludó a nadie. Se colocaron cerca del fuego con sonrisas semiocultas y extendieron las manos hacia la llama.

—¿Dónde está la comida, Maraly? —preguntó el hombre a la niña.

—En camino. Envié a Banikon con una compañía a buscarla. Encontramos a estos durmiendo no muy lejos de aquí. Tenían armas.

Otro de los niños tiró al suelo las espadas, los cuchillos, los arcos y las flechas.

—No tenemos intención de quedarnos mucho tiempo —dijo Podo—. Pueden quedarse con las armas y las provisiones que quieran.

El hombre se acercó. Una larga barba le colgaba de la cara en mechones enmarañados que parecían un racimo de serpientes marrones muertas. Llevaba el pelo recogido, dejando al descubierto una frente alta y sucia con una cicatriz irregular.

—Escucha —dijo Podo—. No queremos molestarlos. Nos dirigimos a Dugtown y nos gustaría seguir nuestro camino.

El hombre sucio se enderezó hasta alcanzar su estatura completa, un palmo más alto que Podo, y miró a la cara del viejo pirata.

—Seguirán su camino cuando yo lo diga. Acérquense al fuego y pónganse cómodos. Hay mucho que hacer.

Se dio la vuelta y ladró a su clan.

—¡Átenlos!

Los demás varados se abalanzaron sobre ellos. Empujaron y tiraron, rieron y escupieron a los Igiby mientras los acercaban al fuego y les ataban las manos a la espalda. Los Igiby se sentaron en un banco cerca del fuego mientras los varados se dedicaban a sus asuntos, ya fuera dándose puñetazos en el hombro en una especie de juego, afilando dagas o poniendo caras horribles a los niños para ver si podían hacerlos llorar.

Janner admiró la moderación de Tink. Sabía que su hermano menor podía poner caras feas que superaran al mejor de ellos, pero prefirió quedarse mirando el fuego. Dos de los hombres erigieron un asador sobre el fuego, mostrando sonrisas de dientes negros a los niños. Janner se fijó en los cientos de huesos que había en la tierra alrededor de la hoguera, algunos de ellos pequeñas espinas de pescado, otros tan largos como su brazo. Eso explicaba por qué los animales del bosque habían sido tan escasos. Vio cráneos de sapo de lodo, vaca colmillo y pez daga semienterrados en las cenizas y la tierra. No había cráneos humanos, pero al ver la mirada hambrienta de los varados, no le habría sorprendido.

—No nos ataron los tobillos —dijo Tink en voz baja—, pero supongo que no sirve de nada intentar huir, ¿verdad?

—No, hijo —respondió Nia—. Conocen estos bosques. No tendríamos ninguna oportunidad.

—Podríamos luchar —dijo Leeli—. O *ustedes* podrían luchar. Yo no sería de mucha ayuda. Pero si pudieran liberarse las manos, las armas están justo ahí.

—Aprecio la idea de luchar —dijo Podo—, pero mientras no pretendan cocinarnos en el asador, creo que lo mejor será tomarnos las cosas con calma por ahora.

Permanecieron así sentados durante horas, incómodos, hambrientos y sedientos. La presencia del Blapp a poca distancia les recordaba constantemente que no habían bebido nada desde el desayuno.

Cuando por fin se puso el sol, los niños varados regresaron con la vaca colmillo. Habían cortado la carne de sus huesos y la llevaban en sacos, que echaron sobre una lona junto al fuego. Como moscas a la comida vieja, los varados se reunieron alrededor de las llamas. El hombre de la barba apareció con un barril, y los varados vitorearon. Los dos hombres que habían montado el asador ensartaron trozos de carne de vaca colmillo y los colgaron sobre el fuego, donde humearon y silbaron, produciendo un olor sorprendentemente delicioso.

—Bueno, podemos dejarlos probar un bocado y un trago —dijo una voz justo detrás de los Igiby—. Puede que sea el último. El líder de los varados liberó las manos de cada uno y se inclinó sobre Podo.

—Parecen de los que saben que esto es verdad: si intentan huir, los mataremos y arrojaremos sus cuerpos al Blapp. ¿Entendido?

Podo parecía querer darle un puñetazo en la nariz al hombre, pero asintió.

—Bien —dijo el varado.

La muchacha Maraly apareció con una cesta de cuencos y tazas de distintos tamaños, los llenó con líquido del barril y los fue pasando. Janner olfateó la bebida de su cuenco. Olía dulce y tibia, pero no estaba seguro de querer probarla. Oyó un sorbo a su derecha y se volvió para ver que Tink ya se había terminado su tazón.

—¿A qué sabe? —preguntó Janner.

—Sabe a mojado. ¿A quién le importa? Tenía sed —Tink alargó la taza para pedir más. Maraly miró al hombre de barba desgreñada, que asintió, y volvió a llenar la taza de Tink.

Los varados reían, aplaudían y contaban historias igual que los habitantes de Dugtown que venían a Glipwood el Día del Dragón y a Janner le resultaba difícil que no le cayeran bien por ello. Parecían no tener una preocupación en el mundo.

Cuando declararon que la carne estaba hecha, dos hombres retiraron el pincho del fuego y lo pasaron por la ronda. Los varados arrancaban la carne marrón y jugosa del palo y la devoraban como perros, chasqueando y chupándose los dientes de un modo que repugnaba a Janner y a la vez le daba hambre. No podía creer que la carne de vaca colmillo oliera tan bien.

Tink se llevó las manos al estómago y se sentó con la boca entreabierta, observando cómo la brocheta se abría paso alrededor del círculo. Cuando por fin le tocó el turno, arrancó un trozo de carne y lo engulló.

El líder se volvió hacia su clan y alzó la voz.

—¡Varados!

—¡Del Recodo Oriental! —respondieron.

—¡Manos rápidas! ¡Barbas largas! —gritó él.

—¡Y dagas afiladas!

—¡Sin ley! —gritó el líder.

—¡Sin ley! —levantaron sus copas y rugieron de risa.

—Ahora bien, clan —dijo el hombre levantando una mano—, es hora de que conozcamos a nuestros nuevos amigos. Me llamo Claxton Weaver. Soy un ladrón, un trotamundos y un traficante de acero. No me gustan los Colmillos, no me gustan los extraños y no me gustan las reglas. Esta es mi gente y este es mi campamento, y los arrojaríamos al río antes que dejarlos probar otro trozo de nuestra carne. Así que será mejor que piensen en algo que tengan o en algo que puedan hacer por mí que me ayude a entender por qué debo dejarlos seguir respirando.

El buen humor de los varados se desvaneció y miraron con el ceño fruncido a la familia. Oskar se detuvo mientras masticaba y miró al hombre. Leeli, Nia y Janner también se congelaron. Solo se oía el chasquido de los labios de Tink mientras comía su carne, consciente de nada más que de su hambriento vientre.

Podo consideró al hombre un momento y dijo:

—Sí. Bien. Tenemos comida. Tenemos armas, como puedes ver. Estoy dispuesto a dártelas todas si nos dejas ir sanos y salvos, Claxton Weaver —entonces, la voz del viejo pirata se hizo más grave y sus fosas nasales se encendieron como las de un caballo rabioso—. Pero si decides que eso no es suficiente, entonces debes saber que me llamo Podo Helmer y que recorrí la Ribera antes de que tú nacieras, con gente como Growlfist y los suyos. No te sorprendas tanto, hombre. Me arrastré por el Reducto Oeste con Yule Borron a la luz de la luna colgante. He navegado cien veces por el poderoso Blapp, desde aquí hasta el borde del mapa, y puedo luchar con las manos, los dientes e incluso con mis cejas si llega el caso. ¿Entiendes lo que digo?

Claxton Weaver se quedó atónito, con una cara tan infeliz y alarmante que incluso Tink dejó de masticar su carne. Nia acercó a Leeli hacia sí. El cuerpo de

Janner se tensó, y deseó tener su espada a mano porque temía necesitarla pronto. Los varados que rodeaban el fuego permanecían inmóviles como piedras.

Podo se levantó y miró a Claxton a los ojos.

—Pero escucha, Weaver. Entiendo que gobiernas este recodo del río. Soy viejo y cojo, pero no soy ningún tonto. Si lo que no te gusta es los forasteros, guárdatelo para los próximos que se metan en tu recodo. Soy tan varado como tú, no soy Colmillo, y te he ofrecido todo lo que tenemos. Si no es suficiente, mis chicos y yo lucharemos como dragones —Podo se acercó un paso al hombre alto—. Y *tú* eres el primero al que me propongo hincarle el diente y mis pobladas cejas.

A Janner se le erizó la piel de orgullo y cerró los dedos en un puño. Sabía que no se parecían en nada a las curtidas manos de Podo, pero tendrían que servir.

Los ojos de Claxton revolotearon hacia Janner y Tink, y luego hacia Oskar, considerando la amenaza de Podo.

—¿Has entrado en el Reducto Oeste? —preguntó—. ¿De verdad?

—A la luz de la luna colgante.

Los ojos de Claxton se entrecerraron y ardieron con una luz fría. Entre los dos hombres, pasó una mirada tan feroz que Janner se encogió, como si toda la oscuridad del alma de cada uno se derramara y librara una gran batalla en el espacio que había entre ellos. No estaba claro quién había ganado, pero Claxton parecía satisfecho de que Podo fuera al menos un enemigo digno, si no un camarada.

La tensión desapareció del rostro del barbudo y sonrió.

—Entonces he encontrado una razón para permitirte vivir, Podo Helmer. Vas a contarnos un cuento… un relato de esta tierra en los días de tu juventud. Mi clan y yo dormiremos esta noche con la emoción de las viejas historias en los huesos —la sonrisa de Claxton desapareció y bajó la voz—. Pero si lo que tienes para dar no es suficiente, anciano, entonces será el Blapp o mi espada para ti y tu compañía. Los varados también podemos luchar como dragones, recuérdalo —Claxton se volvió hacia su clan—. ¿O no podemos?

Los varados enseñaron los dientes y sisearon. En un movimiento mortal, los hombres, las mujeres y los niños que rodeaban la hoguera desenvainaron sus cuchillos, dispuestos a saltar sobre el fuego a la orden de Claxton.

23

Growlfist, el rey de los varados

Podo estaba de pie ante los varados, alternando el peso de su cuerpo entre la pierna sana y el muñón. Claxton estaba sentado en un tronco en el centro de su clan, con los brazos cruzados sobre el pecho. Los Igiby y Oskar se reunieron detrás de Podo. El fuego se había consumido hasta convertirse en un resplandor rojo que daba al aire el color de una pesadilla.

—Podo Helmer —dijo Claxton—, procede.

Janner miró a su abuelo bajo una nueva luz; parecía que el viejo tenía un sinfín de secretos. Pero por mucho que Podo odiara su pasado, y por mucho que Janner odiara imaginar a su querido abuelo con una banda tan miserable, existía la posibilidad de que eso les salvara la vida a todos. Sabía que su abuelo tenía una historia en mente, pero tenía serias dudas de que Claxton y su siseante pueblo que empuñaba cuchillos los soltaran, por muy emocionante que fuera el relato.

Podo cerró los ojos un momento y respiró hondo antes de empezar.

—¡Varados! Me presento ante ustedes con una sola pierna, el pelo blanco por la edad y la barriga llena de su deliciosa carne. Este fuego que arde me recuerda a Growlfist, el rey de los varados, la noche que lo conocí.

Los varados murmuraron y asintieron con la cabeza.

—Sí, lo conocí. Era feroz, y una cabeza más alta que Claxton. Se decía que sus ojos eran tan malvados que podía cocinar un pescado con solo mirarlo, y estoy aquí para decirles que es cierto. Lo vi hacerlo varias veces.

»Hace muchos años, estaba pescando en un recodo del Blapp, no muy lejos de aquí, en una barca con un cubo lleno de almejas, cuando vi un desfile oscuro que descendía de las colinas del norte. Estaban mugrientos, y una nube de suciedad se cernía sobre ellos como una tormenta a punto de estallar. En efecto, de la nube de suciedad brotaron relámpagos y rodó un trueno cenagoso. *¡Varados!,* pensé, y me estremecí en mi barca.

Los varados se rieron con orgullo.

—Nunca los había visto de cerca, aunque no eran varados *de verdad*. Algunos de los que están más cerca de Dugtown se autodenominan varados, pero en el Recodo Oriental, ustedes distinguen a los hombres de las mujeres, ¿no?

El clan gruñó y rio y golpeó las rodillas con los puños, incluidas las chicas, según observo Janner, Maraly la más ruidosa de todas.

—Bueno, llevaba unos días a la deriva. Sabía que la gente tan río abajo solo podía ser peligrosa y, para decirlo sin rodeos, por eso floté hasta donde lo hice. El peligro no era nada para Podo Helmer, luchador y joven como era en ese momento.

»Entonces, me llegó una voz imponente del hombre más alto que jamás había visto. Era el ojo de la tormenta de tierra, y los varados que lo rodeaban se arremolinaban como el viento. «¡Acércate!», ordenó con una voz profunda como el río, y mi barca remó a través de la corriente hasta donde estaba Growlfist, el rey de los varados. Cuanto más me acercaba, más temible era su aspecto. Dientes como valvas de almeja, mandíbula como la raíz de un árbol, barba desgreñada tan marrón y embarrada como las patas traseras de un sapo de lodo.

De nuevo, los varados murmuraron su aprobación.

Podo continuó.

—Me planté ante Growlfist sobre mis dos pies (esto fue antes de perder uno, como verán) temblando como el vientre de uno que eructa. Había visto hombres altos antes, y también sucios, pero no había ninguno más malvado que el rey de los varados, y así se lo dije. Me preguntó con permiso de quién pescaba en sus aguas, y se lo dije sin rodeos: de nadie. Se inclinó tanto hacia mi cara que pude ver las pulgas de su barba.

»Entonces hice algo tan tonto y tan desesperado que no recuerdo haberme decidido a hacerlo. Si me hubiera parado a pensar, jamás lo habría intentado. Ustedes, los varados, ya lo saben, pero como mi familia no conoce sus costumbres, les diré que los varados son escurridizos.

Janner esperaba que el clan se enfadara por ello, pero continuaron con sus habituales palmadas en la espalda.

—¡Escurridizos como el fondo del Blapp! —dijo Podo.

—¡Sí! —gritaron.

—Y si hay algo que un varado respeta es a alguien tan escurridizo, miserable y ladrón como ellos mismos, ¿eh?

—¡Sí! —volvieron a gritar, más alto.

—¿Así que quieren saber lo que hizo Podo Helmer? —gritó.

—¡Sí!

Podo bajó la voz hasta casi susurrar.

—Le robé del bolsillo a Growlfist.

Los varados lo miraron boquiabiertos. Incluso Claxton parecía sorprendido.

—¿Qué robaste de *dónde*? —preguntó Maraly.

—Le robé del bolsillo. Le robé allí mismo, a orillas del Blapp, con todo su clan vigilando y sin que vieran nada. Soy muy rápido cuando me lo propongo, y decidí que mi única oportunidad era demostrar a Growlfist, el rey de los varados, que era apto para unirme a su compañía.

Podo dejó que reinara el silencio durante unos instantes, saboreando, como siempre hacía, una historia bien contada.

—¿Qué robaste? —preguntó alguien.

—Lo único que pude tomar con los dedos. Le robé su talismán.[1]

Al oír esto, los varados dejaron escapar un grito ahogado.

—No sabía lo que había hecho en ese momento, por supuesto. Estaba justo ahí, en el bolsillo delantero de sus pantalones: un pájaro dorado no más grande que el puño de un bebé. Growlfist me tenía agarrado por el cuello con su daga en la garganta, todo su clan riendo y rogándole que acabara conmigo. Pero antes de que lo hiciera, le dije: «Growlfist, si me matas y me tiras al río, perderás tu pajarito de oro». El rey de los varados se palmeó los bolsillos y entrecerró los ojos mientras yo le acercaba la baratija a la cara y le guiñaba un ojo.

—¿Le guiñaste un ojo? —dijo Claxton, ahora tan perdido en la historia como el resto de su clan.

—Sí. Los ojos del viejo Growlfist se abrieron tanto como su boca y empezó a reír tan fuerte que asustó a su clan tanto como a mí. Había algo antinatural

---

1. En la cultura de los varados, el líder del clan lleva siempre consigo un pequeño objeto significativo para él, llamado *talismán*. Si otro varado consigue robar el talismán, se convierte en el nuevo líder del clan mientras permanezca en su poder. Por supuesto, si un varado fracasa en su intento de robar el talismán, el líder del clan es libre de aplicar el castigo que considere apropiado o agradable.

en que un hombre tan malvado como Growlfist riera así. Todos en el clan se quedaron paralizados, preguntándose qué haría.

Podo hizo una pausa, con las manos extendidas y las palmas abiertas hacia el cielo nocturno.

—Growlfist me tiró al suelo, me golpeó tan fuerte en la cara que aún tengo pruebas —Podo volvió la mejilla derecha hacia el resplandor del fuego para que todos pudieran ver la cicatriz de un dedo de largo que tenía a lo largo del pómulo— y me dio la bienvenida al clan. Me arrebató el talismán, y como era el poderoso Growlfist, nadie lo desafió. Al poco tiempo, estaba corriendo con los suyos, y no mucho después, Sharn el Torr envió sus tropas para intentar limpiar la tierra de los varados.

—Y te colaste en el Reducto Oriental —dijo Claxton, con la sospecha de nuevo en su voz.

—Así es.

—Bueno, viejo, es una buena historia. Te lo reconozco.

Claxton se levantó y se estiró. A Janner se le heló la sangre, porque estaba claro, por la fanfarronería de Claxton, que la historia de Podo no lo había satisfecho o, si lo había hecho, no estaba dispuesto a admitirlo.

—Pero no es suficiente, Podo Helmer, porque no me creo ni una palabra. Ningún hombre podría haberle robado del bolsillo a Growlfist, el rey de los varados, con todo su clan mirando. *Yo* soy el mejor ladrón de Skree; una vez, en Dugtown, le robé los zapatos a un tipo sin que se diera cuenta hasta que llegó a casa, pero ni siquiera yo podría haberle robado del bolsillo a Growlfist el rey de los varados.

Claxton desenvainó su daga. Justo cuando Podo se tensaba para saltar sobre el líder del clan, Leeli gritó. Un varado la amenazó con un cuchillo en la garganta. Podo cerró los ojos y tembló de rabia. El corazón de Janner latía con fuerza. Los Colmillos eran malvados hasta la médula, pero aquella gente era peor de algún modo. Aparte de su aspecto sucio, no parecían tan diferentes de los habitantes de Dugtown, ni de los ciudadanos de Glipwood. Estaba acostumbrado a que los Colmillos fueran malvados, pero no los hombres y mujeres corrientes.

—¡Clan! —gritó Claxton—. ¡Podo Helmer, el gordo y la mujer dormirán a pierna suelta en el fondo del Blapp esta noche! Nos quedaremos con los niños, por supuesto.

Los varados se lanzaron al ataque con los cuchillos desenvainados y los dientes enseñados. Apartaron a Nia de Leeli. Oskar exhaló un profundo suspiro y agachó la cabeza mientras lo ponían en pie.

Pero lo que más preocupaba a Janner era Tink. Su hermano miraba a Claxton con una extraña expresión, no de miedo ni de preocupación, sino de… ¿fascinación, admiración? Incluso cuando los varados pusieron a Tink en pie, sus ojos se quedaron clavados en el alto y barbudo bandolero, y los ojos de Janner se quedaron clavados en Tink.

Podo había cautivado a los varados con su historia, pero un suspiro más tarde, los Igiby, Podo y Oskar estaban rodeados y de nuevo en manos del clan. Sin armas, sin influencia, sin dinero para sobornos, a Janner le pareció que por fin habían llegado a su final. Había demasiados hombres, mujeres y niños apestosos contra los que luchar y, a menos que Podo tuviera otro truco bajo la manga, las joyas de Anniera pronto estarían enjauladas y sus guardianes se encontrarían en las frías y negras profundidades del poderoso Blapp.

24

Manos rápidas y pies más rápidos

En medio del tintineo de los cuchillos y el cacareo de los hombres y mujeres de dientes negros, Janner oyó un sonido maravilloso. Era un sonido que conocía desde que tenía memoria, uno que nunca dejaba de provocarle una sonrisa y un cálido fuego en el estómago.

Podo se estaba riendo.

Su risa era como el sonido de los árboles que se doblan con el viento, el burbujeo de un río donde gira la rueda del molino. Toda la tensión del cuello y la cara de Janner se relajó, y él también rio. Leeli soltó una risita.

Nia fulminó a su padre con la mirada.

—¿Y *qué* tiene tanta gracia?

Podo luchó por controlarse.

—Solo quería darles las gracias a todos. Han sido muy amables y generosos.

Todos, varados e Igibys por igual, parecían confundidos.

—¿Qué estás parloteando, viejo? —preguntó Claxton.

Podo exhaló lo último de su alegría, luego miró a Claxton a la cara y arqueó una poblada ceja blanca.

—Dije que quería darles las gracias a todos. Su generosidad es muy grande. Es muy considerado de su parte agregarme peso para que mi viaje al fondo del río sea lo más rápido posible. No sabía que los varados tuvieran tanta compasión por aquellos a los que pretenden asesinar.

Podo le guiñó un ojo a Janner, luego se metió la mano en la camisa y sacó una taza de hierro. Se la colgó del dedo, y la forma en que los ojos de los varados seguían su movimiento de un lado a otro mientras se esforzaban por comprender le pareció a Janner una de las cosas más divertidas que había visto nunca. Resopló y se tapó la boca.

—Esa es mi taza —dijo un anciano al fondo.

—¿Lo es? —Podo volvió a meter la mano en la camisa y sacó una daga brillante.

Claxton se la arrebató.

—¿A quién de ustedes, zoquetes, le pertenece esto?

Una mujer con un parche en un ojo levantó la mano y Claxton la arrojó al suelo, a sus pies.

Podo volvió a meter la mano en la camisa, con los ojos brillantes, y sacó un puñado de monedas, dos pendientes de joyas verdes, un cuchillo más grande, una pulsera hecha con caracoles de mar y un barco de juguete. Uno de los niños se apresuró a arrancarle este último objeto de la mano. Y así sucesivamente, y cuando Janner estaba seguro de que Podo ya no tenía más pliegues en la ropa para ocultar lo que había cogido, salía otro collar o una caja de cerillas o una punta de flecha de hierro.

Con cada nueva revelación, los varados hacían expresiones de sorpresa y se mostraban cada vez más respetuosos con Podo. Incluso el rostro de Claxton se suavizó un poco mientras permanecía de pie, con los brazos cruzados, y sus ojos y los de Podo aún enzarzados en una contienda.

—¿Has terminado? —preguntó.

Podo hizo un espectáculo palpándose la camisa y los pantalones, y luego asintió.

—Sí, ya está.

—Pues bien. Ha sido una buena exhibición, Podo Helmer. Se ha demostrado qué tontos habitan en esta tierra —miró a los rostros avergonzados de su clan—. Debo admitir que me inclino a creer que podrías haberte colado en el Reducto Oeste, y quizás incluso haberte encontrado con el propio Growlfist.

Janner sonrió. Podo había vencido claramente a Claxton y se había mostrado digno de la estima de los varados, si no de su amistad.

—Pero *ningún* hombre ha robado del bolsillo de Growlfist, el rey de los varados —dijo Claxton, su voz retumbando en el campamento—, y ningún hombre ha robado del mío. Que tu último aliento sea un trago del río, y que el clan recuerde vigilar cuando entren extraños en el redil. Lleven a los niños a las jaulas y a sus guardianes a la tumba.

A Janner se le heló la sangre.

Pero los varados dudaron. Puede que fueran asesinos y ladrones, pero no les gustaba la idea de ahogar a alguien como Podo Helmer, que les parecía un varado como pocos.

—Quizás podamos echar a la mujer y al redondo y dejar vivir a la pata de palo —sugirió Maraly. Los varados asintieron.

Claxton apretó la mandíbula. Miró fijamente a la muchacha durante un largo instante y pareció que iba a golpearla, pero respiró hondo y dijo:

—Puede parecer una buena idea, pero ¡escucha con atención! Puede que tenga un cuento o dos en el bolsillo, pero yo digo que es demasiado dulzón con estos niños y con la señorita. Robar bolsillos es fácil, pero sus ojos no son lo bastante sombríos para los de nuestra especie. ¡Y aquí en la Ribera *vivimos* de las sombras, clan! Vagamos por los bosques y matamos al Colmillo y al granjero, robamos y deambulamos sin dejar que nadie nos diga dónde está dónde y qué es qué. No nos sirven los viejos mentirosos ni sus acompañantes.

Claxton sabía cómo remover la mugre del corazón de los varados. Estos volvieron a agitarse y a sisear.

—Nos quedaremos con los niños —dijo—, pero estos tres solo sirven para dar de comer a los peces daga. Soy el jefe de este clan y esa es mi decisión.

Como un solo hombre, los varados saltaron sobre el viejo pirata. Podo luchó, pero eran demasiados, y desapareció bajo un montón de puños oscilantes y piernas pataleantes. Le ataron los brazos con una cuerda y volvieron a ponerlo en pie. Mechones de pelo blanco se aferraban a su rostro sudoroso, enojado y tembloroso. Resultaba difícil creer que, solo unos instantes antes, su estruendosa risa había llenado el aire.

Los varados ataron a Nia y Oskar, ambos sin habla, y Claxton le hizo una señal a Maraly. Ella se alejó con un grito, y los varados empujaron a los adultos fuera de la luz del fuego y hacia el río. Janner, Tink y Leeli observaron atónitos cómo se los llevaban.

—¡Esperen! —suplicó Janner—. ¡No! ¡Solo estamos de paso! ¡Esto no es justo! Sintió un dolor encandilante en un lado de la cara y se encontró en el suelo, apartando las lágrimas con los ojos.

—Cállate, chico, o te pegaré otra vez —murmuró Claxton.

Por mucho que lo intentaba, a Janner no se le ocurría ningún plan, ninguna idea que pudiera detener lo que estaba ocurriendo. Deseó que Peet apareciera a salvarlos como había hecho tantas veces antes. Deseó que Nugget siguiera vivo.

Tendido en el suelo, Janner vio el dobladillo del vestido de Leeli, anaranjado en el resplandor del fuego. Vio la zapatilla de cuero que llevaba en el pie sano y la forma en que el pie tullido se enroscaba sobre sí mismo, con la punta de la zapatilla al descubierto, donde se arrastraba por el suelo.

Más allá de los pies de Leeli, vio los de Tink, y el corazón le dio un vuelco. Los dedos de los pies de Tink se movían dentro de sus botas, y de vez en cuando, su pie derecho se retorcía hacia delante y hacia atrás formando un círculo en la tierra. Janner había visto hacer eso a su hermano en innumerables ocasiones, siempre justo antes de que echara a correr durante un partido de zibzy o cuando jugaban a Barcos y Tiburones con Podo.

Tink estaba a punto de correr.

Era rápido, por supuesto —probablemente más que cualquiera de los varados—; pero aunque consiguiera escapar, no tenía adónde ir. Al norte, estaba la Barrera. Al sur, el río. Al este, el Mar Oscuro. Podría huir hacia el oeste, hacia Dugtown, pero no duraría mucho sin Podo ni Janner. ¿Qué pensaba hacer, solo en el desierto?

Janner tenía que detenerlo. Juntos tenían más posibilidades, y Podo y Nia siempre habían instado a los niños a permanecer juntos a toda costa.

Como de costumbre, pensó Janner enfadado, *piensa solo en sí mismo.*

Leeli tiró de Janner ayudándolo a ponerse de pie.

—¿Estás bien?

—Estoy bien —susurró, sacudiéndose la cabeza para quitarse el dolor del golpe de Claxton—. Pero creo que Tink está a punto de… ¡no!

Janner intentó agarrarlo, pero ya era demasiado tarde: Tink salió disparado, chocó con Claxton y saltó más allá del fuego.

Janner no podía creer que su hermano pequeño pudiera ser tan egoísta, tan imprudente. Deseó estar libre solo para poder luchar contra Tink, tirarlo al suelo y darle una lección con los puños. ¿De verdad iba a dejarlos a todos atrás?

—¡Cobarde! —gritó Janner, apuntando toda la rabia de su corazón a la espalda de su hermano. Se sintió bien al decirlo, y esperaba que resonara en los oídos de Tink a cada paso que se alejaba de ellos.

Pero antes de que la palabra se extinguiera, y antes de que Claxton y los varados tuvieran tiempo de reaccionar, Tink saltó a un banco del otro extremo del círculo y giró sobre sí mismo.

—¡Alto! —gritó con una voz mucho más grave de lo habitual. Tenía los ojos desorbitados por el pánico, que iban de Claxton a los varados, a Nia y a los demás en la oscuridad, más allá de la luz de la hoguera. Por un momento, sus ojos se posaron en Janner con una mirada de tristeza y confusión.

—Si… —dijo Tink con voz temblorosa— si los m-matas, nunca…

—¿Nunca *qué*? —Claxton saltó por encima del fuego en un silbido de chispas brillantes y agarró el cuello de la camisa de Tink. Tink tragó saliva y entrecerró un ojo—. ¿Nunca qué? —repitió Claxton—. Estoy harto de tanta palabrería, historias y amenazas. Este es *mi* clan, *mi* recodo en el río, y desenvainaré mi daga contra quien yo quiera.

—¿D-desenvainarás qué daga? —preguntó Tink con una sonrisa que se abrió paso a través de todo el terror de su rostro.

—¿Qué daga? —Claxton entrecerró los ojos—. Pues *esta* daga… —buscó su daga y se atragantó.

—¿*Esta* daga? —Tink sacó una daga de la manga y sostuvo la punta justo debajo de la oreja de Claxton. La empuñó con mano firme y miró tranquilamente a los ojos del hombretón.

Los varados dejaron escapar un grito ahogado. A Janner se le desencajó la mandíbula. Acababa de llamar cobarde a su hermano y, sin embargo, allí estaba, cara a cara con un asesino. Janner quería esconder la cara de vergüenza.

—Tomó la propia espada de Claxton —dijeron los varados.

—¡Eso no es todo! —exclamó Tink. Se metió la mano en la camisa y sacó un medallón deslustrado con una cadena. Colgaba de su puño y brillaba a la luz del fuego.

De los varados surgieron más jadeos y murmullos.

—¡El talismán! ¡Tomó el talismán de Claxton!

Rápido como un gato, Claxton retorció la muñeca de Tink para que soltara la daga. Arrojó a Tink al suelo, recogió el cuchillo y lo volvió a meter en su funda.

—Y me devolverás mi medallón —dijo, arrebatándoselo. Dirigió una mirada nerviosa a su clan. —¿Han visto eso, varados? Nunca había visto tanta osadía en un muchacho. ¡Me ha robado de mi propio bolsillo, sin más, delante de mis varados! Tal y como yo lo veo, podría despellejarlo aquí mismo o convertir en aliado a un joven que algún día podría alcanzar gran renombre en esta tierra. Detesto ponerle fin a un futuro tan prometedor.

Puso a Tink en pie y le dio una palmada en la espalda.

—Ahora, ¿cómo era la historia del viejo? Veamos. Tomó el pájaro dorado del bolsillo de Growlfist, Growlfist se rio, y entonces… ¡ah, sí!

Golpeó a Tink en la cara con tanta fuerza que el chico voló por encima del banco y aterrizó en las sombras que había más allá.

—¡Tink! —gritó Leeli.

Claxton rio sombríamente.

—Nunca intentes jugar con Claxton Weaver, muchacho.

Entonces, ocurrió algo de lo que se hablaría en la Ribera durante cien años.

Desde donde yacía en las sombras, Tink arrojó una daga a Claxton, y el mango lo golpeó en la nuca. Janner no sabía cómo lo había hecho Tink, pero le había robado la daga por segunda vez. Claxton, con una mirada de gran confusión y un chichón que le brotaba en la nuca, se desplomó en el suelo, inconsciente.

Los varados vitorearon y corrieron hacia donde yacía Tink. Lo pusieron en pie y le sacudieron la tierra, parloteando sobre sus manos rápidas y sus pies más rápidos.

Maraly le ofreció un paño húmedo para el labio ensangrentado y lo sentó en el banco.

—Mi papá se lo merecía desde hace mucho tiempo —dijo, y besó a Tink en la mejilla.

A Tink se le pusieron las orejas rojas como bayas de azúcar y sonrió tanto que se le quedaron las mejillas así durante una hora.

Nia, Oskar y Podo se liberaron y volvieron corriendo al círculo. Abrazaron a los niños y se ocuparon de Tink, y a Janner le dolía el estómago de vergüenza por lo que había dicho y, lo que era peor, por lo que había pensado.

Una anciana encorvada con un vestido mugriento se abrió paso entre la multitud y golpeteó a Tink en la barriga con la punta de un bastón. Tenía la cara verrugosa y cubierta de barro, y llevaba el pelo recogido en un moño sucio. Los varados se callaron.

—Has derribado a Claxton Weaver, el jefe del Recodo Oriental, muchacho —dijo—. Ya nos estábamos cansando de Claxton. El tonto es mi hijo, y eso es lo único que lo mantiene con vida ahora mismo. Deberías saber que te perseguirá cuando despierte y que intentará matarte. Pero no temas. Tengo un puré de raíz babosa que mantendrá a este viejo barbas de barro en cama al menos unos días. Los varados no toleramos que un jefe de clan sea tan tonto como para dejarse robar la daga dos veces en una noche —golpeó a Claxton en la pierna—. Si hay algo que siempre nos ha gustado en la Ribera es una buena historia y una mano rápida, y tú eres tan rápido que ni siquiera te vi quitarle la daga esa segunda vez. Mmm. No lo tuvo mucho tiempo, pero el muchacho consiguió su talismán, ¿verdad, clan?

—¡Sí! —vitorearon los varados.

—¿Cómo te llamas? —preguntó ella.

—Kalmar —Tink se enderezó—. Kalmar Wingfeather.

—Kalmar —dijo la anciana, y escupió—. Mmm. Pues bien, tú y los tuyos no tendrán refugio, pero el fuego es de ustedes, si lo quieren —luego se acercó cojeando a Podo y lo miró a los ojos—: Podo Helmer —dijo, pinchándolo con el bastón—, ya no eres tan guapo como antes, viejo. Pero mi corazón sigue siendo tuyo si lo quieres.

25

Tacklebol en la niebla

—¿Nurgabog? —preguntó Podo, perplejo.

—Sí. Soy yo —la anciana sonrió y su rostro curtido y arrugado crujió en señal de protesta. Los varados susurraron y señalaron como si estuvieran viendo algún animal raro por primera vez—. Nunca pensé que volvería a verte, pero aquí estás, feo como un sapo de lodo y sin nada más que una pierna entera, y aun así quiero besarte mil veces.

—Nurgabog, querida, me alegro de verte —dijo Podo, retrocediendo un poco—. ¿Por qué no dijiste nada cuando aparecimos? Si no pensabas arrojarnos al río, nos habrías ahorrado un montón de problemas.

—¡Dejé que los ataran porque la mitad de mi corazón se alegraría de verte chapoteando en el Blapp mientras te hundías! Me dejaste hace cincuenta y cinco años sin decir una palabra, ¡y eso cuando aún tenía dientes! —suspiró—. Pero la otra mitad de mi corazón que aún quiere besarte ganó, supongo. No habría dejado que mataran a mi dulce Podo.

—Gracias, Nurgabog. Estás tan guapa como siempre.

Ella respondió con un golpe de su bastón.

—¡No me mientas, viejo! ¡Sé que soy fea como un alga del río! Ahora, escucha. Nosotros, los varados del Recodo Oriental, te ofreceremos unos días de descanso gracias a la mano rápida de Kalmar Wingfeather y a lo apuesto que eras cincuenta y cinco años atrás, con una condición.

Podo se estremeció.

—Quiero un beso profundo y satisfactorio de tus viejos labios, Podo Helmer. Llevo mucho tiempo esperándolo.

Nurgabog avanzó cojeando, cerró los ojos, frunció los labios y esperó. Podo respiró hondo, se inclinó hacia ella y tragó saliva. Era como ver a alguien a punto de comerse una rata. Tanto los varados como los Igiby permanecieron absortos y en silencio. Janner cerró los ojos y oyó un beso largo y húmedo, y luego el suspiro femenino de Nurgabog.

Los varados estallaron en aplausos mientras Nurgabog se alejaba tambaleándose. Podo se limpió la boca con el antebrazo y la vio marcharse con una mirada de cariño, tristeza y náuseas. El clan se dispersó, saludando con la cabeza a Tink a su paso. No prestaron más atención a los Igiby que a la suciedad de sus dientes.

Tink se acercó pavoneándose con una mano en la herida del costado de su cabeza.

—¡Increíble! —dijo Janner—. Eso fue *increíble.*

Tink se encogió de hombros.

—Escucha —Janner tomó a su hermano por los hombros—. Lo siento. Siento haberte llamado cobarde. Siento haber dudado de ti.

Tink jugueteó con el dedo del pie en la tierra, respiró hondo y asintió.

—No pasa nada.

El nudo del estómago de Janner se deshizo. Abrazó a Tink tan fuerte como pudo, y no le importó que él estuviera demasiado conmocionado como para devolverle el abrazo.

—¿Y cómo lo hiciste? —preguntó Leeli—. ¿Cómo robaste el talismán?

—Me di cuenta de que el abuelo les quitaba las monedas y los cuchillos a los varados en cuanto llegamos —dijo Tink—. Te das cuenta por la forma en que cuelgan sus ropas si tienen algo metido y si es fácil de arrebatar. Es fácil, de verdad.

—¡Ja! —dijo Podo mientras se acercaba—. Tan fácil como sacar una totata de la parra, ¿verdad, muchacho? Intenté sacarle algo a Claxton, pero no pude acercarme lo suficiente a él. ¿Te das cuenta de lo que hiciste ahí atrás, Tink?

—¿Robarle al jefe del clan? —preguntó.

—Sí, pero no le robaste cualquier cosa. ¡Le robaste el talismán! ¿Sabes lo que *significa*?

—Supongo que no.

—Que no se te suba a la cabeza, pero significa que, por ahora, eres el líder del clan. El jefe de este recodo del río —Podo sonrió con orgullo—. *Mi* nieto.

Tink se puso pálido.

—Oh, no. ¿Tengo que hacer algo? ¿Qué se supone que debo hacer?

—Nada —Podo se rio—. Pronto nos iremos y elegirán a otro líder. Además, un líder de clan no está a cargo de nada. Hace lo que le da la gana, y el resto

De la *Criatupedia* de Pembrick

del clan también tiene que hacer lo que a él le da la gana. Ser líder de un clan no significa tener responsabilidades, sino no tener ninguna.

Aparecieron dos varados y dejaron caer al suelo las mochilas de la familia.

—La vieja Nurgabog nos ha dicho que devolvamos todo —dijo uno de ellos.

—Muchas gracias —respondió Podo.

Los varados dejaron a los Igiby libres para sentarse alrededor del fuego e inspeccionar sus mochilas. Janner encontró su viejo libro, su yesquero y sus cerillas, su navaja plegable y su arco, su carne seca y su espejo. Por lo que podía ver, todas sus pertenencias estaban allí.

—Está todo aquí —dijo Nia. Se volvió hacia su padre—. Nunca me dijiste que habías estado con los varados.

—¿Por qué no nos lo dijiste? —preguntó Tink.

—Porque no es algo de lo que esté orgulloso —respondió Podo—. Que sirva para una buena historia no significa que no volvería atrás y lo cambiaría si pudiera —miró a Nia—. Hay mucho que no te he contado, hija, y mucho que no pienso contarte nunca.

Tras esto, Podo se tumbó con las manos bajo la cabeza y cerró los ojos, y pronto, junto a un cálido fuego bajo las frías estrellas, todos quedaron profundamente dormidos.

Janner se despertó en un mundo envuelto en niebla.

La niebla cubría el suelo, subía desde el río y se acumulaba en inquietantes charcos alrededor de los troncos de los árboles y las depresiones del terreno, colándose entre las desvencijadas edificaciones que formaban el asentamiento del clan del Recodo Oriental. Las estructuras estaban hechas de tablones y tablas, restos de la devastación de Skree al final de la Gran Guerra. A Janner le recordaban a la casa del árbol de Peet, pero a diferencia del castillo de Peet, aquellos edificios estaban destartalados y descuidados, construidos sin imaginación ni cuidado. Los varados dormían en las chozas o cerca de ellas, sin más cama que la suciedad, sin más almohadas que sus cabellos sucios y sus brazos sucios. Más allá de las chozas, en lo más profundo de la niebla, se alzaban las jaulas.

Janner no podía ver nada en su interior, y las puertas de hierro colgaban abiertas. Los niños varados habían sido muy tímidos cuando se acercaron al campamento la noche anterior. *¿Podemos acercarnos?*, había preguntado la niña Maraly, y no se habían acercado hasta que Claxton dio su permiso. ¿Por qué los niños eran tan cuidadosos con los adultos? ¿Y dónde estaban sus padres?

Entonces, se dio cuenta de que Tink se había ido. El resto de la compañía yacía profundamente dormida junto a las cenizas del fuego, pero Tink no estaba por ninguna parte. Janner se puso en pie.

En los árboles de su izquierda, oyó voces y luego una risita. Tink apareció de entre la niebla al trote, con una pelota de cuero bajo el brazo. Janner respiró aliviado y saludó con la mano. Tink le devolvió el saludo, se llevó un dedo a los labios y volvió a desaparecer en la niebla.

Janner se alejó del fuego de puntillas y siguió a Tink hacia la niebla. Antes de que hubiera dado dos pasos, Maraly se materializó de la niebla como un fantasma. Janner dio un grito ahogado y se preparó para luchar: la chica tenía una mirada salvaje y malvada.

De la niebla salió volando la pelota que llevaba Tink. Se estrelló contra un lado de la cabeza de Maraly, que se tambaleó, recogió la pelota y desapareció de nuevo en la niebla, susurrando: «¡Kalmar! Te atraparé. No puedes ser más astuto que Maraly Weaver».

Janner sacudió la cabeza con incredulidad.

Sonaron ruidos de lucha procedentes de la izquierda, y los siguió a través de la niebla hasta que encontró a Tink y Maraly dando tumbos por el suelo, luchando por la pelota que estaba apenas un poco más lejos. Janner se acercó y tomó la pelota de cuero, y al instante se encontró en medio de la pelea.

Maraly Weaver peleaba sucio. Arañaba y siseaba, chasqueaba los dientes y daba puñetazos. Le dio un puñetazo en las tripas a Janner, que se dobló, jadeando y enfadado porque ella había convertido un juego amistoso en una pelea. Pero ya no estaba en Glipwood. Esto era la Ribera, y si no quería hacerse daño, no debía jugar.

Ninguno de los chicos Igiby igualaba a Maraly en bajeza, pero se acostumbraron a esquivar sus ataques. Los tres jugaron al tacklebol hasta que se disipó la niebla y se despertó el campamento. Fue lo más divertido que habían hecho Janner y Tink desde aquel último juego de zibzy con los hermanos Blaggus la mañana en que exploraron la mansión Anklejelly.

Podo avivó el fuego y preparó un desayuno de avena y tiras de topoespín. Janner se dejó caer en el tocón a su lado, sin aliento, herido y sucio tras el partido.

—¡Buenos días! —dijo Oskar, al tiempo que daba una calada a su pipa. El viejo libro de Janner estaba abierto en el regazo del anciano, y a su lado, sobre un tocón, había unos trozos de pergamino y un frasco de tinta—. He estado trabajando en esto desde que me desperté. Después de todo, el idioma no es tan diferente del antiguo vallerino. Mira —extendió un trozo de pergamino en el que había garabateado varias líneas.

—¿Qué dice? —preguntó Janner.

—Buena pregunta, muchacho. Buena pregunta. —El rostro de Oskar se ensombreció—. Tendré que preguntarle a tu madre. No recuerdo mucho del antiguo vallerino, aparte del aspecto de las letras. Lo único que hago es separar las letras nuevas de las antiguas. En cuanto tenga una página terminada, tu madre y yo nos pondremos a traducirla.

—Hicieron una nueva amiga, ¿eh? —dijo Podo mientras Tink pasaba corriendo junto al fuego con Maraly pisándole los talones.

—Supongo que sí —respondió Janner—. Al menos, Tink tiene una nueva amiga.

—Desayunaremos algo y luego seguiremos nuestro camino. Cada día que estamos aquí fuera, los Colmillos tienen más tiempo para ampliar la búsqueda. Hemos tardado en llegar a Dugtown más de lo que pensaba, y las Praderas de Hielo están más lejos aún.

Leeli y Nia volvieron del río, con el pelo y la cara empapados.

—¿El bajío es seguro, entonces? —preguntó Podo.

—No había peces daga, y estaba justo donde nos dijo tu vieja novia —dijo Nia.

Podo puso los ojos en blanco.

—Nurgabog me dio esto —levantó el medallón de Claxton—. Dijo que si nos encontrábamos con más problemas de varados de aquí a Dugtown, el talismán nos daría paso seguro. Dice que Claxton es un hombre temido.

—Temido por todos menos por Tink —dijo Leeli.

—Sí, muchacha. Lo hizo bien anoche, ¿verdad?

Tink pasó dando tumbos, abrazando la pelota contra su pecho mientras Maraly se aferraba a su espalda y le golpeaba las costillas.

—Si no nos encontramos con ningún problema —dijo Podo—, llegaremos a Dugtown al anochecer. Nurgabog me dijo dónde encontrar una madriguera en el río.

—¿Qué es eso? —preguntó Janner.

—Un escondite de los varados. Podemos quedarnos allí mientras hacemos los preparativos en Dugtown para pasar la Barrera y subir a las Praderas de Hielo. Las Montañas Pedregosas serán demasiado frías para los Colmillos y demasiado escarpadas para los viajeros. Solo tendremos que defendernos de los buitres punzantes.

—Y los abomachacadores —dijo Oskar.

—Sí, y los abomachacadores.

—Son una raza terrible —dijo Oskar—. Casi imposibles de matar. Recuerdo haber leído en la *Criatupedia* de Pembrick que… —se interrumpió ante una mirada de Podo—. Eeh… seguro que no veremos ninguno. Probablemente no sean reales.

Cuando el olor a avena y a tiras de topoespín llegó a la nariz de Tink, dejó caer la pelota sin decir palabra, se sentó junto al fuego y se relamió.

—Chicos, lávense las manos —dijo Nia, y les indicó cómo encontrar el bajío seguro.

Los hermanos se acuclillaron en la orilla arenosa y sumergieron las manos en el agua. Ante ellos, se deslizaba el poderoso Blapp camino de las Cataratas Fingap; la orilla opuesta estaba bordeada por los árboles del Bosque Glipwood.

—Me gusta mucho Maraly —dijo Tink.

—Es… simpática, supongo. Un poco brusca, ¿no crees? —preguntó Janner.

—No *tan* brusca.

Se lavaron en silencio durante un momento.

—Me dijo que sería un buen varado —anunció Tink.

Janner se rio.

—Serías un horrible varado. Eres demasiado inteligente para ellos. Además, no eres un ladrón. Tampoco eres un asesino. Eres el rey supremo de Anniera, ¿recuerdas?

Volvieron al campamento en silencio.

26

Por el camino del río

—Tienes que irte —dijo Nurgabog—. Las cosas han cambiado. Estaba de pie ante Podo, con las manos pecosas cruzadas sobre el mango del bastón. Frunció y despegó los labios, de modo que su barbilla bigotuda subió y bajó como un corcho en el agua.

—¿Está despierto Claxton? —preguntó Podo, limpiándose una gota de avena del labio.

—No, tonto. Claxton está acurrucado en su choza como un gatito enfermo. Vienen los Colmillos.

Podo dejó caer el cuenco y se levantó de un salto.

—¿Adónde? ¿Cuándo?

—Desde el camino del norte. La Barrera no está lejos de aquí, y uno de nuestros exploradores dijo que había visto una banda de ellos viniendo hacia aquí. No llegarán hasta dentro de varios días y ahora tenemos que prepararnos para ellos. Deben irse. Tomen el camino del río. Verán varados en abundancia, pero nada de Colmillos. Van a ocurrir cosas en el Recodo Oriental que ni tú ni tu familia deberían ver —Nurgabog esbozó una sonrisa torcida—. Ese beso de anoche fue lo más cerca que mi marchito corazón encontrará la bondad antes de encontrarme con el Hacedor y toda su ira, me temo.

Con un golpecito de su bastón, Nurgabog dio por terminada la conversación y se alejó cojeando. Los varados estaban ocupados colocándose las vainas y afilando las dagas. Lanzaban miradas nerviosas a un camino que se extendía hacia el norte, hacia las colinas boscosas. Los niños varados, incluida Maraly, no aparecían por ninguna parte.

—Algo malo va a ocurrir —dijo Leeli.

Podo también lo intuyó, tiró la grasa de la sartén y la metió en su mochila sin limpiarla.

—Janner, Tink, prepárense. ¡Vamos!

Oskar le pasó el viejo libro a Janner y recogió su frasco de tinta y el pergamino, con cuidado de no manchar la tinta fresca. Janner y Tink solo tuvieron que atar las mochilas y colgárselas al hombro. En cuanto Nia terminó de recoger los cuencos y las tazas del desayuno, Podo echó un último vistazo al fuego y asintió.

—Síganme, chicos. Tú también, Oskar. Vamos a ir al trote un rato, y no será divertido.

—¡Esperen! —pidió Tink—. Tengo que despedirme de Maraly.

—No hay tiempo para eso, muchacho —dijo Podo.

—Pero…

—¡No hay tiempo!

Podo partió en dirección al río, y los demás hicieron lo posible por seguirlo.

—¡Maraly! —gritó Tink por encima del hombro—. ¡Adiós, Maraly!

Pero ni Maraly ni ninguno de los niños varados aparecían por ninguna parte; solo hombres y mujeres mugrientos que salían del campamento con las dagas desenvainadas y sonrisas nefastas en todos los rostros.

Cuando descendieron por la ladera hacia el río y el campamento del Recodo Oriental desapareció, Janner oyó un último y escalofriante grito de Nurgabog Weaver: «¡PREPAREN LAS JAULAS!».

Conversar era malgastar un aliento precioso, así que se movieron en silencio. Si alguna vez Leeli tuvo motivos para echar de menos a su querido Nugget, era ahora. Podo avanzaba a un ritmo despiadado por el camino que seguía el río. De vez en cuando, miraba atrás para asegurarse de que los niños le seguían el ritmo, pero nunca aminoraba la marcha. Leeli saltaba con su muleta más rápido de lo que Janner había visto nunca. Su pelo ondulado se mecía de un lado a otro a cada paso, y tropezaba a menudo, pero no necesitaba ningún estímulo para alejarse del campamento de los varados tan rápido como pudiera.

Oskar no corría precisamente. Caminaba arrastrando los brazos y la barriga, pero sus pies no se despegaban del suelo. Su mechón de pelo había renunciado por completo a cubrir su calvicie y quedaba atrás como una triste brizna de humo. Hacía años que Oskar no hacía tanto ejercicio, pero estaba decidido a no ralentizar al grupo. *Wshhh-a-jiiiish-a-wshhh-a-jiiiish* sonaba su respiración, como el sonido de alguien barriendo un suelo.

Janner estaba tan inquieto por los varados del campamento, la extraña desaparición de los niños y la llegada de los Colmillos que temía mirar atrás.

Le vino a la mente la advertencia del dragón marino: *él está cerca de ti.* ¿Y si Podo estaba equivocado y el dragón decía la verdad? Gnag el Sin Nombre podría estar deslizándose hacia el Recodo Oriental incluso ahora. Se le erizó el vello de la nuca.

Si Tink sentía el mismo miedo, Janner no podía verlo. Después de que su llamado a Maraly quedara sin respuesta, el rostro de Tink se había ensombrecido. Corría junto a Janner sin apartar los ojos del camino embarrado.

La subida y bajada del terreno se fue asentando poco a poco en un fondo llano y herboso, de un verde salvaje que contrastaba con el camino embarrado y el curso gris amarronado del río. Tras horas de correr, ayudar a Leeli a ponerse en pie, volver a correr, resbalar en el barro, etc., Podo se detuvo tan bruscamente que Nia se estampó contra él.

—*¡Al suelo!* —siseó, indicándoles que se agacharan. Estaban demasiado cansados para cuestionarlo y cayeron al barro como un montón de cerdos jadeantes.

Podo no parecía cansado en absoluto.

—Varados, más adelante —susurró, y señaló un grupo de árboles a lo lejos—. Aún no nos han visto, pero lo harán en cualquier momento. Nia, esperaba retrasar esto todo lo posible, pero es hora de disfrazarnos.

—¿Disfrazarnos? —repitió ella.

—Leeli, tú también. Hay que hacerlo.

Podo recogió un puñado de lodo y sonrió. Los ojos de Nia pasaron del barro a la cara de Podo y de nuevo al barro, y antes de que pudiera detenerlo, él se lo aplastó contra el pelo. Ella balbuceó y luchó por encontrar palabras, pero no las halló. Podo, Oskar y los niños no se molestaron en ocultar su placer mientras la cubrían de barro de pies a cabeza. Leeli fue la siguiente. Cerró los ojos e hizo una mueca mientras la embadurnaban de barro, pero al final se echó a reír. Cuando Nia y Leeli parecían tan mugrientas como cualquier varado, Nia se vengó de Podo, sonriendo salvajemente mientras le embadurnaba la cara y el pelo.

Cuando Podo se sintió satisfecho de que la compañía estuviera lo suficientemente sucia, asintió.

—Ahora, cállense todos. Sé hablar como uno de ellos y, además, como vieron ayer, suele ser el líder del clan quien más habla. Quédense detrás de mí e intenten parecer malos.

Llevaban medio día corriendo sin apenas descanso, y Janner se alegró, por el bien de Leeli, de que Podo los guiara a un ritmo menor ahora. Se desviaron del camino y cruzaron el verde fondo hacia los árboles para que no hubiera duda de que pretendían entrar en el campamento de los varados. Cuando Podo se acercó, tres hombres se abalanzaron sobre ellos, siseando y blandiendo dagas. Podo se mantuvo firme y sostuvo el colgante de Claxton en el aire.

Los varados se detuvieron en seco a pocos pasos.

—Ese es el talismán de Claxton Weaver, pero tú no eres Claxton Weaver —dijo uno de ellos con suspicacia.

—No, no lo soy —dijo Podo—. Pero igual tengo su talismán, así que si son prudentes, nos dejarán seguir sin problemas.

Los tres hombres lo consideraron en silencio.

—Dinos cómo robaste el talismán de Claxton. Si te creemos, te dejaremos recorrer el Recodo Medio. ¿Sí?

Podo miró a Tink. Janner se preguntó si la historia de que un niño de once años no solo había robado el talismán de Claxton Weaver, sino que le había robado dos veces la daga y lo había dejado inconsciente con ella sería más creíble que algo que Podo pudiera inventarse.

—La verdad —dijo Podo, haciéndose a un lado y señalando a Tink— es que este jovencito se la robó. Lo arrancó de la túnica de Claxton anoche mismo, en el Recodo Oriental. Dejó a Claxton tan perplejo que no se dio cuenta de que el chico también le había birlado la daga.

Los varados miraron a Tink con las cejas sucias.

—¿Este chico le birló el talismán?

—Sí —dijo Podo—. Pregúntenle si quieren.

Uno de los hombres entrecerró los ojos y dio un paso adelante. Tink se quedó quieto como el poste de una valla.

—¿Esperas que creamos que fuiste tú quien levantó el talismán, muchacho?

Tink tragó saliva y asintió. Podo echó mano a su daga.

El varado sonrió y le dio una palmada en la espalda a Tink.

—Entonces creo que no eres otro que Kalmar Wingfeather —dijo—. Puedes acercarte cuando quieras, muchacho. Uno de los habitantes del Recodo Oriental me dijo que por fin alguien puso a Claxton Weaver en su lugar. Bien hecho, jovencito. Claxton se lo merecía desde hacía mucho tiempo. Andando, pues.

Los varados se deslizaron entre los árboles y desaparecieron.

—¡Tink, eres famoso! —dijo Janner, y Tink sonrió de oreja a oreja embarrada.

—Caramba —dijo Podo—. Ahora toda la Ribera conoce tu nombre.

La sonrisa de Tink se desvaneció.

—No quería decirle mi verdadero… mi verdadero nombre *real.* No quería decirle que me llamaba Tink, y Kalmar fue lo único que se me ocurrió. Lo siento.

—No tiene nada de malo, muchacho —dijo Oskar—. Puede que el nombre Wingfeather no sea muy conocido en Skree, pero hay quien sabe lo suficiente de Anniera como para reconocerlo. Me parece que si se corriera la voz de que el rey de Anniera está vivo y suelto en la Ribera, ¡los skreeanos se alegrarían de la noticia! Y los Colmillos no estarían muy contentos.

—Creo que es verdad —dijo Podo, y guiñó un ojo a Tink—. Que los Colmillos *sepan* que el rey supremo Kalmar le birló el talismán a Claxton Weaver. Pero si se corre la voz tan rápido, tenemos que ponernos en marcha. Tenemos que encontrar la madriguera antes del anochecer.

27

Un moretón en la espalda de la tierra

Podo tuvo que enseñar el talismán de Claxton a tres clanes más de varados aquel día, cada uno menos amenazador que el anterior. Solo el primer clan dio muestras de haber oído el rumor de las rápidas manos de Kalmar Wingfeather, pero Podo aseguró a Tink que la historia se extendería en las lenguas de los narradores durante unos años como mínimo y que los detalles se duplicarían y triplicarían. Tink se rio, pero Janner se dio cuenta de que algo le rondaba por la cabeza.

Cuanto más se acercaban a Dugtown, peor era el camino. Mirara donde mirara, Janner veía baches y ruedas de carreta rotas, chozas abandonadas, perros callejeros a los que les faltaban patas, ojos o pelo. El barro lo cubría todo y teñía todo el mundo de su color. Salpicaba la carretera desde los charcos y se secaba en los brazos y el cuello de Janner, que se sentía como si estuviera hecho de barro.

Después de encontrarse con el último grupo de varados, la Ribera cambió. Lo que habían sido tierras de hierba se convirtieron en granjas desgastadas, vallas caídas y cerdos resoplando en campos embarrados. Antes viajaban solos, a excepción de los varados ocasionales, pero ahora las escuálidas gallinas graznaban al otro lado del camino, y hombres y mujeres pobres y de rostro triste permanecían en silencio y observaban el paso de los Igiby con aburrido interés. La Ribera Occidental, como la llamaba Podo, era un lugar lánguido, una cadena de chozas tan encorvadas y huesudas como la gente que las habitaba. El agua se deslizaba río abajo tan plana y lentamente que parecía menos un río que un lago largo y estrecho.

Podo asintió para sus adentros y anunció que se habían librado de los varados.

—¿Entonces esto es Dugtown? —preguntó Leeli.

—No, muchacha. Aunque estamos cerca —bajó la voz—. Esta pobre gente vive a lo largo de la Ribera, pero aún no son tan mezquinos como para estar dispuestos a asociarse con los clanes de más al este. Se contentan con intentar abrirse camino plantando semillas y criando bestias. Demasiado pobres para vivir en Torrboro, demasiado honrados para arreglárselas en Dugtown, aún no lo bastante viles para juntarse con los varados. Viven con una gran pena.

A medida que la compañía avanzaba, la mayoría de los granjeros de barro —como los llamaba Podo, aunque no sin compasión— los ignoraban, pero algunos se levantaban de los campos donde estaban desenterrando piedras en el camino del arado, o dejaban de martillear un tablón podrido en una estructura podrida con un clavo oxidado, o se asomaban a sus ventanas para observar a los Igiby a su paso.

—¿Siempre ha sido así? —preguntó Leeli.

—No, pequeña, no siempre —dijo Podo por encima del hombro.

—Pero desde hace demasiado tiempo —dijo Oskar—, eso es seguro. Durante muchos años, los varados han causado problemas a lo largo del río. Esta pobre y cansada gente ha sufrido entre la indiferencia de la élite de Torrboro y la hostilidad de los despiadados de Dugtown y la Ribera.[1]

—Alguien debería hacer algo —dijo Leeli en voz baja.

—¿Qué se puede hacer? —preguntó Janner—. Parece que el mundo entero es tan horrible como aquí.

—Las cosas no estaban tan mal en Glipwood —dijo Tink.

—No, pero no hizo falta mucho para inclinar la balanza —comentó Janner—. En pocos días, el pueblo quedó desierto y los Colmillos se instalaron en

---

1. Mucho antes de la Gran Guerra, los varados y los habitantes de Dugtown se habían rebelado, principalmente porque la dinastía Torr decidió ignorarlos. Sharn el Torr intentó limpiar y restablecer el orden en la Ribera, pero los varados eran fieros luchadores y, sin el honor de los soldados, eran casi imposibles de derrotar en la batalla. Durante años, se libró la guerra. Sharn y Growlfist, el rey de los varados, acordaron una tregua temporal durante la Batalla del Recodo Occidental. Poco después, Growlfist y los suyos abrieron una brecha en la almena del Reducto Oeste en mitad de la noche y asesinaron a los más altos rangos del ejército de los Torr, una acción deshonrosa incluso para los varados, pero eficaz. Aunque Growlfist perdió a la mayoría de sus hombres, la pérdida para Sharn y sus soldados fue mayor. El ejército de Torrboro se retiró y dejó que los ciudadanos de Dugtown se enfrentaran a la Ribera por su cuenta. Ver *Una historia del Blapp (sórdida)*, de Grindenwuld Hollisra (Blapp River Press, 401).

él. Todo en Skree es tan malo como lo es para estos granjeros del lodo. Lo que sucede es que aquí podemos verlo tal como es.

Por el rabillo del ojo, Janner vio una sonrisa en la cara de su madre. Los ojos de Podo y ella se encontraron, y él sintió que había hecho algo que la enorgullecía. Recordó cómo se sintió en Glipwood el Día del Dragón, cuando Oskar lo ayudó por primera vez a ver la tristeza que había bajo la alegría. Ninguno de los visitantes de Glipwood se reía desde la barriga; ninguno sonreía, salvo para desafiar lo que realmente sentía. Solo Armulyn el bardo era capaz de reunir verdaderos sentimientos de alegría, y Janner se había dado cuenta de que, para sí mismo y para la gente que escuchaba sus canciones con una atención tan desesperada, los sentimientos de alegría que las canciones hacían aflorar siempre venían acompañados de lágrimas. Llevaban una carga demasiado pesada como para levantarla solo con canciones, por fina que fuera la melodía.

—Alguien debería hacer algo —volvió a decir Leeli, esta vez en tono combativo. Todos sabían que lo mejor era no desafiarla. Y tenía razón.

Podo se detuvo en lo alto de una pendiente gradual. A la derecha había otro grupo de casas desgastadas. Las gallinas cacareaban y picoteaban la tierra, y un gallo gordo se posaba en el tejado de uno de los edificios. Un anciano roncaba en el porche, con un fajo de trapos como almohada. Detrás de la casa se extendía un campo desértico bordeado en la parte trasera por un matorral. A la izquierda y ladera abajo, corría el poderoso Blapp, que ahora era cualquier cosa menos poderoso.

Entonces, Janner vio por qué Podo se había detenido.

—¿Qué pasa? —preguntó Tink al acercarse—. Ah.

—Sí, eso es Dugtown —dijo Podo—. Hacía muchos años que no la veía.

La ciudad yacía a lo lejos como un moretón en la tierra verde. Las chozas a ambos lados del camino del río crecían en número y eran absorbidas por la expansión de Dugtown. Janner sabía que Dugtown era grande, pero su imaginación no lo había preparado para aquello. Se le revolvió el estómago al ver tantas calles y ángulos tan desordenados. Había edificios de tres y cuatro pisos, construidos en ángulos extraños, como si cada nivel fuera una ocurrencia tardía.

A una señal desconocida, un tañido de campanas surgió de la ciudad: primero una, luego unas cuantas más, y después lo que parecían miles de campanas. Eran como un enjambre de murciélagos invisibles y metálicos que se precipitaban en la noche. Por encima de los edificios, Janner vio cientos de torres de madera, desvencijadas y delgadas, diseminadas por la ciudad como feas malas hierbas brotadas de un césped desagradable. Al sonar las campanas, se encendió una hoguera en la plataforma situada en lo alto de cada torre. Las llamas se elevaban tanto como un hombre, y en cada una de las torres más cercanas, Janner divisó una figura que vigilaba. Una ciudad iluminada por cien antorchas gigantes debería haber sido hermosa, pero a Janner le parecía más bien algo sacado de un cuento de terror.

—¿Eso es Torrboro? —preguntó Leeli, señalando al otro lado del río. Janner apartó los ojos de la terrible visión de la ciudad más cercana y se sintió aliviado al ver las finas y elevadas murallas de Torrboro en la distancia. El Palacio de Torr se agazapaba cerca del río como un animal gigante. La torre más alta era la cola, y los muros del palacio se abombaban y curvaban para dar la impresión de las patas y el cuerpo del animal.

—¿Un gato? —preguntó Janner.

Oskar se rio entre dientes.

—Un *gatito*, para ser exactos. Verás que el mismo tema se repite a menudo en la arquitectura de Torrboro. Me temo que se trata de una desafortunada obsesión de la dinastía Torr. En palabras de Verbichude Yay, el afamado crítico de arte: «Ajj. ¿No podrían haber pensado en otra cosa?».

Torrboro brillaba en feliz contraste con Dugtown. Sus calles anchas y pavimentadas serpenteaban en elegantes curvas, y la mayoría de sus edificios eran de piedra pálida y color crema.[2] En la orilla del río, había muchos barcos amarrados a los muelles, y Janner detectó el movimiento de lo que debían ser miles de personas yendo y viniendo. La masa de gente y la actividad entusiasmaron a Janner. Torrboro no le producía la misma sensación claustrofóbica y de pesadumbre que Dugtown.

—¿Por qué no podemos ir a Torrboro? —preguntó Janner.

—Porque los Colmillos abundan allí —dijo Podo—. ¿Ves ese palacio? Allí reside el general Khrak. El Colmillo más malo de todos.

—Dirigía los ejércitos invasores —dijo Oskar—. Es astuto, no un Colmillo bruto corriente. Probablemente esté sentado en el palacio ahora mismo, intentando averiguar cómo clavarnos sus garras a todos nosotros.

—Sí, por eso no nos dirigimos allí —dijo Podo—. Es fácil perderse en Dugtown, y eso significa que es fácil esconderse. Los Colmillos están mucho

---

2. El color del suero de leche, la poción favorita de los gatitos.

en Dugtown, pero no están allí tanto para patrullar como para divertirse. Les gustan las tabernas, la suciedad y las sombras. Van ahí para divertirse, y por eso no les gusta tanto interferir con un viajero en la calle a menos que sea necesario.

Janner vio movimiento en el camino más adelante.

—Abuelo, mira.

—¿Qué?

Janner señaló con el dedo.

Podo soltó un suspiro.

—¡Colmillos! —dijo—. ¡Síganme!

Entró corriendo en la casa donde el viejo dormía en el porche. Las gallinas se dispersaron. Oskar, Nia y los niños se apresuraron a entrar tras Podo en la vieja y sombría casa. El viejo se agitó y murmuró algunas palabras confusas, pero siguió durmiendo.

Una vez adentro, Janner no pudo ver nada. Oía el familiar golpeteo de la pata de palo de Podo y su ronca queja: «Hace tanto tiempo que apenas recuerdo cómo encontrar el...».

Janner oyó el traqueteo y el repiqueteo exterior de los Colmillos acorazados en marcha. No parecía una unidad grande, pero fue suficiente para hacerlo temblar.

—Papá, se han detenido —susurró Nia.

Podo la ignoró, refunfuñando para sí.

El áspero sonido de la voz de un Colmillo llegó del exterior, y el anciano de la entrada se despertó con un gruñido.

—Abuelo, están ahí fuera —dijo Tink.

—*¡Shhh!* —dijo Podo, y luego, en voz tan baja que Janner apenas pudo oírle—: Baja. Despacio, eso es. Oskar, será mejor que imagines que eres uno de esos gatitos de Torrboro y andes con cuidado, ¿me oyes? Bien. No está muy abajo —entonces Janner sintió la mano fuerte y segura de Podo sobre su hombro—. Bajemos, muchachos —susurró.

Los escalones de madera crujieron cuando la familia y Oskar descendieron hacia la oscuridad, pero no lo bastante como para alertar a los Colmillos, que interrogaban al viejo en el porche. Podo cerró la trampilla por encima de ellos. Se quitó la mochila en la oscuridad, rebuscó dentro una cerilla y la encendió.

Estaban al pie de una escalera en un sótano húmedo. *Los Colmillos no son las criaturas más inteligentes de Kistamos, pero hasta el más lerdo de ellos pensaría en registrar el sótano,* pensó Janner. Sin embargo, por alguna razón, Podo no parecía preocupado. Pasó los dedos por las costuras de la pared de piedra, aún murmurando para sí. La cerilla se apagó y el sótano volvió a oscurecerse. Unos pasos resonaron en algún lugar de la casa que tenían encima. Cuando la segunda cerilla volvió a la vida, el rostro de Podo apareció en el resplandor amarillo, con los ojos muy abiertos, llevándose un dedo a los labios… innecesariamente, puesto que los Igiby y Oskar ya estaban en silencio y aterrorizados.

Podo se arrastró hasta otra pared, palpando aún las piedras en busca de algo. Unos Colmillos caminaban ruidosamente por la casa mientras otros se burlaban del hombre de afuera. Entonces, Janner oyó un chasquido, y en un rincón del suelo del sótano, otra trampilla se abrió de golpe, derramando la suciedad que la había cubierto y revelando los primeros peldaños de una escalera de madera. Podo utilizó los últimos segundos de la luz de la cerilla para apuntar hacia abajo. Tan silenciosos como ratones, todos bajaron sigilosamente por la escalera hasta lo que Janner supuso que era la madriguera de los varados.

En lo alto de la escalera, después de que Podo encajara la trampilla en su sitio, tiró de una cuerda que colgaba del último peldaño. Como Podo explicó más tarde, la cuerda se enrollaba a través de un agujero en el suelo de piedra, detrás de una viga en la pared del sótano, y hasta el techo del sótano, donde estaba unida a un mecanismo que liberaba una bandeja de tierra a través de una rejilla de agujeros.

Con un silencioso *puf*, la suciedad aterrizó sobre el llamativo cuadrado de la trampilla y la ocultó.

Los Colmillos que saltaron al sótano un momento después estaban seguros de haber percibido el penetrante olor de una cerilla recién encendida, pero era un misterio que no podían resolver, pues el anciano del porche juraba una y otra vez que no había visto a nadie entrar en la casa.

28

¡Oh, Anyara!

Janner bajó la escalera en completa oscuridad. No más de tres peldaños por encima, oyó la bota de Podo rozando la madera, y luego un sutil *clop* cuando la pata de palo alcanzó el siguiente peldaño. Debajo, se oía la respiración agitada de Tink, y más abajo, el gruñido susurrante de Oskar N. Reteep con cada peldaño que bajaba: «Oh, cielos. Madre mía. Oh, cielos. Madre mía».

Finalmente, Janner sintió que el largo y cuadrado pozo se ensanchaba, y la voz de Oskar llegó desde no muy abajo.

—¡Ah! En palabras de Keeth Yager cuando consumió un cubo de sopa de gallina: «¡Nunca pensé que llegaría al fondo!».

La risita de Leeli en la oscuridad fue tan agradable que casi arrojó luz propia. Cuando los pies de Janner tocaron el suelo, se sorprendió al encontrar un piso de arena suelta. Podo encendió otra cerilla y la luz amarilla iluminó su entorno.

Estaban en una cámara del tamaño del dormitorio de los niños Igiby, desprovista de todo excepto por un farol en el suelo junto a la escalera. Las paredes eran de una roca amarilla y desmoronada, del mismo color que la arena del suelo. Podo encendió el farol e hizo un rápido registro de la zona antes de cerciorarse de que, al menos por el momento, estaban a salvo. La familia se quitó las mochilas y se sentó en círculo.

—¡Ay! Eso estuvo cerca —Podo suspiró mientras se acomodaba en el suelo.

—¿Crees que nos estaban buscando? —preguntó Janner.

—Sí.

—¿Cuánto tiempo tenemos que estar aquí?

—No lo sé.

—Lo suficiente para comer, espero —dijo Tink.

—Pero no tanto como para que esta inmundicia se adhiera a mi piel permanentemente —acotó Nia, arrancándose grumos de barro seco de las mejillas—.

Ustedes, los hombres, pueden sentarse en su mugre todo el año si quieren, pero Leeli y yo preferiríamos no hacerlo.

—¡Comida! Nos vendría muy bien algo de comer ahora mismo —dijo Oskar—. Bien dicho, joven Kalmar —Oskar rebuscó en la mochila de Nia y pasó tiras de carne seca de topoespín, una hogaza de pan duro y la cantimplora de agua potable.

Mientras masticaba la dura comida, Janner anhelaba una humeante olla de sopa de queso o carne de gallina asada, y aunque no quería admitirlo, también deseaba estar limpio del disfraz de barro.

Leeli canturreaba mientras masticaba la carne y se quitaba distraídamente un terrón de tierra del cabello, despreocupada del estado de la comida o de su persona. Como de costumbre, notó Janner, estaba extrañamente contenta con su situación. Desde que Nugget había caído al mar —o, más concretamente, desde que la canción de Leeli había creado aquella extraña conexión onírica con los dragones marinos—, Leeli había flotado durante el viaje con una extraña calma.

—Creo que deberíamos descansar —dijo bostezando—. Tengo sueño. ¿Y, abuelo?

Podo gruñó y enarcó las cejas, mirándola.

—Gracias por cuidarnos. Se inclinó para besarle la mejilla y arrugó la nariz al no encontrar un punto limpio. Podo se quedó quieto, con los ojos grandes y brillantes, y cuando en vez de un beso ella le puso la manita en el costado de la cara, el rostro endurecido por el barro del viejo pirata se resquebrajó en una sonrisa tan amplia que cayeron trozos de suciedad seca y dejaron al descubierto la piel limpia que había debajo.

Todos estuvieron de acuerdo en que sería bueno descansar, así que la familia y Oskar se tumbaron en el suelo de tierra y durmieron.

Por la mañana, o lo que Janner supuso que era la mañana, se despertó y encontró a Oskar inclinado sobre el Primer Libro a la luz de la lámpara. Tarareaba para sí y parecía tan feliz como Janner nunca lo había visto. Cuando vio que Janner estaba despierto, sus ojos se iluminaron.

—¡Muchacho! Ven a ver esto.

Janner bostezó, pasó por encima del cuerpo de Tink, que roncaba, y se sentó junto a Oskar. El viejo colocó el gran libro en el regazo de Janner.

—He avanzado mucho. ¿Ves estos caracteres? Creo que son notas musicales. No lo sabré con seguridad hasta que tu hermana tenga ocasión de probarlo, ¡pero podría tratarse de una melodía de la Primera Época! Y he traducido las primeras páginas. Fíjate en esta palabra. La inclinación de esta letra indica un cambio de tiempo, como en el vallerino antiguo. Pero el vallerino antiguo expresa el tiempo verbal con una… —Janner sonrió débilmente, desinteresado por el momento en inclinaciones y lenguas antiguas. Oskar soltó una risita—. Tienes razón. Es algo tedioso. Sobre todo a primera hora de la mañana. He aquí la cuestión —se quitó las gafas y se las colocó en la comisura de los labios—. El libro es una narración, hasta donde yo sé. No estoy seguro de quién lo escribió, pero fue alguien que estaba allí cuando ocurrió todo.

—¿Cuando ocurrió qué? —preguntó Janner, despertándose un poco.

—Cuando cayó el primer reino: Anyara. Cuenta la historia de lo que ocurrió, de lo que *realmente* le ocurrió a la primera ciudad, donde Dwayne y Gladys gobernaron durante la mayor parte de la Primera Época.

—¿Anyara? Nunca había oído hablar de ella.

—Yo tampoco, hasta que empecé a husmear en tu libro, muchacho —Oskar volvió a ponerse las gafas con un guiño—. Pero se parece mucho a otro reino que ambos conocemos, ¿verdad?

Janner intentó pensar más allá del sueño que aún tenía en el cerebro.

—¿Anniera?

—Así es.

—¿Entonces, Anniera se asienta donde antes estaba el primer reino?

—Bueno, esa es mi suposición. Es difícil saberlo. Pero escucha este primer párrafo:

Anyara alta y verde, mi amada tierra,
convertida ahora en gris y ceniza.
Me duelen los puños
de golpear el suelo.

¡Anyara! Dwayne y Gladys muertos bajo la montaña,
toda la música quieta y silenciosa, todos los enemigos se regocijan y maldicen,
todo el mundo una cosa rota,
una cosa rota.

Levántate de nuevo, montaña, estalla de nuevo, primavera,
vuelve a crecer, cosecha y semilla y enramada,
ama de nuevo, corazón dentro de mí.

Oh, Creador, déjame morir y no llorar más.
¡Oh, Anyara! ¡Tierra mía! ¡Tierra mía!
Cuando Gladys tuvo un segundo hijo, empezó el fin,
y si me escuchas,
te lo contaré.

—Es terrible —dijo Janner.

—Sí —asintió Oskar en voz baja—. Pero eso no es todo. Continúa diciendo que el reino estaba… *protegido.* Tendré que preguntar a tu madre para asegurarme de que lo traduzco correctamente. El poder para salvar a Anyara estaba «bajo las piedras», vaya uno a saber qué significa eso, y quienquiera que escribiera este libro era la última alma que quedaba para contar el secreto. No estoy seguro, pero creo que en algún lugar bajo Anniera, probablemente bajo el Castillo Rysen, donde tu familia construyó su hogar, había una habitación, tal vez. Una cámara o túnel de algún tipo, solo conocido por el rey supremo. Lo sabré mejor cuando haya tenido más tiempo para traducir. Pero si hay una cámara, si hay allí algún secreto que pueda proteger a Anniera… —Oskar miró a Janner por encima de las gafas—. Esa podría ser la razón por la que tu padre arriesgó su vida para conseguirte este libro.[1]

Janner se quedó mirando la llama del farol, con la mente abrumada por la información. Era difícil creer que más allá de los muros de esta oscura madriguera existiera un mundo como el que Oskar describía, un mundo de reyes y piedras poderosas y enemigos oscuros. Era aún más difícil de creer que Janner estuviera enredado en ese mundo como una libélula en un hilo. De repente, lo único que deseaba era subir la escalera y respirar aire fresco, sin importar si había Colmillos.

—Oskar —dijo Podo desde las sombras del perímetro de la madriguera. Era una forma difusa apoyada en la pared de piedra junto a la escalera.

Oskar oyó el peligro en la voz del viejo pirata.

—¿Sí, viejo amigo?

---

1. Para saber más del Primer Libro, consulta los Apéndices, páginas 376-377.

—Ya has oído lo que dijo Nia. Solo hay una cosa que debe estar en la mente de Janner, y es llegar a las Praderas de Hielo. Nada de reinos perdidos hace mucho tiempo, nada de historias tontas sobre piedras mágicas y secretos olvidados. Ambos sabemos que esas cosas no son más reales que el fantasma quejumbroso de Brimney Stupe.

—¡Pero el fantasma *era* real, Podo! O la *historia* del fantasma era real. Mi artilugio de viento solo añadió un poco de terror al cuento.

—No estoy de humor para tonterías. Los dos sabemos que no había ningún fantasma.

—No, no había ningún fantasma, pero la historia del fantasma era tan real como tú y yo. Y esa historia salió de algún lado, ¿no? El propio Brimney era real, ¿o quién construyó la mansión Anklejelly?

Podo gruñó.

—Bien, bien —dijo Oskar—. En palabras de Phinksam Ponkbelly: «No quiero pinchar a un buitre punzante en la barriga». Lo único que quiero es que el joven Janner Wingfeather sepa quién es y de dónde viene.

—Y lo único que yo quiero —dijo Podo— es llevar a estos niños y a su madre a algún lugar donde puedan vivir sus años en paz. Anniera fue saqueada y destruida. Ya no existe Anniera, como tampoco existe la mansión Anklejelly. Es una isla muerta, tan muerta como la piel de una serpiente, y eso es lo que serán también estos jóvenes *Igibys* si se les meten en la cabeza ideas sobre reyes, piedras y secretos. Son ideas como esas las que nos han metido en este agujero. Si hubieras ocultado mejor ese estúpido mapa, ahora mismo estaríamos soplando anillos de humo en la Taberna de Shaggy.

Oskar se quedó mirando al suelo. Cuando hablaba, su voz era poco más que un susurro.

—¿Sabes cuántos herederos al trono de Anniera existen en el mundo? *Uno.* Y está roncando en el suelo a tus pies. Es probable que Peet el Calcetín esté muerto, o ya nos habría encontrado, lo que nos deja exactamente un guardián del trono en todo Kistamos. Leeli es la primera doncella musical en generaciones —Reteep levantó los ojos hacia los de Podo—. Te digo, viejo amigo, que prefiero estar atrapado aquí, en una madriguera de varados, que soplando anillos de humo en Glipwood, donde los Colmillos escupen y aúllan y matan nuestros espíritus. Al menos estamos aquí porque así lo *elegimos*. Estamos aquí por valentía y no por cobardía.

»Navegaste por los mares, corriste con los varados e hiciste quién sabe qué más en tu vida de tormenta marina. Yo solo he leído sobre esas cosas. Y aquí estoy, sentado en una cueva con todo lo que queda del clan de los Wingfeather… ¡de eso están hechas las leyendas, Podo! Y las leyendas no se esconden bajo el hielo solo para envejecer y morir con la barriga gorda y la cabeza calva… no es que mi cabeza sea calva. Mi cabello es abundante y fluye. Siempre me he enorgullecido de ello.

Podo puso los ojos en blanco.

—¿Qué quieres decir?

—Bueno, es que… dondequiera que nos lleves, ya sea a las Praderas de Hielo o al vientre de una rocaracha gigante, estos niños deben saber quiénes son. A toda costa, deben recordar quiénes son.

Oír a Oskar llamarlos a él y a sus hermanos «leyendas» puso la piel de gallina a Janner, pero también le produjo un escalofrío en el estómago. Había leído suficientes historias como para saber que las leyendas llegaban a serlo mediante grandes sufrimientos y grandes hazañas. Janner no quería sufrir, y no estaba seguro de ser lo bastante valiente o inteligente como para lograr algo legendario. Pero no podía negar que deseaba desesperadamente saber más. Podría haber escuchado todo el día las teorías de Oskar sobre la caída de Anyara, sabiendo que podía ser una historia de su hogar, del reino donde una vez gobernó su padre. Janner sacudió la cabeza ante tal maravilla.

—Bah —dijo Podo—. Es hora de irse.

El rostro de Oskar se puso sombrío y cerró el libro mientras el viejo pirata despertaba al resto de la familia.

29

T.H.A.G.S. en la madriguera de los varados

—¿Cómo sabrás si los Colmillos se han ido? —preguntó Nia. Estaba al pie de la escalera, mirando hacia el pozo.

—No tenemos que preocuparnos por eso todavía, muchacha —dijo Podo—. Mira esto.

Se acercó cojeando a la escalera y pasó un dedo por una veta en la roca. Con un *clic*, apareció otra puerta oculta, esta vez en la pared de atrás de Janner.

—¿Quién ha hecho todo esto? —preguntó Janner.

Podo sonrió.

—Los varados están podridos hasta la médula, pero eso no significa que no sean listos como zorros. Antes podía llegar desde aquí hasta Torrboro por debajo del Blapp y no ver ni una sola vez la luz del día ni una gota de agua. Bajo ambas ciudades corren túneles como raíces huecas, todos cortados por bandoleros a lo largo de las épocas para poder robar y escapar sin dejar rastro.

—¿Y nadie sabe nada de los túneles? —preguntó Tink, inclinándose para echar un vistazo a la oscuridad más allá de la puerta. Tenía los ojos muy abiertos y curiosos, y Janner sabía que si Tink y él hubieran estado solos, su hermano ya habría desaparecido en el túnel como un perro en cacería.

—Nadie excepto los varados. Ha pasado mucho tiempo, pero creo que tu Podo puede adentrarse lo suficiente en Dugtown para nuestros propósitos —Podo miró a Oskar—. ¿Dices que ese tal Ronchy McHiggins vive en el lado del río de la ciudad?

—Sí. La Taberna de la Viuda Redonda está cerca del río, en la calle Ribereña, a unas manzanas al este del transbordador. Han pasado años, pero seguro que puedo encontrarla.

Podo asintió.

—El túnel debería acercarnos. Las calles de Dugtown son demasiado peligrosas para mí a plena luz del día. Podrían reconocerme. Te acercaré todo lo que pueda y esperaré en el túnel mientras encuentras a tu hombre —Podo se volvió hacia los demás—. Ustedes cuatro quédense aquí.

—Abuelo, por favor, déjame ir contigo —suplicó Tink—. No haré ruido y haré exactamente lo que me digas.

—No, muchacho. En estos túneles no hay mucho que ver, salvo rocas, suciedad y excrementos de gusanos. Aquí estarás tan seguro como en cualquier otra parte, y Oskar es el único que realmente necesita ir.

Tink suspiró. A Janner tampoco le gustaba quedarse, pero no porque estuviera ansioso por ir a pasear por los túneles (aunque eso *sí* que sonaba divertido). Las paredes y el techo de la madriguera parecían cerrarse sobre él, y no podía librarse de la sensación de estar en una tumba.

—No tardaremos mucho, Nia. Una hora para encontrar a Ronchy, suponiendo que siga allí, Oskar hará los preparativos, y luego otra hora para volver aquí. Si todo va bien (y rara vez es así) estaremos de vuelta para el almuerzo. —Podo guiñó un ojo a su hija—. Guárdame un poco de ese sabroso pan, ¿eh?

—Date prisa en volver —Nia forzó una sonrisa—. Y trae un cubo de agua. Puede que nunca me quite esta suciedad.

—Janner, tú quedas a cargo.

Janner asintió, esforzándose por actuar como un guardián del trono.

Podo desapareció por la puerta sin decir nada más. Oskar se ajustó bien los pantalones sobre el vientre para prepararse para el viaje por el túnel, se frotó las manos con emoción y se metió por la puerta tras Podo.

Los niños y Nia se quedaron mirando el túnel durante unos instantes, como si Podo fuera a reaparecer, habiendo cambiado de opinión sobre todo aquello.

—T.H.A.G.S. —dijo Nia.

Los tres niños la miraron con incredulidad.

—Tink, trabaja en un boceto de las Cataratas Fingap y el Puente de Miller. Leeli, probablemente sea mala idea hacer demasiado ruido aquí, pero puedes practicar tus digitaciones con el arpa silbante, e intentaremos ordenar las notas del Primer Libro. Janner, en los últimos días han ocurrido muchas cosas sobre las que hay que escribir.

Cuando los niños se dieron cuenta de que su madre hablaba en serio, se dejaron caer en la tierra y se pusieron a trabajar en su escolarización a la luz del farol. En cuanto Janner recordó el agradable tacto de la pluma en su mano y oyó el chirrido al formar letras en las páginas de pergamino de su diario, las paredes de la cueva retrocedieron. Se hundió en la escritura y fue arrastrado por el río de su memoria de los últimos días. La huida de la rocaracha gigante. El extraño miedo de Podo al mar. La carrera por los estrechos pasos del Puente de Miller.

Nugget. El pobre y valiente Nugget.

¡Los dragones marinos! Janner sonrió y sintió un estremecimiento en el vientre. Describió el brillo metálico de la piel de los dragones, la sensación de poder atronador tras sus ojos, como nubes oscuras cargadas de lluvia, y mezclado con ese poder, una especie de profundo conocimiento. Pero también había una extraña sensación de…

Janner no podía encontrar la palabra adecuada. Levantó la vista de su papel y vio a Tink inclinado sobre su cuaderno de dibujo, con la lengua asomándole por la comisura de los labios.

Furia.

Esa era la palabra. Algo más que ira, algo muy por debajo de la superficie que había permanecido en silencio durante años y esperaba su momento para estallar. Aún más extraño, Janner no temía la furia, porque parecía dirigida hacia otra parte. Sentía que si se desataba, no estaría a salvo, pero al menos tenía la posibilidad de escapar de ella. Se compadeció del objetivo de la antigua ira de los dragones.

Aún oía la voz del dragón en su mente y recordaba cada palabra: «*Está cerca de ustedes, jóvenes. Está cerca de ti. Ten cuidado. Él destruye todo lo que toca y busca a los jóvenes para utilizarlos para sus propios fines. Lo hemos estado observando, esperándolo. Navegó por el mar y está cerca de ti, niño. Podemos olerlo*».

Janner se estremeció. Ahora estaba seguro de que, o bien el dragón había mentido, como dijo Podo, o bien se refería a alguien que no era Gnag el Sin Nombre. Si Gnag estuviera cerca y supiera dónde estaban los Igiby, los Colmillos los habrían capturado hacía tiempo.

Pasaron las horas, e incluso Nia sabía que los niños no podían trabajar eternamente en sus tareas escolares. Declaró un receso y ordenó a los niños que volvieran a empaquetar sus provisiones. Janner y Tink se deleitaron inspeccionando sus pertenencias. Dispusieron sus arcos, hicieron inventario de las pocas flechas que les quedaban, sacaron las espadas de sus vainas y las limpiaron lo mejor que pudieron sin agua de sobra. Leeli limpió su espejito, desempolvó el arpa silbante e hizo inventario de la comida que les quedaba, que envolvió cuidadosamente en tela y luego ató con cuerda.

Cuando todo lo que tenían estuvo de nuevo en las mochilas, limpio, contado y bien empaquetado, los niños y Nia se sentaron en círculo alrededor del farol y esperaron.

Y esperaron.

Comieron un magro almuerzo cuando estimaron que sería mediodía, masticando en silencio y bebiendo pequeños sorbos de lo que quedaba de agua en la cantimplora. Luego esperaron.

Y esperaron.

Finalmente, justo cuando el aburrimiento empezaba a convertirse en preocupación por Oskar y Podo, oyeron voces procedentes de la puerta del túnel.

—¡Te dije que este era el camino correcto, cabezón!

—¡Tú y yo sabemos que elegiste el *otro* giro! Como declaró el impecable cartógrafo Conrad Tottingtown: «¡Nadie me escucha!».

—No es cierto, Reteep. No puedo evitar escucharte. Llevas horas graznando como un ganso.

—Ay, ay, ay.

Cuando Oskar y Podo salieron de la oscuridad y se enderezaron, los niños se abalanzaron sobre ellos y los asaltaron a abrazos.

—Ronchy va a hacer los preparativos necesarios esta noche —dijo Oskar una vez que él y Podo hubieron comido unos bocados—. Dijo que debíamos volver a medianoche y que el guía estaría esperando en el callejón detrás de la Viuda Redonda. Dijo que si hubiéramos llegado tres días antes, el propio Gammon podría habernos llevado de contrabando al norte. Vino a Dugtown para reunirse con otros miembros de su fuerza.

—¿Estás seguro de que puedes confiar en él? —preguntó Nia.

—Mi señora, me cuesta creer que un hombre capaz de hacer un pastel marinero tan delicioso pueda ser muy peligroso. ¡Ah, el pastel! —Oskar se palmeó el vientre esponjoso.

—No veo qué opción tenemos, muchacha —dijo Podo.

—¿Qué opinan, jóvenes Wingfeather? —preguntó Oskar.

Janner y Tink se quedaron sorprendidos. ¿Quería realmente Oskar saber lo que pensaban? La forma en que Nia, Oskar e incluso Podo los miraron a los tres le dijo a Janner que sí.

—Eh —dijo Tink.

—Bueno —dijo Janner.

—Sí —dijo Leeli—. Pase lo que pase, aunque el señor McHiggins no sea de fiar, no podemos quedarnos aquí y no podemos volver —miró a los adultos con sus ojos grandes e inocentes.

—La doncella musical de Anniera ha hablado —dijo Oskar con gravedad.

Y el asunto quedó cerrado.

El día transcurrió sumido en el aburrimiento.

Después de que Oskar se despertara de una ruidosa siesta, él y Janner se pusieron a traducir más del viejo libro, pidiendo de vez en cuando a Nia la ayuda que pudiera prestarles. Se sorprendió a sí misma de la cantidad de vallerino antiguo que recordaba, y en el suelo de la madriguera se apilaron junto a Oskar página tras página de traducción. Al principio, a Janner le fascinó el triste relato del narrador sobre la caída de Anyara, los ejércitos invasores, las listas de cifras de soldados caídos y las posiciones de las líneas de batalla y campamento. Pero al cabo de varias páginas, el escritor se sumió en un agonizante recuento de fechas y números y de los linajes de los héroes que cayeron o vencieron a tal o cual enemigo. Todo era muy confuso y parecía excesivamente intrascendente, a excepción de algunas líneas ocasionales de estimaciones insuficientes.

«El cuarto día de la Segunda Luna, en el año 1235 de la Primera Época, Boron hijo de Nam descendió del monte Flimkhar y luchó contra un kamaral gigante durante siete días, derrotando al monstruo con los nudillos de su puño derecho».

—¿Qué es un kamaral? —preguntó Janner.

Oskar se encogió de hombros.

—¿Nia?

—No me acuerdo. Kamaral… suena como *kamril*, la palabra vallerina para «pájaro». ¿Un pájaro gigante, tal vez?

Leeli y Oskar hicieron todo lo posible por descifrar las notas musicales, pero tuvieron poca suerte. Aunque tocaba suavemente, cuando digitaba las notas como ella creía que estaban escritas, la canción era tan terrible que todos se tapaban los oídos.

Oskar siguió trabajando a la luz de la lámpara de aceite mientras Tink volvía a su cuaderno de bocetos y Leeli y Podo conversaban, hasta que Janner se quedó dormido con la cabeza apoyada en el hombro del viejo.

—Ya es hora —susurró Podo.

Janner había estado soñando con el mar, un bonito sueño sobre amplios cielos azules y un esquife surcando las aguas. Lo entristeció despertarse. La madriguera era tan oscura y monótona como siempre. Sin embargo, la promesa de que pronto saldrían de los túneles y llegarían a Dugtown bajo un cielo estrellado hizo que Janner sintiera un hormigueo de emoción, se estiró rápidamente y se echó la mochila al hombro.

—Ya era hora de que se despertaran —dijo Oskar, poniéndose las gafas y apoyándose en la pared en un intento de parecer ágil y robusto. Se estaba convirtiendo en todo un aventurero, pensó Janner. El viejo se ajustó el mechón de pelo embarrado y le dio una palmada en la espalda a Podo.

Podo puso los ojos en blanco.

—¿Listo?

—Sí, señor —dijo Janner.

—Cierra la puerta detrás de ti, muchacho —dijo Podo.

Y se metieron en el túnel.

30

Las últimas palabras de Sneem

La puerta se cerró con un chasquido y Janner se volvió para ver el farol de Podo balanceándose en un recodo del túnel. El suelo ya no era de tierra, sino de piedra lisa. Las paredes del túnel estaban tan separadas que Janner apenas podía tocarlas con la punta de los dedos. El pasadizo descendía suavemente, y de vez en cuando Janner percibía otros túneles a su izquierda y a su derecha. Podo dio tantas vueltas que Janner no estaba seguro de poder encontrar el camino de vuelta a su madriguera si tuviera que hacerlo.

Tras una larga y húmeda hora de camino, Podo se detuvo, cara a cara con un hombre barbudo. El hombre empuñaba una daga y apuntaba al pecho de Podo. Podo tenía su propia daga apuntando al vientre del varado. El hombre llevaba un saco al hombro, probablemente el botín de un robo.

—¿De dónde? —gruñó el hombre.

—Del Recodo Oriental —replicó Podo.

—¿Del clan de Claxton Weaver? —preguntó el hombre.

Podo sacó de su camisa el medallón de Claxton y lo agitó en la cara del hombre.

—Ya no es el clan de Weaver.

—Ah —dijo el hombre con una sonrisa nerviosa. Sus ojos se desviaron hacia los niños—. Entonces, ¿cuál de estos muchachos es Kalmar? Me gustaría conocerlo.

Con un gesto de permiso de Podo, Tink se adelantó tímidamente.

—Yo soy Kalmar.

El hombre le guiñó un ojo.

—He oído que le diste mil vueltas a Claxton, golpeándolo con una vara hasta vaciarle los bolsillos y hacerle nudos en las botas. Bien hecho.

—Bueno —empezó Tink.

—Sigue tranquilo, entonces —interrumpió Podo. El hombre asintió rápidamente a Tink y se escabulló en la oscuridad—. ¿Están todos bien? —preguntó Podo, mirando con ternura a Nia y Leeli—. Bien. Ya casi hemos llegado.

Los condujo al siguiente pasadizo de la izquierda. Tras unos pasos, subieron por una escalera de piedra hasta que llegaron a lo que parecía un callejón sin salida. Pero en los túneles de los varados parecía que no existían los callejones sin salida. Se abrió otra puerta oculta y la compañía salió a otra madriguera redonda con suelo de tierra y una escalera que desaparecía en una abertura en forma de chimenea. Por un momento, tuvieron la sensación de haber recorrido un gran círculo.

—Ahora, escuchen —dijo Podo—, y escuchen bien. Esta escalera desemboca en el sótano de otra casa, pero con una gran diferencia. En esta aún viven habitantes de Dugtown. Estamos justo debajo del corazón de la ciudad, y es probable que la gente que vive en esta casa no tenga ni la más remota idea de que hay una madriguera en su sótano. Tenemos que arrastrarnos como caracoles por esta casa para no despertar a los inquilinos y que griten de terror. Hoy hemos tenido suerte de que no estuvieran en casa, pero lo más probable es que estén aquí y estén durmiendo con sueño liviano. Ningún habitante de Dugtown puede permitirse dormir demasiado profundo, o se despertará en una casa vacía.

—Pero si hay una forma de entrar en su sótano, ¿por qué los varados no lo roban todo igualmente? —preguntó Janner.

—Algunos de los habitantes de estas casas conocen los túneles y dejan que los varados entren y salgan siempre que les den una parte del botín. Otros no lo saben, y a los varados les gusta que sea así. Si roban demasiado en una casa del túnel, el propietario puede sospechar, encontrar la puerta y sellarla. Ha ocurrido muchas veces. No sé si esta gente sabe lo del túnel o no, pero no vamos a averiguarlo. Vamos a arrastrarnos en silencio. ¿Entendido? Bien —Podo apagó la linterna—. Quédense cerca.

Janner volvió a ser el último, abriéndose paso por la trampilla hasta el suelo arenoso del sótano. Solo oía la cuidadosa respiración del resto de la compañía. Podo cerró la trampilla con un golpe seco, y Janner oyó un ruido de raspado cuando Podo ocultó la puerta con tierra suelta.

—Vamos —susurró Podo—. Como caracoles.

Janner se puso de puntillas detrás de Tink, haciendo muecas en la oscuridad ante cada golpecito de la muleta de Leeli, cada raspón de cada pie en las escaleras que salían del sótano y entraban en la casa. Podo abrió la puerta y les hizo señas para que atravesaran una cocina no muy distinta de la de la cabaña Igiby: cuatro sillas y una mesa en el centro de la habitación, una cocina de hierro negro apoyada en una pared y una estantería con pilas de platos, cuencos y botes de especias y aceites. Alguien vivía aquí, cenaba aquí, se reía mientras comía aquí. ¿Sabían acaso que los varados se deslizaban por las sombras mientras ellos dormían?

Cuando la familia y Oskar se agruparon en la puerta principal, tan quietos y silenciosos que Janner creyó oír los latidos de su propio corazón, Podo puso una mano en el pomo y lo giró lentamente. La puerta se abrió con un chirrido y él sacó a todo el mundo fuera, luego cerró la puerta tras ellos.

Solo cuando Podo exhaló un profundo suspiro de alivio, Janner y los demás se relajaron.

Estaban frente a una casa de madera anodina, si es que podía llamarse así. Era una estructura de madera de dos pisos, no estaba inmunda, pero distaba mucho de estar limpia. Hasta donde Janner podía ver en ambas direcciones, las casas a ambos lados de la carretera eran similares. Solo había estrechos pasillos entre cada vivienda. No había plantas colgando de los aleros, ni pintura adornando las paredes; solo un edificio gris tras otro. El camino estaba lleno de baches y barro. Las ratas y otras alimañas correteaban entre las sombras, intentando en vano evitar las manchas de luz anaranjada de las antorchas.

Janner miró hacia la torre de antorchas más cercana. Muy por encima, una figura se acuclillaba en la plataforma junto al cuenco de hierro donde ardía la hoguera. Estaba acurrucado como un buitre en el borde de la torre, observando las calles, una sombra negra contra el torbellino de llamas. No muy lejos se alzaba otra torre con otra hoguera y otra figura, esta yendo y viniendo.

La figura de la torre más cercana se enderezó y giró, y a Janner se le subió el corazón a la garganta. La silueta de la torre tenía cola y la inconfundible postura encorvada de un Colmillo de Dang.

—Sí, muchacho. Lo veo —susurró Podo—. Quédense todos aquí hasta que gire la esquina.

Luego, síganme.

Se colocaron de espaldas a la casa, donde la sombra del voladizo del tejado ocultaba todo excepto la punta más externa del vientre de Oskar. Cuando el Colmillo se dirigió al otro lado de las llamas, Podo echó a correr. Se mantuvo cerca de las casas, con cuidado de permanecer al abrigo de los salientes, mientras los demás hacían lo posible por seguirlo. Podo se detuvo en una calle transversal.

En la esquina de la calle empedrada, había una señal que decía: Avenida Flor Verde. Los edificios eran de ladrillo y piedra, de tres y cuatro pisos, con amplios escaparates donde se vendían carnes, quesos y herramientas.

Oskar se enjugó la frente y miró arriba y abajo por la avenida Flor Verde.

—Aquí giramos a la izquierda. Hacia el río.

Pero antes de que Podo diera el primer paso, una compañía de Colmillos marchó por una esquina a dos calles de distancia.

—¡Atrás! ¡Atrás! —rugió.

En el ajetreo de siete personas —una de ellas bastante grande— que intentaban invertir la dirección, Leeli perdió el equilibrio y se cayó. Janner la levantó de un tirón y la arrastró hacia atrás.

—¡Lo siento! ¡Lo siento mucho! —susurró Leeli.

—¡Shh, cariño! ¡No es culpa tuya! —dijo Podo.

—Pero… —dijo Leeli.

—Leeli, no pasa nada —aseguró Janner.

—Pero… —repitió ella, y Podo volvió a hacerla callar.

Los empujó hacia el estrecho pasillo entre dos edificios. Janner solo podía ver la camisa sudada de Podo y los viejos tablones de las casas de ambos lados. Cada vez era más fuerte el sonido de los Colmillos marchando. Janner cerró los ojos, rogando que siguieran marchando y el sonido se desvaneciera en el silencio.

Pero la compañía de Colmillos se detuvo. Janner contuvo la respiración.

—Mi muleta —exhaló Leeli—. Intenté decírtelo.

Podo agachó la cabeza.

Uno de los Colmillos ladró una orden, y unas pisadas se acercaron. Janner esperó el momento en que apareciera el rostro escamoso. Podo lo mataría antes de que supiera lo que había visto, pero entonces los demás Colmillos irían tras ellos. Con tantos Colmillos en las torres de antorchas y marchando por las calles, Janner sabía que no escaparían por mucho tiempo.

—Un palo o algo asssí —dijo el Colmillo. Estaba a la vuelta de la esquina de donde se escondían, tan cerca que Janner podía olerlo. El Colmillo de la calle gruñó algo ininteligible, y el Colmillo más cercano respondió:

—¿Una muleta? No estoy seguro de lo que es una muleta, señor. Parece que antes lo sssabía… Sí, señor. Lo siento, señor. La traeré.

Los Colmillos reanudaron la marcha. La familia esperó un buen rato antes de salir del pasillo.

—Lo siento, abuelo —dijo Leeli con lágrimas en los ojos.

—Tranquila, pequeña —le acarició el pelo con su mano nudosa—. Soy yo quien lo siente. Si una doncella musical de Anniera dice algo, la escuchas —luego añadió en voz más baja—: No importa si es una doncella musical... si tu dulce nieta te dice algo, entonces también la escuchas. Ven aquí. Podo entregó su mochila a Oskar, y luego subió a Leeli a su espalda.

Cuando estuvo seguro de que los Colmillos se habían ido, Podo condujo a la compañía hacia el sur por la avenida Flor Verde. La calle empedrada estaba llena de excrementos de caballo, pero limpia por lo demás. Altos edificios se alzaban sobre la calle, con las ventanas oscuras y cubiertas de una capa de polvo y mugre. En los escaparates había diversos artículos y mercancías a la venta: sacos de grano, estatuas toscas que llevaban vestidos y abrigos con rígida dignidad, jaulas de pájaros y tenedores y cucharas.[1] Janner vio un escaparate que ostentaba una simple y hermosa palabra —Libros— y se lo señaló a Oskar.

El viejo sacudió la cabeza y frunció el ceño:

—Vendedores ambulantes y sinvergüenzas —dijo—. No distinguirían un buen libro de un mal diente.

La familia se mantuvo cerca de los edificios, con cuidado de evitar el resplandor de la luz de las antorchas. En cada cruce de calles, Podo comprobaba las torres, y luego salían corriendo de las sombras de un lado a otro. Parecía que en cualquier momento otro regimiento de Colmillos saltaría de detrás de un edificio.

Pero finalmente Oskar susurró:

—Ahí está.

Estaban en la intersección de la avenida Flor Verde y otra calle ancha llamada Ribereña. Flor Verde cruzaba Ribereña y descendía hacia la negra extensión del poderoso Blapp. En el lado norte de la calle Ribereña había más escaparates altos de ladrillo, pero en el sur, a lo largo de la orilla del río, había cobertizos de madera rodeados de muelles y puentes. El viento cambió y un olor penetrante llenó la nariz de Janner.

—Ah, el dulce olor a jarpa y rojillo de los barcos fluviales —dijo Podo con un suspiro—. Hace demasiado tiempo que no me lleno la barriga de pescado.

---

1. Los cuchillos, por supuesto, estaban prohibidos.

Tink gimió de anhelo y se puso una mano en el estómago, mientras Janner luchaba contra las ganas de vomitar.

Al otro lado del río, Torrboro yacía en la oscuridad. Lo único que podía verse del Palacio Torr o de cualquiera de sus estructuras circundantes era un guiño de la luz de las antorchas reflejado en la superficie del río.

—Miren —dijo Oskar, señalando la calle de la derecha. Una serie de carteles de madera colgaban de la hilera de edificios y crujían con el viento de la orilla: ROPERÍA DE BILLY BUTTON, TABACO PARA PIPAS (¡A TU ESPOSA LE ENCANTARÁ!), ROCAS DE LA SUERTE. Otra tablilla mostraba a una mujer imposiblemente gorda con un vestido negro, llorando, con un pañuelo sobre la boca y la nariz. El cartel decía: LA VIUDA REDONDA. CERVEZA, BIENESTAR Y PASTEL MARINERO. Los Igiby se acurrucaron en la entrada de un taller de reparación de calzado, y el letrero sobre sus cabezas rezaba: UN LUGAR PARA LOS PIES.

Justo al otro lado de la calle, una torre de antorchas se alzaba detrás de los cobertizos para botes, y Janner no necesitó mirar para saber que un Colmillo estaba en lo alto, vigilando la calle en busca de movimiento.

—Bueno —susurró Podo.

—Bueno —repitió Oskar, poniéndose las gafas con histrionismo—. En palabras del gran guerrero Triliban Plubio el Magullado: «Aplastados o cobijados por la mano del Hacedor, bajo ella vamos, del aliento a la muerte».

—Sí —dijo Tink.

—Al otro lado de la Viuda Redonda hay un callejón —susurró Oskar—. Ronchy dijo que nos reuniéramos allí a medianoche, y solo el Hacedor sabe lo tarde que estamos llegando.

En ese momento, oyeron un gran estruendo que resonó débilmente en los lejanos muros de Torrboro.

—Es la una —dijo Podo.

—Una hora tarde —dijo Nia.

—Pero nos esperaría, ¿verdad? —preguntó Leeli.

—Eso espero, princesita —Oskar sonrió, y luego miró a Podo—. ¿Listos?

Podo respiró hondo y se arriesgó a echar un vistazo a la torre de antorchas.

—No hay rastro del Colmillo. Debe de estar al otro lado.

Entonces, desde el pie de la torre que brotaba del lado del muelle, llegó el gruñido chirriante de un Colmillo, tan cerca que incluso Podo contuvo la respiración.

—¡Sneem! —dijo—. ¡Estoy subiendo!

—¡Glag! Ya era hora —respondió la voz de Sneem desde muy arriba. Con muchos silbidos y resoplidos, el Colmillo llamado Sneem bajó por la escalera a la vista de todos, a menos de un tiro de piedra. Cuando llegó a la base de la torre, oculta tras los cobertizos para botes, los dos Colmillos intercambiaron un áspero saludo, y entonces el otro Colmillo apareció por encima del tejado del cobertizo, subiendo por la escalera.

Sneem salió de entre dos cobertizos para botes, justo enfrente, limpiándose el hollín de la cara. El corazón de Janner dio un vuelco. El Colmillo caminaba directamente hacia ellos. Era solo uno, pero bastaba uno para alertar a los demás. Tal vez el Colmillo no los viera. Quizás aún tuviera la visión nublada de tanto tiempo junto al fuego y pasara de largo junto a los Igiby. Tal vez el estómago de Tink no gruñera y Podo no eructara y llegaran sanos y salvos al callejón donde los esperaba la ayuda.

—¡Sneem! —llamó Glag, ahora en la plataforma de la torre.

Solo a unos pasos de la puerta del zapatero, Sneem se detuvo y se volvió.

—¿Qué?

—Olvidé decírtelo. Dicen que ha vuelto.

—¿La Espada Florida? —preguntó Sneem.

—O como quiera que se llame. Ya lo han visto esta noche en el lado oeste de la ciudad, así que ten cuidado.

—¡Bah! Que venga. Lo ensartaré como un pez daga.

Al cabo de un momento, Glag dijo:

—¿Quieres decir que *tú* eres el pez daga que lo ensarta, o que lo ensartarás como si *él* fuera un pez daga al que intentas apuñalar en el río?

Sneem ladeó su cabeza serpenteante para resolver la pregunta.

—De cualquier modo, la Espada Florida queda ensartada, ¿no?

—Sssupongo —dijo Glag—, pero sería más difícil apuñalarlo si estuviera nadando en el agua como un pez daga. Son rápidos. Pero si *tú* fueras el pez daga, saltarías del río y lo pincharías, ¿no?

Sneem lo pensó un momento y luego dijo:

—Lo atraparé. Como un pez.

Por favor, sigan hablando, pensó Janner. *Mientras estén hablando, Sneem no se volverá y nos verá. Quizás vayan y vengan así hasta el amanecer, o hasta que Peet aparezca para rescatarnos, o hasta que el Colmillo se acurruque y se duerma allí mismo, en la calle.*

¿Y quién es la Espada Florida?

Podo dio un golpecito en el hombro de Janner y pronunció las palabras: «*Prepárate*». Bajó a Leeli de la espalda y desenvainó con cuidado la espada. Janner y Tink hicieron lo mismo, sintiendo cada crujido en el cuero de sus mochilas mientras se movían. Quizás si eran lo bastante rápidos, Sneem no tendría oportunidad de dar la alarma.

Los chicos Igiby y Podo se movieron en silencio delante de Nia, Leeli y Oskar. Las tres brillantes espadas se extendían más allá de la sombra del toldo, flotando a la luz de las antorchas como si estuvieran empuñadas por fantasmas. Janner estaba asustado, pero ansioso por ver la sorpresa de Sneem cuando se volviera y encontrara tres figuras con espadas brillantes que saltaban —como peces daga— de entre las sombras.

El Colmillo de la torre se despidió, y Sneem saludó con la mayor cordialidad que Janner había presenciado entre Colmillos.

Cuando Sneem se volvió, dio un solo paso y se detuvo. Pero no miraba a los Igiby. Sus ojos negros apuntaban al tejado que había sobre ellos.

—¡La Espada Florida! —gritó Sneem.

Esas fueron sus últimas palabras.

31

En el callejón de la Viuda Redonda

La Espada Florida saltó desde el tejado del edificio del zapatero, rebotó en la marquesina, voló por los aires y aterrizó grácil como un gato detrás de Sneem. Llevaba una capa negra, botas negras y guantes negros, y el cabello negro le colgaba hasta los hombros. Todo en él era negro como la tinta, incluida su máscara. El blanco de sus ojos brillaba. Empuñó su estrecha espada y puso un final espantoso al Colmillo. Janner captó el destello blanco de sus dientes cuando el hombre sonrió.

—¡Sin duda, malvado Sneem, la Espada Florida te ha atravesado como un rayo de hierro que perfora las profundidades acuosas del poderoso Blapp (que corra ancho y fangoso todos los días de mi propia vida)! ¡Desollado por mi espada! ¡Ajá!

Glag farfulló indignado desde la plataforma de la torre. La Espada Florida giró, y su capa se agitó en un elegante círculo. Se descolgó un arco del hombro, ensartó una flecha y la dejó volar. Primero se oyó un ruido sordo, luego un gemido, y después el sonido del cuerpo de Glag estrellándose contra el tejado del cobertizo para botes.

—¡Y tú! —gritó la Espada Florida mientras volvía a colgarse el arco del hombro y miraba el agujero del tejado—. ¡Glag, el fallecido fútil fatuo! ¡Fah! —se enderezó y enarboló su capa, luego arrancó su espada del cuerpo inerte de Sneem y la limpió en un trozo de la armadura de cuero de la criatura.

Podo, Tink y Janner no se movieron. Los tres tenían la boca abierta. Janner distinguió un símbolo rojo brillante en la parte delantera de la camisa negra del hombre. Una E y una F se enroscaban y entrelazaban como enredaderas espinosas sobre su pecho.

La Espada Florida clavó su brillante mirada en los Igiby.

—¿Y quiénes sois vosotros, en esta noche negra como el carbón?

—Mi nombre es Podo Helmer. Esta es mi familia.

—Helmer. Familia. Palabras, ¡nada más! Y más palabras tengo para vos. Tres de ellas: ¡La Espada Florida! ¡Yo soy él! ¡Ajá!

En la distancia, retumbaron los pasos de los Colmillos, cada vez más fuertes. La Espada Florida agarró con ambas manos el tobillo escamoso de Sneem y lo arrastró hacia el río sin decir una palabra más.

—¿Qué fue todo eso? —preguntó Tink.

—La Espada Florida —dijo Podo con admiración—. Nunca había oído hablar de él.

—He oído hablar de un héroe que se abalanza desde los tejados —dijo Oskar—, que frustra a los varados cuando traman algo malo y se complace en alterar el dominio de los Colmillos en esta parte de Skree. Pero nunca había oído que lo llamaran la Espada Florida.

—Bueno, ¿y quién es? —preguntó Nia.

—Nadie lo sabe.

Janner esbozó una sonrisa. Se imaginó trepando por los edificios, saltando de tejado en tejado disfrazado de negro, con Colmillos persiguiéndolo.

—Miren —dijo Tink.

El hombre de negro apenas era visible entre las sombras de los muelles ribereños, pero tras un leve chapoteo, el emblema rojo brillante de su pecho reapareció mientras se acercaba de nuevo a los Igiby. Janner y Tink estaban tan embelesados con el misterioso héroe que casi olvidaron que un regimiento Colmillo se acercaba.

—¡Marchaos, amigos! ¡Poneos a cubierto! —gritó la Espada Florida—. ¡Ya ha pasado la medianoche y no os salvarán si os atrapan! —el espadachín saludó con la mano, hizo una gran reverencia y echó a correr por el centro de la avenida Flor Verde.

Podo envainó su espada y subió a Leeli a su espalda, y luego los llevó a todos calle abajo hasta la Viuda Redonda. Tal y como dijo Oskar, entre la taberna y el siguiente edificio había un estrecho callejón.

Janner fue el primero en adentrarse en las sombras. Había viejos cajones esparcidos aquí y allá, junto con una pila de platos agrietados y un cubo de clavos oxidados. Dos figuras estaban de pie, y sobresaltaron tanto a Janner que estuvo a punto de tropezar. Parpadeó, incapaz de distinguir ningún detalle en la oscuridad. Las figuras —dos hombres— no se movieron ni hablaron.

Cuando Podo se acercó trotando con Leeli a cuestas, Oskar rompió el tenso silencio.

—No veo bien, viejo amigo. ¿Eres tú?

—Sí —fue la respuesta. La voz graznó como un sapo de lodo.

—¡Ah! ¡Qué bien! Lamento llegar tarde.

—No es nada. Me alegro de que estés a salvo. La Espada Florida está por aquí esta noche. Tiene a los Colmillos alerta y descontentos —Janner oyó combate a lo lejos.

Podo se adelantó y extendió la mano.

—Podo Helmer. Tú debes de ser Ronchy McHiggins.

El hombre asintió. Los ojos de Janner se adaptaron a la penumbra y vio que Ronchy era un hombre pequeño, mucho más de lo que sugería su voz. Llevaba un delantal cubierto de grasa y huellas de manos. Estaba demasiado oscuro para ver gran cosa de su rostro, aparte de que llevaba el pelo peinado hacia atrás y el bigote, más ancho que la cabeza, enroscado como las antenas de un saltamontes.

Podo se volvió hacia el otro hombre.

—¿Y tú quién eres?

—Soy Landers. Migg Landers. Seré su guía a las Praderas de Hielo —era casi tan alto como Podo y al menos igual de fuerte. Como Oskar, era casi calvo, pero a diferencia de él, no se molestaba en ocultarlo—. Yo mismo he estado allí muchas veces, y no me imagino por qué querrías ir. Pero Ronchy dice que puedes pagar. *Puedes* pagar, ¿verdad? —su voz era suave y cuidadosa; algo en ella molestaba a Janner.

—Sí. Podemos pagar —dijo Podo.

Landers extendió una mano y esperó.

Por un momento, Podo no se movió. Luego gruñó y dijo:

—Oskar, mi mochila, por favor.

Oskar entregó la mochila a Podo, que la abrió y sacó una bolsa sin apartar los ojos de Migg Landers.

—Esto debería ser suficiente.

—¿Moneda skreeana u oro?

—Un poco de ambos. Más oro que gris.

El hombre se echó unas cuantas monedas en la mano y las inspeccionó, luego asintió y se guardó la bolsa.

—Bien. Eso es todo, Ronchy.

—Oskar, estarás bien con Migg aquí —graznó Ronchy—. Es uno de los hombres de Gammon. Los pondrá a ti y a tus amigos a salvo más allá de la Barrera.

—Gracias, viejo amigo —dijo Oskar.

Entonces, Ronchy McHiggins miró directamente a Janner. Sus ojos se dirigieron a Tink, luego a Leeli y de nuevo a Oskar. —¿Es verdad? —preguntó.

—Sí —dijo Oskar—. Es verdad, que el Hacedor nos ayude.

—Sí —Ronchy se volvió para irse—. Que el Hacedor nos ayude.

Abrió la puerta lateral de la Viuda Redonda y la atravesó. La cerradura de la puerta chasqueó tras él.

—Quítense las mochilas y pónganse cómodos. Estaremos aquí un rato —dijo Migg Landers.

—¿Por qué? —preguntó Podo.

Migg dio un paso amenazador hacia delante, de modo que Podo y él quedaron nariz con nariz.

—Para empezar, viejo amigo, no cuestiones a Migg Landers. Si te digo que te pongas un vestido y bailes dando volteretas, lo harás, sin hacer preguntas. Como tú y yo recién nos conocemos, esta vez no te daré una paliza.

A Janner lo sorprendió el inoportuno cambio que se había producido en su guía, pero también sintió un poco de lástima por él. Landers tenía la impresión equivocada de que Podo Helmer era demasiado viejo para dar problemas.

Podo se quedó tenso como una cuerda de arco, con las cejas pobladas bajas y enfadado, pero se contuvo. Al cabo de un momento, esbozó una sonrisa bigotuda.

—Entiendo, jovencito. Haremos lo que dices.

—Bien. Para responder a tu pregunta, no podemos ir a ninguna parte hasta que suene la próxima campana y los Colmillos cambien de guardia. Eso significa que tienen una hora para esperar. Así que quítense las mochilas, siéntense en el empedrado y callen mientras reviso la calle.

Podo asintió. Mientras Landers caminaba hacia la abertura del callejón y se asomaba por una esquina, Podo hizo un gesto a los chicos para que se quitaran las mochilas.

—Va a ser un viaje largo, muchachos —dijo—. Lo necesitamos, y si tiene que sentirse el mandamás, entonces mantendré mi maloliente boca cerrada por ahora. No es una batalla que merezca la pena. Hablando del mandamás —dijo Podo, quitándose el talismán de Claxton del cuello—, esto te pertenece —le lanzó el medallón a Tink.

Fuera de los confines de la callejuela, llegaba el constante *clop-clop-clop* de la marcha, el ladrido de órdenes y el chasquido de los látigos a lo lejos. *¿Era Dugtown siempre así o solo cuando la Espada Florida estaba merodeando?* —se preguntó Janner. Habría sido mejor que el héroe con capa no hubiera elegido esta noche en particular para parrandear, pero Janner se alegró de haberlo visto en acción. Le encantaba la idea de que un vulgar habitante de Dugtown —un cocinero o un leñador, tal vez— se disfrazara en alguna cámara secreta del sótano y luego saliera a las calles para luchar contra los Colmillos de Dang.

—No me gusta la idea de viajar hasta las Praderas de Hielo con alguien tan malo como él —dijo Leeli mientras se acomodaba en el suelo.

La familia y Oskar estaban sentados en círculo detrás de una pila de cajas, con las mochilas amontonadas junto a la puerta trasera de la taberna.

—No te preocupes, pequeña —dijo Podo—. En cuanto pasemos el muro, pienso darle a Migg Landers una lección de respeto a sus mayores —estiró el cuello para ver por encima de las cajas—. ¿Qué está haciendo?

Migg Landers estaba en la entrada del callejón, asomado a la esquina de la calle Ribereña. Algo no estaba bien. Janner intentó ignorar el cosquilleo que sentía en el estómago, una sensación de advertencia que no podía explicar. Migg Landers no era un hombre admirable, pero por lo que decía Oskar, Dugtown tenía una gran escasez de hombres admirables. Ronchy dijo que se podía confiar en él, entonces ¿qué otra cosa podían hacer?

Tink jugueteaba con el talismán, masticando alegremente una tira de carne de topoespín. Los adultos hablaban en susurros, y Janner dedujo que estaban discutiendo sobre sus reservas de comida, adivinando cuánto tiempo les llevaría el viaje… cosas que le habrían parecido interesantes si no fuera por esa persistente preocupación que le rondaba por la cabeza.

Entonces, se dio cuenta de que algo había cambiado. Las calles estaban en silencio. El zumbido de los Colmillos marchando, el chasquido de los látigos… no se escuchaba nada.

—¡Abuelo! —susurró Janner—. ¡Algo anda mal!

Podo miró hacia la entrada del callejón y se quedó helado. La mirada del viejo pirata bastó para decirle a Janner que sus sentimientos hacia Migg Landers eran correctos.

—¡LANDERS, TRAIDOR! —bramó Podo. Aquella imagen de Podo acompañaría a Janner durante mucho tiempo: aquel viejo y robusto mástil de guerrero, con los ojos encendidos, los músculos de los hombros y el cuello tensos como velas en una tormenta.

Leeli gritó tanto y tan fuerte que todos los Colmillos y los habitantes de Dugtown que se encontraban a un tiro de flecha del callejón debieron oírla.

—Ronchy, ¡no! —gimió Oskar—. ¿Cómo has podido?

Janner se volvió, temiendo lo que encontraría a la entrada del callejón, aunque por el amargo hedor que sentía en las fosas nasales, ya lo sabía.

—Te agradezco amablemente las monedas, viejo —dijo Migg Landers con una sonrisa.

Detrás de él, siseó un muro de Colmillos, con las espadas desnudas, los dientes chorreando, las escamas brillando amarillas a la luz de las antorchas.

Entonces, para horror de Janner, un Colmillo saltó hacia delante y hundió sus dientes en el hombro de Migg Landers. El grandullón gritó, se estremeció y se desplomó en el suelo.

—No tienen adónde huir, Igibysss —dijo el Colmillo.

32

Ronchy McHiggins hace un descubrimiento

Los Colmillos ya habían aprendido a no darle tiempo a Podo Helmer para pensar. Se precipitaron hacia delante, con sus espadas apuntando a Podo y solo a Podo. Janner empujó la pila de cajas hacia ellos. Los Colmillos golpearon y apartaron las cajas y avanzaron.

Janner estaba seguro de que Podo saltaría a la refriega y lucharía hasta la muerte antes que permitir que los Colmillos capturaran a sus nietos... y saltó, pero no hacia los Colmillos.

Podo golpeó con el hombro la gruesa puerta lateral de la Viuda Redonda. La puerta se rompió en pedazos, y el sonido de la madera astillándose se mezcló con el de los huesos al fisurarse el hombro y las costillas de Podo. Cayó al suelo con un grito de dolor, pero en un movimiento rodó sobre sí mismo, tomó la mochila más cercana —que resultó ser la suya— y desapareció en la taberna, maldiciendo a Migg Landers mientras tanto. Nia tomó a Leeli en brazos y se apresuró a cruzar la puerta tras él.

—¡Vamos! —gritó Janner a Oskar. Atravesó la puerta sacudiéndose, levantando las mochilas de los chicos a su paso. Janner agarró a Tink por el brazo y se precipitó por la puerta, patinando sobre trozos de madera rota.

Las garras le arañaban la espalda y las piernas. Oyó el chasquido de los dientes de Colmillo y el chirrido de la armadura de Colmillo, y sintió el calor del aliento de Colmillo en el cuello. Janner sabía que Gnag aún quería vivos a los niños, porque en aquel momento habría sido muy fácil para los Colmillos acabar con él y con su hermano. Pero en su afán por apresar a los chicos, las bestias se estamparon contra la puerta como si fueran uno solo y se atascaron.

Janner chocó contra una mesa y estuvo a punto de caer. Mientras corría, se esforzó por ver adónde había ido el resto de su familia, pero la taberna estaba completamente a oscuras. Lo único que sabía era que aún tenía agarrado el codo de Tink.

Los Colmillos tardaron poco en reagruparse y entrar en la taberna en fila india, pero para entonces, Janner ya se había abierto paso a través de una puerta batiente y había entrado en la sala común de la taberna. Dos grandes ventanales que daban a la calle Ribereña iluminaban tenuemente las mesas y sillas repartidas por la sala. Janner oyó a su familia en algún lugar más adelante y a los Colmillos detrás.

—¡Mamá! —llamó—. ¡Abuelo!

—¡Aquí! —respondió Nia, justo cuando Podo abrió de una patada la puerta principal y los demás salieron corriendo a la calle.

—¡Vamos! —dijo Janner a Tink.

Pero los hermanos no llegaron a la puerta.

De la calle, llegaba el sonido de la batalla. Podo apareció al otro lado de la puerta, un terror de pelo blanco que blandía su espada mientras se sostenía el costado herido con el otro brazo. Las sombras de la batalla se extendían largamente por la habitación. Janner vio con oscuro pavor que los Colmillos rodeaban a su abuelo.

Él y Tink estaban atrapados. Si salían corriendo, se encontrarían en medio de la lucha, y no tenían armas: Oskar tenía sus mochilas. Detrás de ellos, más Colmillos entraron en la casa.

Janner podía ver el contorno de la cara de su hermano menor, el brillo de sus ojos grandes y asustados, que miraban a Janner en busca de ayuda. Pero él no sabía cómo ayudar. ¡Solo tenía doce años! ¿Cómo iba a saber lo que debía hacer un guardián del trono? Quería preguntarles a Podo, o a Peet, o a Nia… o a Esben.

Entonces, llegó la voz de Podo desde el exterior, mientras esquivaba golpes y daba estocadas con su espada:

—¡Vuelvan a la madriguera! ¡Muchachos! Reúnanse en la madri…

La voz de Podo se interrumpió. Pero otra voz familiar se le unió.

—¡Ajá! ¡Brutos serpientes malolientes! ¡Guardaos del brillo acerado de la espada de… eh, la Espada Florida!

Al otro lado de la ventana, la figura con capa saltó a la lucha. Con una mano blandía su espada a una velocidad aterradora, mientras que la otra descansaba despreocupadamente sobre su cadera. El grupo de Colmillos que atacaba a Podo se volvió como uno solo y se abalanzó sobre el hombre de negro.

La puerta giratoria que había detrás de los chicos se abrió de golpe y los Colmillos entraron en tropel en la sombría sala común. Lo único que se le ocurrió hacer a Janner fue agacharse. Él y Tink se escabulleron bajo una mesa y se arrastraron hasta el rincón más alejado de la sala. Los Colmillos se dirigieron a toda velocidad hacia la puerta principal abierta, arrastrando mesas y sillas mientras corrían. Janner y Tink, en cuatro patas, contuvieron la respiración y vieron pasar a toda prisa las patas escamosas de al menos treinta Colmillos.

—Y ahora, debo irme —dijo la Espada Florida —¡porque sus número están llenos de grandeza! Ajá!

El choque de espadas cesó. Janner escuchó para ver si distinguía la voz de Podo, el grito de Leeli, cualquier señal de su familia, pero no oyó nada, salvo los murmullos y gemidos de los Colmillos cansados y heridos.

—¿Se ha ido? —dijo uno de los Colmillos.

—Sí, señor. Era la Espad…

—Ni siquiera digas su nombre.

—Sí, ssseñor. Bueno, *él* apareció y nos distrajimos del viejo… es un buen luchador, para ser un tipo con una sola pierna. Derribó a siete de mis Colmillos e hirió a otros cinco. Y el gordo agarró una espada y giró en círculos tan rápido que pensamos que se elevaría y se iría flotando. Intentamos pasar entre ellos para atrapar a la chica, pero antes de que pudiéramos… como ya dije, señor, los teníamos hasta que la Espad… hasta que *él* apareció.

—Los perdimos de nuevo, entonces —dijo el líder mientras se alejaban—. Khrak no estará contento.

—Khrak nunca está contento, señor.

Janner y Tink se miraron en la oscuridad.

—Se escaparon —susurró Tink.

—Eso espero —dijo Janner.

—Pero, ¿y nosotros?

—No lo sé.

—¿Qué haremos?

—No lo sé.

Mucho después de que desapareciera el último Colmillo, los hermanos seguían escondidos bajo la mesa, abrazados con fuerza, más solos de lo que nunca habían estado.

Ronchy McHiggins no era un mal hombre, aunque disfrutaba de vivir entre los justicieros y ladrones de Dugtown. Disfrutaba de las historias, de la emoción, de la forma en que uno nunca sabía quién podría entrar por la puerta principal de la taberna con una historia que contar y monedas robadas que gastar en un plato de pastel marinero.

Ronchy no hablaba mucho, a diferencia de los demás taberneros, que parloteaban sobre problemas y rumores y sobre el modo en que aquel cliente lo había dejado plantado hacía cuatro años o en que ese Colmillo había destrozado una ventana solo para reírse. Ronchy McHiggins *escuchaba*. Prestaba atención. Por eso le caía bien a Gammon. Gammon sabía que Ronchy podía contarle lo que ocurría en Dugtown, desde la construcción de más torres de antorchas hasta el descubrimiento de otro túnel de varados, pasando por los movimientos de los Colmillos de un distrito a otro.

Así que cuando Ronchy se enteró desde Glipwood —por un par de correcumbres— de que algunos herederos de Anniera (niños, por lo que parecía) estaban huyendo por el bosque de Glipwood, decidió contárselo a Gammon la próxima vez que lo viera.

Gammon acudía a Dugtown cada pocos meses para reunirse con Ronchy y quién sabe cuántos otros miembros de su fuerza secreta dispersos por Torrboro y Dugtown. Cada vez que venía, tenía un aspecto distinto. Era un maestro del camuflaje y del engaño. ¿De qué otra forma podría haber sobrevivido tantos años, reuniendo armas y compañeros rebeldes, y amasando un ejército en las Praderas de Hielo que algún día podría derrocar a los Colmillos y desterrarlos de Skree para siempre? Gammon era un tipo listo, desde luego, o lo habrían descubierto como a todos los demás tontos que se atrevieron a desafiar a Gnag el Sin Nombre y sus Colmillos de Dang.

Solo unos días antes, Gammon había aparecido en la Viuda Redonda, cojeando como un anciano y sucio como un ratociélago. Era un disfraz tan convincente que Ronchy lo había golpeado dos veces con una escoba en un intento de echarlo de la taberna antes de que se diera cuenta de a quién estaba golpeando.

Si tan solo Gammon hubiera llegado tres días después. Entonces Ronchy habría sabido qué hacer con el gordo Oskar N. Reteep, que aparecía por primera vez en mucho tiempo y quería llevar de contrabando a tres niños y a sus tutores a las Praderas de Hielo. Ronchy supo inmediatamente que esos niños tenían que ser los rumoreados herederos de Anniera. No era ningún secreto que Reteep era de Glipwood y creía en los cuentos sobre la lejana isla: la Isla Luminosa, como la llamaban en los cuentos.

¿Qué podía hacer Ronchy sino ayudar? ¿Cómo iba a saber que Migg Landers estaba tan corrompido como un huevo podrido? Si tan solo Gammon hubiera estado allí, le habría dicho a Ronchy lo que tenía que hacer. Probablemente, el propio Gammon los habría llevado de contrabando al norte.

Ahora todo era un desastre.

La taberna estaba hecha un desastre y la puerta del callejón rota en pedazos. Los niños eran tan pequeños, sus rasgos tan finos, sus ojos tan esperanzados cuando lo miraron. Y el viejo Reteep, probablemente estaba muerto ahora o desangrándose en una mazmorra.

Esto le pasaba por intentar ayudar.

Ronchy aún llevaba puesto el camisón y la gorra. No había pegado un ojo la noche anterior. Había cerrado y atrancado la puerta del callejón, había subido las escaleras y se había metido en la cama, y había apartado a Reteep y al resto de su mente… hasta que oyó el horrible grito. El viejo pirata dijo que Landers era un traidor, luego se escuchó un estruendo y después el sonido de su querida taberna destrozada. En lugar de enfrentarse al desastre en la oscuridad, Ronchy había pasado la noche en la cama, con pavor de lo que encontraría por la mañana.

Al amanecer, bajó las escaleras con el corazón apesadumbrado, preguntándose qué habría sido de Reteep, de sus amigos y de los niños.

Barrió lo que quedaba de su puerta trasera a un recogedor y arrojó los escombros al callejón, luego atravesó la puerta batiente y entró en la sala común. Examinó las ventanas (ninguna estaba rota, lo cual fue una grata sorpresa), la puerta principal (abierta pero intacta, gracias al Creador) y los restos de mesas y sillas (siete sillas rotas, tres mesas rotas). Con un pesado suspiro, Ronchy enderezó las mesas caídas y metió las sillas debajo de ellas. Dentro de unas horas, entrarían sus primeros clientes, y querrían un sitio donde sentarse. Cuanto menos supieran de su implicación en los sucesos de la noche anterior, mejor.

Ronchy los encontró en la esquina trasera de la habitación. Dos niños dormidos, abrazados. Tenían la cara sucia, manchada de lágrimas o de sudor, y la cabeza del más pequeño descansaba sobre el pecho del mayor.

Fue algo tan inesperado que Ronchy McHiggins permaneció largo rato junto a ellos, reacio a perturbar algo tan sencillo y hermoso. El amanecer cantaba a través de las ventanas en gruesos rayos dorados y, para su gran confusión, las lágrimas surgieron de algún lugar profundo de su ser y le corrieron por la cara.

Decidió ayudarlos.

33

La separación

Cuando Janner despertó, vio ante su cara las antenas de un insecto.

Entonces se despejó la niebla de su mente y reconoció el rostro demacrado y el bigote alborotado de Ronchy McHiggins. Los sucesos de la noche anterior volvieron a él con un pánico que lo hizo jadear y sentarse erguido. El movimiento despertó a Tink, que bostezó y se frotó los ojos.

«Desayunooo», murmuró; entonces él también recordó su situación y abrió los ojos tanto como se lo permitió su somnolencia.

—Silencio, jovencitos —dijo Ronchy, y su voz graznante fue un extraño consuelo para Janner—. No pasa nada. No sé dónde están sus guardianes ni su hermana, pero los Colmillos no están aquí. Por ahora —Ronchy miró hacia las ventanas de su casa—. Pero puede que vuelvan pronto con preguntas para mí, y ustedes no pueden estar aquí. Podrían saquear todo el lugar solo por el placer de hacerlo. Suele ocurrir.

Janner sacudió la cabeza, intentando asimilar todo lo que Ronchy le decía, pero el sueño aún le nublaba el pensamiento.

—¡Espera! ¡Nos traicionaste! Migg Landers…

—Me traicionó *a mí*, muchacho. Mi intención era que llegaran a salvo a las Praderas de Hielo, tal y como supuse que Gammon querría que hiciera. O Migg Landers es uno de los hombres de Gammon y tiene razones para querer que estén en manos de los Colmillos, o Migg Landers es un ladrón y un mentiroso. Creo que Migg es el problema, no Gammon. Pero bueno, solo soy un viejo jefe de taberna. ¿Qué sé yo?

—¿Qué… adónde vamos? —preguntó Tink.

—Aún no estoy seguro, pero tienen que desaparecer para cuando empiecen a llegar los clientes. Los niños son algo raro en esta ciudad; los de Anniera, aún más. Guiñó un ojo.

¿Cómo sabía que eran de Anniera?, pensó Janner. *¿Y por qué eran tan raros los niños en Dugtown?*

Entonces, recordó la madriguera. Lo último que había dicho Podo antes de que apareciera la Espada Florida era que debían reunirse en la madriguera. Supuso que su abuelo se refería a la madriguera de la colina de las afueras de la ciudad, en la que habían pasado la noche. Si efectivamente los demás habían escapado, Podo seguramente había encontrado otro túnel de varados, y la familia podría estar ya en la madriguera, esperando la llegada de Janner y Tink.

Janner se puso en pie y tiró de Tink para que se levantara con él.

—No quiero molestarlo, señor McHiggins —dijo Tink— pero, ¿tendrá…?

—¿Algo para desayunar? Claro que sí. Nadie se va de la Viuda Redonda con el estómago vacío. Los panecillos ya deberían estar hechos.

Ronchy condujo a los chicos a la cocina, sacó del horno una fuente con panecillos calientes y untados con mantequilla, y los sirvió con un cuenco lleno de bayas de azúcar machacadas hasta formar una curiosa pasta, que comieron con cucharas de madera. Tink engulló un vaso de agua de la cisterna de Ronchy, eructó y luego pidió amablemente que se lo rellenaran.

—Señor McHiggins, tenemos que encontrar a nuestra familia —dijo finalmente Janner—. Hay una madriguera de varados a las afueras de la ciudad…

—*¡Shh!* Baja la voz, muchacho, si vas a hablar de esas cosas. Nunca se sabe cuándo un varado puede tener la oreja pegada a la pared. No se lo toman con calma si cuentas sus secretos, y si conoces la ubicación de una madriguera, es un *gran* secreto. No me metan en problemas.

—Lo siento, señor —dijo Janner.

—Solo tenemos que llegar al lado este de Dugtown, arriba en la colina —dijo Tink entre bocado y bocado. Ya se había terminado tres panecillos con mantequilla y la segunda taza de agua y estaba engullendo las bayas de azúcar.

—La colina del lado este de Dugtown —repitió Ronchy, retorciéndose el bigote entre el pulgar y el índice—. ¿Cerca del río?

—Sí, señor —dijo Janner.

—Ah. Está a una buena distancia desde aquí, pero es bastante fácil de encontrar. Solo tienen que seguir la calle Ribereña hasta que se aleje del río…

El jefe de la taberna graznó las indicaciones, explicándoles cómo tomar un atajo para evitar un tramo peligroso de la calle Ribereña.

Cuanto más hablaba, más alto estaba el sol y, sin previo aviso, Dugtown despertó. Afuera de la Viuda Redonda, los carromatos chirriaban al pasar, la gente murmuraba y se quejaba, y los pájaros revoloteaban en bandadas. La gran bestia de la ciudad se puso en movimiento, y sus ciudadanos se arrastraban sobre su lomo como las pulgas sobre un perro.

—Ahora, muchachos, tengan cuidado. Esta ciudad era un lugar temible mucho antes de que los Colmillos llegaran a Skree. Ahora que los trols y los lagartos recorren las calles, las cosas están peor que nunca. Los Colmillos nos manejan como esclavos. No pagan por su bebida ni por su comida, ni por los daños cuando luchan. Se burlan y encarcelan, y los niños… —la voz graznante de Ronchy se atascó—. Se llevan a los niños. Apenas si quedan unos pocos en la parte sur de la ciudad. El carruaje negro viene y se lleva lo que le place, sea niño o madre. ¿Cómo podrían secuestrar a una madre? Incluso los varados tienen madres y se resisten a hacer daño a una mujer, sobre todo a una mujer con un hijo.

Janner vio un dibujo coloreado en la pared, junto al armario. En él, un Ronchy McHiggins más joven y feliz estaba junto a una bonita mujer que acunaba a un bebé.

—Lo siento, señor —dijo.

Ronchy respiró hondo. Se volvió y asintió a los chicos.

—Vayan. Tengan cuidado —luego se secó las manos en el delantal y arrastrando los pies cruzó la puerta batiente para entrar en la sala común, donde graznó un saludo a sus primeros clientes.

Janner y Tink se quedaron solos en el umbral de la puerta que daba al callejón.

La ordenada cocina de la Viuda Redonda era un nido de seguridad, un lugar donde lo más parecido que tenían a un amigo los había alimentado y llenado las cantimploras de agua limpia. Al otro lado de la puerta, se extendía un mundo de Colmillos y trols y canallas, un mundo a través del cual debían pasar para volver a encontrar a su familia.

Janner se asomó por la esquina y entró en el callejón. Para su alivio, el cadáver de Migg Landers había desaparecido, probablemente arrojado al río en algún momento de la noche.

—¿Listo? —preguntó, sintiendo la gravedad del momento.

—Sip —Tink se rascó la axila con una mano y con la otra se quitó semillas de bayas de azúcar de los dientes.

Janner condujo a su hermano pequeño al callejón y dejó atrás a la Viuda Redonda.

Mirando desde el tranquilo callejón de la calle Ribereña, Janner solo podía pensar en las atronadoras aguas blancas del poderoso Blapp. Carros, caballos, trols, Colmillos, mercaderes, pescadores, capitanes de barco, carruajes, gritos de sorpresa, ira e irritación, ruedas que chirriaban, botas que zapateaban, cacerolas que tintineaban, látigos que chasqueaban… todo se mezclaba en un torrente violento e imparable que a Janner lo heló del miedo.

Nunca había visto tanta gente en un mismo lugar. Había creído que el Festival del Día del Dragón era un gran alboroto —y para el municipio de Glipwood lo era—, pero ahora veía que Glipwood y su humilde festival no eran más que una pintoresca diversión en un rincón tranquilo de un mundo gigantesco. Esta era una calle en una ciudad de cientos de calles semejantes, en un continente de muchas ciudades semejantes, en un mundo de… bueno, nadie sabía cuántos continentes se extendían por Kistamos.[1] Janner observaba el caos con la sensación de que estaba a punto de saltar a las aguas bravas del poderoso Blapp y ser arrastrado hacia una muerte segura.

—¡Mira a toda esta gente! —dijo Tink, radiante.

—Sí. Esto va a ser más difícil de lo que pensaba —dijo Janner con gravedad.

—Según las indicaciones de Ronchy, tenemos que girar a la izquierda —musitó Tink—. Izquierda es al este. Vamos.

Y antes de que Janner pudiera detenerlo, Tink se zambulló en el río de gente.

Tras varios minutos angustiosos luchando contra la corriente, recibiendo golpes, insultos, codazos y zancadillas, Janner se dio cuenta de que el tráfico del lado del río de la calle iba hacia el este, la dirección en la que querían ir.

—¡Tink! —gritó Janner—. ¡Vete al otro lado de la calle! ¡Al *otro lado*!

Tink se cruzó en el camino de un carruaje, y el caballo se encabritó. El niño disparó hacia la derecha y se perdió de vista. Con gran enfado, el caballo y el

---

1. Los mapas mostraban grandes franjas en blanco al lejano oeste de Skree, y nadie sabía qué había al este de la Cordillera de la Muerte. Estas zonas desconocidas más allá de los bordes de los mapas eran conocidas como «los lugares más allá de los bordes de los mapas».

cochero siguieron adelante. Janner esperó a que pasara el carruaje y se agachó delante de un pescador que llevaba una ristra de rojillos al hombro.

Se puso de puntillas en el estrecho refugio del centro de la calle, donde la muchedumbre le pasaba gruñendo a ambos lados en distintas direcciones. No había ni rastro de Tink. Janner quería llamarlo a gritos, pero tenía miedo de llamar demasiado la atención. Entonces, la cabeza de Tink apareció por encima de la multitud, bajo el toldo de un cobertizo para botes en el extremo opuesto de la calle.

Janner apretó los dientes, esperó a que se abriera un hueco y se lanzó al tráfico. Se dirigió con dificultad hacia el lado más alejado y estuvo a punto de caerse dos veces. Antes de llegar al cobertizo, se hizo un espacio vacío, una especie de burbuja entre la multitud alrededor de Janner, y un olor insoportable le llenó las fosas nasales. No necesitó darse vuelta para saber que había un trol cerca. Janner bajó la cabeza y se abrió paso hasta el borde del camino.

Tink estaba de pie sobre un barril, mirando con los ojos muy abiertos al trol mientras pasaba retumbando. Los habitantes de Dugtown, con la cara morada, se apresuraban a escapar de su olor. El trol avanzaba a trompicones, haciendo girar un garrote alrededor de su dedo en un lazo de cordel. Parecía feliz como un bebé recién alimentado y su barbilla brillaba de baba.

—¡No hagas eso! —espetó Janner mientras tiraba a Tink del barril por el cuello de la camisa.

—¿Hacer qué? —Tink se apartó bruscamente de Janner y lo fulminó con la mirada.

—Tenemos que permanecer cerca. Apenas si cruzamos la calle y ya te he perdido. La única forma de que ambos lleguemos a la madriguera es que permanezcamos juntos.

—¿Por qué? Los dos sabemos dónde está —dijo Tink acaloradamente, enderezándose hasta alcanzar su estatura completa, aunque aun así su hermano lo pasaba por una cabeza—. Estaba allí mismo cuando McHiggins te dio las indicaciones. ¿Crees que no soy lo bastante listo como para encontrarla solo?

—Mi trabajo es protegerte.

—¿Y si no quiero que me protejan?

—No tienes opción. Soy un guardián del trono. Tú eres un rey. Así son las cosas. Tengo que mantenerte a salvo. Tengo que llevarte a las Praderas de Hielo.

—Bueno, ¿y si no quiero ir a las Praderas de Hielo? ¿Y si quiero volver a casa?

—¿Hablas en serio? —Janner puso los ojos en blanco—. *No* podemos volver a casa. Además, Glipwood nunca fue realmente nuestro hogar. Nuestro hogar es Anniera, y tú eres el rey.

Tink suspiró y se dio la vuelta, murmurando algo en voz baja.

—¿Qué dijiste? —preguntó Janner.

—Nada.

—¡Tink! *¿Qué dijiste?*

Tink miró furioso a Janner.

—Dije: «No quiero ser rey». Y no me llames más Tink. Me llamo Kalmar.

La multitud se movía a toda velocidad, demasiado ocupada para fijarse en dos chicos que discutían a la sombra de un cobertizo para botes.

Janner bajó la voz.

—Bien, entonces, *Kalmar*. Pero no importa si quieres ser rey o no. Soy el guardián del trono y voy a llevarte a salvo a la madriguera. Si no quieres ser rey, díselo a mamá o al abuelo.

A Tink le ardían los ojos y se le frunció el ceño, una mirada que Janner solo había visto cuando los dos luchaban o cuando jugaban a Barcos y Tiburones, cuando Tink estaba atrapado, inmóvil, incapaz de mover los brazos o las piernas. Era una mirada de rabia, pero aún más, era una mirada de pánico.

Entonces Tink dijo algo que llegó directo al corazón de Janner.

—No quiero esto. No quiero nada de esto. Déjame en paz.

Y echó a correr.

34

Un vigilante en las sombras

Janner se quedó inmóvil, mirando el espacio vacío donde Tink acababa de estar. Se le erizó la piel y se dio cuenta de golpe de que estaba solo.

No era solamente que Tink hubiera huido, se dio cuenta Janner, aunque la idea lo enfureció tanto que quiso darle un puñetazo en la nariz a su hermano; además, Tink lo había abandonado.

El río de habitantes de Dugtown parecía crecer en velocidad, tamaño y hostilidad. La madriguera donde esperaba con ansiedad el resto de su familia le pareció de repente imposiblemente lejana, un destino tan inalcanzable como la misma luna.

¿Por qué Tink —Janner se negaba a pensar en él como Kalmar— haría algo así? Sabía que a su hermano menor le incomodaba la idea de ser rey, pero Janner no estaba preparado para esto.

Tal vez fuera la forma que tenía Tink de demostrar su valía ante su hermano mayor. Janner recordaba las veces que había pensado lo peor de Tink, solo para que le demostrara lo contrario. Era cierto que había sido duro con su hermano menor, probablemente demasiado. Pero ¿esto?

Bien —pensó amargamente—. *Que encuentre su propio camino a la madriguera.*

Janner se armó de valor, se frotó las manos, bajó la cabeza y se unió al alocado flujo de tráfico de la calle Ribereña.

Tropezó, saltó y se agachó, esforzándose por leer las señales de las calles por encima de innumerables cabezas mientras pasaba. Ronchy dijo que si giraba a la izquierda en la vía Crempshaw y luego a la derecha en la calle Tilling, acabaría incorporándose de nuevo a Ribereña. Dijo que era la mejor forma de eludir el tramo más transitado y peligroso, donde los Colmillos eran transportados a través del Blapp hasta Torrboro.

Janner buscaba a Tink, estirando el cuello para todas partes mientras avanzaba, pero no vio ni rastro. Habría sido difícil encontrar a alguien en semejante caos, sobre todo a alguien tan pequeño y rápido como Tink. Janner empezó a planear las muchas cosas que le gritaría a su hermanito una vez que estuvieran de nuevo a salvo en la madriguera.

Sus pensamientos se vieron interrumpidos por la visión de una señal de tráfico: VÍA CREMPSHAW. Un cuervo se posó en lo alto del poste. Janner pasó entre pescadores, costureras y burros atados a carros cargados de pescado, hasta que se detuvo con las manos en las rodillas, sin aliento, solo unas puertas más allá de la vía Crempshaw.

La puerta que tenía detrás se abrió de golpe y salieron cuatro Colmillos de Dang. Se rieron y bajaron tambaleándose por el escalón hasta la acera donde estaba Janner. Este se quedó inmóvil y se miró los pies. Los Colmillos pasaron eructando y cacareando, y luego desaparecieron entre la multitud. Janner pasó corriendo junto a una tienda que vendía medias de red y dobló la esquina hacia la vía Crempshaw. Crempshaw ascendía desde el río hasta el corazón de Dugtown.

Por muy enfadado que estuviera con Tink, Janner esperaba alcanzarlo aquí. Se dijo que estaba preocupado sobre todo por la seguridad de Tink, pero estaba igual de preocupado por la suya. Intentó no imaginar lo que podría ocurrir si se perdía en aquel laberinto de calles.

Una mujer de rostro amable llevaba una cesta por la calle hacia Janner.

—Disculpe, señora —dijo tímidamente—. Estoy buscando a mi hermano. ¿Ha visto a un niño pequeño, un poco más bajo que yo…?

Ella lo miró con tristeza, luego pasó sin decir palabra y giró hacia el ajetreo de la calle Ribereña. Lo mismo les ocurrió a todos los que lo vieron. Lo miraban con gran pena, no decían nada y seguían adelante.

Janner siguió por Crempshaw más allá de varias calles transversales, caminos de tierra bordeados de casas grises lisas muy parecidas a aquella de la que habían salido la noche anterior, hasta que, murmurando «gracias a Ronchy McHiggins y sus buenas indicaciones», Janner vio por fin la palabra Tilling en una señal de calle.

La carretera se extendía en ambas direcciones, otro carril gris plagado de gallinas cacareando, fragmentos de cerámica y viejas tablas rotas. La calle no tenía casas, solo escaparates desiertos con las ventanas rotas y las puertas robadas y utilizadas en otros sitios. Detrás de Janner, hombres y mujeres subían y bajaban por Crempshaw en un silencio desolador, pero Tilling permanecía vacía como un cementerio. Janner se alegró de que aún fuera de día, porque no estaba seguro de tener el valor de caminar por una calle tan muerta en la oscuridad de la noche.

Pasó junto a un edificio vacío tras otro, mirando atrás con nostalgia hacia Crempshaw, donde al menos no estaba solo. Cuando la calle muerta se curvó hacia la derecha y ocultó Crempshaw por completo, Janner llamó con voz apenas por encima de un susurro: «¿Tink?».

No hubo ni un eco. Las ventanas y puertas vacías parecían tragarse el sonido. Los cristales rotos crujían bajo sus pies. Las ratas correteaban por las paredes de los viejos edificios. Los cuervos imprecaban y se agitaban en las ventanas de las habitaciones superiores y en las barandillas de los balcones torcidos.

«¡Tink!», volvió a llamar, más alto.

Janner imaginó ojos que lo observaban desde las sombras, ojos unidos a trols o Colmillos o varados que esperaban el momento oportuno para irrumpir en la calle y apresarlo.

Así que hizo lo que haría cualquier niño normal de doce años: corrió tan rápido como pudo.

Saltó por encima de montones de basura y zigzagueó entre los ladrillos y los barriles podridos que ensuciaban la calle, ansioso por llegar al extremo de la calle Tilling, donde Ronchy había prometido que desembocaba de nuevo en la calle Ribereña. Ya no le importaba el ruido que hiciera. Si alguien o algo lo oía pasar, tendría que ser muy rápido para atraparlo, asustado como estaba.

Sin embargo, el camino llegó a un final abrupto. Janner se detuvo ante un muro de piedra tan alto y plano como los viejos edificios de ladrillo que había a ambos lados. No había más salida que por donde había venido.

¿Por qué lo había enviado Ronchy por este camino? Había parecido tan amable, tan servicial, y el hombrecillo estaba seguro de que esta era la ruta más segura y corta hacia el lado este de Dugtown.

Janner se volvió de espaldas a la pared para poder ver la calle por la que acababa de correr. No se movía nada. Eso era bueno. Si algo hubiera estado acechando en las sombras, ya habría atacado. A lo lejos, Janner oyó los sonidos apagados de una calle concurrida. Si conseguía saltar el muro, podría encontrar el camino a la calle Ribereña sin tener que enfrentarse de nuevo al espeluznante vacío de la calle Tilling.

Se arrastró hasta el callejón entre los dos edificios más cercanos, pero la parte trasera estaba bloqueada por otro muro. Tras inspeccionar unos cuantos callejones más, descubrió que el muro se extendía en una sola pieza detrás de cada edificio a ambos lados de la calle. Se encontraba al final de lo que sería una excelente trampa.

Lo que más le preocupaba, incluso más que las indicaciones erróneas de Ronchy, era que Tink tampoco estaba aquí.

Janner suspiró. Menudo guardián del trono estaba resultando ser. Tenía que encontrar a Tink, y no podía hacerlo acobardado al final de la calle Tilling.

Respiró hondo y volvió corriendo por donde había venido, esta vez no por miedo de lo que podía pasarle a él, sino porque estaba desesperado por encontrar a su hermanito.

A medio camino, oyó voces. Sin pensarlo dos veces, Janner se metió por la puerta del edificio más cercano. El suelo estaba cubierto de polvo y trozos de cristales rotos. La parte trasera del edificio estaba envuelta en sombras y, contra la pared derecha, una desvencijada escalera de madera se elevaba por encima del techo. Las voces se acercaban. Janner se escabulló por detrás de la escalera y se asomó por el espacio entre dos peldaños.

Tres hombres aparecieron en el camino. Tenían el pelo largo, enmarañado y negro, vestían ropas oscuras y hablaban con un acento dugtowniano tan marcado que a Janner le costaba entender lo que decían. Oyó la palabra «tenedores», que sonaba más como «tenadorrres». Los ojos de los hombres se movían de un modo que le recordaba a los thwaps del jardín de su casa. Más de una vez estuvo seguro de que uno de los hombres desaliñados lo miraba directamente, pero cada vez los ojos del hombre seguían su camino, imperturbables.

Había tanto silencio en el decrépito edificio que Janner podía oír los latidos de su propio corazón. Una araña cruzó el escalón para matar a una mosca atrapada en su tela, y él también la oyó. El silencio sepulcral de la calle Tilling hacía llamativo cualquier pequeño sonido, desde el crujido de la suciedad bajo la bota de Janner hasta las ásperas voces de los hombres del exterior. Así que, tras permanecer solo unos instantes en su escondite, Janner se percató de otro sonido, muy cercano.

En algún lugar, justo detrás de él, en las sombras más profundas, algo respiraba.

Cerró los ojos y rogó al Creador que dejara que fuera su imaginación. Lentamente, muy lentamente, se volvió y vio, en la esquina del hueco bajo la escalera, el destello inconfundible de dos ojos que lo observaban.

Janner fue incapaz de moverse. Si hubiera aparecido ante él una rocaracha gigante o una vaca colmillo, no habría sentido más miedo. Quienquiera que fuese —o lo que fuera— lo miraba con una satisfacción tan maliciosa que Janner se sintió como la mosca en la tela de araña.

La figura se abalanzó.

35

Las viejas y los traperos

Unas manos sucias arañaron el cuello y la cara de Janner. Un aliento caliente y rancio lo asfixiaba.

Una vieja fea con el pelo enmarañado y grisáceo, los ojos inyectados en sangre y un diente negro muy largo salió de la oscuridad.

Janner chilló. La vieja retrocedió y se tapó las orejas con las manos sucias el tiempo suficiente para que él se escabullera.

Los hombres que estaban afuera lo vieron irrumpir por la puerta, con la cara tan blanca como la luna, gritando tan largo y fuerte que de todos los edificios rotos de la calle salieron mendigos y viejas. Cuando vieron a Janner, todas las almas harapientas de la calle Tilling se lanzaron a la carrera o saltaron tras el niño gritón.

La árida calle parecía extenderse eternamente. Crempshaw debía estar justo delante, pero Tilling se curvaba y curvaba sin fin. ¿De verdad había llegado tan lejos? Janner se arriesgó a mirar detrás de él. Lo que vio produjo en sus piernas una velocidad que rivalizaba incluso con la de Tink.

La calle Tilling estaba cualquier cosa menos muerta. Estaba repleta de hombres y mujeres aún más rotos y olvidados que los edificios donde vivían, y hacían todo lo posible por impedir que Janner se alejara.

Finalmente, justo delante, vio un caballo y un carro que descendían por la colina hacia la calle Ribereña. ¡Crempshaw!

Pero entre él y la otra carretera se acumulaban más mendigos y viejas. Janner pensó por un momento en bajar la cabeza y abrirse paso entre la gente, como Podo había hecho con la puerta del callejón la noche anterior, pero eran demasiados.

Un hombre harapiento salió cojeando de una puerta a la izquierda, y Janner hizo lo único que podía hacer. Corrió directamente hacia el hombre, apretó la mandíbula, cerró los ojos y se abalanzó sobre él.

El hombre voló hacia atrás y cayó de espaldas. Janner cayó sobre él, se puso en pie y entró a toda velocidad en el viejo edificio. Encontró las escaleras y las subió de a dos escalones, intentando ignorar los gritos que se oían justo detrás de él mientras la multitud lo perseguía.

La parte superior de la escalera daba a un rellano con tres puertas. Trapos, mantas, fajos de papel y trozos de madera carbonizada ensuciaban el suelo y salían de cada dormitorio. Era difícil creer que alguien eligiera un lugar así para vivir, pero aquellos edificios habían albergado negocios, oficinas, talleres y hogares. ¿Sería solo desde la llegada de los Colmillos que las cosas habían empeorado tanto? ¿Quiénes eran esas personas?

Janner se quedó inmóvil en el rellano, sin saber qué camino tomar. ¿En qué estaba pensando al subir las escaleras? Volvía a sentirse como la mosca en la telaraña, luchando en vano contra el depredador que le pisaba los talones. Las escaleras habían sido un error. Quizás tuviera tiempo de volver a bajar y encontrar otra forma de salir del edificio.

—Te oímos, niño —dijo una voz arruinada al pie de la escalera—. Y no hay salida. Te atraparemos. Debemos hacerlo.

Janner corrió hacia la habitación de su izquierda, resbalando en los trastos que cubrían el suelo. En medio de la pared derecha había una ventana, por la cual salió y se agachó en el alféizar. Abajo había un callejón, y enfrente de Janner había otro edificio con otra ventana. Las viejas y los mendigos lo verían en cualquier momento. A la derecha, el callejón estaba bloqueado por el imponente muro de piedra. Su única esperanza era saltar a la otra ventana antes de que se les ocurriera mirar hacia el callejón.

Detrás de él, una voz gritó:

—Te oímos, niño. No corras más.

Janner se estabilizó, tratando de imaginarse volando por el callejón para asirse al alféizar de la ventana opuesta, pero sabía que era imposible sin echar a correr antes.

«Cra».

Levantó la vista y vio a un cuervo que lo estudiaba desde un canalón que se descolgaba del tejado, lo bastante bajo como para que pudiera alcanzarlo si se ponía de pie. Había muchos ladrillos sueltos para hacer pie, así que si el canalón aguantaba, podría llegar al tejado.

Se estiró hasta alcanzar su altura máxima, sujetándose con una mano a la parte interior de la ventana y alcanzando con la otra el canalón roto. Le temblaban las piernas. Si la situación hubiera sido distinta, y él y Tink hubieran descubierto aquel muro en un perezoso día de verano, podrían haber perdido horas escalándolo. Janner mantuvo esa imagen en el frente de su mente mientras se estiraba. La pared se *podía* escalar. Tenía que hacerlo. Ya venían.

Las puntas de sus dedos rozaron el canalón justo cuando una voz dijo desde lo alto de la escalera: «Te oímos, niño. Te atraparemos».

Janner se abalanzó. Se agarró al canalón con ambas manos y se apartó oscilando de la ventana, con los pies raspando la pared de ladrillo. La puntera de su bota encontró una hendidura donde se había desprendido un ladrillo. Sujetó el canalón con una mano y buscó una grieta en la pared, ignorando el dolor que sentía en las manos y los gritos que le llegaban del callejón.

De la ventana donde acababa de estar, brotaron brazos que arañaban el aire, y unos rostros que le gruñían con todo el veneno de los Colmillos de Dang.

«¡Ven aquí, niño!», siseaban.

Janner subió ladrillo a ladrillo, cada vez más alto, hasta que el tejado colgó directamente sobre su cabeza y encontró un punto de apoyo firme, lo bastante lejos de la ventana como para poder descansar un momento. El callejón de abajo era una masa de rostros sucios y furiosos, y la ventana un coágulo de lo mismo, como si al edificio le hubieran crecido brazos y cabezas. Se sorprendió al descubrir que sentía compasión por aquellas pobres almas. ¿Qué las había llevado a esto?

Apretó los dientes, encontró un asidero en el tejado y se colgó. La multitud jadeaba y murmuraba hambrienta. Resultaba extrañamente reconfortante saber que, si se caía, la turba lo atraparía. Puede que se lo llevaran y lo asaran en una hoguera más tarde, pero en aquel momento, eso le parecía mejor que estamparse en la calle de ladrillo como una totata.

Levantó una pierna, se deslizó hacia delante y rodó sobre su espalda, jadeando.

Por mucho que le hubiera gustado quedarse allí tumbado durante horas, no le quedaba tiempo. El canalón crujió cuando unas manos sucias empezaron a trepar igual que Janner. Corrió por las tejas sueltas hasta la cima del tejado, saltó por encima del muro que lo había atrapado y aterrizó en el edificio del lado opuesto.

Inmediatamente, el aire cambió. No podía estar seguro de si era su imaginación, pero el aire parecía más fresco y transmitía más sonido. El clamor de la multitud al otro lado del muro era sordo y distante. Janner quería descansar, pero se obligó a seguir adelante hasta que el horror que había detrás de él quedara atrás para siempre.

Se arrastró hasta el borde y miró hacia abajo. Otro callejón lleno de escombros, pero aquí los edificios estaban más cerca, lo bastante como para que Janner estuviera seguro de que podría saltar al otro lado. Antes de que pudiera disuadirse, trotó hasta el vértice del tejado, giró y corrió hacia el borde.

Cuando aterrizó en el otro tejado, se le dibujó una sonrisa en la cara. Trepó hasta el otro lado, encontró otro callejón estrecho y volvió a saltar.

Janner saltó de tejado en tejado, ágil como una ardilla, sonriendo de triunfo con cada aterrizaje y deseando que Tink estuviera allí para verlo.

Pero en cuanto pensó en Tink, la sonrisa desapareció. Si lo hubiera atrapado una de las viejas enloquecidas, seguramente se habría producido algún alboroto en la calle Tilling, pero Janner la había encontrado tan tranquila como una tumba.

Entonces, ¿dónde estaba?

Por fin, Janner dejó de correr. El sol estaba alto, el aire caliente y un olor a pescado ahogaba el ambiente. Podía estar perdido, pero sabía que estaba cerca del río, y este sería fácil de encontrar: solo tenía que ir cuesta abajo y alejarse del muro que lo separaba de la calle Tilling.

Pero primero tenía que encontrar una forma de salir del tejado. No había visto ninguna trampilla, ni claraboya, ni escalera. Las paredes de los edificios que lo rodeaban eran más lisas que las de la calle Tilling, así que no podía bajar por ahí.

Entonces, se fijó en una canaleta que bajaba hasta el callejón. Parecía lo bastante resistente para un niño de doce años. Solo tenía que balancearse y bajar, pero ahora que no había locos pisándole los talones, a Janner le resultaba sumamente difícil reunir el valor para hacerlo. Se sentó con las piernas colgando del tejado, imaginando el sencillo acto de inclinarse, agarrar el tubo del canalón y deslizarse fuera del tejado. Pero no se atrevía a hacerlo.

Se oyó un alboroto en la calle, delante del edificio. Janner se arrastró hasta el otro lado del tejado, se tumbó boca abajo y echó un vistazo a la calle. No era muy diferente de la calle Tilling, en el sentido de que los viejos edificios de ladrillo de dos plantas daban a la calle empedrada, pero aquí las ventanas estaban intactas, los caminos estaban relativamente limpios y la gente corriente paseaba, empujaba carros y conversaba entre sí. Parecía bastante seguro. Entonces, vio la causa del alboroto.

Un Colmillo montaba guardia frente a uno de los edificios de enfrente. Se mofaba de los transeúntes, que bajaban la cabeza y seguían caminando. Otro Colmillo golpeó la puerta.

—¡Abran! —gruñó.

Cuando nadie respondió, el Colmillo arrancó la puerta de sus goznes y los dos se deslizaron dentro. Los habitantes de Dugtown seguían pasando como si nada.

Justo debajo, Janner oyó voces.

—¿Por qué tanto alboroto? —preguntó un hombre.

—Podría ser la Espada Florida. Oí que andaba por aquí anoche.

—Yo también lo oí —dijo una voz de mujer—. Pero también he oído que hay una familia a la que los Colmillos quieren encontrar.

—Sí. Migg Landers me dijo ayer que eran de Anniera o alguna tontería así.

—¿Anniera? ¡Bah!

—Solo repito lo que dijo.

—Dime, ¿y dónde está el viejo Migg? Hoy no le he visto.

—Yo tampoco.

—Bueno, espero que encuentren a la familia cuanto antes. Las cosas ya están bastante mal por aquí sin que la Espada Florida haga sus travesuras.

—Y los annieranos.

—¡Bah!

—Solo digo lo que he oído.

—Oh-oh. Vuelven a salir —dijo la mujer.

Los dos Colmillos salieron y se dirigieron al siguiente edificio, donde comenzaron de nuevo los golpes.

Janner se apartó del borde. Tenía que salir de Dugtown. Tenía que llegar a la madriguera. Rogó que Tink estuviera allí cuando llegara.

La tubería del canalón. No había otra forma de bajar.

Con un suspiro, Janner volvió de puntillas al borde del tejado, cerca de la pared, se escabulló y bajó a la calle antes de que pudiera convencerse a sí mismo de lo contrario. Entornó los ojos hacia el tejado donde había estado, impresionado consigo mismo.

Entonces algo se interpuso entre él y el sol del mediodía. La silueta de la cabeza y los hombros de alguien se cernía donde él había estado. Janner oyó una risita seca, como el sonido de un fuego crepitante, y en un movimiento, la silueta saltó hacia el canalón, se deslizó hacia abajo y aterrizó casi encima de él.

—Te *atraparemos*, niño —dijo un hombre que parecía un esqueleto. Sus largos dedos cubiertos de barro rodearon los brazos de Janner y lo sujetaron con un agarre de hierro.

Janner estaba demasiado asustado para gritar y, si lo hacía, solo conseguiría que los Colmillos corrieran. De cualquier modo, estaba atrapado. ¿Era mejor estar en las garras de un viejo mendigo loco o de los Colmillos de Dang?

Antes de que tuviera tiempo de preguntárselo, el hombre silbó y una cuerda cayó desde el otro lado del muro. En unos instantes, la cuerda estaba atada alrededor de sus brazos y pecho, y Janner fue levantado. El trapero trepó por el canalón, pasó junto a él, subió al tejado y desapareció. Janner subió, tan cansado de correr que fue un extraño alivio que por fin lo atraparan.

En cuestión de segundos, se detuvo en lo alto del muro y otras manos horribles y sucias tiraron de él.

Janner aterrizó de espaldas sobre el tejado de una casa con los ojos cerrados.

El sonido de muchas personas respirando, carraspeando y susurrando era tan aterrador que Janner tardó varios instantes en abrir un párpado. Piernas por todas partes, como troncos de árbol en un bosque, excepto que las raíces de estos árboles lucían feas uñas amarillas tan largas como los propios dedos de los pies, que se enroscaban arriba y abajo como cintas monstruosas.

—¿Qué… qué quieren? —preguntó Janner.

Al oír su voz, la multitud jadeó y cacareó de júbilo.

—Quiero lo que es mío —dijo una mujer.

—Sí, Gorah es la siguiente de la fila —dijo un hombre.

—Afortunada Gorah —murmuró el resto.

Entonces, las viejas y los traperos levantaron a Janner y se lo llevaron.

36

Un acuerdo odioso

Janner fue llevado por encima de sus cabezas, como un corcho que se mece en la superficie de un río sucio. Los hombres y las mujeres guardaban silencio en su mayoría. Los que emitían algún sonido lloraban. Janner tenía los brazos atados a los costados y permanecía inmóvil, arrullado por la sensación de flotar. Lo llevaron de vuelta a la calle Tilling. Las viejas y los traperos lo llevaron a un viejo edificio y lo depositaron suavemente en el suelo, para su sorpresa. La mujer, Gorah, se adelantó y lo hincó en el pecho.

—No te muevas, muchacho. Te encontraremos dondequiera que corras, igual que encontramos a los demás —bajó la voz—. Cuando llegue la oscuridad, conseguiré lo que es mío. Ya lo verás.

Se rio y aplaudió como una niña pequeña, saltando de un pie nudoso al otro. Los demás se pusieron a gemir y a bailar también. Janner cerró los ojos e intentó acallar el sonido.

Al cabo de varios minutos, la mayoría de la gente salió de la sala. Gorah y otros seis se quedaron. Se acuclillaron contra la pared y se balanceaban de un lado a otro, mirando a Janner como perros hambrientos.

Janner pensó en su familia. Estaba seguro de que, con Podo al mando, ya habrían regresado sanos y salvos a la madriguera. Ya los había guiado a través de grandes peligros. Pero ¿Tink? No se sabía dónde podía estar Tink.

Janner cerró los ojos, apesadumbrado. Gorah tarareó una melodía que quizás alguna vez había sido una canción de cuna, y por terrible que sonara, funcionó. Janner se durmió.

Estaba oscuro cuando despertó.

Un solo farol iluminaba la habitación. Gorah seguía agazapada en un rincón, mirando a Janner con el mismo ceño fruncido que cuando se quedó dormido.

—Ya casi es la hora, niño —dijo, moviéndose sobre sus pies.

—¿Hora de qué, señora?

Gorah se rio tan fuerte que se desplomó hacia delante y rodó sobre su espalda, dando patadas con los pies en el aire.

—¡Señora! ¡Me ha llamado «señora»! —se rio hasta que se le llenaron los ojos de lágrimas, y Janner se dio cuenta de que ya no reía, sino que lloraba. Una vez más, se sintió desconcertado por el comportamiento de aquella gente extraña. Lo único que había hecho era intentar ser cortés, y ahora ella estaba llorando.

—¿Señora? —dijo.

—Basta de charla —ella se limpió la cara con un trapo del suelo—. Y si vuelves a llamarme «señora», no te gustaré ni la mitad de lo que te gusto ahora.

Uno de los traperos apareció en la puerta con aire frenético.

—Ha llegado la hora, Gorah.

Gorah se dirigió hacia Janner, agarró el extremo de la cuerda que lo ataba y tiró de él para ponerlo en pie.

—Vamos, niño. El supervisor te espera.

Condujo a Janner a la calle. Una multitud, con antorchas en la mano, estaba en medio de la calle. En el centro, elevándose sobre ellos como un rey en un estrado, un hombre de cara redonda con un sombrero de copa de terciopelo negro estaba sentado encima de un carruaje tan parecido al carruaje negro que Janner tuvo que mirar dos veces. El hombre llevaba guantes sin dedos y un frac andrajoso con solapas moradas; en una mano sujetaba las riendas, mientras que con la otra saludaba con suficiencia a los mendigos reunidos a su alrededor. Cuando sonreía, su rostro terso se arrugaba demasiado, y brillaba una amplia dentadura de color marrón mantecoso.

Cuando apareció Gorah, llevando a Janner de la cuerda, la multitud se separó y los dejó pasar. El supervisor se puso de pie y extendió los brazos.

—¡Un niño! —bajó de un salto de donde estaba encaramado y miró a Janner a los ojos—. ¡Y además, sano! ¿Dónde lo encontraste? —se enderezó y puso las manos en las caderas—. ¡Si supiera dónde encontrar niños tan sanos, no los molestaría más, queridos ciudadanos!

—Vino a nosotros, supervisor —dijo Gorah—. Hoy ha aparecido en Tilling, un regalo del Hacedor.

—¿Un regalo del…? Ah. Sí, claro. El Hacedor —el Supervisor hizo un gesto despectivo con la mano—. ¿Y tienes otro?

La multitud se separó y apareció un hombre que conducía a un muchacho con un saco sobre la cabeza.

—¡Tink! —gritó Janner.

Uno de los hombres abofeteó a Janner en la cara.

—Ya cállate.

Janner se sintió tan aliviado al ver a su hermano que apenas sintió el dolor en la mejilla. Entonces, le quitaron el saco de la cabeza al muchacho, y a Janner se le encogió el corazón. El chico era más joven y mucho más delgado que Tink. Fuera quien fuera, estaba aterrorizado.

—Otro para ti, supervisor —dijo Gorah.

—Bien, bien —respondió el hombre del sombrero, evaluando al muchacho delgado—. ¡Mobrik! ¡El libro mayor!

Dio una palmada y la puerta lateral del carruaje se abrió. Un correcumbres salió a hurtadillas con un delgado libro encuadernado en cuero. La criaturita iba vestida como el supervisor, con un traje negro hecho jirones y un sombrero de copa, y era evidente que se sentía incómodo con las ropas humanas. El supervisor le arrebató el libro con una muestra de gran impaciencia.

—Gracias, Mobrik —dijo con monotonía mientras pasaba las páginas del libro—. ¿Nombre?

—Barnswaller —dijo Gorah dócilmente.

—"Barnswaller… Barnswaller…. —el hombre pasó un dedo por la página—. Ah. ¿Se llamaba Jairy Barnswaller?

Gorah jadeó.

—¡Sí! ¡Jairy!

—Lo siento —el Supervisor se encogió de hombros—. Dice que intentó escapar y que se lo llevaron a Throg. ¿Quién es el siguiente?

La mujer dejó escapar un grito desgarrador. Su lamento llegó al corazón de Janner. Gorah se desplomó en el suelo y comenzó a sacudirse, y él sintió lágrimas en sus propios ojos. La multitud pasó por encima de ella y se acercó al carruaje.

Más allá del sonido del dolor de Gorah, un hombre dijo:

—Soy el siguiente. Me llamo Mykel Bolpin. Su nombre era Rosa. Como la flor.

—«Como la flor» —se burló el Supervisor. Volvió a hojear las páginas—. ¿Alguien puede callar a la mujer, por favor? —uno de los traperos agarró a Gorah por la muñeca y se la llevó a rastras—. Gracias. Es difícil pensar aquí con todo este jaleo. Veamos. Sí. Tenemos una Rosa Bolpin. ¿Quiere a su hija, señor?

El hombre estaba demasiado conmocionado para hablar.

—¿Señor? —insistió el supervisor.

—S-sí, señor. Por favor, señor —el hombre juntó las manos para que no le temblaran.

—Muy bien, entonces. Me llevaré a estos dos. Estará aquí al amanecer.

El hombre se arrodilló y miró al cielo, con los ojos brillando en su rostro sucio como joyas en un agujero de barro.

—¡Mobrik! Ve a por ellos —ordenó el supervisor.

El correcumbres tomó el libro mayor y tiró de la cuerda con tanta fuerza que Janner estuvo a punto de caerse. Se había quedado mirando a Gorah Barnswaller, que lloraba en la cuneta junto al camino. El correcumbres subió al carruaje y volvió a tirar de la cuerda. Janner se había enfrentado al propio carruaje negro, así que subir al carruaje del supervisor no era la gran cosa. Subió al interior, se sentó en el banco junto a Mobrik, el correcumbres, y dio gracias al Creador de que al menos hubiera una posibilidad de que Tink hubiera llegado a la madriguera.

Al otro chico, sin embargo, no le fue tan bien. Lloró, se agitó y luchó valientemente contra sus ataduras hasta que el supervisor ordenó que lo dejaran inconsciente. Arrojaron al pobre niño al carruaje a los pies de Janner, tan flácido como una muñeca. A través de la estrecha ventanilla, Janner vio que Gorah seguía lamentándose a los gritos. Vio a la multitud harapienta que se dispersaba en la oscuridad de la calle Tilling. Y vio al hombre, Mykel Bolpin, aún arrodillado en el camino con una expresión de absoluta alegría en el rostro.

—¿S-señor? —le dijo Bolpin al supervisor.

—¿Qué? —la voz del supervisor era plana y fría.

—¿Qué edad tiene ahora?

Al cabo de un momento, el hombre dijo:

—¡Mobrik! ¡El libro mayor!

Mobrik saltó de nuevo del carruaje y entregó el libro al supervisor. Las páginas pasaron.

—Tenía doce años cuando llegó a la fábrica. Fue el año siguiente a la Gran Guerra. ¿Hace cuánto, ocho años? Ahora tiene veinte. Veinte años.

¿Veinte? En ocho años, Lily Bolpin, quienquiera que fuese, ¿no había sido capaz de escapar del supervisor, quienquiera que fuese? Janner sintió que lo invadía el

pavor. Quizás lo que Podo siempre decía era cierto. Quizás siempre *había* una salida, como en Barcos y Tiburones. Pero ¿y si esa salida no llegaba hasta dentro de ocho años? ¿Y si Janner tenía veinte años antes de escapar de «la fábrica»?

—Gracias, señor. Gracias —balbuceó el hombre.

Mobrik reapareció y cerró la puerta tras de sí. Con un chasquido de las riendas, el triste caballo marrón tiró del carruaje. La última vez que Janner vio a Mykel Bolpin, estaba sentado en la calle mirando al cielo, pareciéndose cada vez menos a un mendigo y más a un padre.

El correcumbres estaba en cuclillas entre las sombras, en la esquina más alejada del carruaje, sin prestar atención a Janner. Dada su historia con los correcumbres, Janner no tenía muchas ganas de hablar con aquella criaturita escurridiza. Tras probar de nuevo las cuerdas y comprobar que estaban tan tensas como siempre, se apoyó en la pared y miró por la ventanilla a Dugtown mientras pasaba. Vio acercarse la vía Crempshaw, la colina que descendía hacia el río por la izquierda.

Cuando el carruaje giró a la derecha y el caballo se esforzó cuesta arriba, alejándose del río y adentrándose en Dugtown, Janner divisó el letrero de la calle en la esquina. Lo que vio hizo que le ardieran las mejillas y que una rabia oscura le chisporroteara en el pecho.

El cartel decía *pasaje* Tilling. No calle Tilling.

Momentos después, apareció otro cartel que decía calle Tilling, una calle que, comparada con el lugar donde acababa de estar, parecía tan segura y agradable como el camino a la cabaña Igiby. Se extendía hacia el este, tal como había dicho Ronchy McHiggins, y a lo lejos Janner vio dónde se cruzaba con la calle Ribereña.

Se había equivocado de camino. Así de sencillo.

Por eso nunca vio a Tink. Tink era lo bastante listo como para leer los carteles de las calles.

¡Tonto!, pensó.

—¿Adónde me llevan? —le preguntó al correcumbres.

El correcumbres lo miró sorprendido.

—Pues —respondió— a la Fábrica Tenedor.

37

A las fauces del monstruo

Dugtown era una ciudad mucho más grande de lo que Janner pensaba. El ruido de los cascos y el crujido del carruaje se convirtieron en un eterno zumbido, solo interrumpido por el ocasional chasquido del látigo del supervisor. Janner apoyó desganadamente la frente en los barrotes de la ventanilla y contempló las calles de la ciudad iluminadas por las antorchas.

La forma en que los habitantes de Dugtown se apresuraban a pasar le decía que el toque de queda se acercaba rápidamente. Al supervisor no parecía importarle, ni siquiera cuando pasaban grupos de Colmillos. Prestaban poca atención al carruaje. El caballo siguió avanzando con la misma lentitud, incluso cuando las campanas anunciaron el toque de queda. Al instante, la bulliciosa ciudad se durmió. De vez en cuando, un Colmillo pasaba junto al carruaje con un gruñido de saludo, y se oía al supervisor decir: «Mi señor», como respuesta.

Finalmente, el carruaje chirrió hasta detenerse. El triste caballo marrón resopló. Janner salió de su aturdimiento y se esforzó por ver hacia delante a través de la ventanilla lateral. El correcumbres pasó por delante de Janner y del chico inconsciente que había en el suelo del carruaje, abrió la puerta y saltó al suelo. Janner empezó a seguirlo, pero el correcumbres le cerró la puerta en las narices.

—Quédate —le dijo.

Mobrik se acercó a un oxidado rastrillo levadizo situado en el centro de un inmenso edificio de ladrillo. Con un gran estruendo, la verja de hierro se levantó lentamente. Los barrotes verticales de la verja terminaban en punta, lo que hacía que el edificio pareciera un monstruo abriendo la boca para tragarse enteros al caballo y al carruaje. Encima de la verja, un gran letrero metálico llevaba la inscripción, en letras negritas y oxidadas: ¡FÁBRICA! ¡TENEDOR!

A Janner lo perturbó tanto el uso excesivo de signos de exclamación como el lúgubre semblante del lugar. Con otro chasquido del látigo, el carruaje avanzó a trompicones hacia la boca del monstruo de ladrillo. Escondidos entre las sombras, justo dentro de la puerta, había dos niños. Tenían la ropa hecha jirones y el rostro inexpresivo. Miraron fijamente a Janner cuando pasó, luego se dieron la vuelta y, agarrando una gruesa cadena, bajaron el rastrillo bajo la atenta mirada de Mobrik el correcumbres.

El carruaje rodó por un estrecho pasillo y luego entró en una cámara grande y ventilada.

Mobrik abrió la puerta y tiró de Janner con tanta fuerza que cayó al suelo. En lo alto, vigas y tablones se entrecruzaban en el techo. Cadenas y cuerdas colgaban a la luz de los faroles de las paredes inferiores. Salvo por el carruaje, el suelo de la vasta sala estaba desnudo.

El supervisor, aún con su sombrero de copa, apareció por encima de Janner. Sonrió perversamente y pellizcó la mejilla de Janner entre el pulgar y el índice.

—¡Bienvenido, muchacho! —dijo—. Tienes una cara sana. Mobrik, desátalo. Quiero verle los brazos y las manos. Creo que tenemos a alguien para sustituir a esa perezosa chica Knubis en el puesto de corte —Mobrik desató a Janner—. Sí. Buenos brazos. Buenas manos. Permíteme que te salude como es debido, niño —se arrodilló y se quitó el sombrero, luego se pasó los dedos por el pelo grasiento—. Soy el supervisor. Eres una herramienta en mi fábrica, igual que un martillo o un rastrillo. La diferencia es que, al contrario de un martillo, tengo que alimentar tu cara codiciosa para mantenerte con vida. ¿Te gustó el viaje hasta aquí?

—Sí, señor —dijo Janner. Mobrik dejó escapar una risita.

—¿Qué dijiste? —preguntó el supervisor.

—Dije: «Sí, señor».

El supervisor golpeó a Janner en el estómago. Se le nubló la visión y las lágrimas brotaron mientras luchaba por respirar.

—Díselo —dijo el supervisor a Mobrik mientras se ponía en pie y se colocaba el sombrero con sumo cuidado.

Mobrik se inclinó sobre Janner y sonrió.

—Las herramientas no hablan. Asienten, así —Mobrik movió su cabecita arriba y abajo—. O tiemblan, así —Movió la cabeza de un lado a otro.

El supervisor entrecerró los ojos hacia Janner.

—Entonces, niño. ¿Te gustó el viaje?

Janner pensó en volver a contestar en voz alta, solo para ver la expresión de la cara del supervisor. Pero no tenía muchas ganas de que le dieran otro puñetazo y, con el rastrillo cerrado, estaba seguro de que no tenía adónde huir, por muy grande que fuera aquel edificio. Suspiró y asintió con la cabeza.

—Bien. Aprende rápido. Las mejores herramientas aprenden rápido —el supervisor sonrió, mostrando cada uno de sus dientes amarillos y marrones—. Me alegro de que hayas disfrutado del viaje. Probablemente, haya sido tu última mirada a la ciudad. Este es tu nuevo hogar. A menos, claro está, que tus padres consigan capturar a otros dos niños para sustituirte. Soy un hombre muy dadivoso. Tengo una cuota que cumplir, y me da igual cómo cumplirla, si contigo o con otro tonto en el puesto de corte. ¿Lo entiendes?

Janner no lo entendía, pero asintió mudamente. Podían llamarlo herramienta todo el día, pero eso no lo convertía en tal. *Siempre hay una salida,* pensó Janner. Y en cuanto la encontrara, se escabulliría a la madriguera donde lo esperaba su familia. Si conseguía escapar por la mañana, solo habrían perdido un día. Entonces, podrían encontrar otra forma de pasar la Barrera, y un corto paseo por las Montañas Pedregosas los llevaría a la seguridad de las Praderas de Hielo. La idea de un mundo sin Colmillos hizo sonreír a Janner.

—¿Por qué sonríes? —dijo el supervisor con suspicacia.

Janner empezó a responder, pero se detuvo en seco. No dijo nada, solo miró al supervisor con la misma sonrisa jugueteando en sus labios. Era divertido ver al ridículo hombre inquieto. Podía volver a darle un puñetazo en la barriga si quería. Podía llamarlo herramienta y mandarlo a fabricar tenedores, suponiendo que eso fuera lo que producía la Fábrica Tenedor. Pero Janner sabía que era un guardián del trono, y eso le daba una especie de libertad, aunque por el momento estuviera cautivo.

El supervisor se rio.

—¡Mobrik! Llévalo a su puesto. Asegúrate de que no descanse hasta mañana. Entonces veremos si sonríe. Cuando vuelvas, nos ocuparemos del otro chico.

Janner siguió a Mobrik, preguntándose, entre otras muchas cosas, cuándo le permitirían comer algo. La última vez que había comido había sido aquella mañana en la Viuda Redonda. Las caras de los niños junto al rastrillo lo acosaban. Parecían bastante sanos, o al menos no parecían físicamente heridos de ningún modo, pero sus ojos huecos y desesperanzados lo inquietaban. Parecían resignados a su destino, como si hubieran intentado y fracasado tantas veces en la búsqueda de la libertad que ya no se molestaban en albergar esperanzas. Pero seguro que había *alguna* salida, aunque significara luchar.

Al fin y al cabo, el supervisor no era un Colmillo. No tenía dientes venenosos ni fuerza antinatural, ni siquiera un arma, por lo que Janner podía ver, aparte del látigo que aplicaba al triste caballo marrón.

El supervisor desapareció por una puerta en la pared más alejada de la cámara y dejó al caballo atado al carruaje. Mobrik condujo a Janner hasta unas puertas dobles situadas en la parte trasera de la sala.

—¿Se me permite hablar contigo, o aún tengo que mover la cabeza? —preguntó Janner con cuidado.

Mobrik lo miró.

—Habla si quieres. Pero no esperes respuesta, a menos que lleves un saco de manzanas que no pueda ver. Al supervisor le gusta tenerme cerca para que mande, pero él y yo sabemos que la única razón por la que estoy aquí son las dulces manzanas amarillas que consigue río arriba.

—No tengo manzanas. Lo siento.

—Entonces, no hay respuestas.

Mobrik atravesó las puertas dobles y condujo a Janner por un pasillo largo y oscuro. En el otro extremo, había otro juego de puertas con dos ventanas cuadradas que brillaban en amarillo. Cuando se acercaron, Janner oyó un ruido espantoso, y la temperatura subió.

Mobrik empujó a Janner a través de las puertas y lo introdujo en un mundo de pesadillas.

38

Ojos brillantes en un lugar oscuro

El fuego ardía.

Las llamas chisporroteaban en tuberías y chimeneas, rugían en hornos negros y se enroscaban en cubas de hierro fundido. A Janner le picaba la nariz por el hedor a sudor y humo. En el centro de la enorme sala, había un enorme horno negro. De él salían tubos al rojo vivo que serpenteaban por la sala formando un nudo sin sentido. Algunas de las tuberías escupían humo de las juntas rotas, y otras goteaban un líquido negro y vaporoso. El humo se acumulaba en el techo como una nube de tormenta.

Junto al horno, había un artilugio que temblaba y sonaba como nada que Janner hubiera conocido jamás. En Glipwood, había visto muchas rarezas, pero ninguna como esta: era una *máquina*, algo sobre lo que Janner solo había leído alguna vez. No estaba claro qué hacía la máquina aparte de un ruido espantoso, pero el giro de sus engranajes y la firmeza de su funcionamiento dejaban claro que estaba haciendo algo.

Delante de la boca del horno, había tres pilas de carbón. Cuando los ojos de Janner se adaptaron, vio figuras con palas que recorrían la distancia entre el carbón y el horno. Al principio, pensó que eran más correcumbres. Luego se dio cuenta de que eran niños.

A la izquierda de la gran sala, había siete pasillos divididos por mesas largas y estrechas. Las zanjas cortadas en el centro de las mesas recogían el líquido incandescente que manaba de los surtidores que colgaban del techo. Los niños se ocupaban del acero fundido con picas y pinzas. Janner vio cientos de estos niños más reunidos alrededor de mesas y yunques y grandes cuencos de piedra, martilleando, llevando cubos de agua de un lado a otro y removiendo el líquido ardiente con picas de hierro. Mirara donde mirara, había movimiento.

Pensó en volver corriendo por el largo pasillo. Tal vez, si los sorprendía con una huida repentina, podría encontrar una salida cerca del rastrillo; es más, quizás podía conseguir que los dos niños volvieran a abrirlo. Incluso podría llevárselos consigo, pero ¿entonces qué? No llegaría muy lejos por las calles de Dugtown con dos niños cansados a cuestas, sobre todo de noche, cuando solo estaban los Colmillos y los trols.

—Yo que tú, no lo haría.

Janner parpadeó. Mobrik se había quitado el sombrerito de copa y lo miraba extrañado, con un atisbo de sonrisa en los labios.

—Los chicos lo intentan todo el tiempo cuando llegan por primera vez. La verdad es que el supervisor *espera* que intentes escapar. Le da la oportunidad de practicar tiro al blanco con su látigo. Confía en mí. Estarás mejor en el puesto de corte, muchacho.

—¿Q-qué es el puesto de corte?

Mobrik el correcumbres se colocó el sombrero y bajó los escalones. Se detuvo al pie y esperó.

—Corre si quieres. Acabarás aquí de cualquier manera. Pero si vienes ahora, no estarás sangrando y dolorido por el látigo del jefe.

Janner echó una última mirada a la puerta. Con un suspiro, bajó los escalones y siguió al correcumbres. A medida que se acercaba a la maquinaria, la temperatura aumentaba. A Janner se le humedecieron los ojos y no podía dejar de parpadear. A Mobrik no parecía molestarle el calor.

Pasaron junto a unos barriles de hierro negro tan altos como una casa. A su alrededor, las llamas brotaban de tuberías y chimeneas, y las ruedas de hierro tintineaban. Mirara donde mirara, Janner veía niños. Algunos tenían edad suficiente para pasar por jóvenes adultos, pero la mayoría eran más grandes que Janner. Unos pocos lo miraban al pasar, el blanco de sus ojos era el único punto limpio de la fábrica, pero la mayoría mantenía la cabeza gacha, ya fuera paleando carbón, martilleando una plancha de metal caliente, raspando fragmentos de escombros en un barril con ruedas o empujando carros apilados con pesadas piezas de acero…

Espadas, pensó Janner. Reconoció la curva sin gracia de una hoja de Colmillo, aunque aún no le habían colocado la empuñadura. Nunca se había preguntado de dónde sacaban los Colmillos sus armas. Al fin y al cabo, alguien tenía que fabricarlas. Pero ¿niños? Eso explicaba por qué se le permitía al supervisor moverse por la ciudad después del toque de queda y por qué había tan pocos niños en Dugtown. Los niños que no habían sido robados probablemente vivían sus días en el interior, bajo la atenta mirada de sus padres. Entonces Janner recordó la foto de la pared de Ronchy McHiggins. También le habían robado a su hijo.

Cuando Janner dio la siguiente vuelta por el laberinto de la fábrica, miró a su derecha y vio unos ojos brillantes que lo miraban directamente. Eran hermosas ventanas redondas de cielo azul. Aunque apenas podía ver el rostro de la niña, cubierto de hollín como estaba, un recuerdo hormigueó en el fondo de su mente.

—¡Vamos! —Mobrik pateó a Janner en la espinilla. Janner resistió el impulso de tirar al pequeño correcumbres al suelo y golpearlo. Cuando volvió a mirar, la niña de los ojos azules había desaparecido.

Mobrik lo condujo a través de varias curvas más antes de detenerse ante una larga mesa. Delante de la mesa, había una niña que sostenía unas tijeras gigantes y oxidadas. Sobre la mesa, yacía lo que parecía una espada Colmillo, pero no tenía la forma adecuada.

—Está cortando la espada, ¿ves? —dijo Mobrik—. Cortando el trozo de metal que no debería estar ahí. La máquina lo hace bien la mayoría de las veces, pero de vez en cuando, hay algún corte mal hecho. Así que hacen falta herramientas como esta para arreglar lo que no está bien.

Mobrik señaló a la muchacha con el pulgar. Tenía la cara cubierta de motas de tierra. Llevaba un delantal y el pelo recogido en un moño sobre la cabeza. Con cada gruñido, cortaba un centímetro más de metal. Llevaba los dientes al descubierto y, aunque parecía tan cansada como nadie que Janner hubiera visto nunca, estaba avanzando. Cuando se acercaron, ella se detuvo y se enderezó sin decir palabra. Janner le sonrió. Ella le devolvió la mirada, inexpresiva.

—¡Knubis! El supervisor dice que, o te trasladan a las pilas de carbón o te toca el carruaje negro. ¿Crees que podrás seguir el ritmo en las pilas de carbón, muchacha?

Al oír hablar del carruaje negro, los ojos de la muchacha Knubis se abrieron de par en par y redobló sus esfuerzos con las tijeras.

—Demasiado tarde para eso, muchacha. Son los montones de carbón o el carruaje —Mobrik estaba disfrutando.

A Janner le hirvieron las entrañas. Sus dedos se cerraron en puños y respiró hondo, dispuesto a abalanzarse sobre Mobrik, agarrar a la pobre chica y salir corriendo. Entonces, el sentido común volvió a interrumpir su ira. ¿Adónde iría? Sus ojos se cruzaron con los de la chica Knubis, que negó con la cabeza.

—No lo hagas —dijo, mirando a Mobrik, pero Janner se dio cuenta de que le hablaba a él. No quería que hiciera nada precipitado.

—¿Qué? —dijo Mobrik.

—No... llames al carruaje negro. Iré a las pilas de carbón y trabajaré más rápido. Es que mis manos... —extendió las manos. Estaban cubiertas de ampollas supurantes.

—Mañana llegarán más guantes —Mobrik se encogió de hombros—. Es una pena que te maltraten así. Es difícil trabajar con las manos desgastadas. El supervisor debería cuidar mejor sus herramientas.

—Ella no es una herramienta —dijo Janner, incapaz de contenerse.

—¡No! —dijo ella, esta vez mirando a Janner.

Janner la ignoró, alzó el puño hacia atrás y lo dejó volar directo hacia la cara de Mobrik.

El puñetazo no llegó a impactar.

De las sombras y las esquinas y de debajo de las mesas, surgieron figuras. Se descolgaron de las cadenas que colgaban del techo y se abalanzaron sobre Janner. Lo empujaron al suelo y le dieron puñetazos, patadas y golpes con todo tipo de armas contundentes. Janner se hizo un ovillo, apretó los dientes y esperó a que cesara el tormento. Las estrellas se agolpaban en su visión, un dolor blanco le recorría la columna vertebral y el cuello. Por fin, amainaron los golpes.

Janner estaba tumbado boca arriba, mirando al techo, donde las cadenas oscilaban como el péndulo de un reloj. Le sangraban la nariz y la boca, tenía un diente flojo y las costillas le dolían con cada respiración entrecortada.

Un rostro apareció sobre él. Esperaba que volviera a ser el supervisor, con su sonrisa de dientes amarillos bajo el tonto sombrero de copa, pero era un niño. Con la mirada malvada, la cara sucia y una sonrisa de satisfacción en los labios, se parecía tanto a un varado que Janner casi esperaba ver una daga en una mano y un trozo de carne de vaca colmillo en la otra. Pero en lugar de una daga, el muchacho sostenía una cadena.

—Siempre estamos vigilando, herramienta —dijo el muchacho—. Así que haz lo que se te dice, deja aquí tranquilo al amo Mobrik y empieza a cortar. ¿Entendido?

—No soy una herramienta —dijo Janner.

El chico arremetió con la cadena. Golpeó el suelo junto a la cabeza de Janner con tanta fuerza que las chispas le picaron en las mejillas.

—Eres una herramienta —afirmó el niño. Señaló a los otros chicos y chicas que estaban alrededor, todos ellos mirando a Janner con odio—. Todos lo somos. Ahora levántate y ponte a trabajar.

Mobrik se colocó detrás de los niños con los brazos cruzados.

—El supervisor ha dicho que este chico nuevo debe trabajar hasta mañana sin descanso.

Los niños sonrieron.

—Vamos, Knubis —dijo Mobrik a la niña, y ella lo siguió hasta los montones de carbón.

—Levántate, muchacho. ¿Cómo te llamas?

Janner se levantó lentamente, con los huesos de la espalda y los hombros crujiendo en señal de protesta. Se limpió el labio ensangrentado con la manga de una camisa.

—Me llamo... Esben.

El chico de la cadena dio un paso adelante hasta situarse nariz con nariz con Janner.

—Te llamas *Herramienta.* Recuérdalo. Mi nombre, por si te lo preguntas, es Jefe de Mantenimiento. Así nos llamamos todos —agitó la cadena hacia los demás, que se escabulleron entre las sombras—. Mantenemos la máquina y las herramientas que la hacen funcionar. Si trabajas lo suficiente, puede que llegues a ser también jefe de mantenimiento. La comida es mejor, las literas son mejores y podrás saludar a las nuevas herramientas cuando lleguen.

Janner miró al chico con ojos firmes, aunque notaba que uno de ellos se hinchaba con cada latido. Decidió no decir nada. No tardaría en encontrar una forma de salir de aquel lugar, y aquella herramienta podría seguir manteniendo su máquina durante el resto de su vida si quería.

Pero ahora mismo, tenía que ponerse a cortar.

39

Esben Flavogle, la herramienta de la fábrica

Durante toda la noche, Janner permaneció de pie ante la larga mesa y cortó metal. Cada vez que levantaba la vista, veía formas que se balanceaban de las cadenas, de viga en viga, como insectos. Los jefes de mantenimiento estaban por todas partes, supervisando a las «herramientas» mientras trabajaban.

A veces, un tenedor de verdad llegaba a la estación de corte, lo que le recordaba que hacía horas que no comía ni bebía nada. El aire caliente del suelo de la fábrica succionaba el líquido de cada poro y le dejaba la lengua seca como una hoja muerta.

A Janner le dolían las manos. Había trabajado muchas veces con rastrillos y palas y conocía bien la sensación de una ampolla formándose bajo la piel. Si sus manos no hubieran estado cubiertas de hollín, habría visto las manchas rojas que pronto se hincharían y se llenarían de líquido. Se alegró de que Tink se hubiera librado de ese destino.

Cada vez que se le cerraban los ojos, sacudía la cabeza y se pellizcaba para mantenerse despierto. Mientras se esforzaba por cerrar las tijeras sobre un trozo de metal obstinado, pensaba en su dulce madre, en su forma fuerte y fácil de darle afecto y consuelo. Mientras afilaba el mango de una hoja, pensó en la voz retumbante de Podo, en el mechón de pelo de Oskar. Cuando arrojaba las piezas repasadas a un barril, pensaba en la curiosa calma de Leeli y en la magia de sus canciones. Y cuando doblaba tenedores, pensaba en el apetito insaciable de Tink. Aunque los recuerdos de su familia le hacían compañía, su corazón se sentía pesado y solo.

Fue una noche miserable.

Al amanecer, apareció Mobrik. Janner miró inexpresivamente a la pequeña criatura, dándose cuenta de que, en pocas horas, ya parecía y actuaba como los demás niños agotados de la fábrica. Tenía que escapar, y pronto; pero por ahora lo único que quería era una cama y algo de comer.

—Sígueme, niño. El supervisor necesita hacerte unas preguntas.

Mobrik condujo a Janner por el largo pasillo hasta la gran sala vacía. Cruzaron hasta la puerta de la pared del fondo y Mobrik llamó. Entraron en un despacho con un gran escritorio, donde estaba sentado el supervisor, todavía con su sombrero de copa negro. Sonrió, bostezó y palmeó el látigo que yacía enrollado sobre el escritorio.

—Perdóname —dijo—. Acabo de despertarme de una noche de sueño delicioso. Mi cama es muy blanda, ya ves, y grande. Espero que hayas disfrutado de tu trabajo. Creo que el puesto de corte ofrece mucho movimiento y variedad.

Janner estaba ya completamente despierto. Quería saltar por encima de la mesa y quitarle el tonto sombrero de la cabeza al supervisor. Quería arrastrar a aquel hombre escaleras abajo y obligarlo *a él* a emparejar las cuchillas mal cortadas durante una hora. Pero, sobre todo, quería que el hombre abriera el rastrillo y lo dejara marcharse. Que los dejara marcharse *a todos.*

—Ahora —dijo el supervisor, sumergiendo una pluma en un frasco de tinta—, necesito tu nombre completo. Por si tus padres encuentran algún día un sustituto para ti —Janner hizo una pausa, recordando el puñetazo en el estómago que recibió la última vez que habló con el supervisor—. No pasa nada —dijo el hombre—. Puedes decirme tu nombre.

Janner se aclaró la garganta.

—Me llamo Esben… Esben Flavogle.

El supervisor lo anotó en su libro sin molestarse en preguntar cómo se escribía.

—Listo. Mobrik, acompaña a la herramienta a su litera.

Debajo de la planta principal de la fábrica, donde rugían los hornos, había un dormitorio. Montones de literas se alineaban junto a las paredes. Janner vio a cientos de niños, roncando en un sueño profundo o levantándose cansadamente de la cama para enfrentarse a otro día en la fábrica. Nadie hablaba ni reía, ni siquiera hacían contacto visual. Mobrik le dio a Janner un trago de agua de una cisterna, luego le señaló una litera vacía y se marchó.

El colchón estaba lleno de bultos, pero era mucho más cómodo que el suelo arenoso de la madriguera. Janner se dio cuenta, mientras se alejaba, de que no había dormido en una cama adecuada desde el día en que los Colmillos habían saqueado la cabaña Igiby. En el castillo de Peet, había estado bastante cómodo sobre el montón de mantas y pieles de animales que había esparcido por el suelo, pero no había sido una cama. Desde entonces, todas las noches dormía en el duro suelo. Mientras se dormía, se palpó con la lengua el interior del labio hinchado y se preguntó si el diente seguiría moviéndose por la mañana.

Cuando se despertó, olió a comida.

Pero no fue el olor lo que lo despertó. Una campana sonaba y sonaba y sonaba, y pasaron varios instantes antes de que Janner se despertara lo suficiente para darse cuenta de que un niño al lado de su cama estaba armando todo aquel jaleo. El chico tenía las mejillas regordetas y llevaba una gorra roja hecha jirones que parecía a punto de resbalarle por la nuca.

—¡Está bien, está bien! —espetó Janner, apartándose la campanilla de la oreja y sentándose.

—Hora de desayunar, herramienta —dijo el chico, y se marchó a molestar a otra persona.

El dormitorio estaba más concurrido que aquella mañana, cuando Janner se desplomó en la cama. Los niños se calzaban las botas, se lavaban la cara con agua de un abrevadero y se sentaban a una larga mesa de madera, llevándose a la boca un caldo aguado. El campanero hacía su ronda, pero por lo demás apenas se hablaba. Aquellos niños tenían el ánimo destrozado. ¿Quién sabe cuánto tiempo llevaban trabajando en la fábrica? Algunos eran lo bastante mayores como para tener pelusa en la barbilla, y otros apenas si tenían la edad de Leeli. Janner no entendía por qué el supervisor utilizaba solo a niños para el trabajo. ¿No podía un adulto trabajar más tiempo y más deprisa?

Janner se sentó a la mesa, y un niño colocó ante él un cuenco y una cuchara, junto con un vaso de agua. Nadie lo miró. Nadie habló. El único sonido era el coro de sorbos hambrientos de la veintena de niños de la mesa.

Janner se aclaró la garganta.

—Hola —esperó una respuesta. Algunos de los niños lo miraron, pero siguieron comiendo sin decir palabra—. Me llamo Esben. Esben, eh, Flavogle. Acabo de llegar.

—Ya lo vemos —dijo el niño que tenía enfrente. El chico se llevó el cuenco a la boca y aspiró las últimas gotas de sopa—. Verás que no hay mucho de qué hablar después de un tiempo.

—¿Cómo te llamas?

—No importa. Soy una herramienta, como tú.

Janner puso los ojos en blanco.

—Yo no soy una herramienta.

El chico se encogió de hombros y abandonó la mesa.

Janner volvió su atención a la sopa. No parecía muy apetitosa, pero se le hizo agua la boca. Tomó la cuchara, pero un dolor ardiente le atravesó la mano y aspiró aire entre los dientes. Ampollas. Se agrietaban y supuraban en todos los dedos y en las palmas de las manos. Volvió a tomar la cuchara con cautela y comió la sopa en silencio, sorprendido al comprobar que estaba deliciosa. También le sorprendió que, cuando terminó la sopa, el niño que servía apareció con un cuenco nuevo y le quitó el cuenco vacío. Janner devoró el segundo cuenco, y luego un tercero, tan hambriento que se olvidó del dolor en las manos. Cuando terminó, se levantó de la mesa, sin saber qué hacer ni adónde ir.

—Vuelve a la estación de corte, herramienta —dijo una voz detrás de él. Mobrik, el correcumbres, estaba junto a él. Janner se alegró extrañamente de verlo—. Mi trabajo consiste en asegurarme de que los nuevos aperos aprenden el sistema. Tomas sopa, te lavas la cara y vuelves a la fábrica a hacer tu trabajo. ¿Entendido?

—Supongo que sí.

—Entonces vete —dijo Mobrik, dándose vuelta. Luego se detuvo y dijo:

—Casi se me olvida. Estos deberían quedarte bien —buscó en un bolsillo de su traje y le tendió a Janner un par de gruesos guantes de cuero.

—Mobrik, espera. Gracias. Tengo que preguntarte algo.

—¿Tienes fruta? —preguntó Mobrik.

—No.

El correcumbres se alejó.

Janner vio a varios jefes de mantenimiento apoyados en la pared, observándolo, y respiró hondo. Escaparía. Solo tenía que esperar a que no lo vigilaran tan de cerca. Tal vez ese mismo día, cuando vieran que podía trabajar rápido, se olvidarían de él el tiempo suficiente para que pudiera escaparse.

—La estación de corte, entonces —se dijo Janner—. Espero que a Tink le vaya mejor que a mí.

Fue otra noche calurosa y miserable en la fábrica. Otra noche de calor abrasador, llamas rugientes, ruedas chirriantes y manos doloridas.

Janner pasó las primeras horas pensando en su familia, pero eso resultaba demasiado triste. Entonces pensó en su T.H.A.G.S. y en los libros que había leído recientemente. Recordó los personajes de las historias, los escenarios, los temas de los libros. Pero su mente seguía ralentizándose hasta convertirse en un lodo irreflexivo, un mundo en el que lo único que importaba era el siseo de las máquinas y el corte del metal. Cada vez que su mesa de cuchillas y tenedores deformes estaba casi vacía —pero nunca completamente vacía, para su gran frustración—, aparecía un niño con otra carretilla llena. Cuando Janner intentaba conversar con los niños, estos nunca le respondían ni lo miraban a los ojos. Quería agarrarles la cara y obligarlos a mirarlo, a reconocer su presencia, a actuar como si aún fueran humanos.

Por fin, una luz amarilla pura se coló por las ventanas cercanas al techo. Difuminó el resplandor anaranjado-rojizo de los fuegos de los hornos y de las antorchas, cambiando el aire asfixiado del calor de la fábrica. Amanecer.

Apareció un jefe de mantenimiento y dijo:

—Se acabó el turno, herramienta.

Janner, cubierto de sudor y hollín, dejó caer las tijeras al suelo. Pasó tambaleándose junto a las máquinas hasta la escalera de los dormitorios, atravesó las puertas dobles, pasó junto a la cuadrilla de niños de ojos soñolientos que se dirigían a sus puestos, y se desplomó en su litera sin molestarse en comer.

Se despertó con el tintineo de la campana junto a su oreja. Era el mismo chico con la misma sonrisa de satisfacción en la cara. Janner comió dos tazones de sopa, se puso con cuidado los guantes sobre las manos llenas de ampollas y salió por las puertas y subió las escaleras hasta el puesto de corte.

No podía imaginarse pasar otro día en la fábrica. Le dolían las manos, tenía la espalda cansada, hacía días que no veía el sol, echaba mucho de menos a su familia y, sobre todo, sentía que su mente *se encogía*. No había nada de lo que hablar, reír o pensar, excepto en las máquinas. Cada niño que se cruzaba en su camino asustaba más a Janner, porque sabía que si permanecía mucho tiempo en la Fábrica Tenedor, él también olvidaría quién era. Se le nublarían los ojos, pasaría los días en una repetición sin sentido, sin pensar, sin soñar, olvidando que afuera había un mundo amplio y brillante.

La tercera noche de cautiverio, Janner tomó una decisión.

Llegó a su puesto, tomó las pesadas tijeras y miró a su alrededor en busca de los jefes de mantenimiento. Vio a uno que se paseaba por una plataforma que colgaba del techo. Se detuvo y se inclinó para ladrar una orden a un niño que estaba al otro lado de las máquinas más cercanas.

Cuando Janner estuvo seguro de que el jefe de mantenimiento no miraba, respiró hondo, miró a su alrededor por última vez y echó a correr con todas sus fuerzas.

40

El ataúd

Janner se percató de algún movimiento detrás de él, probablemente el jefe de mantenimiento pidiendo ayuda, pero mientras se mantuviera detrás de él, no le importaba. Se escabulló entre las máquinas, observando con cierta satisfacción las caras de sorpresa de los niños a su paso. Era lo más cerca que había visto a ninguno de ellos con apariencia de vivo.

La fábrica era un laberinto de metal y fuego, y al cabo de unos instantes, Janner se dio cuenta de que se había perdido. Había pensado que sería fácil encontrar la escalera que conducía a las puertas dobles que llevaban a la libertad, pero las máquinas y los pasillos de mesas y cajas lo desorientaron. Oyó más gritos, procedentes ahora de todas partes.

Janner sintió un brusco aumento de la temperatura y al doblar una esquina, se encontró con la sombría cara negra del horno principal. Un niño situado a varios metros utilizaba una larga vara metálica con un gancho en un extremo para abrir la parrilla caliente, mientras otro niño le metía una ración de carbón en la barriga; el fuego ardía y rugía su hambriento agradecimiento. Los dos niños miraron a Janner con confusión.

Pero por fin, se orientó. Recordaba haber visto el horno y los montones de carbón cuando Mobrik y él habían salido por primera vez del largo pasillo. Janner giró y vio no muy lejos las puertas dobles y la escalera que conducía a ellas. Con el calor del horno brillando en su espalda, corrió lo más recto que pudo hacia las escaleras, zigzagueando entre la maquinaria pero apuntando siempre a las puertas.

Por fin llegó a las escaleras y se arriesgó a mirar detrás de él. Cinco chicos, más altos y mayores que Janner, se abrían paso hacia él, sin mucha prisa. Dos chicos más se columpiaron de las cadenas que colgaban del techo.

Janner no tenía ni idea de lo que estaba haciendo. Sabía que al final de aquel largo pasillo estaba la gran sala vacía donde esperaba el carruaje. Sabía que el supervisor tenía un látigo, y Mobrik dijo que no temía utilizarlo. Sabía que la única salida segura del edificio era a través de un pesado rastrillo que no podría abrir solo.

Pero también sabía que no podría aguantar otro día en la estación de corte sin hacer *algo*. No era una herramienta. Era el guardián del trono de Anniera, lo que significaba que, aunque lo capturaran, no se quedaría sin protestar.

Mientras subía corriendo la escalera, oyó algo que lo sobresaltó tanto que estuvo a punto de caerse.

—Janner Igiby. No lo hagas.

Al pie de la escalera, había una muchacha. Estaba sucia, pero sus ojos eran como perlas en el barro, grandes y luminiscentes. Era la misma niña que había visto el día de su llegada, la que creyó reconocer.

—¿Cómo sabes mi nombre? —preguntó Janner. A cada momento se acercaban más los jefes de mantenimiento, pero él no podía obligarse a moverse—. ¿Quién eres?

Los ojos brillantes de la niña se llenaron de lágrimas que salpicaron su rostro como pintura blanca sobre un lienzo negro. Tenía que irse. Si era lo bastante rápido, podría disponer de unos minutos para buscar una salida antes de que alertaran al supervisor.

—Janner, no puedes salir —dijo la muchacha—. Por favor, no huyas.

Su voz era dulce y desesperada y hermosa, un arroyo de plata en un bosque oscuro. Solo una voz así podría haberle impedido huir. Janner miró las puertas que había tras él, luego a la pandilla de encargados de mantenimiento que avanzaban hacia él, luego a la chica de los ojos brillantes, y se dio por vencido. Una parte de él gritaba: *¡Corre! ¡Sal de aquí!* Pero algo le detuvo los pies.

El primero de los chicos altos llegó al pie de la escalera, empujó a la chica a un lado y ascendió. Janner no apartó los ojos de ella, ni siquiera cuando los encargados de mantenimiento le dieron un puñetazo en las tripas o le retorcieron el brazo a la espalda. Sus ojos eran estrellas en una noche de tormenta, puntitos de alfiler que asomaban entre las nubes.

Janner sintió un rodillazo en la espalda y cayó de cabeza por las escaleras, preguntándose vagamente cómo sonaría cuando se le rompieran los huesos. Se estrelló contra el suelo, mareado por el dolor. Entonces, volvió a encontrar sus ojos.

—¿Quién… eres? —jadeó.

Antes de que los jefes de mantenimiento se lo llevaran a rastras, ella se inclinó hacia él.

—Sara Cobbler —le dijo.[1]

Entonces, alguien golpeó a Janner y las estrellas se apagaron.

Cuando Janner despertó, pensó por un momento que estaba muerto. Tenía los ojos abiertos, pero no veía nada. Le dolía el cuerpo y tenía las manos tan ampolladas que no podía mover los dedos. Se pasó la lengua por el labio hinchado y probó la sangre. Estaba muy mal.

Pero ¿dónde estaba? Estaba tumbado sobre una superficie dura, pero no tenía las manos ni los pies atados, lo cual era un alivio. Se incorporó y su frente chocó contra algo duro.

—¡Ay! —se llevó una mano a la frente, olvidando las ampollas de los dedos y las palmas—. ¡Ay! —volvió a decir.

Cuando se le pasó el dolor, se dio cuenta de que estaba en una caja no mucho más ancha que sus hombros y no mucho más alta que su pecho. Se sintió al borde del pánico. Janner siempre había tenido miedo a los lugares estrechos, incluso cuando solo jugaban a las luchas él y Podo. A veces, cuando Podo le sujetaba los brazos, le entraba el mismo pánico. En un momento, Janner se estaba riendo y al siguiente perdía el control y se agitaba como en un mal sueño. Volvió a cerrar los ojos y se obligó a respirar lentamente.

Pero no pudo resistir el impulso de empujar el techo, solo para ver si cedía. Empujó, lo encontró sólido y fuerte, y entonces perdió la cabeza.

Janner gritó y arañó las paredes y el techo de la caja, sin importarle el dolor que sentía en las manos o en las uñas cuando se desgarraban. Estaba atrapado en una oscuridad tan profunda que la propia luz parecía no haber existido nunca. Perdió toda noción del tiempo. Pataleó y arañó hasta agotar sus fuerzas y luego se quedó tumbado sollozando. Lloró durante siglos, hasta que por fin llegó el sueño, pero soñó con una gigantesca nada, un agujero vacío en el que caía y desaparecía.

Cuando volvió a despertarse, descubrió que la caja no era un horrible sueño, sino una negra realidad. Volvió a entrar en pánico. Yacía jadeante en la negrura,

1. Ver Libro 1, página 9.

hablando consigo mismo, orando en voz alta al Creador, acusando, suplicando, gritando cosas que, aunque nadie podría culpar al pobre Janner por decirlas, no se repetirán aquí.

Y la respuesta del Hacedor fue un silencio hueco.

Pasaron horas y horas. Janner volvió a llorar, un llanto diferente al anterior. Estas lágrimas no eran de miedo, sino de cansancio y de una inmensa soledad. Quería sentir el contacto de la mano de Nia en su nuca. Quería oír la voz de Leeli, la risa de Tink. Quería el olor rancio del aliento de Podo después de fumar su pipa. Quería ver los ojos de Peet el calcetín, porque en ellos se reflejaba lo mismo que había constituido a su padre. Estos pensamientos flotaban en su mente como semillas de diente de león en un viento cálido.

Janner se vio a sí mismo en su mente, sentado en el campo junto a la cabaña Igiby. El largo invierno había pasado. Nuevos brotes verdes brotaban de los surcos del jardín. Hojas brillantes y suaves como los pies de un bebé resplandecían en los árboles. Entonces, tan amable como el beso de su madre, el sol se abría paso y derramaba luz sobre su piel.

En el ataúd negro, con las manos cortadas y sangrantes, la cara magullada por los puñetazos de los jefes de mantenimiento, Janner se durmió. Su sueño fue profundo, sin pesadillas de Colmillos ni de Gnag el Sin Nombre, ni de la terrible negrura giratoria.

La siguiente vez que se despertó, era consciente de su hambre y su sed. Incluso en medio del terror de sus primeras horas en la caja, había supuesto que se trataba de un castigo, no de una larga ejecución. Pero ahora se preguntaba si pretendían matarlo de hambre o si lo habían enterrado vivo. Tal vez no estuviera en la fábrica, sino en algún cementerio de algún lugar, en lo más profundo de la tierra.

Estaba demasiado cansado para seguir llorando, demasiado cansado para dejarse llevar por el pánico. Así que se quedó tumbado y pensó en Sara Cobbler y en sus hermosos ojos.

«Sara Cobbler», dijo en voz alta, disfrutando del sonido de su nombre. ¿Por qué le resultaba tan familiar?

Ella sabía su nombre, pero él nunca había estado en Dugtown. ¿Cómo iba a saber su nombre? Entonces se acordó: Sara Cobbler, la chica a la que se había llevado el carruaje negro. Janner sacudió la cabeza en la oscuridad, intentando recordar. El año anterior había conocido a una familia en el Festival del Día del

Dragón, y tenían una niña de su misma edad. Solo había sido un breve encuentro, pero Janner cometió el error de decirle a Tink que le parecía bonita. Tink se burló de él durante el resto del día. Más tarde, Nia les contó a Janner y a Tink que había sido llevada por el carruaje.

Pero el carruaje negro llevaba a los niños al Fuerte Lamendron, y luego al Castillo Throg, como decía la canción infantil. *«En el Castillo Throg, a través del puente... llorarás por cómo empezaron tus males lentamente... la noche en que el carruaje te encontró»*. ¿Por qué estaba aquí? ¿A cuántos de aquellos niños se los había llevado el carruaje? ¿Cuántos de sus padres supusieron que estaban perdidos para siempre, cuando solo estaban a unos kilómetros, en Dugtown? Si supieran que sus hijos estaban aquí, custodiados solo por el supervisor, seguramente no se detendrían ante nada para derribar los muros y traerlos a casa.

Entonces recordó a las viejas y los mendigos del pasaje Tilling. Muchos de los padres sabían exactamente dónde estaban sus hijos, y eso los había vuelto locos.

Janner deseaba más que nunca estar en las Praderas de Hielo, entre hombres y mujeres valientes que no se conformaban con vivir bajo el yugo de los Colmillos. Ansiaba vivir en un mundo en el que los Colmillos no se atrevieran a entrar. Quizás, cuando fuera mayor, se uniría a la fuerza de Gammon y formaría parte de la resistencia. Empuñaría su espada y lucharía junto a los skreeanos cuando llegara el momento, y si ellos podían expulsar a los Colmillos de Skree, ¿por qué no de Anniera? Y si podían expulsarlos de la Isla Luminosa y restaurar el reino de su padre —bueno, el reino de su hermano, ¿por qué no atacar al propio Throg? ¿Por qué no acabar con Gnag y los trols y los Colmillos y todos los enemigos capaces de golpear a un niño de doce años y encerrarlo en un ataúd?

Janner se rio. Era fácil soñar despierto con conquistar el mundo por el bien de Kistamos; otra cosa era hacerlo. Ni siquiera había podido ir de Glipwood a Dugtown sin estar a punto de morir sabe el Hacedor cuántas veces. Habían perdido a Peet, habían perdido a Nugget, habían sido capturados por varados, perseguidos por Colmillos, traicionados, derrotados, perdidos.

Y no tenía ni idea de qué había sido de Tink ni de los demás. A Janner se le retorció el estómago. ¿Cuánto tiempo esperarían en la madriguera? ¿Cuánto tardarían en darse por vencidos y dirigirse a las Praderas de Hielo? ¿Cómo podrían encontrarlo?

Apartó esos pensamientos de su mente. Tenía que salir. Era lo único que podía hacer.

La mente de Janner trabajó así durante horas antes de darse cuenta, con una sonrisa, de que ya no tenía miedo de la oscuridad ni del ataúd. Tenía miedo de morir de hambre, pero dudaba que lo dejaran morir, no después de todas las molestias que se había tomado el supervisor para encontrar niños para su fábrica.

Como en respuesta a este último pensamiento, llegó un sonido del exterior de la caja: lo primero que Janner oía, aparte de su propia voz, desde que se encontraba allí.

Unos pasos se acercaban. Un chasquido. Entonces, se abrió la tapa de la caja y la luz le picó en los ojos.

—Afuera, Esben Flavogle. El supervisor quiere verte.

—Hola, Mobrik —dijo Janner con voz ronca.

Incapaz de creer lo que estaba haciendo, Janner se incorporó y volvió a entrar en el mundo.

Obligó a su cuerpo rígido a salir de la caja. La habitación era pequeña y parecida a una mazmorra, con paredes de piedra y techo bajo. De los ganchos de la pared colgaban cadenas, y en las esquinas había huesos amontonados. Dos ataúdes yacían uno junto al otro, abiertos y esperando a sus próximos ocupantes.

Un día, ya no habría más ocupantes, pensó Janner. Gammon y su ejército saquearían Dugtown y todos los demás lugares malvados de Skree, y cuando lo hiciera, Janner juró encontrar este lugar y derribarlo para siempre. No más niños en ataúdes ni en fábricas ni en carruajes negros. No más.

Janner miró a Mobrik con fuego en los ojos. El correcumbres retrocedió un paso y miró hacia la puerta, claramente poco acostumbrado a que los niños salieran invictos del ataúd. Janner Wingfeather había entrado inconsciente y había salido más despierto que nunca.

Consideró la posibilidad de agarrar al correcumbres y arrojarlo a la caja. Sabía que podía hacerlo si quería, pero aún no le parecía correcto. Debía tener cuidado con cuándo y cómo actuaba. Nada de correr a ciegas por la fábrica. Esperaría, observaría y planificaría.

—Vamos —dijo Janner—. El supervisor está esperando.

41

Cuatro manzanas y un plan

El supervisor estaba sentado ante su escritorio, con su ridículo sombrero y haciendo todo lo posible por parecer enfadado.

A Janner le daba igual. Resolvió hacerse el tonto y fingir que estaba destrozado. Asintió con la cabeza y esperó a que el hombre terminara de hablar de «obedecer» y de cómo no había «ninguna posibilidad de escapar» y de que Janner era «solo una herramienta ahora». Ante esto último, Janner tuvo que esforzarse con todo su ser para mantenerse callado. El supervisor le advirtió que la próxima vez que intentara escapar, pasaría *tres* días en la caja, no solo dos.

¿Dos días?, pensó Janner con un escalofrío. Le habían parecido toda una vida. No podía imaginarse un tercer día en el ataúd.

Mientras Mobrik lo llevaba de vuelta a la sala vacía donde estaba el carruaje, Janner percibió un olor dulce. Contra la pared, cerca de la puerta, había tres cestas de manzanas, bayas y melones. Mobrik aspiró profundamente y soltó una risita.

—Date prisa, herramienta —dijo Mobrik—. Tengo fruta para comer cuando vuelvas al trabajo.

—¿No puedes comer algo ahora? —preguntó Janner, con la esperanza de distraer al correcumbres, pero sin saber aún por qué. Debía tener cuidado a partir de ahora, pero esta podría ser la última vez que estuviera tan cerca de la salida—. Podrías llevarte una manzana. Es un largo camino de ida a la estación de corte y vuelta.

Mobrik hizo una pausa.

—*Es* un largo camino.

—Y la fruta sabe mejor cuando está fresca. «Cuanto más tiempo pasa, peor se pone», solía decir mi madre. —Janner forzó una risa. Mobrik miró las cestas con anhelo.

—Vamos —dijo el correcumbres, mirando hacia la puerta del supervisor. Sus pasos resonaron cuando cruzaron la habitación hacia las cestas de fruta. Janner vislumbró el rastrillo, al fondo del pasillo, detrás del carruaje. Se preguntó si los dos niños encargados de abrirlo permanecían allí o si solo lo manejaban cuando el Supervisor estaba fuera y esperaba volver.

Mobrik corrió delante de Janner hacia las cestas, con la cola de su pequeño frac volando detrás. Pasó sus deditos por la fruta, acariciándola y probando su firmeza. Janner miró hacia la puerta del supervisor. Seguía cerrada.

—¡Cuanto más tiempo pasa, peor se pone! ¡Muy cierto, muchacho! —dijo Mobrik, embelesado con la fruta.

Sin saber aún lo que hacía, Janner sacó de la cesta un melón del tamaño de una cabeza.

Mobrik jadeó.

—¡Devuélvelo! ¡Esta es *mi* fruta! Mía!

—Lo siento —dijo Janner—.

Cuando volvió a colocar el melón en su sitio, este cayó de la cesta, golpeó el suelo con un ruido húmedo y se alejó rodando. Mobrik chilló y corrió tras él. Cuando la criaturita le dio la espalda, Janner se metió cuatro manzanas en los bolsillos de los pantalones, pensando que las rápidas manos de Tink podrían haber cogido el doble en la mitad de tiempo.

—¡Terrible idea! —dijo Mobrik, volviendo a colocar el melón con sumo cuidado—. Nunca debería haberte dejado acercarte a mi fruta. Nunca. Vamos.

Se metió una baya de azúcar en la boca y se estremeció de placer. Luego empujó a Janner hacia las puertas dobles que daban a la fábrica, sin fijarse en cómo se abultaban los bolsillos del niño.

Janner fue enviado directamente al puesto de corte. Buscó a Sara Cobbler mientras recorría los pasillos de la fábrica, pero no la vio. Todos los niños con los que se cruzaba lo ignoraban intensamente, niñas y niños con palas miraban al suelo como si fuera lo más fascinante que hubieran visto jamás. Solo los encargados de mantenimiento le prestaban atención, y lo hacían con risitas maliciosas. Lo miraban encaramados en lo alto de las paredes.

Janner esperaba que Sara Cobbler no hubiera sido castigada por hablar con él. Los jefes de mantenimiento no habían parecido reparar en ella en los momentos previos a dejarlo inconsciente. El otro ataúd del calabozo había estado vacío, así que al menos ella no estaba allí.

No estaba seguro de lo que había ocurrido en su interior al ver sus ojos brillantes en aquellos momentos en las escaleras, pero le gustaba. Y el sonido de su nombre en sus labios, las lágrimas en sus ojos, la piel brillante mostrándose a través de las vetas de sus mejillas… todo eso produjo en Janner una urgencia por volver a verla, por hablar con ella.

Con un suspiro, Janner se puso los guantes, sorprendido al comprobar que ya no le escocían las ampollas. Trabajó a un ritmo lento y constante, ensimismado en sus pensamientos, encontrando el trabajo casi relajante. De algún modo lo ayudaba pensar, lo ayudaba pensar en los rostros de su familia, de Oskar, pensar en las cosas que tendría que hacer para escapar.

Sin darse cuenta, el día había pasado. Estaba de pie ante un montón de espadas y tenedores cortados, y el chico del sombrero rojo y la campana pasó por allí, golpeando su campana con un martillo y diciendo: «Se acabó el turno. Se acabó el turno. Se acabó el turno, herramientas».

Janner comió dos tazones de sopa y engulló vaso tras vaso de agua antes de retirarse a su litera. Cuando estuvo seguro de que nadie lo observaba, sacó las manzanas de los bolsillos y las guardó dentro de la almohada. Se tumbó boca arriba, agradecido por no estar atrapado en aquel horrible ataúd. Estiró los brazos todo lo que pudo, jurando que nunca más volvería a dar por sentada una habitación mayor que un armario.

Mientras se dormía, comenzó a formarse un plan en su mente.

Al día siguiente, Janner se despertó antes de que llegara el campanero.

Tenía que pensar qué hacer con las manzanas. *Cuanto más tiempo pasa,* pensó poniendo los ojos en blanco, *peor se ponen.* Era obvio que debía utilizarlas para sobornar al correcumbres, pero ¿sobornarlo para hacer qué? ¿Para que lo dejara marcharse? Janner no creía que Mobrik fuera a llegar tan lejos, por mucha fruta que le ofreciera. Entonces, ¿qué? Podría utilizar la fruta para obtener respuestas a sus preguntas. Quería saber por qué el supervisor utilizaba niños en la fábrica en lugar de adultos. Quería saber si el carruaje negro llevaba a todos los niños a la fábrica o si, de hecho, a veces los llevaba al Fuerte Lamendron para transportarlos a Dang. Pero ninguna de esas preguntas parecía valer una preciada manzana.

Necesitaba una salida y, por lo que veía, la única era a través del rastrillo. Pero aunque encontrara la manera de atravesar el largo pasillo hasta el piso vacío, no tenía forma de abrir el portón. Había visto cómo dos niños se esforzaban por levantarlo; no había forma de que él fuera lo bastante fuerte o rápido para hacerlo solo.

¿Y si no estaba solo?

Sara Cobbler lo había ayudado una vez. Quizás volvería a hacerlo.

Janner sonrió. Sabía lo que tenía que hacer. Solo tenía que encontrar a Sara.

Examinó detenidamente los rostros de la mesa. De los cuarenta o cincuenta niños que comían la sopa en silencio, ninguno era Sara Cobbler. Estudió a los niños que servían la sopa, a los que removían las cubas de sopa, pero ninguno era Sara Cobbler. A lo largo de su primer turno la buscó, en los rostros de los que pasaban, de los que le traían nuevos carros de cuchillas mal cortadas, de los que estaban en las pasarelas altas, e incluso entre los jefes de mantenimiento. Pero no aparecía por ninguna parte. Empezó a preguntarse si la había soñado.

Cuando volvió al comedor después de su turno, por fin la encontró.

Estaba sentada a la mesa, en el lado opuesto de la sala, removiendo mecánicamente su cuenco. Aún tenía la cara sucia y el pelo enmarañado, pero él supo que era ella, incluso antes de que levantara los ojos y los posara en él. *Estrellas en medio de una tormenta*, volvió a pensar Janner, y le sonrió al otro lado de la habitación. Casi imperceptiblemente, como el aleteo de un rojillo bajo la superficie del río, ella le devolvió la sonrisa.

A Janner se le infló el corazón. Antes de que tuviera tiempo de pensarlo, caminó directamente hacia ella. Los ojos de ella se abrieron de par en par y volvió a su sopa, removiéndola demasiado deprisa. Janner se sentó frente a ella y bajó la voz.

—Gracias —le dijo—. Me acuerdo de ti, del Festival del Día del Dragón del año pasado.

Ella no contestó.

Pasó un jefe de mantenimiento, y Janner bajó rápidamente la mirada y sorbió una cucharada de caldo.

—Necesito tu ayuda —dijo al cabo de un momento—. Vamos a salir de aquí: te llevaré de vuelta con tus padres. Pero no puedo hacerlo solo. ¿Puedes ayudarme?

—No puedo —susurró ella—. Me volverán a meter en la caja.

—¿Has estado en la…? —a Janner le dolió el corazón por ella. Se preguntó cuántos de los niños de la fábrica habían soportado aquel horrible lugar—. Escucha. Puedo sacarnos de aquí. ¿Me ayudarás?

Ella volvió a negar con la cabeza.

—Sara —dijo Janner, y luego hizo una pausa mientras pasaba otro encargado—. No puedo quedarme aquí. Hay algo que debo hacer. Aún no sé lo que es, pero mi hermano, mi hermana y yo…

—Yo también me acuerdo de ellos —dijo ella, mirando fijamente su cuenco—. Aunque es difícil recordar algo anterior a venir aquí. Tu hermana se llamaba Leeli, ¿verdad? Y Tink. Tink era divertido.

Janner sonrió con tristeza. —Sí. Todavía lo es. Pero tengo que encontrarlos. Tenemos que llegar a las Praderas Heladas.

—¿Las Praderas Heladas? ¿Por qué?

—No puedo decírtelo —quería decírselo. Quería decirles a todos que su padre era el rey supremo de la Isla Luminosa, aunque la mayoría de aquellos niños ni siquiera creían que aquel lugar fuera real. Quería decírselo a Sara Cobbler porque pensaba que se quedaría impresionada.

—Tienes que confiar en mí —dijo en cambio—. Por favor.

Sara hizo una pausa.

—¿Qué quieres que haga?

Janner sonrió ampliamente.

—Sabía que eras valiente. Lo *sabía.*

Sara Cobbler le devolvió la sonrisa.

Janner se alegró de que sonriera. Sabía que necesitaría esa sonrisa para sobrellevar los tres días y noches siguientes en el ataúd.

42

Un trato nefasto

Apenas el general Khrak llegó a su palacio de Torrboro y se sentó en sus aposentos a comer, fue interrumpido. Estaba cansado de perseguir a las joyas de Anniera, cansado de enviar mensajes decepcionantes a Gnag el Sin Nombre. No entendía por qué Gnag quería a los niños, y no le importaba. Solo quería comer su potaje en paz. Se limpió la comisura de los labios con el antebrazo y dijo:

—¿Qué?

Una anciana nerviosa entró en la habitación e hizo una reverencia.

—Mi señor, una visita desea verlo.

—¿Quién esss? —siseó mientras jugueteaba con una cola de rata que adornaba su potaje—. Estoy comiendo.

—Mis disculpas, señor —dijo ella—. Ha llegado a Torrboro un hombre de las Praderas Heladas. Quiere hablar contigo. Dice llamarse Gammon.

Khrak se quedó mirando a la mujer. La detestaba, pero le preparaba la comida con tanto esmero, con tanta devoción a sus deseos, que muchas veces se había contenido para no acabar con ella. Y ahora ella había interrumpido su comida para anunciar la llegada de lo que seguramente era un impostor. Gammon nunca mostraría su rostro en presencia de Khrak.

Pero le picó la curiosidad, así que se apartó de la mesa y salió de la habitación, resistiendo el impulso de empujar a la anciana al suelo a su paso.

El general Khrak se situó en su trono y puso su cara más feroz, enseñando los dientes, antes de indicar con la cabeza al soldado Colmillo que permitiera entrar al hombre que decía llamarse Gammon. La puerta se abrió y un hombre de pelo negro cruzó el vestíbulo. Iba vestido con pieles de pies a cabeza y miró a Khrak con una audacia que le sorprendió. Khrak estaba acostumbrado a la sumisión de Colmillos como el comandante Gnorm o Plube, Colmillos que carecían de valor para enfrentarse a sus ojos, y sabiamente. Khrak había matado a suficientes Colmillos por motivos tan insignificantes que todos se amilanaban ante su presencia. Pero este hombre se encontró con su mirada, sin rastros de comportamiento servil.

Khrak estaba intrigado.

—¿Qué quieres? —preguntó.

—¿Eres el general Khrak? —respondió el hombre.

—Lo soy.

—Me llamo Gammon.

—¿Ah, sí? —dijo el Colmillo. En una fracción de segundo, podría deslizarse desde su trono y hundir sus colmillos en aquel estúpido arrogante. Y el hombre seguramente lo sabía. Sin embargo, allí estaba, sin miedo. Khrak se sorprendió al descubrir que lo respetaba por ello—. Si es cierto que eres Gammon, entonces debes de ser muy tonto para venir aquí, donde podrían matarte tan fácilmente. Sabemos de ti y de tu insignificante agrupación en las Praderas Heladas. Kimera, ¿verdad? Gnag lo sabe todo sobre tus planes de encender una rebelión y expulsarnos de Skree. ¿Crees que es tan fácil? ¿Crees que Gnag no ha hecho preparativos para la destrucción de tu pequeño ejército?

Gammon extendió las manos.

—Sí, Khrak. Y son esos preparativos los que me gustaría discutir. Como has dicho, sabes que he reunido un ejército. Sabes que no te quiero en Skree. Sabes que no descansaré hasta que tú y cada uno de tus hermanos escamosos estén al otro lado del Mar Oscuro. O en el fondo de él —dijo Gammon sin alterar su tono de voz.

Khrak movió la lengua bífida y esperó. Mantuvo sus fríos ojos negros fijos en Gammon hasta que vio el más mínimo estremecimiento en uno de sus ojos. *Bien,* pensó. *Después de todo, el hombre conoce el miedo.*

—Después de todos estos años —continuó Gammon—, por fin he averiguado por qué has venido aquí.

—¿Ah, sí? ¿Y por qué creesss que he venido? —la conversación era mucho más interesante de lo que Khrak había esperado.

—Las joyas de Anniera. Tres niños. No has venido aquí para destruirnos. No viniste a conquistar nuestra tierra. Viniste aquí porque Gnag quería a esos tres malditos niños, y sospechaba que habían huido aquí. ¿Estoy en lo cierto?

Khrak se recostó en su trono y jugueteó con el extremo de su cola.

—Sssí. Así es. Al principio, nuestro Gnag tenía en poco a Skree. Lo que buscaba eran las joyas, no sus colinas ni sus bosques. No le importan esas cosasss.

—Me he enterado de la fortaleza en las Phoobs —dijo Gammon—. Sé lo que ocurre allí. Y sé que no tenemos mucho tiempo.

Khrak se preguntó cómo se había enterado Gammon de la operación en las Islas Phoob. Había hecho todo lo posible por mantenerla en secreto para que, cuando llegara el momento de desvelar el plan, tuviera la ventaja de la sorpresa. Pero no importaba que Gammon lo supiera. No cambiaba nada. Cuanto más hablaba el hombre, más deseaba Khrak oírlo gritar pidiendo clemencia.

—¿Qué quieres, entonces? —dijo Khrak chasqueando los colmillos mientras se inclinaba hacia delante. Gammon tragó saliva, y Khrak se deleitó con su miedo.

—Quiero —dijo Gammon con un suspiro— hacer un trato.

Los ojos de Khrak se abrieron de sorpresa. No se lo había esperado.

—¿Qué clase de trato?

—Sé dónde están las joyas de Anniera. Sé adónde se dirigen —dijo Gammon—. Y sé que aún no las has atrapado. ¿Cómo es que, con todas tus espadas, dientes y trols no puedes capturar a tres niñitos? No me imagino que Gnag esté contento con eso, ¿verdad?

Khrak siseó, y la punta de su cola se agitó como advertencia.

—Me propongo entregarte las joyas de Anniera, sanas y salvas. Y si lo hago, reúnes a tu ejército y abandonas mi continente. Si los Colmillos —*cualquier* clase de Colmillos— levantan una espada contra mi ejército, acabaré con las joyas de una vez por todas. ¿Qué le parecería eso a Gnag? ¿Le gustaría que, después de tantos años, el tesoro que buscaba estuviera por fin a su alcance y se perdiera para siempre?

Los dos se miraron con odio. Khrak se preguntó si Gnag se enfadaría más por haber perdido a Skree o por haber matado a las joyas. Inmediatamente, supo la respuesta a la pregunta. Durante nueve años, el Sin Nombre se había obsesionado con encontrar aquellas joyas malditas. Si las mataban, Khrak sabía que lo culparían a él. Era uno de los soldados más antiguos y leales de Gnag, pero no era tonto. Khrak sería polvo en la brisa en el momento en que las joyas se perdieran.

—Estoy de acuerdo.

Los ojos de Gammon se abrieron de par en par.

—¿Estás qué?

—Estoy de acuerdo, tonto. Si me entregas a los tres niños Wingfeather, abandonaremos estas tierras. De todos modos, aquí hay poco que queramos. *Por supuesto,* pensó Khrak, *los Colmillos nunca nos iremos. Si Gammon cree eso, entonces no es tan listo como pensaba.*

—¿Tengo tu palabra? ¿Te irás, así de simple? —dijo Gammon.

—Sí —dijo Khrak, intentando mantenerse serio. *¿De verdad es tan fácil?*

—Bien, de acuerdo. De acuerdo. —Gammon asintió—. Mis exploradores me han dicho dónde están. Dentro de dos semanas, envía a todos los Colmillos que quieras a las Praderas Heladas y te entregaremos a los niños. Te sugiero que traigas a todo el ejército. He oído que estos niños son especialistas en escapar. —Gammon entrecerró los ojos—. ¿Tengo tu palabra?

—Por supuesto —dijo Khrak—. *La palabra de un Colmillo.*

—Porque los mataremos —dijo Gammon—. Lo digo en serio. Y somos suficientes para presentar batalla, así que no planees ningún truco.

—Por supuesto —repitió Khrak—. Nada de trucos. ¿Eso es todo?

—Sí. Eso es todo. Dos semanas. —Gammon se enderezó y salió de la sala del trono.

En cuanto la puerta se cerró tras él, Khrak estalló en carcajadas. Sabía que los humanos eran débiles y cobardes, pero había llegado a creer que al menos unos pocos tenían *cierta* inteligencia. Gammon, por ejemplo, era famoso. Había trabajado audazmente contra los Colmillos durante tanto tiempo que Khrak incluso había llegado a respetarlo. La forma en que había entrado en la sala hacía solo unos minutos había consolidado ese respeto, pero ¿ahora esto? ¿Gammon creía que los Colmillos harían las maletas y evacuarían Skree así de fácil? *¡Tonto crédulo!*

En cuanto Khrak tuviera a los niños en su poder, los Colmillos acabarían con el pequeño ejército de Gammon sin más problemas que aplastar una cucaracha. Gammon era tan tonto como la vieja que le preparaba su potaje.

—Y los tontos —se mofó Khrak para sí— se merecen el puño de hierro de los Colmillos de Dang —golpeó el reposabrazos del trono—. ¡Mujer! Tráeme la ensalada!

43

Tres días en la oscuridad

Aunque fuera difícil de creer, había algo positivo en estar encerrado en la caja durante tres largos días: Janner tuvo mucho tiempo para pensar en lo que había hecho para llegar hasta allí y en lo que haría cuando saliera. Se tumbó en el ataúd y lo repasó una y otra vez, cuestionándose a sí mismo, preparando sus nervios para la siguiente fase del plan, preguntándose si Mobrik sospechaba algo.

Encontrar al correcumbres había sido bastante fácil. Siempre estaba zigzagueando aquí y allá, trepando por las cadenas, saltando de la pila de carbón a alguna caja con implementos o a la mesa, una especie de jefe de mantenimiento para los jefes de mantenimiento. Cuando Mobrik se acercó durante el segundo turno, Janner lo llamó por su nombre.

—¿Qué quieres? —preguntó el correcumbres.

—Necesito un favor —dijo Janner.

—¿Tienes fruta?

Y con gran satisfacción, Janner dijo:

—Sí.

—¿Qué quieres decir? —Los ojos de Mobrik se entrecerraron—. ¿De dónde has sacado fruta?

—No es asunto tuyo. Quizás la llevaba conmigo cuando llegué aquí. Tal vez sé cosas de esta fábrica que tú no sabes. Puede que haya un árbol frutal en lo alto del edificio que deja caer manzanas por el canalón hasta mis bolsillos.

Mobrik miró al techo y luego enarcó una ceja hacia Janner.

—Te haces el gracioso. Intentas hacerte el gracioso.

—No —dijo Janner, y sacó una manzana del bolsillo.

Los ojos de Mobrik se abrieron tanto como la propia manzana. La criaturita se la arrebató y luego le dio un golpe en la cabeza a Janner.

—Eso es por intentar hacerte el gracioso conmigo. No sé de dónde has sacado la manzana, pero puedes estar seguro de que informaré de esto al supervisor. Ahora vuelve al trabajo —se volvió para marcharse.

—Pero aún necesito un favor —dijo Janner.

Mobrik se detuvo.

—¿Qué?

—Necesito un favor.

—¿Tienes más fruta? —preguntó Mobrik, esta vez menos seguro de sí mismo.

—Sí. Tengo más fruta, pero está escondida. Si me haces el favor, te diré dónde está. *Dos* manzanas más.

Mobrik se adelantó y palmeó los bolsillos de Janner.

—Tonto. Si es cierto que tienes esas frutas, se lo diré al supervisor y registraremos la fábrica hasta encontrarlas. Entonces te volverán a meter en la caja. No quieres eso, ¿verdad? —el correcumbres sonrió perversamente—. Te oí ahí dentro, llorando y llorando. Fue patético.

Janner lo ignoró.

—Es cierto, puede que encuentres las manzanas. Pero créeme cuando te digo que las he escondido bien. Puede que tardes días y días en encontrarlas, ¿y para entonces? Cuanto más tiempo pase…

El rostro de Mobrik se ensombreció.

—Peor se pondrán —tal y como Janner esperaba, el correcumbres no podía soportar la idea de dejar que unas manzanas perfectamente dulces se pudrieran. —¿Cuántas dijiste? ¿Dos?

—Dos manzanas rojas, dulces y brillantes.

Mobrik mordió la manzana que tenía en la mano. Cerró los ojos y masticó en un silencio extasiado.

—Muy bien. Si te hago este favor, ¿me dirás dónde están las manzanas?

—Una vez que me demuestres que el favor está hecho, y si juras por la fruta de los Valles Verdes y los Huecos de las Montañas que no me traicionarás, te diré dónde encontrar las manzanas.

—¡Los Valles! ¡Los Huecos! —jadeó Mobrik—. ¿Cómo sabes esas cosas?

—Simplemente las sé. Tienes mi palabra de que te daré las manzanas si juras por los Valles y los Huecos que harás lo que te pida.

—No puedo ayudarte a escapar, si eso es lo que quieres.

—No es eso. Quiero que hagas algo por otra de las… herramientas.

Mobrik ladeó la cabeza y pensó un momento.

—Bien. ¿Qué quieres? ¡Date prisa, o las manzanas empeorarán!

Janner había comido dos tazones de caldo la noche siguiente a su conversación con Sara Cobbler, sabiendo que estaría encerrado en la caja durante tres días. Después del tercer turno, cuando estaba acomodando sus cansados huesos en la cama, apareció de nuevo el correcumbres.

—Ya está, muchacho.

—¿A partir de cuándo?

—Mañana, primer turno.

—¿Lo juras por los Valles y los Huecos?

Mobrik se enderezó y se ajustó el abrigo, ofendido porque se cuestionara su honor.

—Lo juro. Por el fruto de los Valles Verdes y los Huecos de las Montañas.

—Gracias, Mobrik.

—¿Dónde están las manzanas? —preguntó.

—¿Qué manzanas?

Mobrik parecía tan sorprendido que iba a desmayarse.

—Es broma —dijo Janner—. Están ahí mismo. Bajo la almohada, en esa litera vacía.

El jinete corrió hacia la litera y sacó las manzanas. Las levantó sobre su cabeza en señal de triunfo, luego se metió una manzana en cada fosa nasal e inhaló profundamente.

Janner había sonreído mientras Mobrik se alejaba, aunque sabía que le esperaba la caja. Esta sería su última noche en una litera durante mucho tiempo, si todo iba según lo previsto. Estaba decidido a disfrutarla.

De eso hacía días, según Janner podía adivinar. Ahora, en la oscuridad de la caja, le dolía la espalda. Quería ponerse de lado, pero no había lugar. Había pensado que su primera vez en la caja haría más fácil este momento. Hizo más fácil el principio porque no tuvo que pasar por la espantosa experiencia de descubrir que estaba atrapado, pero saber que tenía que aguantar tres días en vez de dos era enloquecedor.

El estómago de Janner volvió a rugir y pensó en la última manzana. Había tomado cuatro de la cesta, perdió una con Mobrik al principio, y luego le dio dos a cambio del favor. Escondió la última en su gran guante hasta su segunda carrera por la fábrica.

Había esperado hasta encontrar a Sara Cobbler en el almuerzo, y ella le confirmó que Mobrik había cumplido su palabra. En cuanto Janner regresó al puesto de corte, se preparó para otra carrera. Dejó caer las tijeras gigantes, se metió la manzana en el bolsillo, esperó a que los jefes de mantenimiento miraran para otro lado y salió corriendo.

Esta vez corrió por los pasillos hacia la escalera con facilidad. De hecho, por un momento le preocupó que su huida fuera *demasiado* bien. Esta vez no oyó gritos de alarma, ni señales de persecución por parte de los encargados. Subió los escalones a saltos, un poco frustrado porque esta vez *quería* que lo atraparan.

Entonces, chocó con alguien. Alguien más grande que un niño. Alguien que llevaba un ridículo sombrero de copa.

—¿Otro intento de fuga, niño? —dijo el supervisor con una sonrisa maligna.

Janner se encogió de hombros y sonrió.

El supervisor empujó a Janner al suelo y desenrolló su látigo.

—No sonreirás durante mucho tiempo.

Lo peor de estar atrapado en el ataúd esta vez era que no tenía forma de curarse las heridas. Verdugones le cubrían los brazos, la espalda y los muslos. El supervisor lo había azotado hasta que Janner le suplicó que parara. Incluso los jefes de mantenimiento apartaron la mirada, probablemente porque les recordaba sus propios azotes con el mismo látigo.

—Levántenlo —ordenó el supervisor—. Tres días en la caja.

Así que Janner se quedó tumbado en la oscuridad, pensando de nuevo en su familia, en sus heridas, en Tink, dondequiera que estuviera. Pensó en la nieve limpia de las Praderas Heladas, en los brazos acogedores de la gente de Gammon. Volvió a rugirle el estómago y decidió que era hora de comerse la manzana. Se acabó demasiado pronto, pero al menos estaba lo bastante húmeda como para saciar su sed, y calmó las punzadas del hambre durante un rato.

Dormía de a ratos. Cayó en un trance entumecido en el que sus recuerdos se arremolinaban ante sus ojos como humo. Cada pensamiento amargo que había tenido, cada palabra cruel que había dicho a su hermano o hermana, cada acción egoísta que había emprendido, surgían de la oscuridad como fantasmas y se burlaban de él. Repitió en su mente las discusiones, deseando haber dicho algunas cosas, deseando no haber dicho otras.

Estaba atrapado en un lugar donde lo único que tenía era a sí mismo, y aunque nunca se había considerado una mala persona, cada motivo, pensamiento y acción que desfilaba por la negrura le decía lo contrario. Incluso su alianza con Sara Cobbler estaba impulsada por el egoísmo. Era cierto que esperaba ayudarla a escapar, que deseaba fervientemente que fuera libre, pero ¿estaría dispuesto a liberarla si eso significaba que él tenía que quedarse? Le avergonzaba la respuesta. Todas sus justificaciones —que era un guardián del trono, que tenía que mantener a Tink a salvo, que de algún modo él y sus hermanos podrían ayudar a mantener vivo el sueño de Anniera— carecían de sentido si se creía de algún modo más digno de ser liberado que cualquiera de los niños de la fábrica, especialmente la bonita Sara Cobbler.

Tras el tercer largo día, la puerta del ataúd se abrió por fin. Como antes, la luz picó en los ojos de Janner. Gimió y salió rígidamente del ataúd.

—Afuera, Flavogle. Veo que eres capaz de encontrar fruta incluso en la caja —dijo Mobrik cuando vio el corazón de manzana amarronado en el ataúd—. Es un chico escurridizo este. Vamos. El supervisor quiere hablar contigo.

Janner, aunque estaba cansado hasta los huesos, aunque tenía el cuerpo magullado por el látigo, aunque tenía hambre y sed y estaba cubierto de mugre, sonrió. Estaba impaciente por visitar al supervisor.

44

Montañas y grilletes

Janner subió despacio los escalones de la mazmorra, deseando que sus agarrotadas piernas funcionaran. Pronto las necesitaría.

Al igual que la última vez, Mobrik lo condujo a la gran sala vacía donde se encontraba el carruaje. Por las altas ventanas no entraba la luz del sol, lo que significaba que era de noche. *Perfecto.* Mientras Mobrik no hubiera cambiado el horario, las cosas se estaban alineando exactamente como Janner había esperado.

En el centro de la sala, el triste caballo marrón estaba enganchado al carruaje, igual que antes, salvo que miraba hacia el rastrillo, como si el supervisor se estuviera preparando para partir, quizás en uno de sus viajes al pasaje Tilling para recoger a más niños secuestrados.

La mente de Janner zumbaba, pero estaba demasiado cansado, demasiado rígido para averiguar si aquel cambio inesperado afectaría o no a su huida. Antes de que pudiera seguir preocupándose por ello, Mobrik empujó a Janner a través de la puerta del despacho del supervisor.

El supervisor estaba sentado ante su escritorio, con un libro de contabilidad abierto. El sombrero de copa, para sorpresa de Janner, no estaba sobre su cabeza, sino en un gancho junto a la puerta. El látigo colgaba de otro gancho junto al sombrero.

—Los ojos sobre *mí,* herramienta.

Janner asintió, intentando parecer más agotado de lo que realmente estaba. Quería que el supervisor y Mobrik creyeran que por fin lo habían doblegado.

—Ahora. Me he enterado de que eres una… herramienta ingeniosa. Mobrik me ha informado de que has podido localizar tres manzanas.

—Cuatro, señor —dijo Mobrik, mostrando el corazón de manzana del ataúd.

El corazón de Janner latía con fuerza. Estaba seguro de que, de algún modo, lo habían descubierto. Inclinó la cabeza y cerró los ojos, rogando que no hubieran castigado a Sara Cobbler.

—¿Cuatro? —dijo el supervisor—. Entonces… te las arreglaste para llevar comida a la caja contigo. Como he dicho, *ingenioso.* ¿Estás de acuerdo, Mobrik?

—Sí, señor.

—Ahora, herramienta. Es evidente que has conseguido burlar a Mobrik. Tomaste las manzanas de su cesta de fruta cuando no miraba y las guardaste para merendar más tarde. Mobrik me dijo que te atrapó intentando comértelas en tu litera.

—Así es, señor —dijo el correcumbres con una mirada nerviosa a Janner—. Atrapé a la herramienta masticando en su cama. Tomé las manzanas y me las comí yo mismo. No podía dejar que se pudrieran, señor. Ya sabes lo que dicen. Cuanto más tiempo pasan, peor se ponen.

El supervisor enarcó una ceja, y la esperanza parpadeó en el corazón de Janner. El correcumbres había mentido sobre las manzanas. Tal vez eso significara que, después de todo, había mantenido en secreto el traslado de Sara. Quizás había cumplido su juramento.

—Sí, sabemos que te apasiona la fruta, Mobrik. Gracias. Ahora cierra el pico —el supervisor volvió a dirigir su atención a Janner—. Así que te propongo, herramienta, que aceptes un ascenso en período de prueba al rango de aprendiz de jefe de mantenimiento. Siempre estoy buscando chicos y chicas ingeniosos. Ya no te verías obligado a cortar cuchillas. Se te darían ciertas… *libertades.* Una nueva litera, por ejemplo. Nada tan duro y abultado como la que tienes ahora. Y con el tiempo, trabajarías menos horas, siempre que desempeñes bien tu función.

Janner intentó parecer agradecido.

—Lo mejor de todo es que recibirás pan con el caldo. ¿Qué te parece?

Janner volvió a asentir, repentinamente inseguro de sí mismo. La idea de una cama más blanda, pan con la comida y, sobre todo, no tener que volver a levantar las tijeras de metal, lo hizo dudar. ¿Acaso se estaba apresurando? Solo llevaba una semana en la fábrica y ya lo estaban ascendiendo. Si se quedaba más tiempo, tal vez descubriría otras oportunidades de escapar, oportunidades que no fueran tan arriesgadas. Después de todo, si su plan actual no funcionaba, lo azotarían y lo volverían a meter en la caja. Tragó saliva. Cuatro días en la caja sin comida ni agua, sin luz, sin espacio para moverse, y esta vez sin ni siquiera una manzana que le sirviera de sustento… sería demasiado para soportarlo.

—Muy bien —dijo el supervisor—. Termina tu turno actual en la estación de corte, y mañana te asignaremos un entrenador de jefes. ¿Qué me dices de Gimbleton, Mobrik?

—¿Perdón, señor? —dijo Mobrik, que había estado mordisqueando los últimos trozos de manzana del corazón comido.

—He dicho, ¿crees que Gimbleton sería un buen entrenador para nuestra herramienta aquí?

—Sí, señor. Gimbleton también es ingenioso. Y malo. La herramienta ya lo conoce. ¿Recuerdas al chico que conociste el primer día aquí? ¿El de la cadena?

Janner lo recordaba, y la idea de trabajar con aquel chico malvado lo enfermaba. No quería aprender nada de Gimbleton, Mobrik o el supervisor. Quería encontrar a su familia.

El supervisor se levantó y cerró su libro de cuentas.

—Escolta a la herramienta a su puesto, Mobrik, y luego vuelve rápido. Nos vamos otra vez al pasaje Tilling —el supervisor retiró el sombrero y el látigo de la pared—. Ha llegado la noticia de que los afligidos han reunido más herramientas para intercambiarlas. Y, ¿Mobrik?

—¿Señor?

Esta vez vigila tu fruta. Esta herramienta es escurridiza.

Mobrik se inclinó y empujó a Janner fuera del despacho, detrás del supervisor.

—Me gustaría que condujeras tú esta noche, Mobrik. Estaré en el carruaje —dijo el supervisor mientras cruzaba la gran sala con el sombrero y el látigo en la mano. Mobrik empujó a Janner hacia las puertas dobles que daban a la fábrica.

Había llegado el momento. Janner tenía que decidir. O callarse, obedecer al supervisor y aprender a ser jefe de mantenimiento, o correr como un loco y rogar que la joven Sara Cobbler fuera tan valiente como hermosos eran sus ojos. Pero no había contado con que el supervisor se marchara. Debía quedarse en su mesa del despacho, como la última vez. El corazón de Janner latía como un caballo al galope. Si algo salía mal, era otra vez el ataúd, y no solo para él, sino también para Sara Cobbler.

No podía hacerlo. Aunque estuviera dispuesto a soportar de nuevo la caja, no podía soportar la idea de Sara en el ataúd, todo por culpa de su estúpido y precipitado plan de escapar.

Al acercarse a las puertas dobles, apretó los puños y la mandíbula con frustración. Odiaba pensarlo, pero quizás lo mejor sería esperar su momento como jefe de mantenimiento, aprender mejor las costumbres de la fábrica para encontrar sus puntos débiles. Entonces encontraría una salida que no pusiera en peligro a

Sara. Por supuesto, tendría que tratar a los niños con tanta crueldad como los demás encargados o volverían a degradarlo al puesto de corte.

Janner se miró las manos. Las ampollas se habían curado y le habían dejado callos nudosos y curtidos en las palmas y los dedos. Le recordaron a las manos de Podo, y Janner se detuvo en seco.

Al pensar en su abuelo, una fuerza oculta y temeraria que corría por la sangre de Janner cobró vida y crepitó como un relámpago. La energía flameó en sus articulaciones y enderezó sus huesos. Si Mobrik hubiera estado mirando a Janner en vez de al suelo, habría visto al muchacho crecer cinco centímetros ante sus ojos.

En su mente, Janner percibió un remolino de color y calor que giró como un molino de agua durante un instante y luego se asentó en una imagen. Vio a su hermana, tan real como las puertas dobles que tenía delante. Leeli estaba sentada en un lugar luminoso, rodeada de montañas nevadas, llevándose el arpa silbante a los labios. Janner vio figuras borrosas en el fondo, pero no podía estar seguro de quiénes eran. Entonces pasó cojeando una de las figuras, inconfundiblemente Podo envuelto en pieles.

Pero ¿dónde estaba Tink? La imagen volvió a arremolinarse y lo mareó tanto que se tambaleó.

Como si viniera de lejos, oyó a Mobrik decir: «¿Qué pasa, herramienta? ¿Demasiado tiempo en la caja esta vez?».

La imagen volvió a posarse, esta vez en el rostro de Tink. Parecía asustado; tenía los ojos amoratados e hinchados. *¿Dónde está?* —pensó Janner. Como en respuesta, la imagen se amplió y vio que su hermano estaba en una jaula. Unos grilletes le ataban los tobillos y las muñecas, y en los bordes nebulosos de la imagen, Janner vio varias figuras, tan sucias y embarradas que solo podían ser varados. La más cercana se inclinó sobre la jaula y habló con Tink. Janner no pudo oír la voz, pero supo incluso antes de que el varado de la imagen se girara que se trataba de Claxton Weaver. La imagen volvió a girar y desapareció tan rápido como había llegado.

Janner parpadeó y sacudió la cabeza, intentando encontrarle sentido a lo que acababa de ver. Sintió un torrente de emociones: júbilo al ver a su hermana en la cima helada y miedo por Tink en la jaula. Pero ¿acaso era algo que realmente estaba ocurriendo? ¿Era solo un sueño u otra visión como la que Leeli había provocado en los acantilados, cuando los dragones marinos habían hablado?

No importaba. Toda incertidumbre había desaparecido. Janner sintió como si pudiera atravesar el rastrillo con las manos desnudas y correr hasta la madriguera tan rápido como un caballo.

—¡Herramienta! —gritó Mobrik.

—¿Qué? Lo siento —tartamudeó Janner, fingiendo seguir mareado.

—¿Qué ocurre? —llamó el supervisor. Janner se volvió para verlo asomado a la puerta del carruaje, con el sombrero en la mano.

—La herramienta ha dejado de andar, señor. Casi se cae —dijo el correcumbres por encima del hombro.

—¿Necesitas el aguijonazo del látigo para despertarte, herramienta? —dijo el supervisor.

Janner sacudió la cabeza.

—Pues date prisa. Se hace tarde, Mobrik —el supervisor volvió a desaparecer en el carruaje.

Janner atravesó las puertas dobles y se adentró en el largo y oscuro pasillo que conducía a la planta de la fábrica. Mobrik aguijoneó a Janner en la espalda una y otra vez, deseoso de entregarlo a los jefes de mantenimiento y volver al carruaje donde esperaba el supervisor.

Pero a mitad del oscuro pasillo, Janner se detuvo. Si hubiera habido más luz, Mobrik habría visto con claridad que los ojos de Janner eran tan ardientes como las ventanas en la lejanía. Habría visto que tenía los puños cerrados y la mandíbula firme. De hecho, el pequeño correcumbres probablemente habría echado a correr.

Janner agarró a Mobrik por el cuello de la camisa. Levantó a la pequeña criatura y la inmovilizó contra la pared, tapándole la boca con una mano antes de que tuviera tiempo de gritar pidiendo ayuda. Janner se inclinó hacia él.

—No pienso quedarme aquí ni un momento más, correcumbres. Hay mucho que hacer y mucho que recorrer. Me alegro de que hayas mantenido tu juramento por los Valles y los Huecos, y te ofrezco otra oportunidad de enorgullecer a tu raza.

Los ojos de Mobrik se abrieron de par en par.

Bien, pensó Janner. *Tiene motivos para tener miedo.*

La fuerza como un viento fresco fluía a través de él, como si fuera más que un niño de doce años o se estuviera convirtiendo en más que un niño con cada oleada de sangre de la realeza en sus venas.

—Si juras guardar silencio y darme tiempo para escapar, entonces lo dejaremos así. Creo que preferirías que el supervisor no te hiciera llevar ese ridículo traje ni te diera órdenes como hace. Creo que desearías estar aún en la Cordillera de la Muerte, intentando junto con tus parientes robarles fruta a los habitantes de los Valles. ¿Estoy en lo cierto? Entonces recuerdas cómo era todo antes de que Gnag y sus Colmillos lo trastornaran todo. Si puedo salir de aquí, existe la posibilidad de que las cosas vuelvan a ser como antes. Tú y tu gente podrían volver a casa. ¿Lo entiendes?

Janner apenas si se entendía, pero Mobrik asintió.

—¿Vas a quedarte callado? Solo necesito diez minutos. ¿Puedes dármelos?

Mobrik volvió a asentir.

—Bien. Ahora voy a soltarte. Quédate aquí, en el pasillo, diez minutos, y el supervisor no sabrá que me has ayudado. Dile que te di un puñetazo y te dejé inconsciente o algo así. Mobrik volvió a asentir. Janner soltó la boca de Mobrik, aunque mantuvo el puño cerrado y preparado para golpear si el hombrecillo intentaba dar la alarma.

En cambio, Mobrik preguntó:

—¿Quién *eres*?

Janner respiró hondo.

—Me llamo Janner Wingfeather, guardián del trono de Anniera.

Mobrik dejó escapar un grito ahogado.

—¡Eres una de las joyas!

—Así es. Ahora júralo, por los Valles y los Huecos.

—Desde luego, niño. No siento ningún amor por Gnag ni por el supervisor. Ve y haz lo que sea tan importante.

Janner estudió el rostro sombrío del hombrecillo. Tendría que confiar en él.

—De acuerdo. Diez minutos y luego da la alarma que desees. Estaré lejos.

Janner lo soltó.

Tan repentinamente que Janner tardó un momento en comprender lo que ocurría, el correcumbres se precipitó hacia las puertas que conducían al carruaje, gritando a pleno pulmón.

45

El destino de Sara Cobbler

—¡No! —gritó Janner. Corrió tras Mobrik tan rápido como le permitieron sus doloridas piernas, pero pocos hombres podrían alcanzar a un correcumbres. Justo cuando Mobrik chocó contra las puertas dobles batientes, Janner reunió todas sus fuerzas y se lanzó tras él. Sus dedos se engancharon en la bota de Mobrik lo suficiente como para hacerlo tropezar, y los dos forcejearon en la puerta. Janner lo arrastró de vuelta al oscuro pasillo, y se dio cuenta de que la puerta del carruaje se había abierto.

Atrapar a un correcumbres es casi imposible. Sin embargo, someter a uno una vez atrapado, aunque no es una experiencia agradable, es bastante fácil. Por mucho que odiara hacerlo, Janner cerró los ojos, levantó el puño y golpeó a Mobrik en la cara con todas sus fuerzas.

Janner se había peleado muchas veces con Tink, pero tenían la norma tácita de que pegar puñetazos o bofetadas en la cara era inaceptable. Era la primera vez que el puño de Janner se empleaba de este modo. Sintió un dolor sordo en los nudillos y el correcumbres quedó inerte. Los pasos del supervisor se acercaron a la puerta.

Janner arrastró a Mobrik hasta la pared y miró frenéticamente a su alrededor, preguntándose qué hacer. El supervisor no era un hombre grande, pero sí mucho más grande que Janner, y tenía el látigo. Mobrik no tenía armas; Janner tampoco. Su única ventaja era su velocidad.

Eso era todo. En cuanto el supervisor abriera la puerta, Janner intentaría huir.

Se apartó de las puertas, se puso en posición de carrera y esperó.

El supervisor se detuvo al otro lado de la puerta.

—¿Mobrik? —llamó—. ¿Estás ahí?

Janner esperó. A través de la sucia ventana pudo ver cómo se inclinaba el sombrero de copa mientras el hombre escuchaba.

El supervisor se movió y se acercó un paso a la puerta.

—¿Mobrik?

Janner no pudo aguantar más. Corrió con todas las fuerzas que pudo reunir. Cerró los ojos, enseñó los dientes y embistió con el hombro la puerta batiente. La puerta golpeó al supervisor en la cara, haciéndolo caer hacia atrás. Cayó de espaldas.

Los pies de Janner apenas tocaban el suelo mientras corría. Por el rabillo del ojo, vio dolor y confusión en el rostro del supervisor y, sin pensar ni saber por qué, Janner recogió el sombrero de copa de donde había caído.

—¡Sara! —exclamó Janner—. ¡Abre el portón! ¡Ahora! —Janner corrió directamente hacia el portón, rogando a cada paso para que Sara fuera uno de los dos niños de la hendidura y encontrara el valor para seguir con el plan.

—¡Herramienta! —aulló el supervisor.

Janner miró hacia atrás y vio cómo el supervisor se ponía en pie y cojeaba hasta donde yacía su látigo.

—¡Sara! —volvió a gritar.

El portón no se movía. ¿Y si Sara no estaba en este turno o no podía conseguir que el otro niño la ayudara?

—¡Sara, por favor! —jadeó, casi para sí mismo. Sus fuerzas menguaban. Había pasado tres días en una caja sin comer nada más que una manzana, y empezaba a notarlo.

—¡Herramienta! —bramó de nuevo el supervisor—. ¡No hay escapatoria de la fábrica!

Entonces Janner vio una grieta entre la calle empedrada y los dientes del rastrillo. Se estaba levantando.

Al pasar junto al caballo y el carruaje, se le ocurrió una idea. Saltó desde la rueda delantera del carruaje hasta el asiento del conductor, agarró las riendas y tiró de ellas.

—¡Arre! ¡Arre, muchacho! —gritó, y el triste caballo bajó la cabeza y se agitó. Janner miró hacia atrás y vio que el supervisor se acercaba tambaleándose, haciendo restallar el látigo salvajemente. Pero estaba herido. Tenía la espalda encorvada y arrastraba una pierna por detrás.

El supervisor gritaba y gritaba, pero Janner había dejado de escuchar. Si Sara abría la puerta a tiempo —ya estaba casi abierta—, se agacharía y le tomaría la mano. La subiría al asiento del carruaje y galoparían por las calles vacías de Dugtown hasta que estuvieran seguros de haber dejado atrás a sus perseguidores.

El caballo avanzaba al trote. Janner agachó la cabeza cuando el carruaje se metió en la entrada. A través del portón abierto, pudo ver las oscuras calles de Dugtown.

Detuvo el caballo en la puerta y se asomó a la oscuridad, donde estaba Sara. Ella y un muchacho sujetaban la cadena que mantenía abierto el portón. Tenía los ojos muy abiertos por el miedo.

—Sara, vamos. No hay tiempo.

Ella sacudió la cabeza.

—¡Sara! Viene el supervisor. Tenemos que irnos. Janner extendió la mano para ayudarla, tal como había planeado.

Pero Sara volvió a negar con la cabeza.

—No tengo adonde ir, Janner. Moriré ahí fuera.

—¡No lo harás! Te llevaré con tus padres. ¿No quieres volver a ver a tus padres?

—Los Colmillos nos encontrarán. Me meterán otra vez en el carruaje negro. No puedo soportarlo. No puedo. Al menos aquí hay comida, agua y una cama donde dormir.

—Sara, por favor. Tienes que venir conmigo. El supervisor… él sabe que me ayudaste. Me oyó llamarte.

La voz enfurecida del supervisor resonó detrás de ellos. El niño que estaba junto a Sara empezó a llorar.

—Shh —dijo ella—. Todo irá bien. Janner, vete.

Janner estaba decidido a no dejarla. No quería dejar a ninguno de los niños en la fábrica. Quería atar los brazos del supervisor, encerrarlo en su despacho, abrir de par en par las puertas de la fábrica y liberar a los niños. Pero ¿adónde irían? Quizás Sara tuviera razón. Saldrían a las oscuras calles de Dugtown e intentarían encontrar a sus padres, pero muchos de aquellos niños no eran de Dugtown en absoluto. Al igual que Sara, habían sido raptados por el carruaje negro y llevados aquí en lugar de a Dang. No parecía haber ningún lugar seguro en todo el mundo para los niños, ningún lugar seguro salvo las Praderas Heladas.

—Sara, escucha —suplicó Janner—. Si te quedas, el supervisor volverá a meterte en la caja. Tal vez te envíe en el carruaje negro igualmente. Al menos conmigo tienes una oportunidad. Por favor.

Sara respiró hondo. Janner volvió a tenderle la mano. Ella asintió y, con mano temblorosa, alcanzó el mecanismo que aseguraba el portón.

—Herramientas —sonó la malvada voz del supervisor. Estaba de pie en la parte trasera del carruaje, apoyado en la rueda para sostenerse. Hizo restallar su látigo y se mofó de Janner.

Sara gritó, y el chico que la acompañaba soltó la cadena y se tapó los ojos con las manos. Se arrinconó y se hizo un ovillo. El portón bajó una muesca.

—¡Janner, vete! ¡No puedo sostenerlo! Sara chilló, sin mirar a Janner, sino al supervisor, que se abría paso entre el carruaje y la pared de ladrillo.

Janner podía detenerlo. Ya lo había hecho una vez, y ahora el desquiciado estaba herido. Tendría que ser rápido, pero podría hacerlo.

Justo antes de saltar al suelo para enfrentarse al supervisor, apareció Mobrik. Se movió como un rayo, pasó junto al carruaje y se introdujo en la hendidura donde se encontraba Sara. El correcumbres le tiró del pelo y le arañó las manos, intentando obligarla a soltar la cadena que sujetaba el rastrillo. El portón bajó otra muesca. Una más y el carruaje no cabría.

—¡Vete! —volvió a gritar Sara.

Ardiendo de culpa, dolorido por la tristeza que sabía que sentiría, Janner tiró de las riendas. El carruaje avanzó, rebotando mientras rodaba sobre el pie del supervisor y lo arrastraba al suelo. Finalmente, Mobrik venció a Sara Cobbler y el portón cayó. La parte trasera del carruaje superó por centímetros el portón que caía.

Janner se volvió, con los ojos llenos de lágrimas, y vislumbró por última vez el cartel de ¡Fábrica! ¡Tenedor! Más abajo, a través de los barrotes de la verja, vio al supervisor rodando por el suelo, gritando. Vio la cara de Mobrik, con el labio curvado por el odio al ver escapar a Janner.

Y oyó llorar a Sara Cobbler.

Durante varios minutos, Janner solo oyó aquel sonido. Le llenó la cabeza y se convirtió no solo en la voz de Sara, sino en las voces de todos los niños de Skree, de todos los padres de Skree cuyas vidas estaban rotas y destrozadas como papel viejo.

46

La madriguera de los varados

El carruaje avanzó a toda velocidad por las calles de Dugtown, y pronto Janner se dio cuenta de que estaba llorando y tan cansado que sentía que podría dormirse en el banco del asiento del conductor, que rebotaba y se balanceaba. Cerró los ojos y dejó correr al caballo.

No estaba seguro de cuánto tiempo había pasado cuando el caballo por fin se detuvo. Janner abrió los ojos y vio que el carruaje se había detenido en medio de la intersección de dos calles: la avenida Flor Verde y la avenida Viñedo. Tenía un aspecto muy parecido al de las otras calles que había visto: altos edificios con ventanas oscuras dormían bajo el resplandor de las torres de antorchas, y la basura llenaba las cunetas. No se movía nada.

—¡Hola, ahí! ¡Supervisor! —llegó una voz desde arriba.

Janner se quedó helado. Entrecerró los ojos hacia la torre de antorchas más cercana. Un Colmillo estaba agazapado en el borde de la plataforma, su silueta se marcaba por el fuego. La mente de Janner se quedó en blanco de terror.

—¿Adónde va esta noche, eh? —llamó el Colmillo.

El sombrero de copa. Estaba en el asiento junto a Janner. Tan despreocupadamente como pudo, se lo colocó en la cabeza.

—Al pasaje Tilling, señor —dijo con voz áspera—.

—Ah, más niños para intercambiar. Bien. El jefe se alegrará.

—Sí. Eh, sí, se alegrará.

—Bien, entonces —dijo el Colmillo—, siga con su tarea.

Janner asintió y se alejó tan rápido como se atrevió. Giró el carruaje hacia la avenida Flor Verde. Si no recordaba mal, Flor Verde se cruzaba con la calle Ribereña, y entonces solo tenía que girar a la izquierda y seguirla para salir de Dugtown.

Pocos minutos después de entrar en la ancha carretera, pasó un regimiento de Colmillos. Janner luchó contra el impulso de saltar del carruaje y huir. En cambio, se bajó el sombrero y siguió conduciendo sin mirar a los Colmillos. Pasaron de largo sin una mirada.

Varios minutos después, Janner llegó a la esquina donde la Espada Florida se había enfrentado a los Colmillos. Dos puertas más allá, colgaba el letrero de la Viuda Redonda. Janner tragó saliva al pasar con el carruaje, esperando que Ronchy McHiggins estuviera sano y salvo, profundamente dormido en su solitario dormitorio. Miró con tristeza hacia el callejón que había más allá de la taberna. Allí había estado por última vez con su familia y Oskar. Fue allí donde las cosas habían ido tan mal, gracias a Migg Landers.

Entonces recordó con un sobresalto que el supervisor y Mobrik seguramente darían la alarma. Avisarían a los Colmillos que se había escapado y Mobrik les diría quién era. No estarían buscando a un chico cualquiera, sino a una de las joyas de Anniera.

El carruaje pasó junto a los cobertizos para botes, junto al lugar donde había visto a Tink por última vez, junto a Crempshaw, el atajo que había enviado a Janner al pasaje Tilling. Al pasar, las torres de antorchas silbaban y crepitaban por encima, pero ninguno de los Colmillos de guardia dijo una palabra, aunque Janner sintió sus ojos clavados en él. A su derecha, más negro que el cielo nocturno, se encontraba el poderoso Blapp. Janner solo lo percibía como una franja de oscuridad con olor a pescado, y de vez en cuando oía un chapoteo de agua o el golpeteo de un barco contra un muelle.

En las afueras de Dugtown, los edificios se hicieron más dispersos y los caminos más escabrosos. Los adoquines perdidos sacudían el carruaje una y otra vez, hasta que Janner se encontró rebotando por un camino embarrado y lleno de baches.

Refrenó el caballo y miró hacia la ciudad. Llevaba un rato subiendo poco a poco, y ahora el río chapoteaba al pie de una empinada orilla que caía hacia la derecha. Había pasado la última de las torres de antorchas y se sentía mucho más seguro en la oscuridad de las afueras de la ciudad.

A juzgar por la vista de la ciudad que tenía debajo, la casa con la madriguera de varados debía estar cerca. Por primera vez desde su huida, Janner creyó que podría volver a ver a su familia. Intentó no pensar en la imagen que había visto de Leeli en las montañas nevadas. Si era verdad, significaba que su familia lo había dejado atrás. Lo habían abandonado. Habían pasado días —no estaba seguro de cuántos— desde su separación en la Viuda Redonda, y su parte racional sabía que no podían esperar eternamente. Podo tenía que pensar en Leeli, por no hablar de Nia y Oskar.

Pero ¿cómo iban a marcharse sin más? No, seguirían allí, esperando.

Se imaginó el cálido abrazo de su madre y la mirada de Leeli cuando apareciera en la madriguera. Podo le daría una palmada en la espalda y rugiría su aprobación porque Janner hubiera encontrado el camino de vuelta.

Pero, ¿y Tink?

La imagen de Tink en la jaula mataba todos los pensamientos de alegría y de feliz reencuentro. Si la visión de Tink en la jaula era cierta, no habría tiempo para alegrarse.

Janner se obligó a alejar tales pensamientos y desmontó del carruaje. No había nada que hacer, salvo encontrar la madriguera y rogar que su familia siguiera allí.

Desabrochó los arreos del caballo, luego lo palmeó en las ancas y lo vio alejarse al galope.

Entonces, Janner también corrió. Saltó sobre los baches mientras trotaba colina arriba, sin perder de vista los edificios que había a su izquierda. Le preocupaba no recordar cómo era la vieja casa, pero entonces la vio.

Se detuvo delante de la casa, preguntándose dónde estaría el viejo hombre que roncaba, y escuchó. Oyó el gran silencio del río a sus espaldas. Las cabras y las gallinas se agitaban dormidas en la cercanía. Las ranas gorjeaban. Y sonó una campana.

A Janner se le heló la piel. Miró hacia Dugtown, ladera abajo, y vio movimiento. La campana sonaba y sonaba, y luego se le unieron más campanas. El sonido subió por la colina como una ola invisible. De repente, los fuegos de las torres de antorchas se encendieron, primero uno, luego otro y otro, hasta que todos ardieron el doble de brillantes que antes. Incluso desde aquella distancia, Janner se sintió expuesto. Entonces, como una larga serpiente de muchos ojos, una hueste de Colmillos con antorchas se desplazó por las calles y se unió en la calle Ribereña.

Había visto a los Colmillos reunidos de este modo la noche en que entraron en Glipwood desde el Fuerte Lamendron. Estaban en movimiento y venían directamente hacia él. Ya podía oír el ruido sordo de la marcha.

Janner se metió en la oscura casa.

Los Colmillos ya estaban lo bastante cerca como para oírlos con paso firme y entonando un cántico al sonar de un tambor. Le costaba creer que él fuera la causa de todo aquel alboroto. *¿De verdad necesitan todo un ejército de Colmillos para encontrar a un solo chico?*, pensó.

Su pie chocó contra la argolla de hierro de la trampilla que conducía al sótano. La abrió de un tirón, bajó y cerró la puerta. Avanzó a tientas en la oscuridad hasta la pared donde Podo había accionado el mecanismo que abría la puerta secreta. Tanteó las grietas de la pared igual que había hecho Podo, estremeciéndose al pensar en los insectos que podría molestar.

Por favor, rogó Janner, *que sigan estando aquí.* Si los Colmillos iban a atraparlo por fin, no quería estar solo. Se puso cada vez más frenético a medida que el mecanismo se le escapaba, al borde de las lágrimas, suplicando al Hacedor que permitiera que sus seres queridos estuvieran en la madriguera. Por fin, sintió un pequeño alambre metálico con un lazo en el extremo. Metió el dedo en el lazo y tiró. Oyó un clic y luego el chirrido de la trampilla abriéndose en algún lugar detrás de él.

Se arrodilló y se arrastró hasta el agujero del suelo. No había resplandor de la luz de la lámpara, ni sonido de respiración. En la madriguera le esperaba un silencio negro y vacío. El corazón de Janner se desplomó. *Quizás solo apagaron la vela, o tal vez se esconden en el túnel*, pensó, sabiendo que era una esperanza vana.

Con un pesado suspiro, Janner metió los pies en el agujero y bajó. Cerró la segunda trampilla y descendió a una oscuridad tan densa como la del ataúd del supervisor. Tras un momento de búsqueda, encontró el farol junto a la escalera y la caja de cerillas.

Cuando la luz amarilla de la cerilla llenó la cámara, Janner quedó tan impresionado por lo que vio que no se habría sorprendido si el corazón le hubiera subido por la garganta, se le hubiera salido por la boca y hubiera aterrizado con estrépito en el suelo de tierra.

Había una persona sentada contra la pared opuesta, mirándolo fijamente.

Iba vestida con harapos, la piel curtida y apelmazada por la mugre, y sus ojos eran pozos sin fondo encajados en el paisaje arrugado de su rostro. Le resultaba familiar, y Janner supuso que debía ser una de las viejas del pasaje Tilling.

Dejó caer la cerilla y todo se volvió negro.

Ella se rio. Era una risa seca y pastosa, un crujido muerto.

—Niño —susurró.

Janner estaba demasiado aterrorizado como para moverse. Se la imaginó arrastrándose hacia él con movimientos espasmódicos, con aquellos ojos anchos, negros y arácnidos capaces de verlo en la oscuridad de algún modo. Los Colmillos chocaban y gruñían en la casa de arriba. Se preguntó qué era peor: la captura por los Colmillos o el hedor húmedo de la vieja en el sótano.

—*Niño* —volvió a susurrar ella, más alto.

Janner cerró los ojos e intentó aislarse del mundo. Cuando oyó a la mujer gruñir y arrastrarse por el suelo hacia él, respiró entrecortadamente, desesperado. Su cabeza pareció nublarse; puntos brillantes de luz bailaban sobre sus párpados.

La mano de ella le tocó el pie, y Janner intentó gritar, pero su voz no sonó. Las estrellas estallaron en ardientes colores, y tuvo la sensación de caer lentamente hacia arriba y hacia el espantoso y silencioso pozo del espacio.

47

Un cambio de parecer

Apenas Janner volvió en sí, estaba tosiendo. El polvo le llenaba la boca. Balbuceó y escupió, deseando un vaso de agua para lavarse la arena granulada de los dientes y la lengua. Cuando abrió los ojos, se sorprendió al ver que había luz. Entonces recordó a la vieja, a los Colmillos, la mano en su pie...

Se incorporó.

La mujer estaba sentada contra la pared, con el farol a su lado.

—Niño, olvidaste cubrir tus huellas —él no sabía de qué hablaba, así que ella señaló—. La cuerda, niño. Tira siempre de la cuerda.

Janner miró hacia la escalera y vio una cuerda colgando cerca de la pared. Recordó que Podo había tirado de ella para liberar la suciedad del techo y ocultar la trampilla.

—Lo siento, lo olvidé. Los Colmillos —dijo—, ¿se han ido?

—Oh, siempre están cerca, deslizándose en su labor asesina —hizo una pausa— No te acuerdas de mí, ¿verdad?

Janner sacudió la cabeza. Su rostro le resultaba familiar, pero su acento era mucho más marcado que el de la vieja Gorah. Estaba tan sucia que bien podría haber llevado una máscara.

—Conocía a tu abuelo, ¿recuerdas?

—¿Nurgabog?

—Sí —suspiró—.

—Pero ¿qué haces aquí? ¿Qué ha pasado?

—Tranquilo con las preguntas, muchacho. Lo primero es lo primero. Quieres saber dónde está tu familia, ¿verdad?

—¿Sabes dónde están?

Nurgabog negó con la cabeza.

—Lo primero es lo primero, muchacho.

Tosió, y Janner vio que su respiración era superficial y acuosa.

—¿Qué ocurre? —preguntó.

—Claxton. Está loco como una cabra —le temblaba la barbilla—. Hirió a su propia madre, eso hizo —agitó la mano en el aire—. No importa. Ahora necesito agua y que me ayudes a cambiar el vendaje de mis heridas.

Levantó el farol para que él pudiera ver su costado. La sangre empapaba su harapiento vestido.

—¿Claxton hizo esto? —preguntó Janner en voz baja.

—Sí. Ahora corre por la escalera y busca una taza o un cubo. Baja al río y trae agua. Todas las provisiones de aquí se han ido con tu familia.

—Por favor, dime dónde están —dijo Janner.

—Si no me traes agua, podría desmayarme y no despertar nunca. Han pasado días, muchacho. Vete. No debería ser difícil encontrar un jarrón entre tanta chatarra. Y ten cuidado con los Colmillos. No los he oído desde que te echaste tu siestecita —volvió a reírse, aquella risa débil y quebradiza que la hizo toser tanto que se cayó y quedó tendida de lado en el suelo.

Janner no esperó a que se lo repitieran. Subió por la escalera. En lo alto, escuchó si había movimiento y no oyó nada. Cuando empujó la trampilla, no se abrió. Volvió a empujar, pero temió romper el pestillo.

—¿Eh, Nurgabog?

—Está detrás de… la escalera —gimió.

Janner encontró otro alambre enrollado detrás del peldaño superior de la escalera, tiró de él y la puerta se abrió con un chasquido, derramando suciedad por el hueco.

Cuando salió de la casa, Janner vio que el amanecer se acercaba rápidamente. No había Colmillos desfilando ni ancianos roncando en la entrada.

A la luz rosada y dorada del cielo justo antes del amanecer, Janner buscó entre los escombros que rodeaban la casa hasta que encontró una gran vasija de barro. No había ni rastro de Colmillos, así que cruzó corriendo el camino y se deslizó por la orilla hasta el borde del agua. La superficie era cristalina, imperturbable salvo por los anillos ocasionales donde se posaban los insectos acuáticos. De repente, un pez rompió la superficie con un gran chapoteo y quedó suspendido en el aire durante un instante antes de volver a sumergir su afilado hocico en el agua y hundirse.

—¡Un pez daga! —dijo Janner con asombro. Luego, más serio—: un pez daga. Llenó la vasija y se alejó del agua.

Nurgabog estaba inconsciente cuando el niño regresó. Janner le dio un empujoncito y la ayudó a sentarse. Olía fatal y tenía aún peor aspecto, pero Janner sintió un sorprendente afecto por ella. Había conocido e incluso amado a Podo en sus días de juventud, lo que la asemejaba menos a una vieja bruja o a una varada y más a una abuela perdida hacía mucho tiempo.

—Mucho mejor —dijo ella después de beber un largo trago—. Ahora arranca un poco de esa camisa que llevas y límpiala bien.

Janner odiaba estropear su única camisa, pero hizo lo que le decían y se dispuso a cambiar el vendaje de Nurgabog. La herida de su costado le recordó a Janner la de Podo la noche en que estuvo a punto de morir en la cámara de armas de la mansión Anklejelly. Si tan solo tuviera el frasco de agua del primer pozo. Sin duda, la vieja Nurgabog lo necesitaba más que la rocaracha gigante.

—Mejor —dijo cuando terminaron. Tenía los ojos más claros—. No quería que huyeras sin ocuparte primero de la vieja Nurgabog. No se puede confiar en nadie en la Ribera.

—Puedes confiar en mí —dijo Janner.

Nurgabog estudió sus ojos un momento y sonrió.

—Sí. Creo que puedo.

—¿Dónde está mi familia? ¿Dónde está Tink?

—¿Tink?

—Kalmar, quiero decir. ¿Dónde están?

—Bueno, muchacho —dijo Nurgabog con cuidado—. No te va a gustar la respuesta. Y ten en cuenta que todo lo que voy a contarte me lo han dicho distintos varados de varios clanes. Se corre la voz, ya sabes.

Janner asintió.

—Tu familia se marchó hace tres días. Tu madre estaba afligida con una profunda pena por ti y por tu hermano. No la oyeron decir ni una palabra, pero lloró mucho. Lloraba como si el sol se hubiera puesto para siempre, me dijeron. Pero Podo seguía diciéndole que ustedes estarían bien. Dijo que sabían cuidarse y que, si no lo hacían, tampoco se podía hacer nada al respecto. Todavía tenían a la niña.

—Leeli —dijo Janner. Su corazón se hacía más pesado con cada palabra que pronunciaba Nurgabog.

—Sí. Y dijo que con ustedes desaparecidos y probablemente atrapados por los Colmillos, ahora era su trabajo mantenerla a salvo. Esperaron tanto como se atrevieron y luego partieron hacia las Praderas Heladas con muchas oraciones y lágrimas por ustedes.

Janner agachó la cabeza.

—Podo tenía razón cuando dijo que no podían hacer otra cosa —le dijo ella—. Él habría ido a buscarte, muchacho. Créelo. Pero no sabía dónde estabas y, aunque lo supiera, no podría asaltar el Fuerte Lamendron o el Palacio Torr con una niña pequeña, un viejo librero y una madre afligida a los que atender. Quizás en sus días de juventud… ¡ah, muchacho! Tendrías que haberlo visto en sus épocas de juventud. —Nurgabog lucía una sonrisa desdentada y una mirada lejana.

—Me abandonaron —dijo Janner, empujando hacia abajo el nudo que se le estaba formando en la garganta.

Nurgabog asintió.

—Sí. Lo hicieron. Lo siento, muchacho.

—Espera. —Janner levantó la cabeza—. ¿Y qué hay de Tink? ¿Qué hay de Kalmar? No lo has mencionado. Está con ellos, ¿verdad?

Nurgabog suspiró y negó con la cabeza.

—Entonces, ¿dónde está?

—Tomó una decisión, muchacho.

—¿Qué se supone que significa eso?

—Siguió el camino hasta aquí, igual que tú —hizo una pausa—; pero siguió caminando.

—Eso no tiene sentido —dijo Janner—.

—Ni siquiera se detuvo a ver si seguían aquí —continuó—. ¿Y lo peor de todo? *Estaban*. Toda tu familia, sentada aquí, en la suciedad y la oscuridad, oraba al gran Creador silencioso para que ambos aparecieran sanos y salvos. Y Kalmar Wingfeather pasó de largo sin mirar atrás, hace cuatro días.

Janner sintió un sollozo en la garganta.

—¿Por qué? ¿Por qué lo haría?

—Porque lo que sea que haya dentro de un hombre que lo llama al borde de las cosas, que lo llama a las sombras y lo aleja de la luz debe haber sonado muy fuerte en sus oídos. Tu hermano es ahora un varado, muchacho. Eso es lo que quería. Apareció en el Recodo Oriental con fuego en los ojos, sacudiendo el talismán de Claxton como si fuera el dueño del lugar.

A Janner le costó oír todo lo que dijo Nurgabog después de aquellas palabras. Sentía como si le hirvieran las entrañas. Las lágrimas de Janner empaparon el suelo de la madriguera de los varados.

¿Por qué haría Tink algo así? Los varados eran villanos viles, ladrones y asesinos, como Colmillos sin escamas. ¿Por qué elegiría unirse a gente así? El rey supremo de Anniera. Janner se alegró de que su padre no estuviera vivo para ver cómo su hijo traicionaba así al reino. Sabía que Tink tenía miedo, que no quería ser el rey. Pero ¿esto? ¿Un varado?

Bien, pensó Janner, secándose las lágrimas de los ojos. *Que se lo queden los varados.*

Se levantó y miró fríamente a Nurgabog.

—¿Cómo llego a las Praderas Heladas?

—¿Qué?

—Me queda un largo camino por recorrer —dijo.

Nurgabog lo miró fijamente con una mirada triste.

—¿Así que lo vas a dejar atrás?

—Dijiste que había tomado una decisión —espetó Janner—. No voy a arriesgar mi vida para intentar convencerlo de que haga algo que debería querer hacer. Estoy harto de perseguirlo, harto de sus bromas y su egoísmo. Estoy harto de él. Si quiere ser un varado, no puedo impedírselo. De todos modos, habría sido un pésimo rey.

Nurgabog no dijo nada.

—¿Y bien? —preguntó Janner.

—Al norte de aquí —dijo al cabo de un momento—. Después de un día de camino, llegarás a la Barrera. Dirígete hacia el este hasta que encuentres un viejo árbol muerto. Treinta pasos más allá, encontrarás una brecha en la pared. El árbol muerto es el nido de un buitre punzante, así que ten cuidado. Muévete deprisa o es probable que te conviertan en comida. Es bastante fácil escabullirse cuando los Colmillos están buscando en otra parte, sobre todo ahora que las patrullas son tan escasas.

—¿Por qué hay menos patrullas? —preguntó Janner mientras cruzaba la habitación hacia la escalera.

—No lo sé. Pero los Colmillos parecen cada vez menos preocupados por que los skreeanos se cuelen a través de las Praderas Heladas, lo que hace que me preocupe un poco por lo que el viejo Gnag el Sin Nombre esté haciendo y nosotros no sepamos.

—Gracias por tu ayuda —dijo Janner—. ¿Qué harás tú?

—La vieja Nurgabog estará bien, muchacho —volvió a sonreír—. Pero gracias por el detalle —hizo una pausa, mirando a Janner como si quisiera decir algo más.

—¿Qué?

—Tengo un fuerte argumento dando vueltas en mi cabeza, muchacho.

Janner esperó.

—No sé mucho sobre Anniera. Ni siquiera estoy segura de que exista tal lugar. No presto mucha atención a lo que ocurre en el gran mundo que no me afecta. Tan solo dejo que las cosas pasen —dijo ella—. Pero tu Podo hizo algo por mí que nadie había hecho nunca. Me preocupo por él. Lo que equivale a decir que me preocupo por lo que él se preocupa. Sé que se interesa por ti y por tu hermano, así que ahora tengo que preguntarme si querría que llegaras a salvo a las Praderas de Hielo tú solo o que hicieras lo correcto… y quizás ni tú ni tu hermano lo lograrán.

—No lo entiendo —dijo Janner.

—¿No quieres saber qué me pasó? No todos los días me apuñala mi propio hijo.

Janner se avergonzó de no haberse molestado en preguntar por la herida de Nurgabog.

—Lo siento —dijo—. ¿Qué pasó?

—Puede que tu hermano tenga manos rápidas, más que cualquier varado que haya visto, pero el viejo Claxton también tiene sus talentos. No tardó mucho en descubrir que Kalmar Wingfeather había vuelto a la Ribera. Unas manos rápidas no hacen invencible a un chico, ¿verdad?

La ira de Janner contra Tink se enfrió un poco y sintió una punzada de miedo.

—¿Qué pasó?

—Es el carruaje negro, muchacho.

—¿Qué pasa con el carruaje negro?

—Los Colmillos pasan una vez a la semana, gracias a un acuerdo que Claxton hizo con ellos. Quería que los varados del Recodo Oriental gobernaran algo más que nuestra pequeña sección del río. No se conformaba con cómo habían sido siempre las cosas. Puede que no lo sepas, pero los Colmillos tienen órdenes estrictas de recoger cada vez más niños, y cada vez es más difícil conseguirlos.

Los Colmillos permiten que los del Recodo Oriental llevemos puñales y nos dejan en paz, siempre que les demos unos cuantos niños nuevos cada semana para el carruaje negro.

—¿Qué tiene esto que ver con Kalmar?

—Claxton lo tiene enjaulado, esperando al carruaje negro en estos momentos. Kalmar pensó que sería bienvenido en el Recodo Oriental como un hijo perdido que vuelve a casa. Pero, como te dije, no puedes fiarte de nadie en la Ribera. En cuanto tu hermano entró en el Recodo Oriental, Claxton lo golpeó hasta casi matarlo y le quitó el talismán.

—No —dijo Janner.

—Sí. Es verdad. Y la vieja Nurgabog intentó impedirlo todo. No quería dejar que se llevaran al nieto de mi viejo amor. Pero Claxton está loco como una cabra, como ya he dicho. Me apuñaló en las tripas y me tiró al río. Su propia madre. Nurgabog se cubrió la cara con las manos.

Janner sabía que los varados eran un grupo malvado, pero esto era peor de lo que había imaginado. Y Tink quería unirse a ellos. A Janner lo enfermaba.

—Sobreviví, claramente —dijo Nurgabog con un resoplido—. Me enteré de que Podo estaba escondido en esta madriguera, así que vine lo más rápido que pude. Demasiado tarde, como verás. Cuando llegué, ya se habían ido. Y tu hermano se habrá ido después de esta noche, cuando llegue el carruaje negro.

Janner no sabía qué hacer.

—Entonces —dijo Nurgabog—, ya ves mi dilema. Si me callara, te irías más allá de la Barrera y tendrías al menos una oportunidad de volver a encontrar a tu familia. Pero ahora que te he dicho que Kalmar está enjaulado, harás lo que haría cualquier buen hermano. Intentarás salvarlo. Y te atraparán, y se los llevarán a los dos —suspiró—. Y ahora he condenado no a uno, sino a dos muchachos a las profundidades de Throg. Por supuesto, podrías olvidar lo que te he dicho, huir a las Praderas de Hielo y dejar a Kalmar a merced del destino que el Creador tenga para él, como dijiste que harías.

Janner se quedó al pie de la escalera con la cabeza gacha. No podía abandonar a su hermano.

—Gracias, Nurgabog —dijo—. Me alegro de que me lo hayas contado todo.

—Entonces ¿vas a intentar salvarlo?

—Sí, señora. Tengo que hacerlo. Soy un guardián del trono.

—Entonces necesitarás esto.

Accionó otro pestillo oculto en la pared y se abrió una pequeña puerta cuadrada. Janner jadeó sorprendido. Dentro había dos mochilas de cuero, las que Nia había hecho para él y Tink, con espadas y arcos.

—Creo que Podo las dejó para ustedes. Prueba de que el viejo creía que llegarían aquí tarde o temprano. La carne seca de topoespín ya no está. Me la comí. Mis disculpas —le dedicó una sonrisa sin dientes.

En su mochila, Janner encontró un pergamino doblado con su nombre escrito a mano por su madre. Se deslizó hasta el suelo y abrió la carta, sin prestar atención a la forma triste en que Nurgabog lo observaba.

Mi querido Janner:

En mi vida me he visto obligada a tomar muchas decisiones difíciles. La decisión de casarme con tu padre, aunque supusiera abandonar los Valles Verdes y a la mayor parte de mi familia. La decisión de abandonar a tu padre mientras ardía el castillo. La decisión de ocultar su recuerdo de ti y tus hermanos. Y ahora parece que me veo obligada a tomar la decisión más difícil de todas.

No podemos quedarnos aquí para siempre. Los Colmillos merodean, y los varados son una prole innoble. Sus labios ondean como banderas en una tormenta, difundiendo la noticia de nuestra huida desde aquí hasta los confines de los mapas. Es solo cuestión de tiempo para que los Colmillos descubran esta madriguera. Debemos, aunque sea más doloroso de lo que puedo soportar, dejarlos atrás.

Tu abuelo me asegura que tú y tu hermano son más capaces que muchos hombres junto a los que ha luchado y que encontrarán el camino. Mis lágrimas han mojado el suelo y he discutido con él, pero he perdido la batalla. Tu hermana debe estar a salvo. Debemos seguir adelante. Me tiembla la mano al escribir esto, tan grande es mi temor por ti. Mantén a salvo a tu hermano. Mantente a salvo. Y encuentra tu camino. Un fuego de bienvenida arde para ustedes en las Praderas de Hielo. Que el Creador te ayude.

Con amor,

Tu madre

Janner resopló y se secó los ojos. Al pie de la página, escrita con una letra mucho menos refinada, había una nota de Podo.

Muchacho:

Mantente lejos de los caminos. Tú y tu hermano deben encontrar una brecha en la Barrera y luego atravesar las montañas. Un viejo forastero me ha dicho que las Montañas Pedregosas parecen más tranquilas hacia el oeste, pero que se trata de una mentira del terreno. El único camino es hacia el este, hacia los riscos. Busca el sendero que serpentea por el borde derecho del pico más alto. Se llama Mog-Balgrik, que según Oskar significa «la Nariz de la Bruja».

Una vez pasado Mog-Balgrik, el terreno se inclina hacia las Praderas de Hielo. Después de eso, sabes tanto como yo sobre el lugar. Mantente alejado de abomachacadores, buitres punzantes y acantilados. Lo bueno es que no verás Colmillos. Mantén a salvo a tu hermano menor. Te necesita.

Podo

Debajo de la firma de Podo, había una línea escrita con una letra cuidada y fluida:

Janner, tengo tu libro. Lo mantendré a salvo hasta que llegues. En palabras de Bronwyn Silverfoot: «Espero que no te importe».

Oskar N. Reteep,
Apreciador de lo ordenado, lo extraño y lo sabroso.

Janner se echó las mochilas al hombro y abrazó a Nurgabog (con cuidado de no respirar por la nariz mientras lo hacía). Ella le pellizcó la mejilla y le dijo dónde encontrar la palanca para abrir las jaulas. Luego, Janner trepó por la escalera para rescatar al rey supremo de Anniera.

48

Las jaulas

En cuanto Janner salió de casa, divisó a los Colmillos.

Una compañía marchaba hacia el oeste, colina abajo, hacia Dugtown, y a lo lejos se acercaban más desde los confines orientales de la Ribera. Janner volvió a entrar en la casa y se asomó a la ventana. El viento cambió de dirección y Janner percibió el olor del fuego mezclado con el hedor del río y de los Colmillos. Entonces vio que ardían casas a lo largo de todo el Blapp. Probablemente eso significaba que pronto incendiarían la casa donde se ocultaba.

En lo primero que pensó fue en Nurgabog. Pero aunque la casa ardiera hasta los cimientos, la madriguera permanecería oculta bajo las cenizas. No dudaba de que podría encontrar una salida a través de uno de los pasadizos ocultos. Pero ¿cómo llegaría él hasta el Recodo Oriental de la Ribera a plena luz del día? Habría sido difícil incluso sin los Colmillos que buscaban, de entre todas las almas de Kistamos, al propio Janner.

Respiró hondo. No había nada que hacer salvo correr y evitar el camino.

Janner saltó la valla de detrás de la casa, se escurrió por el barro de lo que había sido una pocilga y esprintó por el campo trasero lleno de bultos hasta llegar a un grupo de árboles que habían sobrepasado la línea de la valla. Mientras corría, las dos mochilas rebotaban y traqueteaban y le recordaban a Tink con cada bache. Al llegar a los árboles, Janner recuperó el aliento y buscó el siguiente punto de cobertura. Divisó una maraña de maleza y espinos en el lado opuesto de otro pastizal, y echó a correr.

De este modo, Janner avanzó hacia el este, saliendo de graneros caídos, atravesando campos, hacia arroyos poco profundos y llenos de maleza, subiendo colinas graduales, y así sucesivamente, hasta que se vio cubierto de abrojos y cortado por espinas.

No se permitió pensar en Sara Cobbler, ni en Nurgabog, ni siquiera en sí mismo. Solo pensaba en la visión de Tink en la jaula. En la visión estaba asustado, frío, solo e indefenso. Janner aún quería agarrarlo por los hombros y hacerlo entrar en razón, pero ya habría tiempo para eso cuando estuviera a salvo.

Janner no tardó en ver señales del clan de los varados. Salía humo de una pequeña hoguera en el extremo opuesto del campo. Había figuras que se movían. Las risas llegaron hasta donde Janner estaba acuclillado entre la maleza. Tras varios minutos, se arrastró por la hierba alta hasta asegurarse de que estaba lo bastante lejos como para pasar desapercibido; entonces siguió adelante, esperando que el resto de los clanes fueran igual de fáciles de evitar.

Unas horas después de que el sol iniciara su descenso hacia el oeste, Janner se detuvo a descansar. Su odre estaba vacío. Apoyado contra las piedras cubiertas de hiedra de un viejo pozo seco, comió las últimas siete nueces saladas de su bolsa. Tras rebuscar en ambas mochilas, por fin se convenció de que se había comido toda la comida y bebido toda el agua. Miró dentro del pozo, como si pudiera brotar agua limpia del barro mientras lo observaba.

Janner no había comido bien desde los cuencos de caldo de cinco días antes, si es que el caldo podía considerarse una comida adecuada. Entonces, recordó la manzana del ataúd. Quizás había sido la mejor manzana que había comido en su vida. A pesar del calor, la preocupación y el hambre que lo atormentaban,

Janner sonrió al pensar en el supervisor y en Mobrik, totalmente enloquecido porque quizás por primera vez un niño había escapado de la Fábrica Tenedor. Pero su sonrisa se desvaneció cuando recordó los bonitos ojos de Sara Cobbler brillando a través del hollín de su rostro.

Janner se levantó y suspiró. No había tiempo para sentarse a pensar en la comida y los amigos que había dejado atrás. No cuando Tink estaba en peligro.

Cuando Podo los había conducido desde el campamento de los varados del Recodo Oriental hasta Dugtown, el viaje había durado un día entero. Sin embargo, habían avanzado a paso de caracol en comparación con Janner ahora. Aunque había tenido que pasar a hurtadillas por otros cinco campamentos de varados, seguía avanzando a buen ritmo. No creía que tardara mucho en llegar al Recodo Oriental, aunque no tenía ni idea de lo que haría cuando llegara allí. Que hubiera conseguido escabullirse tan fácilmente de los varados le infundía esperanzas. Ser pequeño y estar solo tenía sus ventajas.

Pero también había desventajas.

Cuando el viento del norte se abalanzaba sobre él, arrastrando consigo el aullido helador de un sabueso cornudo, por ejemplo, Janner anhelaba la mano fuerte y segura de su abuelo. Cuando su estómago se quejaba de hambre, Janner añoraba la comodidad de la cabaña Igiby, impregnada del aroma del estofado de su madre. Cuando una golondrina revoloteaba sobre su cabeza y se posaba

en una rama de abedul para cantar su canción, Janner pensaba en Leeli y en la música que flotaba a su alrededor como el polen de primavera en un rayo de sol.

No quería ser pequeño y estar solo ni un segundo más de lo necesario.

Cuando el sol se puso y los colores del mundo se hicieron más intensos, Janner llegó a una elevación del terreno que daba al gran río. Se sentó en una roca musgosa con las rodillas recogidas bajo la barbilla y sintió que el día exhalaba su último suspiro. El río se estrechaba aquí, su superficie vidriosa tallada con remolinos y una tranquila inquietud por las corrientes ocultas y aceleradas que jugaban debajo. Más allá del Blapp, la tierra cubierta de árboles se inclinaba hacia el sur. En algún lugar en esa dirección se encontraba la carretera que llevaba al este a Glipwood y al oeste a Torrboro. A lo largo de la orilla más cercana, Janner pudo ver el camino embarrado que él y su familia habían recorrido cuando salieron por primera vez del Recodo Oriental. Al este, se alzaba el bosque de Glipwood, salvaje y antiguo, una sombra sedienta que abría la boca para tragarse al poderoso Blapp.

Estaba cerca. El campamento de los varados estaba donde convergían el río, la carretera y el bosque. Janner miró de nuevo al cielo del oeste. El dorado había desaparecido. El cielo azul oscuro llegaba desde el este para apagarlo y que las estrellas se despertaran.

En algún lugar cercano, si Nurgabog estaba en lo cierto, Tink estaba sentado en una jaula. En algún lugar del norte, el carruaje negro se acercaba cada vez más, y crueles cuervos se arremolinaban sobre él. Janner lo imaginó como una oscuridad más profunda que se arrastraba hacia el sur por el borde del bosque.

Tenía que liberar a Tink antes de que llegara el carruaje. Cuando llegara a los límites del asentamiento, la noche sería completa. Al amparo de la oscuridad, se alegraría una vez más de ser pequeño y estar solo.

Era hora de partir.

Janner se arrastró tan silenciosamente, colocando con tanto cuidado cada mano y cada rodilla sobre la piedra y la hierba, con una respiración tan lenta y pausada, que cuando se encontró cara a cara con el conejo entre la maleza, este no huyó. Lo consideró un momento, con los bigotes crispados, y luego se alejó corriendo como si el muchacho fuera uno más de su camada.

A un tiro de piedra a su derecha, ardía la hoguera donde se reunían los varados. Reían, escupían y discutían sobre trozos de carne de vaca colmillo que sacaban chisporroteando del asador. La barriga vacía de Janner clamaba pidiendo atención, pero él la ignoró, centrándose en las jaulas que encerraban a Tink.

Las destartaladas construcciones y los montones de leña le proporcionaban una buena cobertura de la luz del fuego. Una vez que hubo descendido de la colina y se escabulló entre matorrales y espinos, divisó el resplandor de la hoguera y oyó a los ruidosos brutos que la rodeaban. Dejó caer las mochilas y las empujó hacia la maleza. Estaría más tranquilo sin ellas, y él y Tink podrían recogerlas al volver a salir.

Se había adentrado en las sombras detrás de una choza, y fue entonces cuando vio las jaulas. Estaban situadas en una plataforma, más allá de una mata de hierba alta cortada por senderos. No era mucha cobertura, pero bastaba para alguien pequeño y solo.

Allí fue donde Janner se encontró con el conejo.

Se detuvo y escuchó en busca de alguna señal de algún miembro del clan que no estuviera junto al fuego por algún motivo. Pero Janner estaba solo, aparte de Tink y cualquier otro niño que Claxton tuviera en las jaulas. Janner se deslizó por un sendero y se congeló en la hierba, luego cruzó otro sendero y volvió a detenerse. Las jaulas —había cuatro— estaban a solo unos pasos.

Janner se arrastró hasta el pie de la plataforma. Palpó en la oscuridad a lo largo de la pata de la plataforma y encontró la palanca de liberación, justo donde Nurgabog dijo que estaría. Bajó la palanca hasta que oyó un *clic*. Janner contuvo la respiración, rogando al Creador para que los varados no lo oyeran.

Finalmente, Janner se puso en pie y se asomó al interior, llevándose ya un dedo a los labios para silenciar a quien pudiera ver.

La primera jaula estaba vacía. La duda centelleó en la mente de Janner. Nurgabog lo había enviado a esta misión de rescate sin sentido para que lo atraparan como a un thwap en un cepo. Janner miró en la siguiente jaula y también la encontró vacía. Con las mejillas encendidas por la vergüenza y la rabia, miró en la tercera jaula y vio dos ojos que le devolvían la mirada.

—¡Tink! —susurró, más alto de lo que pretendía.

La figura en las sombras se inclinó hacia él.

—¿Tink? —repitió Janner en voz baja.

—No soy Tink —dijo una voz de niña—. Soy Maraly. No conozco a ningún Tink.

—Me refiero a Kalmar —dijo Janner—. ¿Está aquí?

—¿Kalmar Wingfeather? Ah, te recuerdo. Eres su hermano, ¿no?

Janner asintió.

—¿Dónde está? ¿Dónde está Kalmar? Tengo que sacarlo antes de que llegue el carruaje negro.

Maraly sacudió la cabeza y volvió a acomodarse en la parte trasera de la jaula.

—No está aquí.

—¿Qué? ¿Dónde está? —dijo Janner, apretando la cara contra los barrotes.

—Llegas demasiado tarde. El carruaje negro llegó pronto esta vez. Apareció anoche unas horas antes del amanecer. Un montón de Colmillos vinieron con él, buscando a un chico que huía desde Dugtown. Me imagino que ese serías tú, ¿no?

Janner sintió que la sangre se le escurría de la cara.

—Claxton les dio a Kalmar y a los otros chicos que había recogido. Los Colmillos los arrojaron al carruaje y se los llevaron gritando, como siempre.

—Pero, pero… ¿y tú? ¿Por qué no te llevaron a ti también?

Maraly resopló.

—No estoy aquí por el carruaje. Ni siquiera Claxton es tan malvado como para enviar a su propia hija. Estoy aquí por castigo.

Janner estaba demasiado aturdido para hablar.

—Castigo —dijo Maraly— por intentar ayudar a Kalmar a escapar. Me temo que no sirvió de mucho. Lo siento. Ya está de camino a Dang.

Tink ya no estaba.

Janner no podía pensar. Se quedó junto a la jaula mirando a la nada, viendo en su mente la imagen del pobre Tink sentado en la jaula, pero ahora no era una jaula. Estaba en el vientre húmedo del carruaje negro, donde la muerte era un buen sueño.

—¿Qué hago? —se oyó decir Janner en voz alta.

—Lo primero que haría yo en tu lugar —dijo Maraly con una risita— es huir. Te han visto.

Janner salió bruscamente de su aflicción al ver a Claxton Weaver junto al fuego, mirándolo directamente, con una daga brillante en el puño.

—¡Vamos!

Janner abrió de golpe la puerta de la jaula y sacó a Maraly. Tenía los ojos muy abiertos y fieros, y Janner pensó por un momento que iba a abalanzarse sobre él. En lugar de eso, miró a Claxton, luego a Janner y de nuevo a Claxton.

—¡Maraly! —gritó Claxton con un tono de advertencia en la voz.

Luego, la niña escupió en su dirección, se encogió de hombros y le dijo a Janner:

—Sígueme.

Desapareció tan completamente en la maleza, más allá de las jaulas, que al principio Janner no estaba seguro de en qué dirección había ido. Entonces oyó su voz no muy lejos:

—¡Date prisa!

Janner corrió hacia la oscuridad, intentando ignorar los aullidos de rabia del campamento de los varados. Todo el clan, con Claxton al frente, se lanzó tras los dos niños como un enjambre de avispas. Maraly corrió hacia el norte, cortando a izquierda y derecha alrededor de arbustos y pequeños árboles sin una sola mirada detrás de ella. Janner resoplaba tras ella, apenas capaz de seguirla.

—¡Maraly, espera! —jadeó— ¡Las mochilas! Tengo que recoger las mochilas!

Ella no pareció oírlo al principio, pero luego se alejó hacia la izquierda y se zambulló en un arbusto espinoso. Janner cerró los ojos y la siguió, sin importarle el escozor que le producían las zarzas en la cara y los brazos.

—Quédate quieto —susurró, y Janner se quedó quieto.

Claxton pasó rugiendo, maldiciendo a su hija Maraly con palabras que Janner nunca había oído ni siquiera a Podo. El resto del clan lo seguía, un desfile de puñales, barro y furia, ciegos ante los dos niños que sangraban en la oscuridad.

Cuando los varados se habían ido, Maraly dijo:

—¿Y dónde están esas mochilas?

Salieron de entre los arbustos espinosos y se apresuraron a pasar por delante del campamento vacío hasta el lugar donde Janner había escondido las dos mochilas. Le dio la de Tink, se echó la suya al hombro y se pusieron en marcha.

Maraly conocía todos los recovecos del Recodo Oriental, y más de una vez, Janner se preguntó cómo habría encontrado el camino sin ella. Lo guio para pasar lejos de los muchos varados que deambulaban por la noche, gruñendo el nombre de Maraly y describiéndole las terribles cosas que le harían cuando la atraparan. Sin embargo, ella no mostraba ninguna preocupación. Se deslizaba de árbol en árbol sin decir palabra, comprobando de vez en cuando que Janner la seguía de cerca.

A medida que los árboles se espesaban, los sonidos de los varados se desvanecían en la distancia, y Janner empezó a preocuparse más por las vacas colmillo que podrían encontrarse. Pero se recordó a sí mismo que Maraly había vivido allí durante muchos años; si había vacas colmillo, ella lo sabría.

Viajaron hacia el norte durante horas. Ninguno de los niños hablaba.

Por fin, cuando el aire cambió con el primer indicio del amanecer, Maraly se detuvo. Se subió a las ramas de un árbol de glipwood y se balanceó en sus alturas. Janner estiró el cuello para ver la silueta de la niña contra las estrellas plateadas. No estaba seguro de si debía seguirla, pero ella dijo:

—Vamos —así que subió.

Ella se acomodó en el pliegue de dos ramas y cerró los ojos.

—¿Maraly? —dijo él.

Ella no contestó.

Janner se puso cómodo y se recostó con la mochila abrazada al pecho. El balanceo del árbol le trajo buenos recuerdos de la casa del árbol de Peet, y se durmió. Sus sueños eran sobre su hermano.

En ellos, Tink gritaba.

49

La fortaleza de las Phoob

Peet el calcetín se despertó sintiéndose enfermo.

Tenía los brazos encadenados a los costados, igual que desde su captura tras el barranco de las rocarachas. Durante días, su mente había pasado de la locura al dolor y, finalmente, a una sombría comprensión de quién era y dónde estaba exactamente. Percibía un crujido, un olor salado y el sonido de un llanto.

Parpadeó y miró a su alrededor. Estaba sentado en la húmeda bodega de un barco, y el agua sucia chapoteaba a sus pies. A su alrededor, había gente encadenada. No estaban atados de pies a cabeza como Peet, pero tenían las muñecas y los tobillos encadenados a las paredes de la bodega. La mayoría de los prisioneros eran niños. La luz se colaba por los listones del techo y caía sobre ellos como barrotes de prisión. Peet se tensó contra sus cadenas por milésima vez, pero los Colmillos habían hecho bien su trabajo. No podía moverse ni un centímetro.

En esos momentos en los que su mente estaba despejada, sabía quién era. Sabía que era el guardián del trono de Anniera. Sabía que lo habían separado de sus protegidos, de sus sobrinos, de la esperanza de la Isla Luminosa. Su mente bullía con palabras e historias y pensamientos que ansiaba perseguir hasta el final con una pluma y un pergamino. Hacía mucho tiempo que no empuñaba una pluma. Las garras que tenía en las manos solo servían para la batalla.

Buscó entre los niños a Janner, Tink y Leeli y se sintió aliviado al no encontrarlos. Pero lo que vio lo enfureció: tantos niños arrancados de sus familias, obligados a subir al carruaje negro y luego encadenados y arrojados al vientre de una nave Colmillo.

Su corazón se hundió. Sabía que esto ni siquiera era lo peor. El barco sería sacudido por tormentas en las semanas que tardaría en cruzar el Mar Oscuro de las Tinieblas. Los niños que sobrevivieran al viaje serían arrastrados fuera de la bodega del barco hasta la dura luz desértica de los Infortunios de Shreve. Durante días, viajarían bajo el calor mortífero de los Infortunios hasta el pie de la Cordillera de la Muerte. E incluso eso, pensó Peet con tristeza, no sería lo peor. Lo peor vendría después de haber sido arrastrados hasta los precipicios helados de Throg, la fortaleza de Gnag. Allí, Gnag el Sin Nombre los enviaría a las profundidades de las mazmorras, donde haría su malvado trabajo con ellos.

La mente de Peet se nubló y aquella locura familiar ralentizó sus pensamientos. Conocía las profundidades de Throg. Había estado allí y no quería *—no podía—* volver. Era un pensamiento demasiado terrible. Pero el barco lo llevaba allí y no podía detenerlo. Las cadenas se mantenían firmes y el viento soplaba con fuerza. No podía hacer nada.

Al pensar eso, Peet empezó a respirar entrecortadamente. Se oyó sollozar y muchos de los niños lo miraron con ojos grandes y vacíos. La locura lo invadió aún más, y esta vez supo que no remitiría. Se perdería a sí mismo, y una parte de él se alegró. No quería recordar quién era. No quería recordar que había vuelto a fallarle a su familia ni que se dirigía por segunda vez al lugar más negro de todo el mundo.

Entonces, la proa del barco chocó contra algo.

Oyó gritos desde arriba, y luego muchos pasos en cubierta. Durante largo rato, los prisioneros miraron al techo. Peet sabía que no habían llegado a Dang. Habían salido de Fuerte Lamendron hacía solo un día, y no sabía por qué se detendrían ya, salvo quizás para recoger provisiones. Pero ¿no lo habrían hecho en Lamendron?

Entonces, se abrió la puerta del techo y un lobo saltó a la bodega.

Peet chilló, no por miedo, sino por temor por los niños encadenados. Se había encontrado con muchos lobos a lo largo de los años y sabía lo que podían hacer. Todos sus instintos le exigían que protegiera a los niños de aquella bestia. Se preparó para los gritos, y gritos oyó, pero no de dolor. Peet se obligó a abrir los ojos y vio algo terrible.

El lobo se erguía sobre dos patas.

El lobo llevaba armadura y sostenía un anillo de llaves en una garra.

El lobo lo miró fijamente con ojos rojos y malignos y esbozó una sonrisa despiadada.

Vadeó el agua hasta Peet y le puso el hocico en la cara. Lo olisqueó, gruñó y entrecerró los ojos. Luego, habló.

—Entonces eres tú a quien tanto temen —su voz era grave, sus modales comedidos y tranquilos, no como los Colmillos, que chillaban y cacareaban como niños revoltosos. Peet lo miró a los ojos y vio algo que le preocupó: inteligencia—. No serás tan temible cuando acabemos contigo, hombre pájaro. Bienvenido a las Islas Phoob.

El lobo se dio la vuelta y se puso manos a la obra para soltar a los niños y arrearlos por la escalera hasta la cubierta.

¿Las Islas Phoob?, pensó Peet. Luego recordó: «*Serán las Islas Phoob para ti*», había dicho Khrak en Fuerte Lamendron. Las Phoob estaban en el norte, entre las Cataratas Fingap y las Praderas Heladas, una dispersión de pequeñas islas, algunas de las cuales contaban con ciudades portuarias repletas de piratas, marineros y comerciantes… o al menos eso había oído. Nunca había estado allí, pero había visto las islas desde los acantilados. Eran protuberancias marrones y pedregosas en el fondo del mar, como una bandada de tortugas gigantes descansando frente a la costa.

Peet no entendía por qué estaban aquí y no de camino a Dang, pero comprendía muy bien de dónde había venido el lobo andante, y eso lo llenaba de pavor.

El lobo arrastró a Peet fuera de la bodega y con una mano lo arrojó por la borda. Peet se hundió rápidamente en el agua helada. No creía que fueran a dejar que se ahogara, pero aun así se agitaba presa del pánico cuando el lobo lo sacó por fin de la cadena, como un pescador que recoge su pesca. Peet se tumbó temblando sobre una roca y contempló el frío cielo azul. Por encima y a su izquierda, unos niños de ojos tristes con grilletes caminaban por la pasarela del barco al muelle bajo la atenta mirada del lobo andante.

La criatura estaba de pie con una pata apoyada en un cajón, y miraba fijamente a Peet mientras hacía señas a los niños para que avanzaran. Cuando el último niño cruzó, el lobo levantó a Peet hasta el muelle y lo colocó donde pudiera mirar al Mar Oscuro.

—Como ves, Gnag ya no necesita enviarlos a Dang. Ha trasladado su operación aquí y ha hecho muchas… mejoras —el lobo respiró hondo y sonrió—. Ah, el aire frío. ¿Lo sientes? Es bueno para un Colmillo Gris.

El lobo hizo girar a Peet. En lo alto, se alzaban los acantilados del borde de Skree. Al borde de los acantilados, vio en vez de árboles el brillo de la nieve y el hielo. Al pie, un estrecho camino conducía a un cruce de transbordadores. El transbordador avanzaba por el canal hacia la isla. Peet no pudo distinguir lo que llevaba, pero vio movimiento y quizás algunos caballos. Al final del muelle donde se encontraba, empezaba un camino que conducía a una fortaleza tallada en la piedra marrón de la isla. Los muros eran gruesos y estaban cubiertos de líquenes, desgastados por mil años de intemperie y batallas. En lo alto de cada muro, en cada torreta y a lo largo de cada camino, había más lobos andantes: Colmillos Grises.

Miles de ellos.

—De hecho —dijo el Colmillo Gris—, nos gusta tanto el aire frío que estamos planeando una visita a las Praderas de Hielo. ¿Quizás hayas estado allí? Dicen que es precioso y que muchos skreeanos a lo largo de los años han hecho el viaje. ¿No tienes familia en las Praderas de Hielo, Wingfeather? Nos aseguraremos de saludarlos de tu parte cuando lleguemos.

Peet apenas podía creerlo, pero parecía que Podo había llevado a los niños y a Nia a las Praderas de Hielo. Habían sobrevivido.

Pero no estaban a salvo. No tenían ni idea de que existieran los Colmillos Grises. Peet forcejeó y trató de hablar a través de la cadena tendida sobre su boca.

El Colmillo Gris no se rio ni se burló del Hombre Calcetín. Se limitó a observarlo con aquellos ojos inteligentes y malignos, y sonrió.

50

La Nariz de la Bruja

Cuando Janner se despertó a la mañana siguiente, lo primero que vio fue una paloma desarreglada. Se posó en una rama justo detrás de sus pies, mirándolo con gran irritación. Maraly no aparecía por ninguna parte, pero a Janner no le sorprendió. Era una varada, lo que significaba que no se podía confiar en ella. Mientras se quedaba dormido la noche anterior, decidió que, si estaba solo cuando se despertara, seguiría adelante hacia la Barrera sin pensar en ella. Había sobrevivido a la fábrica tenedor, al Puente de Miller y a innumerables Colmillos. Sabía que el viaje a las Praderas de Hielo sería difícil, pero se creía capaz de hacerlo solo.

La paloma desarreglada se sacudió y se alejó volando. Janner se estiró y se incorporó. El aire era lo bastante frío como para que pudiera ver su aliento levantarse a través de las hojas amarillas del árbol. Entonces, le llegó a la nariz un exquisito olor. Miró hacia abajo a través de las ramas y vio a Maraly atizando un pequeño fuego cerca del tronco del árbol.

—Hola —le dijo Janner.

—Hola —respondió ella.

Janner bajó del árbol. Ella estaba sentada sobre sus ancas, hurgándose los dientes con un pequeño hueso. Alrededor del fuego, había plumas grises y blancas de paloma desarreglada. Maraly señaló una piedra plana junto al fuego donde yacía el resto del ave.

—Gracias —dijo Janner, y lo dijo en serio. La carne estaba caliente y jugosa, pero había muy poca. —¿Hay más? —preguntó cuando hubo limpiado los huesecillos.

—Puedes cazar una tú mismo si quieres. Aunque te llevará un rato.

—Ah —hacía días que no comía tan bien, y comer solo le había dado más hambre—. ¿Hay agua?

Maraly se levantó y se limpió los dedos grasientos en la parte delantera de la camisa.

—Sí. Hay un arroyo a una hora al norte. Cerca de la Barrera. Veo que te diriges allí —añadió cuando el rostro de Janner se iluminó.

—Sí. ¿Conoces alguna forma de pasar?

Maraly resopló.

—Pasar es bastante fácil. Sobre todo ahora que los Colmillos escasean. Lo difícil es *después* de la Barrera. ¿Adónde pretendes ir?

Janner vaciló. No estaba seguro de querer contarle sus planes a la hija de Claxton Weaver, aunque hubiera intentado salvar a Tink. ¿Pero qué más daba? No creía que fuera a volver pronto a su campamento de varados, no después del modo en que Claxton le gruñó y maldijo durante la persecución.

—No puedo decirlo —le dijo.

Ella enarcó una ceja.

—No puedes decirlo.

—Pues no sé si puedo confiar en ti.

Ella volvió a resoplar.

—Entonces no me lo digas. Creo que aquí es donde nos separamos —pateó tierra sobre el fuego y se adentró en el bosque antes de que Janner tuviera tiempo de detenerla.

—Vete, pues —dijo en voz baja cuando ella hubo desaparecido en el bosque—. No te necesito.

Janner se aseguró de que el fuego estuviera apagado, se echó las dos mochilas al hombro, echó un vistazo a su alrededor y se dio cuenta de que no sabía en qué dirección estaba el norte. El cielo estaba nublado y, por más que lo intentaba, no veía ninguna sombra clara. Intentó recordar por dónde habían venido, pero todas las direcciones parecían iguales.

Algo se movía en el bosque, no muy lejos.

—¿Maraly? —dijo Janner tímidamente.

Volvió a oír el ruido, un chasquido de ramas.

—¿Eres tú? —dijo.

Un topoespín siseó e irrumpió detrás de un árbol cercano. Se dirigió hacia él y se giró para lanzar sus púas.

Janner buscó a tientas su espada, pero la segunda mochila que llevaba al hombro le impidió alcanzar la empuñadura. Las púas vibraron y el topoespín emitió un chasquido con la boca, señal de que estaba a punto de atacar. Janner olvidó su espada y se agachó detrás del árbol justo cuando volaban las púas. Cientos de ellas se clavaron en el tronco, y cuatro se hundieron en su pantorrilla.

—¡Ay!

El topoespín castañeó al otro lado del tronco, luego corrió alrededor del árbol y se volvió para atacar de nuevo. Janner corrió hacia su mochila, desenvainó la espada y giró sobre sí mismo.

Pero el topoespín ya estaba muerto.

Maraly se apoyó en el árbol, todavía hurgándose los dientes con el hueso de ave, sujetando al topoespín muerto por la pata. Su daga sobresalía de su garganta.

—Yo lo habría matado —espetó Janner.

—Claro que lo habrías hecho.

—Me tomó por sorpresa, eso es todo.

—Claro que sí —le señaló la pierna—. Será mejor que te las quites rápido, o te pondrás tan enfermo como un perro muerto.

—Ah —con unas súbitas náuseas, Janner se tambaleó hacia atrás, tropezó y cayó de bruces.

Maraly le quitó las púas, que dolían mucho más de lo que Janner pensaba, y le puso una cataplasma de saliva y ceniza sobre las heridas. Después, lo puso en pie.

—¿Adónde te diriges, entonces?

—A las Praderas de Hielo —le ardían las mejillas.

—De acuerdo.

Y se pusieron en marcha.

Viajaron hacia el norte durante una hora. En dos ocasiones, Maraly le dijo tranquilamente a Janner que se subiera al árbol más cercano justo cuando pasaba una vaca colmillo. Janner nunca las oyó llegar, y cada vez pensaba en lo contento que estaba de que Maraly estuviera con él. Nunca habría llegado tan lejos solo.

Cuando llegaron al arroyo, se pusieron en cuatro patas y bebieron profundamente del agua cristalina. Después de llenar los odres de agua, Maraly limpió e inspeccionó las heridas de topoespín de Janner.

—Te pondrás bien —dijo—. Ahora, escucha. La Barrera está justo sobre la siguiente elevación. No sé cuándo fue la última vez que vi una patrulla Colmillo tan al este, pero vigila de todos modos. No hay ninguna brecha, pero hay suficientes árboles por los que podemos trepar. Cuando hayamos pasado el muro, el camino será bastante fácil. Hasta que lleguemos a las montañas. ¿Tienes un mapa o algo?

Janner le mostró las instrucciones de la carta y ella asintió. Justo después de la siguiente elevación, vio por primera vez la Barrera.

No estaba seguro de lo que esperaba, pero no lo impresionó para nada. Solo tenía doce años y creía que podría haber hecho un mejor trabajo que los Colmillos. Los troncos que formaban la Barrera estaban toscamente tallados, y algunos aún tenían ramas que sobresalían en ángulos extraños. Eran de longitudes desiguales, de distintos tamaños y tipos de árboles. Parecía como si los Colmillos hubieran construido el muro en un día, con los ojos vendados.

Y, sin embargo, *era* un muro. Se interponía entre ellos y las estribaciones de las Montañas Pedregosas y, de hecho, hacía mucho más difícil viajar en esa dirección, por lo que conseguía exactamente lo que los Colmillos pretendían.

Si el muro no hubiera sido tan desvencijado y alto, habría sido fácil trepar por un lado y bajar por el otro. Pero, como había dicho Maraly, la Barrera atravesaba el Bosque de Glipwood, así que se subieron a los árboles. Treparon por un roble, se deslizaron por una rama gorda que colgaba de la pared y bajaron por otro árbol. Así de sencillo, estaban al otro lado.

No había ni un Colmillo a la vista.

Janner y Maraly se sentaron con la espalda apoyada en la Barrera y descansaron.

—¿Habías estado antes en este lado? —preguntó él.

—No. Este es un territorio nuevo para mí.

—No tienes por qué venir conmigo.

Maraly asintió.

—Ya sé que no. Pero ¿qué otra cosa voy a hacer?

—¿No puedes volver?

—Podría.

—Pero no quieres.

—Nop.

Se sentaron en silencio.

—Lamento lo de Kalmar —dijo Maraly.

Janner no dijo nada. Había intentado no pensar en su hermano. Estaba enfadado consigo mismo por haberle fallado. Les había fallado a todos. Si él y Maraly llegaban sanos y salvos a las Praderas de Hielo, ¿cómo se enfrentaría a

De la *Criatupedia* de Pembrick

su madre? ¿A Podo? ¿A Leeli? ¿Cómo les explicaría que había perdido a Tink a manos del carruaje?

Entonces, su ira se volvió hacia Tink… Tink, que había corrido directamente más allá de la madriguera de los varados y hacia los canallas del Recodo Oriental. ¡Directamente hacia Claxton Weaver!

—Vamos —gruñó Janner, y se alejó furioso de Maraly.

Caminaron en silencio toda la mañana y hasta la tarde. Las colinas se empinaban y los árboles eran cada vez más escasos. Un viento del norte serpenteaba sobre la tierra y aullaba a los niños, como advirtiéndoles que no eran bienvenidos. El aire se enfriaba a cada paso y Janner empezó a preocuparse por mantenerse caliente. El cielo gris anunciaba la llegada del invierno, por no hablar del frío del norte. Tendrían que encontrar pieles o ropas más gruesas si querían sobrevivir. Sin embargo, Maraly no parecía preocupada, lo que dio a Janner la esperanza de que tal vez ella supiera algo que él ignoraba sobre cómo encontrar ropa de abrigo. Parecía saber muchas cosas que Janner ignoraba.

Su daga les proporcionaba alimento. Cada vez que un flonejo, un thwap o un topoespín se cruzaba en su camino, ella blandía su daga más rápido de lo que Janner podía parpadear. Se detenían, entonces ella limpiaba la carne y la guardaba en una bolsa hasta que se detuvieran a pasar la noche.

En una ocasión, agarró a Janner por el codo para detenerlo. Se llevó un dedo a los labios y señaló una ligera depresión en el suelo, no mayor que una rueda de carreta. Se arrastró hasta el borde del círculo, deslizó los dedos bajo una especie de tapa y la abrió de golpe. Con un gran graznido y eructo, un enorme sapo de lodo saltó de su nido y se internó en el bosque. Maraly cayó de espaldas, aullando de risa al ver la cara de sorpresa de Janner.

Hacia el final del día, Janner y Maraly subieron una pendiente que parecía no tener fin. La colina era estéril, salvo por un olmo sin hojas en la cima. Maraly señaló el árbol.

—Es un buitre punzante —dijo.

Janner no estaba seguro de creerle al principio. Nada en el árbol se movía. Entonces, una forma negra en lo alto desplegó las alas y ajustó su posición.

—¿Es peligroso? —preguntó Janner.

—Sí —dijo ella—, pero solo hay uno. Y cargó contra él.

Janner observó impotente cómo el buitre punzante se abalanzaba sobre la muchacha. Ella gritó mientras corría. Cuando el pájaro se abalanzó sobre ella,

Maraly se dejó caer y rodó, y las garras del buitre punzante no la alcanzaron. Ella giró sobre sí misma y lanzó su daga. El pájaro graznó, cayó al suelo y se quedó inmóvil.

Maraly se sacudió, arrastró al buitre punzante hasta el árbol y recogió ramas para hacer fuego. Janner sacudió la cabeza y subió la colina, preguntándose qué otras sorpresas le depararía Maraly Weaver.

Cuando Janner llegó a la cima, se quedó helado.

Ante él se extendían los magníficos riscos de las Montañas Pedregosas. Los picos nevados sobresalían en el cielo como fragmentos de cristal. Las nubes se acumulaban y se derramaban por los pasos como una cascada de movimiento lento.

Janner nunca había visto nada tan grande. Se sintió pequeño, débil y un poco mareado.

Al oeste, las montañas eran más pequeñas, y suaves colinas rodaban por sus bases. Al este, donde la nota de Podo le había dicho que fuera, el camino parecía intransitable. Entre él y aquellos picos no veía más que grietas, fisuras y acantilados escarpados. En el centro de la cordillera oriental se alzaba la Nariz de Bruja, Mog-Balgrik. Se elevaba por encima de los demás picos y parecía la nariz ganchuda de una bruja de cuento infantil.

«Una vez pasado Mog-Balgrik, el terreno se inclina hacia las Praderas de Hielo. Después de eso, sabes tanto como yo sobre el lugar», decía la nota de Podo.

Janner entornó los ojos hacia el paso que había a la izquierda de la Nariz de la Bruja.

—Que el Hacedor nos ayude —dijo—. Ahí es adonde vamos.

—¿Qué? —dijo Maraly desde detrás de él. Había quitado la cabeza al buitre punzante y estaba ocupada arrancándole las plumas junto a un fuego crepitante.

—Mira —dijo Janner.

Se levantó y miró hacia el norte por primera vez.

—Oh —susurró ella.

Una ráfaga de viento helado azotó la cima de la colina donde se encontraban.

51

La canción de las piedras antiguas

Los Colmillos Grises que bordeaban el pasillo observaban a Peet en silencio. Algunos llevaban antorchas, y todos empuñaban armas. Las espadas y los ojos brillaban en la penumbra. Un Colmillo Gris lo llevó por varios tramos de escaleras y giró a izquierda y derecha tantas veces que Peet perdió el sentido de la orientación. Solo sabía que estaba en las profundidades de la tierra, donde el agua se filtraba a través de la piedra. El lugar se parecía tanto a las profundidades de Throg que se preguntó si, después de todo, había soñado con cruzar el Mar Oscuro. Pero los Colmillos Grises no eran un sueño. Tampoco lo eran los niños.

A ambos lados del pasadizo había muchas puertas de hierro, más allá de las cuales los niños lloraban en la oscuridad. A Peet se le partía el corazón por ellos incluso cuando se maravillaba de que hubiera tantos. Durante años, el carruaje negro había hecho su lento trabajo, robando unos cuantos niños cada noche.

Gnag había estado ocupado.

Al final del pasillo, había una gruesa puerta. Cuando se acercaron, la puerta se abrió para revelar una enorme habitación. En los rincones ardían hogueras y las paredes estaban cubiertas de antorchas.

En el otro extremo de la sala estaba la boca de un túnel mucho más alto y ancho que el pasillo por el que Peet había llegado. Mientras observaba, un resplandor anaranjado parpadeó desde sus profundidades. Los Colmillos Grises también lo vieron y esperaron en silencio mientras el resplandor se intensificaba. Algo se acercaba. En unos instantes, surgieron cuatro corceles negros, enganchados al carruaje negro. Una figura ataviada con una vaporosa túnica negra estaba sentada encima del carruaje con una antorcha en una mano. Los cuervos seguían al carruaje incluso hasta aquí; graznaban y aleteaban alrededor del conductor, y uno se posó en su hombro.

—Querrás ver esto —dijo el Colmillo mientras bajaba a Peet al suelo.

El conductor detuvo el carruaje y soltó a los niños de las seis jaulas en forma de ataúd. Salieron arrastrándose y se apiñaron. Incluso desde esta distancia, Peet pudo ver que temblaban.

Dos Colmillos Grises encadenaron a los niños de pies y manos y los condujeron a un estrado situado en el centro de la cámara. Sobre el estrado, había una estructura de hierro del tamaño de una casa. Se abrió una puerta y salió una figura alta y vestida con una túnica. La figura extendió una mano y dirigió unas palabras a una niña. La niña respondió, y un Colmillo Gris situado junto al estrado garabateó algo en un libro. Ella asintió y tomó la mano de la figura, y juntos cruzaron la puerta.

—Es bueno hacerlo en cuanto llegan —dijo el Colmillo Gris a Artham—. El miedo y la fatiga hacen que sea más fácil razonar con ellos. A los que llevan aquí un tiempo se les meten ideas en la cabeza que nos causan todo tipo de problemas. Al final, los sometemos. Por supuesto, sabes de lo que hablo, ¿no?

Artham intentó ignorar a la bestia.

Otro Colmillo Gris apareció en el lado opuesto de la cámara con un lobo atado con una correa. El Colmillo le habló y le acarició el pelaje. El lobo caminó junto al Colmillo como un cachorro junto a su dueño hasta el estrado.

Artham sintió que la locura acechaba en los rincones de su mente. Recordó una cámara similar y una caja de hierro parecida. Recordó piedra mojada y gritos y fuegos abrasadores, y una música horrible que lo había vuelto loco. Sacudió la cabeza y cerró los ojos, obligándose a permanecer presente y consciente. Pero cuando el Colmillo Gris abrió la puerta de hierro de la caja y condujo al lobo al interior con la niña, Artham sintió que se desvanecía.

La puerta de hierro se cerró. Artham oyó una melodía gutural procedente del interior, un sonido que llenó su mente de terror agusanado. Se estremeció con tal violencia que las cadenas traquetearon. Un instante después, una luz roja llenó la caja de hierro y salió disparada a través de las costuras de la puerta.

Luego, la luz se apagó.

Uno de los Colmillos Grises abrió la puerta de la caja de hierro y se apartó del estrado. La niebla surgió y se extendió por el suelo de la gran sala, acumulándose alrededor de los tobillos de los otros niños mientras observaban. Pronto surgió la figura con la túnica, guiando a la niña que ya no era solo una niña. Tenía hocico, dientes largos y pelaje gris.

—¡He aquí —dijo la figura con voz rala— una nueva criatura! Se llama Scavra.

La pequeña Colmillo flexionó las garras, arqueó la espalda y aulló.

—Cuando se canta la canción de las piedras antiguas —dijo el Colmillo Gris al oído de Artham—, la sangre de la bestia impregna tus huesos.

Artham volvió a cerrar los ojos.

—Por supuesto, eso ya lo has oído muchas veces, ¿verdad? Me han dicho que empezaste a cantar la melodía pero nunca la terminaste. ¿Qué era, un halcón? ¿Un águila? Piensa, podrías haber estado volando por los picos de las montañas. En cambio, eres poco más que una rata con calcetines en los brazos. Lamentable.

Ayudaron al recién nacido Colmillo Gris a bajar del estrado con sus piernas tambaleantes y se lo llevaron. Luego obligaron a un niño a subir los escalones hasta la caja de hierro mientras aparecía otro Colmillo Gris con otro lobo. El muchacho luchó y gritó, pero la figura de la túnica volvió a pronunciar unas palabras, y él dejó de forcejear y respondió. El Colmillo que estaba junto al estrado escribió algo en el libro. El muchacho asintió, tomó la mano de la figura, entró en la caja y la puerta se cerró.

Tras una espera más larga esta vez, se entonó la melodía. Entonces se encendió la luz roja, la puerta se abrió y la figura con la túnica emergió con un joven Colmillo Gris, postrado en sus brazos.

—Se llama Ghrool —dijo la figura togada. Peet lanzó su chillido de pájaro y luego se desmayó.

Cuando despertó, Peet se encontró balanceándose de nuevo, y no sabía cuál era su propio nombre. Se incorporó y se sorprendió al ver que sus brazos y piernas estaban libres; las cadenas que le habían atado durante tanto tiempo habían desaparecido. Entonces, como una burbuja que flota en la superficie de un estanque, le volvió la memoria.

Artham no estaba en otra nave, sino en una jaula. La jaula colgaba del techo de la caverna, balanceándose de un lado a otro. Los barrotes eran tan gruesos como las muñecas de Artham, y el candado aún más. Intentó en vano colarse entre los barrotes, pero no era ni lo bastante delgado ni lo bastante fuerte para escapar. Se sentó resoplando y observó la habitación de abajo.

El carruaje negro había desaparecido. Una larga hilera de hombres, mujeres y unos cuantos niños descendían los escalones desde el pasillo y esperaban su turno para subir al estrado y entrar en la cámara de hierro, donde se entregaban al lobo.

Artham se vio obligado a contemplar con horror cómo uno tras otro de los prisioneros asentía ante Colmillos Grises, tomaba la mano de la figura togada y entraba sin oponer resistencia. Algunos de los prisioneros llegaban a *sonreír.* Artham entrecerró los ojos y vio expresiones anhelantes y charlas ociosas entre los de la fila, sobre todo cuando surgía un prisionero con pelaje gris y orejas puntiagudas. La gente gesticulaba y sacudía la cabeza con asombro.

Siempre ocurría lo mismo: un lobo y un prisionero entraban en la caja, la luz roja parpadeaba mientras sonaba la fea música, y un nuevo Colmillo Gris salía dando tumbos o alguien lo llevaba. Cada vez, la figura togada anunciaba a los espectadores el nuevo nombre de la criatura. Por mucho que lo intentaba, Artham era incapaz de ver más de la figura que su túnica negra. Sus movimientos eran ágiles e incluso fantasmales. Fuera lo que fuera la figura —un humano o alguna creación de Gnag el Sin Nombre—, tenía un gran poder.

Mientras Artham observaba, una de las voluntarias cambió de opinión y huyó escaleras abajo, pero uno de los Colmillos Grises —e incluso algunos de los demás prisioneros de la fila— la detuvo. La pobre mujer sacudió la cabeza y se revolvió, pero cuando la figura togada extendió la mano y habló en voz demasiado baja para que Artham pudiera oírla, la mujer se calmó de inmediato. Asintió, alisó su vestido andrajoso y tomó la mano del guardián de la caja. Minutos después, era mitad animal.

Artham se preguntó dónde encontrarían a todos los lobos. Se preguntó adónde llevaban a los nuevos Colmillos Grises y cómo había convencido Gnag a tantos skreeanos para que se ofrecieran voluntariamente para esta horrible transformación.

Miró sus garras. Echaba de menos sus manos. Extrañaba el tacto de la empuñadura de una espada, el tacto de la piel de otro bajo sus dedos. Lo único que le quedaba eran aquellas garras: cosas negras, brillantes e inhumanas en los extremos de sus brazos para recordarle su debilidad. Para recordarle que lo habían quebrado y que había huido. Se preguntó si habría sido mejor que se hubiera limitado a cantar la canción de las piedras antiguas tanto tiempo atrás. En cambio, había soportado año tras año de tortura y soledad, año tras año de escuchar aquella asquerosa melodía acompañada de gritos en las profundidades de Throg.

—Hombre pájaro —dijo una voz.

Artham se volvió y encontró una pequeña ventana en la pared más cercana. Un Colmillo Gris se asomó, lamiéndose una de sus patas con una larga lengua negra.

—¿Te gustan tus aposentos? Eres una buena mascota. Ella dice que le gusta verte aquí arriba.

¿Ella?, se preguntó Artham.

—Me pidió que te diera un mensaje.

—¿Ién qués? Digo, ¿quién es? —preguntó Artham.

—La guardiana de la piedra. Allí abajo.

La figura de la túnica negra lo observaba. Peet se estremeció.

—Dice que si la dejas terminar lo que empezó Gnag —dejar que te convierta en un buitre punzante o en un halcón, de lo que sea que hayas obtenido esas garras—, liberará a esos niños. Dijo que si alguien tan fuerte como tú formara parte del ejército de Gnag, este no necesitaría más soldados. Creo que es una tonta, pero ¿qué sé yo? Solo soy un Colmillo. Ella ha estado aquí desde el principio.

—¿Quién es ella?

—No lo sé. Es la guardiana de la piedra. Eso es todo.

—¿Y dejará libres a estos niños si canto la canción?

—Sí. Eso es lo que dice. Aunque no sé por qué querría hacerlo. Les está haciendo un gran favor a los niños. Transformándolos en más de lo que son. Dándoles poder y propósito. Por eso se alinean como lo hacen: tan hartos de sus vidas que harían cualquier cosa por una oportunidad de *causar* miedo en vez de sentirlo. Ninguno de ellos *tiene* que cantar, ¿sabes?

—No le creo. No creo que esté diciendo la verdad. Nunca los dejaría libres-bres-bres.

El Colmillo arrugó la nariz ante Artham y luego se encogió de hombros.

—De acuerdo, entonces. Aquí tienes tu cena.

El Colmillo enganchó la jaula con una larga pértiga y la acercó lo suficiente para echar dentro varios trozos de carne cruda y un frasco de agua. Cuando el Colmillo soltó la jaula, Artham se balanceó como un péndulo muy por encima de los que esperaban para entrar en la caja. Algunos de ellos levantaron la vista, curiosos por saber qué había captado la atención de la guardiana de la piedra. La mujer de la túnica negra observó la jaula de Artham durante unos instantes, luego se volvió y dio la bienvenida a la siguiente persona de la fila, un tipo fornido que se frotaba las manos con entusiasmo.

Artham se abrazó las rodillas contra el pecho y apoyó la frente en sus brazos rojos. Si la guardiana de la piedra, quienquiera que fuese, cumplía su palabra, lo único que él tenía que hacer era cantar la canción y entregarse a la locura de una vez por todas. Olvidaría lo que había hecho. Olvidaría que le había fallado a su hermano. Se perdería a sí mismo, pero al menos los niños se librarían de este lugar. Entonces recordó las joyas, y supo que no podía. Por mucho que quisiera abandonar su lucha y dejar que Gnag hiciera con él lo que quisiera, no podía abandonar a Janner, Tink y Leeli. No podía abandonar a Anniera.

Cuando el último de la fila de voluntarios se transformó y se lo llevaron, se abrió otra puerta y los niños de la mazmorra fueron conducidos al estrado. Artham apretó la cara contra los barrotes y observó con agonía cómo un Colmillo Gris los desencadenaba de uno en uno y los arrastraba hasta la guardiana de la piedra.

Puedo detener esto, pensó.

Luego se acurrucó en el suelo de la jaula y lloró porque no sabía qué hacer. Cuando se llevó las manos a los oídos para tapar los aullidos de abajo, las garras se sentían frías contra su piel.

52

El abomachacador y el lago de oro

Janner y Maraly caminaron durante dos días por un paisaje irregular. La hierba ya no era verde, sino seca y desgreñada. Los peñascos eran gigantescos huevos marrones, redondeados y lisos por siglos de viento y lluvia, algunos de ellos grandes como casas, y más grandes cuanto más caminaban. A veces, los peñascos cubrían tanto las estribaciones que los niños se veían obligados a zigzaguear entre ellos o trepar y saltar de roca en roca. Pero durante la mayor parte del trayecto, subieron por largas y áridas laderas de hierba amarilla, con las Montañas Pedregosas asomando blancas y nítidas a la distancia.

Hablaban poco, pero el silencio no era desagradable. Janner se alegraba de tener un compañero, varado o no. Maraly parecía más feliz cuanto más se alejaban del Recodo Oriental y de su padre.

El viento se escabullía a través de la camisa y de los pantalones de Janner, y cada vez se preocupaba más por cómo sobrevivirían a la nieve y el hielo. Se sentía incómodo por el frío, pero como Maraly no se quejaba, él tampoco. Los únicos animales que veían eran unos bichos raros a los que Maraly llamaba canoninos. Castañeaban y desaparecían en agujeros de la tierra cada vez que pasaban los dos niños. La destreza de Maraly con su daga fue puesta a prueba, pero pudo atrapar y limpiar tres a su paso. Su bolsa se llenó de carne, y como el tiempo se había vuelto tan invernal, no había moscas.

A mediados del segundo largo día, llegaron al pie de las montañas. Las colinas, cada vez más empinadas, se desplomaban hasta convertirse en acantilados, como si las hubieran cortado en dos y les hubieran quitado la cara norte. Janner y Maraly bajaron por las laderas de guijarros y varias veces tuvieron que volver sobre sus pasos y buscar otro camino. Constantemente, el viento se hacía más feroz.

—¿Ya tienes frío? —dijo Maraly por encima del hombro.

—He *pasado* frío.

—Sí —saltó de una roca a otra.

—¿Qué vamos a hacer? —preguntó Janner después de que volvieran a deslizarse hasta el suelo.

—No lo sé. Esperaba que tuvieras una idea.

—Bueno, no podemos volver. Está demasiado lejos y es demasiado peligroso. Tenemos comida y hay mucha agua. Solo que no tenemos nada que nos mantenga calientes.

—Están los abomachacadores —dijo ella.

Janner esperó a que dijera algo más, pero no lo hizo.

—Sé lo que es un abomachacador —dijo Janner—. ¿Y eso qué tiene que ver?

—Podríamos conseguir uno. Nunca he visto uno, pero he oído a mi abuela Nurgabog hablar de ellos. Dijo que eran grandes como un árbol y peludos como el pelo de los dedos de sus pies.

—No podemos matar a un abomachacador —dijo Janner—. Incluso los guardabosques apenas si podían matarlos en los viejos tiempos. Intentaron deshacerse de ellos para hacer más seguros los viajes por las Montañas Pedregosas, pero perdieron demasiados hombres, así que desistieron. Llegaron a la conclusión de que, igualmente, los abomachacadores eran demasiado escasos como para que fueran una gran amenaza.

—¿Qué te hace pensar que sabes tanto sobre abomachacadores? —preguntó Maraly, poniendo los ojos en blanco.

—Los libros.

—¿Qué?

—Los libros. Leí sobre ellos en uno llamado *Criatupedia* de Pembrick.

—Libros, ¿eh? Se detuvo en seco. —*¡Shhh!* —Lanzó su daga contra un canonino al pie de una roca cercana. Falló, maldijo en voz baja y recuperó el arma—. Bueno, ¿te dijo tu precioso libro cómo encontrar uno?

—¿Un abomachacador?

—Sí.

—No que yo recuerde. Decía que viven en cuevas de las Montañas Pedregosas, eso es todo.

—Bueno, la abuela Nurgabog me dijo cómo encontrar uno.

—Maraly, es demasiado peligroso. No podemos…

—¡*Shhh!* —volvió a decir, pero esta vez no lanzó la daga. Entrecerró un ojo y señaló la ladera más cercana. Al pie de la montaña había un grupo de lo que parecían arbustos de color verde oscuro... ahora Janner sabía que en realidad eran árboles, empequeñecidos por la distancia y la enormidad de la montaña. Por encima de los árboles, la faz de la montaña estaba cubierta de lo que parecían guijarros, pero en realidad eran rocas que se habían deslizado ladera abajo.

—¿Ves la nieve? —preguntó Maraly.

Janner vio la nieve, justo por encima de la línea de árboles, envolviendo las piedras como trazos de pintura blanca.

—Mira allí, a la izquierda —dijo ella.

Al principio Janner no vio más que más nieve. Luego, cambió. Una mancha de color blanco grisáceo descendió desde el campo de nieve hasta la línea de árboles. Incluso desde aquella distancia, el estómago de Janner sintió un cosquilleo de miedo. Sabía que el abomachacador no podía verlos (la *Criatupedia* de Pembrick decía que los monstruos tenían poca visión), pero aun así se sentía vulnerable. Si el abomachacador decidía cenárselos, poco podrían hacer; la criatura conocía aquellas montañas mucho mejor que los niños.

—Tenemos que salir de aquí —dijo Janner.

Maraly soltó una risita y desenvainó su daga.

—Nurgabog me dijo que sus cuevas suelen estar en pequeños bosques como ese. Las he estado buscando desde que divisé los árboles. Efectivamente, la vieja Nurgie tenía razón. Vámonos.

—¡Maraly, espera! —siseó Janner, pero ella lo ignoró.

Janner la miró irse, sintiendo una ira familiar. Maraly no pensaba en las consecuencias. Le daba igual lo que dijera Janner. Era imprudente y tonta. Era, pensó Janner, una versión femenina de Tink. Y al igual que con Tink, Janner se dio cuenta de que no podía resistir el impulso de seguirla.

Se escabulleron de roca en roca hasta que llegaron a un arroyo seco que les proporcionó cobertura durante varios cientos de metros. Maraly se arrastraba en silencio, y cada vez que el pie de Janner resbalaba y hacía saltar un guijarro, ella lo miraba con gran fastidio. Pronto el rodal de árboles estaba a un tiro de flecha, lo bastante cerca como para bloquear la vista de los campos nevados que había por encima, donde habían divisado a la bestia.

Maraly se sentó sobre sus ancas en el lecho del arroyo y desenvainó su daga.

—Bueno, ¿vas a desenvainar tu espada o qué?

—¡Maraly, esto es una tontería! —susurró Janner—. Tienes que escucharme. Esto no es tan fácil como matar a un canonino. ¿Has visto alguna vez un abomachacador de cerca?

—No. ¿Y tú? —sonrió.

—Bueno, no, pero he visto imágenes. Son el doble de altos que un hombre y malos como el fuego.

—Bah, no pueden ser *tan* difíciles de matar. Además, necesitamos algo para mantenernos calientes, ¿no?

Janner tuvo que admitir que sí.

Desde un poco más allá del borde del lecho del arroyo, llegó un gruñido. Janner y Maraly se quedaron helados. El abomachacador resopló y chasqueó los dientes, tan cerca que ambos niños tuvieron miedo de respirar. Al cabo de unos instantes, la criatura se alejó. Maraly sonrió y se asomó por encima de la orilla, a pesar de los frenéticos gestos de Janner para que permaneciera oculta.

Cuando a Maraly no le arrancaron la cabeza de un mordisco, Janner tragó saliva y echó su primer vistazo a un auténtico abomachacador en los parajes salvajes de las Montañas Pedregosas.

Solo a un tiro de piedra, en un pequeño claro entre los árboles, estaba la bestia, de espaldas a los niños. Era incluso más alta de lo que Janner había imaginado y estaba cubierta de un fino pelaje blanco, tan largo que se mecía con el viento. Sus patas eran cortas y robustas, pero sus brazos eran enormes y gruesos como un árbol. Su espalda y sus hombros estaban llenos de músculos, visibles incluso a través de su pelaje. El abomachacador estaba comiendo algo y parecía estar disfrutando.

Justo detrás de la bestia, en la parte más alta del claro, estaba la boca de una cueva.

Maraly estaba pálida. Janner no estaba acostumbrado a verla asustada, y sintió un poco de lástima por ella. Pero, para su sorpresa, ella respiró hondo, le guiñó un ojo y pronunció la palabra: «¿Preparado?».

Un aullido resonó en el claro.

El abomachacador se irguió en toda su altura y se giró lo suficiente para que Janner pudiera ver su temible rostro. Tenía los ojos ocultos por mechones de pelo blanco, la nariz pequeña y negra, pero la boca era enorme y estaba llena de sangre de su comida. De su mandíbula inferior, salían dos dientes tan largos como el antebrazo de Janner.

Oyeron otro aullido, y el abomachacador saltó hacia la boca de su cueva y arrojó el cadáver al interior. Luego, la bestia trepó por la ladera de la montaña y se perdió de vista.

—¡Rayos! —dijo Maraly. Se dejó caer en el suelo con los brazos cruzados, haciendo pucheros como una niña de dos años—. ¡Lo habríamos conseguido!

Janner se puso en pie, mirando hacia la oscura boca de la cueva. —Maraly, ¿viste lo que estaba comiendo?

—No —dijo malhumorada.

—Era un lobo.

—¿Y qué?

—Tengo una idea.

Saltó del lecho del arroyo y salió disparado hacia el claro, deleitándose, por una vez, en que era él quien corría delante.

—¡Espera! —dijo Maraly, y Janner sonrió.

Se detuvo en la entrada de la cueva y escuchó. Maraly lo alcanzó un momento después, y ambos se inclinaron y miraron dentro. El olor que emanaba de la negrura era abrumador. Janner se sintió a punto de vomitar, pero se obligó a entrar en la cueva.

En el suelo, yacía el cadáver destrozado del lobo. Su pelaje colgaba de él hecho jirones.

—Ahh —dijo Maraly—. Ahora piensas como un varado.

Janner hizo una mueca y separó la piel del lobo de sus huesos. Más adentro de la cueva, encontraron restos de animales sobre los que Janner nunca había leído, algunos con restos de piel escamosa, otros con exoesqueletos óseos y otros, para su alivio, con gruesas pieles. La mayoría se habían descompuesto más allá de toda utilidad, pero varios eran cadáveres recientes, y los niños salieron de la cueva minutos después con los brazos llenos de pieles malolientes, pero maravillosamente tibias.

Volvieron corriendo al lecho del arroyo y se escondieron justo cuando el abomachacador saltó de nuevo al claro, arrastrando tras de sí a otro gran lobo como si fuera un juguete. Entró gruñendo en la cueva y permaneció allí hasta que los niños estuvieron lejos.

Aquella noche, en la ladera de la montaña, Maraly preparó una buena comida de topoespín y carne de canonino. Cuando las nubes ocultaron las brillantes estrellas y cayó la nieve, los niños durmieron en un montón de pieles. Maraly admitió que había sido mucho más fácil hurgar en las pieles que luchar contra el abomachacador, y Janner se durmió con una sonrisa orgullosa en el rostro.

Pasaron la mayor parte de la mañana siguiente convirtiendo las pieles en algo que cada uno de ellos pudiera ponerse. Maraly agujereó las pieles con su daga y Janner las cosió con hilo de su mochila. Para cuando el sol empezó a descender, Maraly y Janner estaban envueltos y encapuchados en pieles. Tenían aspecto de fieros abomachacadores y se sentían capaces de vivir felices en las Montañas Pedregosas durante años si fuera necesario.

Aquella misma tarde, descubrieron un lago tan redondo y azul que parecía una joya tallada en el cielo. Descansaba entre los hombros de dos picos de cima blanca que bloqueaban el viento constante y dejaban la superficie del agua lisa como el cristal. Maraly y Janner se arrodillaron al borde del agua en silencio. Había una gran paz en aquel lugar que no deseaban perturbar. Dejaron caer sus mochilas, llenaron los odres de agua y se sentaron en una piedra a poca distancia de la orilla.

Ante ellos, entre la V de las laderas que acunaban el lago, se alzaba Mog-Balgrik. La Nariz de la Bruja apuñalaba el cielo y partía las nubes en dos. La cresta a la izquierda de la nariz tenía una depresión que parecía la cuenca de un ojo ensombrecido, y a la derecha de la nariz había un corte en la montaña que formaba una boca curvada en un ceño dentado.

La nota de Podo decía que debían encontrar un sendero que rodeaba el borde derecho del pico, justo sobre aquella boca dentada. Janner se estremeció. Era demasiado fácil imaginar a la gran bruja durmiente comiéndoselos al pasar.

—Así que ahí es donde vamos, ¿eh? —dijo Maraly mientras se quitaba la capucha.

—Sí. De alguna manera, tenemos que superar esa montaña. Se supone que hay un sendero. Supongo que si seguimos por ahí, acabaremos cruzándolo.

—Sí —Maraly suspiró—. ¿Quieres acampar aquí esta noche?

La hondonada parecía bastante segura. Era el primer lugar tranquilo que habían encontrado en las Montañas Pedregosas, y Janner no quería marcharse. Reunieron suficientes palos y malezas para hacer una hoguera y se dispusieron a preparar la comida.

El sol poniente se abrió paso entre las nubes y disparó un rayo dorado hacia Mog-Balgrik. La luz transformó la horrible apariencia de un rostro y mostró el pico como la antigua belleza que era.

—¡Mira! —dijo Maraly.

Janner apartó la mirada de la brillante montaña y vio lo que parecía una nube de pétalos de flores amarillas flotando desde las laderas hasta el lago. Entonces, oyeron el batir de las alas y el trinar del canto de los pájaros. Miles de pájaros amarillos se posaron en la superficie del lago, tantos que parecía que el agua misma se había vuelto dorada. Cantaban y se acicalaban las alas en el crepúsculo y se podían ver mucho después de que cayera la noche.

—Pfff —fue todo lo que dijo Maraly, pero Janner notó que se enjugaba los ojos.

Los niños se durmieron con el agradable juego de los pájaros sobre el agua. Janner se despertó más de una vez aquella noche para ver a las criaturas iluminadas por las estrellas que aún flotaban en el lago, y volvió a dormirse con asombro en el corazón.

Por la mañana, el lago estaba vidrioso y quieto, y los pájaros amarillos habían volado. La Nariz de la Bruja estaba más sombría que nunca. Janner se arrastró fuera de su manta de pieles y caminó un poco por la orilla. Bebió profundamente en la orilla del lago antes de ver al hombre de la espada. Estaba de pie a pocos metros, apoyado en una roca. Tenía el pelo negro y llevaba un pesado abrigo forrado de piel que le llegaba hasta los tobillos.

—Vienen los Colmillos —dijo.

Después de tantos días a solas con Maraly, la presencia del hombre sobresaltó tanto a Janner que se tambaleó hacia atrás, tropezó con una piedra y estuvo a punto de caerse. Por la sonrisa del hombre, Janner no terminaba de saber si era un amigo o un enemigo. ¿Sería uno de los rebeldes? ¿Uno de los hombres de Gammon?

Maraly seguía durmiendo bajo un montón de pieles en el campamento, a un tiro de piedra. Janner echó un vistazo a su mochila, donde yacía su espada.

—No hagas eso, muchacho. Soy rápido. Más rápido que un abomachacador.

El hombre se levantó el abrigo y arrojó algo grande, blanco y peludo. Cayó al suelo y rodó hasta los pies de Janner. La espantosa cabeza de un abomachacador lo miraba con ojos muertos.

—Estaba siguiendo tu rastro —dijo el hombre—. Captó tu olor después de que tú y tu amigo huyeran con las pieles.

Janner se sonrojó.

—No te sientas mal, muchacho. Fue una buena idea y muy valiente de tu parte entrar en una guarida de abomachacadores. Pero han tenido suerte de que no hubiera otro dormido en el fondo de la cueva.

—¿Quién eres? —preguntó Janner.

—Alguien que te ha estado observando.

Janner no dijo nada, pero la advertencia del dragón marino resonó en su mente: *Está cerca de ti. Ten cuidado.*

—Avanzas a buen ritmo, si es a las Praderas de Hielo adonde quieres ir. Es allí adonde quieres ir, ¿no? —preguntó el hombre, con otra de sus sonrisas misteriosas y demasiado amistosas.

—Quizás —dijo Janner, y se sintió como un tonto cuando el hombre se echó a reír a carcajadas.

—Bueno, *tal vez* quieras acompañarme. Hacia allí me dirijo yo también, y he hecho el viaje varias veces. Además, estas montañas están plagadas de Colmillos que probablemente no quieras conocer.

—¿Colmillos? Mientes. No pueden sobrevivir al frío —dijo Janner.

—Antes era así —dijo el hombre, poniéndose serio—. Pero ya no. Estos Colmillos sobreviven bien al frío. Demasiado bien. Tan bien que todo por lo que he trabajado está en peligro. Mi ejército, mis armas, mis esperanzas de derrotar a los Colmillos y desterrarlos de mi tierra… todo ello se perderá a menos que encuentre la forma de detener a los Colmillos.

—¿Gammon? —preguntó Janner.

—Sí —respondió el hombre—. Y tu nombre es Janner Wingfeather. Estoy aquí para ayudarte a llegar a Kimera. El resto de tu familia está esperando.

—¿Qué? ¿Cómo lo sabes?

—Uno de mis hombres me informó que hace unos días llegaron a Kimera un pirata con pata de palo, una niña, su madre y un anciano redondo con gafas. Dijeron que sus dos hijos habían desaparecido, así que los he estado buscando. ¿Por qué no vienen conmigo tu hermano y tú? Normalmente, no tendría tanta prisa, pero tengo que acudir a una cita.

Los hombros de Janner se hundieron.

—No es mi hermano. Es Maraly, una varada. A mi hermano se lo llevó el carruaje negro.

Los ojos de Gammon titilaron con… algo. Janner supuso que era decepción y agachó la cabeza.

De la *Criatupedia* de Pembrick

—Lamento oír eso, Janner —dijo Gammon en voz baja—. Entonces Gnag el Sin Nombre ha atrapado a su presa. Solo el Creador sabe lo que hará con él.

—Gnag no sabe quién es —dijo Janner—. Creen que es un chico más de la Ribera.

Gammon reflexionó un momento.

—Puede que no haya muchas esperanzas para tu hermano, pero si los Colmillos no se dan cuenta de a quién han atrapado, quizás haya alguna esperanza para el resto de nosotros —Gammon se adelantó y le tendió la mano—. Has tenido un viaje duro, muchacho. ¿Por qué no seguimos adelante? Si nos damos prisa, estaremos a salvo en Kimera al atardecer, y podrás descansar en compañía de tus seres queridos.

Janner sintió una oleada de alivio, y todas sus sospechas sobre aquel hombre de negro se desvanecieron. Asintió a Gammon y le estrechó la mano.

53

Una bandada de buitres punzantes

Cuando Maraly se despertó y vio a un hombre en su compañía, chilló, se puso en pie de un salto y le habría arrojado su daga si él no se hubiera adelantado y le hubiera agarrado la muñeca. Solo cuando Janner le aseguró que era un amigo, cesaron sus gruñidos y Gammon la soltó.

—Eres fuerte para ser una chica —dijo Gammon.

—Para un varado, chica o chico es lo mismo —respondió ella con brusquedad mientras metía la daga en la vaina. Pero estaba claro que el cumplido la enorgullecía.

—Nos vendrían bien más como tú en Kimera. Fuertes y rápidos y dispuestos a luchar cuando llegue el momento. Al fin y al cabo, por eso todo Skree está metido en este lío.

—¿Porque nadie luchó cuando llegaron los Colmillos? —preguntó Janner.

—Sí. Mis compatriotas se dispersaron como gallinas en un gallinero —guiñó un ojo a Janner—. Pero dentro de unos días, veremos otro tipo de dispersión. Tengo un plan que podría salvarnos a todos.

—¿Qué plan? —preguntó Janner.

Gammon hizo una pausa y Janner creyó ver de nuevo una sombra pasar por su rostro.

—No puedo decirlo exactamente. Nueve años entrando y saliendo de la parte baja de Skree, esquivando Colmillos y trols a cada paso, hacen que un hombre guarde sus secretos en su propia cabeza. Migg Landers es un buen ejemplo. Me fue leal durante años, pero los hombres suelen desgastarse. Te traicionó a ti, traicionó a Ronchy y a mí también. Se llevó un mordisco de Colmillo por las molestias. No te sorprendas. Sé todo lo que pasa en Dugtown, muchacho. Apenas eructa un trol que no me entere por uno de mis hombres. Sea cual sea mi plan, pretendo guardármelo para mí. Pero puedes confiar en mí… esto también va por ti, muchacha —dijo señalando con la cabeza a Maraly, cuya desconfianza era evidente en su rostro—. No encontrarás a otro tipo más ansioso por sacar a esos Colmillos de Skree, ni a un hombre más leal a su tierra.

Janner estaba convencido, e incluso si no lo hubiera estado, se habría unido a Gammon solo para llegar sano y salvo a través de las montañas hasta su familia.

—Por la forma en que se miran, veo que necesitan hablar —dijo Gammon—. Me trasladaré a la orilla norte del lago y los esperaré allí. Pero no tarden demasiado. La lejana ladera de la Nariz de la Bruja es un mal lugar para estar al anochecer.

Gammon se alejó a grandes zancadas hasta que las pieles de su espalda le dieron el aspecto de un oso moviéndose por la línea del agua.

—¿Estás preocupada? —preguntó Janner. Confiaba en Gammon, pero le importaba mucho lo que pensaba Maraly. Era astuta y tenía mucha más experiencia con hombres deshonestos.

—Sí. Estoy preocupada —dijo, mientras echaba tierra sobre las brasas—. La pregunta es: ¿qué es más peligroso, las montañas o el hombre?

Janner miró al otro lado del lago, hacia Gammon, visible como una pequeña mancha marrón entre las rocas. Más allá, en la distancia, se alzaba Mog-Balgrik, con sus dientes blancos. La montaña parecía mucho más peligrosa que el hombre.

—Solo quiero llegar a las Praderas de Hielo —dijo Janner—. Vamos con él, ¿de acuerdo? Maraly suspiró. —Está bien. Pero tendré mi daga a mano.

—Bien —dijo Gammon cuando se acercaron unos minutos más tarde, con las mochilas a la espalda y las pieles cubriendo cada centímetro de sus cuerpos.

Los tres salieron del lago y caminaron hacia el viento cortante. De su campamento solo quedaba la cabeza del abomachacador, sobre la que se posó un pajarillo amarillo que cantaba.

El día era claro y frío.

El corazón de Janner palpitaba al pensar que podría ver a su madre tan pronto como aquella noche, que podría abrazar a Leeli y sentir los bigotes de Podo contra su mejilla. Pero entre él y su familia se interponía lo que parecía una extensión eterna de piedra, nieve y viento.

Cuando atravesaron el paso, el suelo se desplomó para revelar un magnífico hueco en la tierra. Permanecieron de pie durante unos minutos, boquiabiertos ante la nada aérea que tenían ante ellos. Muy, muy por debajo, un río verdoso serpenteaba por el cañón, estrecho como un hilo desde aquella altura. Las paredes del cañón eran tan escarpadas y lisas que ni siquiera la nieve encontraba acomodo. A izquierda y derecha, las Montañas Pedregosas se separaban de modo que Janner tuvo la sensación de estar contemplando el borde del universo. Al otro lado del cañón continuaban las montañas, y Mog-Balgrik era la mayor. Aunque el cielo era insoportablemente azul y estaba libre de una sola brizna de nube, el pico de la Nariz de la Bruja fijaba una franja de niebla fantasmal en los cielos.

—Siempre me detengo aquí —dijo Gammon. El viento le revolvía la cara con mechones de pelo negro, y levantó una mano enguantada para protegerse los ojos de la luz. Janner tenía la sensación de haber visto a aquel hombre antes, pero no sabía dónde. Algo en la línea de su mandíbula o en el tono de su voz cosquilleaba en la memoria de Janner—. Grandioso, ¿verdad?

Janner y Maraly se quedaron sin habla.

Gammon señaló a Mog-Balgrik y sonrió.

—Hacia allí nos dirigimos. Sé que parece que nunca llegaremos, pero el camino es fácil hasta que lleguemos a su pie. Luego hay que subir por su borde y bajar a las Praderas de Hielo.

Janner sonrió, pero Maraly no.

—¿Estás bien? —le preguntó, e inmediatamente se arrepintió. Por supuesto que no estaba bien. A cada paso, Janner estaba más cerca de sus seres queridos, pero Maraly estaba más lejos de su única familia. Que la quisieran muerta solo empeoraba las cosas.

Maraly se encogió de hombros.

—Bueno, ¿vamos o no? —dijo, y luego escupió. El viento se llevó el escupitajo, y los tres observaron cómo la bolita de saliva flotaba hacia el cañón.

Gammon guio a los niños por un sendero apenas visible pero bastante sencillo de seguir, y la compañía caminó hacia el este rodeando el borde del cañón hasta el lado norte. Siempre tenían la caída a su izquierda, y Janner pensó muchas veces en los acantilados de Glipwood y en el Sendero Glipper, justo detrás de la cabaña Igiby.

Si alguien le hubiera dicho a Janner a principios de aquel verano que habría visto las cosas que había visto, se habría burlado. Había desafiado las Cataratas

Fingap, abatido Colmillos (aunque no muchos) con su arco y sus flechas, sobrevivido a la Fábrica Tenedor, recorrido las calles vacías de Dugtown a la luz de las torres de antorchas, y ahora se encontraba en lo más profundo de las Montañas Pedregosas, cubierto de pieles de lobo. Mog-Balgrik era una visión terrible, pero no más que muchas de las cosas que sus jóvenes ojos habían visto. Sin embargo, ahora más que nunca no deseaba tierras lejanas ni aventuras salvajes, sino un fuego en el hogar y el sonido de las risas… ¡o una cama! *Incluso una cama solamente estaría bien,* pensó Janner. Algo sobre lo que apoyar la cabeza, aparte de la maloliente piel de lobo y el frío suelo.

El sol navegó por el cielo despejado y se deslizó detrás de una montaña.

Por fin dejaron atrás el cañón y subieron en zigzag por la cara de la Nariz de la Bruja. Incluso Gammon estaba agotado, y se detenía cada pocos minutos para que los niños pudieran recuperar el aliento. El sendero estaba sembrado de esquisto y guijarros, y cuanto más subían, más nieve se amontonaba por encima y por debajo.

—Tenemos que… darnos prisa —dijo Gammon entre respiraciones—. Ya no está lejos —señaló un grupo de rocas por encima y a la derecha—. Solo tenemos que llegar hasta allí; luego rodearemos la montaña y… bueno, ya lo verán. Creo que disfrutarán del último tramo de nuestro viaje. ¡Rápido! ¡El sol se está poniendo!

Ahí está otra vez, pensó Janner. *Ese cosquilleo de reconocimiento.* Sabía que había visto a Gammon antes, pero ¿dónde?

Gammon subió por la faz de la montaña hacia las rocas. Los guijarros chasqueaban y caían en ventisqueros. Janner respiró hondo y lo siguió, con Maraly pisándole los talones. El aire era fino, el viento cortante, y las primeras estrellas brillaban en el aire por encima del gran pico.

Por fin llegaron a las rocas. Un sendero bien transitado serpenteaba entre ellas, y Janner encontró a Gammon descansando en su interior. Las rocas amortiguaban el viento y, después de tanto tiempo en la gran amplitud de la cordillera, la hendidura era un nido de seguridad.

—Está oscuro, muchacho. Los buitres punzantes estarán dando vueltas.

La cara de Janner se descompuso. Maraly desenvainó su daga y apretó la mandíbula. Gammon asintió con un gesto de admiración. Janner buscó a tientas su espada y, con gran alboroto, consiguió sacarla de entre las pieles que cubrían su mochila.

—¿Qué hacemos? —preguntó, detestando lo asustado que sonaba.

—Aún no ha anochecido, así que puede que tengamos suerte y solo veamos algunos pájaros. Escuchen con atención —Gammon se inclinó y miró a los niños a los ojos—. Manténganse tan cerca de mí como puedan, rodeando la montaña. No es una distancia corta, pero tampoco es demasiado lejos para correr sin descansar. ¿Pueden mantener el ritmo?

—Sí, señor —dijo Janner. Maraly asintió y volvió a escupir.

—Una vez que estemos en el lado este de la montaña, estaremos prácticamente en casa. Solo tenemos que montar en el bogan y deslizarnos hasta un lugar seguro. Pero, como ya he dicho, los buitres estarán revoloteando. Si estuviera solo, dormiría aquí esta noche y seguiría adelante por la mañana. Pero el tiempo es oro, y con ustedes dos, guerreros en guardia, creo que lo conseguiremos sin un rasguño. ¿Todo despejado?

—Eh —dijo Janner—, ¿qué es un bogan?

Gammon se rio.

—No te preocupes por eso. Pronto lo verán. Pónganse detrás de mí y tengan desenvainadas las espadas. Cuando los buitres punzantes se abalancen, ataquen sin piedad.

—Atacar sin piedad —dijo Janner tragando saliva.

—Atacar sin piedad —repitió Gammon, dándole una palmada en el hombro a Janner. —¿Estás lista, señorita?

Maraly entrecerró los ojos.

—Sí, estoy lista. He matado más buitres punzantes que tú, viejo. Apuesto a que también he comido más.

Gammon se enderezó con una risita.

—Así es, muchacha. Estoy seguro de ello —los condujo por el corredor entre las rocas y se detuvo en la salida—. ¿Están listos para correr? Si tenemos suerte, tendrán sopa en el fuego para nosotros. Siempre hay una gran bienvenida para los skreeanos en Kimera.

—Listos —dijeron Janner y Maraly.

—¡Ahora! —gritó Gammon, y salieron de su escondite.

Corrieron por la nieve a través de la faz de la montaña durante tanto tiempo que a Janner le ardía el pecho como si hubiera tragado brasas. Se le estrechó la garganta y resollaba como un anciano. Maraly se le adelantó como lo habría hecho Tink, y Janner maldijo sus piernas lentas y larguiruchas mientras sus dos compañeros corrían delante.

Lo único que quedaba de la luz del día era una mancha de color amarillo pálido a sus espaldas. Ante ellos, más allá de la montaña, las estrellas brillaban como diamantes, y Janner tardó mucho en darse cuenta de que el cielo no estaba obstruido por más montañas. Cuando rodearon Mog-Balgrik, la luna apareció, amarilla como el ojo de un lobo y arrojando una rica luz sobre la vasta extensión de las Praderas de Hielo.

A Janner se le nubló la vista y le temblaban las piernas. No podría correr mucho más. Tendría que detenerse para tomar aire, y si los buitres punzantes venían a por él, que así fuera. Momentos antes de que su voluntad se extinguiera, chocó con Maraly y ambos cayeron a la nieve. Salieron chisporroteando, cubiertos de nieve y aguanieve.

—¡Levántense! —gritó Gammon—. ¡Ya vienen!

Janner se puso en pie y tiró de Maraly. Gammon forcejeaba con un objeto enterrado en la nieve, lanzando miradas nerviosas al cielo. Janner estiró el cuello y vio, siluetеada contra el cielo negro y azul, borrando una estrella tras otra, una nube descendente de buitres punzantes.

Los tres estaban de pie en la gran montaña, en la cima del mundo, arrodillados en la nieve, con las espadas resplandecientes a la luz de la luna, esperando a que los pájaros atacaran. Janner tuvo un solo pensamiento cuando el primer buitre punzante se abalanzó al alcance de su espada: *¿Y qué rayos es un bogan?*

54

Las Praderas de Hielo

¡Clang!

El pájaro se partió limpiamente en dos y se precipitó a la deriva junto a Janner en una salpicadura de nieve y plumas. Maraly siseó y lanzó su daga contra el siguiente buitre punzante cuando aún se encontraba a cuatro metros por encima de ellos. El pájaro graznó y cayó a sus pies. Ella le arrancó la daga del pecho y se preparó para el siguiente ataque.

Janner vio buitre tras buitre revoloteando en el cielo, franjas negras sobre el azul noche. Salvo por el sonido que hacían al atacar, los pájaros guardaban un silencio espeluznante mientras giraban en círculos.

Cuando el siguiente buitre punzante se abalanzó sobre Janner, este golpeó demasiado tarde. Mató al pájaro, pero sus garras le atravesaron el hombro y rasgaron su piel como un cuchillo el papel. Janner apartó el dolor y se preparó para el siguiente ataque, intentando no prestar atención al modo en que le temblaba el brazo izquierdo.

Maraly mató a otro pájaro y gritó:

—¡Date prisa, Gammon!

—¡Ya lo tengo! —gritó él antes de que ella terminara la frase—. ¡Suban! ¡Rápido!

Janner apartó los ojos del cielo y encontró a Gammon arrodillado delante de una especie de trineo. Era largo y plano, sin lados, pero desde la parte trasera del bogan salían cuerdas que se enrollaban en poleas y se introducían en los agujeros del morro curvado para formar lo que debía de ser una especie de mecanismo de dirección. Gammon sujetaba los extremos de las dos cuerdas con una mano y con la otra hacía señas a los niños para que avanzaran.

Janner redujo a la mitad otro buitre punzante y saltó tras Maraly sobre el bogan. Maraly se arrodilló detrás de Gammon, y Janner tomó la retaguardia.

—¡Janner! ¡Tira del ancla!

—¿Qué? ¿Dónde?

—¡Deprisa!

Maraly volvió a sisear, y Janner supo sin mirar que había arrojado su daga. Un buitre punzante muerto se estrelló contra Janner y le hizo caer de bruces. Desde debajo del apestoso montón de plumas, vio a Gammon saltar a la parte trasera del bogan y sacar un palo de un agujero de la cubierta. Inmediatamente, el bogan se deslizó hacia delante.

Janner se quitó de encima el pájaro muerto y levantó la espada mientras otro pájaro se abalanzaba sobre ellos. Un instante después, el bogan transportaba a Gammon y a los niños ladera abajo a tal velocidad que los buitres punzantes ya no se abalanzaban sobre ellos, sino que planeaban junto al trineo. Janner vio a la luz de la luna sus ojos negros encajados en cuencas carnosas, los picos duros y curvados, los cuellos sin plumas, las alas como las de un murciélago. Una cadena de pájaros aleteaba detrás del bogan como humo de plumas, de modo que cada vez que Janner o Maraly mataban a uno, otro ocupaba su lugar. A cada momento, el bogan aumentaba la velocidad y los buitres punzantes se interesaban menos por su presa, hasta que finalmente los pájaros desaparecieron.

Janner y Maraly vitorearon a pesar de su agotamiento. Se abrazaron y rieron junto a Gammon mientras el bogan descendía por la larga pendiente.

—¡Bien hecho, pequeños guerreros! —gritó.

Janner y Maraly envainaron sus espadas y contemplaron por primera vez las Praderas de Hielo. La ladera occidental de Mog-Balgrik era formidable, un escarpado centinela que advertía a los viajeros débiles de espíritu que mantuvieran distancia, pero si el viajero desafiaba su gélida faz, la recompensa era dulce. A sus espaldas se extendía un descenso largo y suave hasta el desierto helado de las Praderas de Hielo, y para aquellos que, como Gammon, sabían dónde encontrarlos, los bogans se escondían en la nieve para llevarlos a casa.

A Janner se le aguaron los ojos y el viento a su paso lo ensordecía, pero sonreía tanto que le palpitaban los músculos de las mejillas. La luna se enfriaba hasta volverse blanca a medida que ascendía, e iluminaba los campos de hielo de modo que Janner podía ver con tanta claridad como si fuera de día. Durante horas, los tres se deslizaron por las montañas, más rápido que el caballo más veloz, con un penacho de nieve arqueándose tras ellos como un chorro de agua. La luz de la luna atrapaba la nieve voladora, haciendo destellar prismas de color sobre la superficie de la pradera a su paso. Ratones blancos y zorros de las nieves, enterrados bajo la nieve para pasar la noche, agitaban las orejas cuando el bogan pasaba zumbando, pensando que tal vez el Hacedor se había inclinado hacia la tierra y susurrado: «*Shh*».

Janner durmió un rato, y cuando se despertó, la luna lo miraba de frente. Al no ver a Maraly, jadeó y se incorporó, pensando que se había caído en algún momento de la noche. Entonces oyó murmullos en la parte delantera del trineo. Se arrodilló junto a Gammon y sujetó las cuerdas mientras él le daba instrucciones en voz baja.

—No tires demasiado fuerte —le dijo—. Eso es. ¿Ves la orilla más adelante? Gíranos a lo ancho por el lado izquierdo. Bien.

—¿Estamos cerca? —preguntó Janner con una mueca de dolor. Tenía el brazo herido rígido y lo pinchaba al moverse. Gammon y Maraly se giraron, y Janner se sorprendió al verla sonreír.

—Sí —dijo Gammon—. Muy cerca, de hecho. ¿Ves esa elevación a lo lejos? ¿A la derecha, justo debajo de Tirium?

—¿Qué es Tirium? —preguntó Janner. Solo veía praderas iluminadas por la luna que se extendían eternamente.

—Es una constelación, justo encima del horizonte. Forma un triángulo, ¿la ves?

Janner la veía. Tres estrellas brillantes, un triángulo perfecto inclinado y deslizándose en el horizonte, y justo debajo de ellas, una suave pendiente en la nieve.

—Ya la veo. ¿Es Kimera? —preguntó Maraly. Su voz había perdido parte de su agudeza. Parecía más una chica normal que una varada lanzadora de dagas.

—Eso es Kimera —dijo Gammon.

Janner apenas podía contenerse. Tenía hambre, frío y estaba cansado, y echaba tanto de menos a su familia que sentía que iba a echarse a llorar.

Por fin, Gammon tomó las cuerdas y tiró de ellas como si estuviera domando a un caballo. Algo en la parte trasera del bogan se movió, y el trineo frenó suavemente hasta detenerse, justo al pie de la elevación que Gammon había señalado.

—Ya hemos llegado —dijo con una sonrisa—. Kimera.

Janner saltó del bogan a la nieve que le llegaba hasta los tobillos. Esperaba ver un pueblo, humo saliendo de las chimeneas, luz amarilla saliendo de las ventanas, pero solo vio nieve. Por todas partes había nieve, de horizonte a horizonte. Ya ni siquiera se veían las montañas. ¿Era acaso un truco? ¿Era la sombra que había pasado por el rostro de Gammon, y después de todo no existía Kimera? ¿Y si había sido mentira que Podo, Nia, Leeli y Oskar habían encontrado a Kimera? Janner no podía creer que se hubiera permitido suponer que algo bueno pudiera sucederle, que alguien pudiera ser digno de su confianza. Sintió que se le llenaba el pecho de lágrimas calientes. Estaba seguro de que nunca volvería a ver a su familia y de que Gammon había planeado entregarlo a los Colmillos desde el principio.

—¿Janner? —dijo una voz.

Janner se quedó inmóvil.

—¿Hijo?

Janner se volvió lentamente.

Una amplia trampilla surgía del lecho de nieve. Una luz amarilla brotó del agujero, y una figura ascendió por una larga escalera curva. Era Nia. Llevaba un vestido verde de manga larga, las muñecas y el cuello adornados con finas pieles blancas, y del cuello le colgaba un collar de oro. Después de tantas horas bajo las frías estrellas blancas, navegando sobre un manto de nieve blanquiazul, el amarillo y el dorado que rodeaban a su madre eran el color más mágico que Janner había visto nunca. ¡Y su madre! Estaba limpia. Llevaba el pelo trenzado en finos e intrincados bucles que caían en cascada sobre sus hombros como una catarata dorada. *Era* una reina. Si alguna vez Janner lo había dudado, ahora lo sabía.

—¿Mamá? —exhaló Janner.

A Nia se le cortó la respiración y se llevó una mano a la boca.

Un instante después, los dos se precipitaron hacia delante: un muchacho envuelto en pieles de animal, herido y dolorido, flaco como la rama de un árbol, y la reina de Anniera, envuelta en oro y luz. Se abrazaron, y Janner casi se derritió de alegría.

55

La rendición de Artham Wingfeather

Durante días, Artham entró y salió de la cordura. Estaba tumbado de espaldas en la jaula, con un hilo de baba deslizándose hacia su oreja desde la comisura de sus labios. Miraba fijamente al techo de piedra y farfullaba palabras sin sentido. Pero a veces se incorporaba como un rayo, como si acabara de despertar de una pesadilla, y se reconocía a sí mismo y sabía dónde estaba.

Todo el tiempo sentía deseos de dejarse estar, de aceptar la oferta de la guardiana de la piedra y permitir que lo convirtiera en una bestia alada. Sería tan fácil cantar la canción y no saber nada más. Tenía muchas cosas que quería olvidar. Había roto su juramento más profundo, e incluso en sus momentos de mayor cordura era incapaz de pensar en ese hecho sin temblar.

¡Lo abandoné!

Su mente había gritado estas palabras tantas veces a lo largo de los años que estaban grabadas a fuego en su interior. Por mucho que lo intentara, no podía escapar de aquel hecho, de aquella decisión que lo había perseguido todos estos años. Por mucho que huyera, por mucho que luchara para proteger las joyas, el corazón más profundo de Peet estaba podrido y moribundo por aquellas dos palabras brutales.

Solo tenía que rendirse y todo habría terminado. Podría llamar al Colmillo Gris en la ventana, y la guardiana de la piedra le tomaría la mano y cambiaría su dolor por la nada sin sentido de la caja de hierro. La luz roja parpadearía y todo lo que quedaba de Artham Wingfeather desaparecería.

Durante días, los Colmillos Grises entregaron más niños asustados a la guardiana de la piedra, y ella los calmaba, les daba la bienvenida y los mataba.

Así es, pensaba Artham, *los mata*. Les quitaba la vida. Aun así, sintió una punzada de culpabilidad por los Colmillos que había matado: ¿habían sido niños como estos?

No, estos Colmillos no eran más hombres de lo que el mango de un hacha era un árbol. Era *Gnag* quien los había matado. Había matado al ser vivo y había hecho de él algo diferente, le había dado media vida. Por eso los Colmillos se convertían en polvo y volaban cuando morían.

Artham estaba tan cansado, solo y lleno de remordimientos que lo único que quería en el mundo era convertirse en polvo y desaparecer.

Al quinto día en la jaula, se rindió.

Ya no podía soportar la mirada fantasmal de la guardiana de la piedra, ni la emoción enfermiza de los voluntarios skreeanos al entrar en la caja, ni, sobre todo, las lágrimas de los niños. Tantos niños, sacados del carruaje negro o llevados desde la mazmorra, indefensos en un lugar que ningún niño debería ver jamás. Dudaba que los Colmillos mantuvieran su palabra y liberaran a los niños. Esperaba que lo hicieran.

Pero peor que el horror del mundo en el que vivía era el mundo que llevaba *dentro*. No podía dejar de recordar. Colgaba de una jaula de pájaros sobre esta mazmorra tan parecida a aquella de la que había escapado, y las voces de su cabeza y el amargo recuerdo de todo lo que había ocurrido en las profundidades de Throg roían su espíritu. Era una tortura mayor incluso que la que había soportado de Gnag.

Cuando el Colmillo Gris con la carne cerró la jaula, Artham dijo:

—Me rindo.

—¿Qué dijiste? —preguntó el Colmillo.

—Si es cierto que la guardiana de la piedra liberará a los niños, entonces puede quedarse conmigo. Que haga conmigo lo que quiera.

El Colmillo miró fijamente a Artham, asintió y desapareció de la ventana.

Artham se sentó en la jaula con la cabeza gacha, haciendo girar un mechón de su pelo blanco alrededor de una de sus garras. Unos minutos después, la jaula se tambaleó y bajó de a un clic a la vez hasta el suelo de la mazmorra. Se abrió una puerta en la pared del fondo y de ella brotó una multitud de Colmillos Grises. Rodeaban la jaula con las espadas desenvainadas.

Artham se quedó mirando al suelo. Las voces rugían en su mente. Oyó gritar a la vieja y conocida: *«Lo abandoné»*, pero ahora había más.

Cobarde, decían. *Debilucho.*

Artham se sentó con los ojos cerrados y se aisló de todo.

—Ya casi ha terminado —murmuraba una y otra vez—. Ya casi ha terminado.

Los Colmillos se apartaron. La guardiana de piedra entró en la habitación. Se acercó a la jaula, una figura alta, esbelta y encapuchada vestida con una túnica negra vaporosa. Artham abrió un ojo, luego el otro, y la miró. Su rostro era invisible bajo la capucha, pero no percibió nada del odio o la maldad que esperaba.

—Ya casi ha terminado —volvió a decir.

—Sí —dijo ella, con una voz tan hermosa que Artham dejó de temblar—. Todo irá bien, Artham Wingfeather. No tienes nada que temer.

Se inclinó hacia la jaula y se quitó la capucha.

Tenía la cara pálida y el pelo negro como plumas de cuervo. Sus ojos eran joyas oscuras en un campo de nieve. Era hermosa, pero con una belleza terrible. Artham tuvo miedo de apartar la mirada; tampoco quería hacerlo. Al instante comprendió por qué los niños se calmaban cuando ella les hablaba. Sintió que haría cualquier cosa que ella le pidiera, por equivocada que fuera.

—Pobre Artham. ¿Cuánto tiempo llevas corriendo? ¿Nueve años? Y ahora —dijo, su voz tranquila como un ronroneo— puedes descansar. El carruaje negro viene con más de los rotos y cansados como tú. Pero yo los liberaré si tú cantas la canción. ¿Es eso lo que quieres?

Artham asintió.

—De acuerdo. Pero antes, te observarán. Les dejaré ver la cosa magnífica en la que te has convertido cuando vuelvas a cruzar la puerta. Y luego, les dejaré elegir. Si quieren ser libres, los liberaré. Los entregaré a las tierras salvajes de Skree, impotentes y solos, como deseas, o pueden entregarse al servicio de Gnag. Puedo hacerlos fuertes y darles un ejército de camaradas —se enderezó y alzó la voz hacia los Colmillos—. ¿O acaso no puedo?

Ellos aullaron, ladraron y chasquearon los dientes.

Desde lo más profundo del túnel, llegó el traqueteo y el chirrido del carruaje negro. Artham vio cómo el farol se balanceaba de un lado a otro, cada vez más grande y brillante. Aparecieron los cuatro caballos negros, los cuervos, el conductor togado y luego la cosa en sí: un cementerio sobre ruedas.

La guardiana de la piedra volvió a colocarse la capucha y se paró sobre el estrado.

El conductor abrió los ataúdes y los niños salieron, parpadeantes y frágiles.

—¡Pónganlos en fila! —dijo la guardiana de la piedra.

Los Colmillos Grises colocaron a los niños en fila al pie del estrado. Todos temblaban y se acobardaban al ver a los lobos andantes.

Todos menos uno.

Uno de los niños no temblaba. Solo miraba al suelo.

Era flaco como un rastrillo, con el pelo castaño arenoso. La expresión de su rostro magullado e hinchado no era de miedo, sino de vergüenza. Se limitó a mirar a los Colmillos, a los niños y a la caja de hierro, y suspiró. Luego agachó la cabeza y cerró los ojos, como había hecho Artham cuando perdió toda esperanza.

En cuanto Artham vio al niño, se puso en pie de un salto. Su cabeza chocó contra la parte superior de la jaula, pero no le importó. Graznó, aleteó y gritó, intentando con todo lo que llevaba dentro gritar el nombre: «¡Tink!».

Antes de que Artham pudiera captar la mirada de Tink, los Colmillos Grises se acercaron y le bloquearon la vista.

56

Dos tipos de vergüenza

Segundos después de que Nia rodeara a Janner con sus brazos, la culpa burbujeó en el estómago del niño y le debilitó las rodillas. Temía la pregunta que sabía que le harían. Le temía tanto que sintió que el mundo a su alrededor se sacudía como un torbellino, y la cabeza le dio vueltas. Como a gran distancia, oyó cómo Nia se sorbía la nariz llorando, el sonido diminuto y cálido de sus besos en la frente, el crujido de su ropa contra sus pieles y, por fin, las palabras que le hicieron perder el conocimiento por completo:

—Janner, ¿adónde está Tink? ¿Dónde está tu hermano?

Mientras dormía, Janner soñó con el carruaje negro y con el supervisor y, por fin, con la caja donde había pasado tantos días a solas con sus pensamientos. En el sueño, permanecía tumbado en la profunda oscuridad de la caja durante días antes de darse cuenta de que algo malvado estaba dentro con él, observándolo en la negrura. Volvió a oír la voz del dragón marino en su cabeza. *«Está cerca de ti. Ten cuidado»*.

Janner se despertó presa del pánico. Se sacudió, tirando al suelo las mantas que tenía amontonadas, y se incorporó sudando frío. Tardó un momento en comprender dónde estaba, y entonces cayó en la cuenta de golpe: Kimera. ¡Lo había conseguido! Su alegría se vio empañada por la vergüenza por Tink, pero la comprensión de que había recorrido una distancia tan terrible y había llegado a su destino lo hizo sonreír.

Estaba tumbado en una cama de suave piel blanca. Las mantas también eran de piel, pero nada que ver con las malolientes y rígidas pieles de lobo que Maraly y él habían rebuscado. Eran suaves como plumas y cálidas. Alguien había sustituido su ropa por un camisón hecho de un tejido suave como la pluma. El suelo estaba empedrado, pero las paredes eran blancas y vidriosas, y Janner no se dio cuenta de que eran de hielo hasta que las tocó. Su dedo se quedó pegado a la pared y, cuando lo apartó, un pequeño hilo de vapor se evaporó al desaparecer su huella dactilar.

Alguien llamó a la puerta.

—Adelante —dijo, y la puerta de madera se abrió para dejar ver a una chica con una muleta.

Llevaba un sencillo vestido blanco y el pelo recogido en una larga trenza.

—¡Leeli! —gritó Janner, y la estrechó en un fuerte abrazo.

—Menos mal que te desmayaste —soltó una risita—. Te han tenido que coser el hombro.

Se había olvidado de su herida de buitre punzante. Janner se echó hacia atrás el cuello del camisón y se sorprendió al ver un vendaje enrollado en la parte superior del brazo.

—No me duele —dijo, moviendo el hombro en círculos.

—Te pusieron aceite de garpa —dijo ella—. Es una especie de pescado, que es lo que comemos por aquí, mayormente. No acelera la curación, pero quita el dolor durante un tiempo.

—¿Cuánto tiempo llevas aquí? —preguntó Janner mientras se sentaba a los pies de la cama.

—Llegamos hace diez días —Leeli miró al suelo—. Siento que los dejáramos. Yo no quería. Ninguno de nosotros quería. Pero los Colmillos…

—*Shh* —dijo Janner—. No pasa nada. He tenido mucho tiempo para pensarlo y lo comprendo. Era lo único que se podía hacer para mantenerte a salvo. ¿Dónde está Maraly, la chica de los varados?

—Está con Gammon. No creo que quisiera limpiarse, pero mamá la obligó. Ya sabes cómo es.

—¿Y el abuelo y Oskar?

Leeli puso los ojos en blanco —se cansaron de esperar a que te despertaras, así que están en la taberna jugando a las cartas. Ahí es donde el abuelo pasa la mayor parte del tiempo.

—¿Hay una taberna? ¿Subterránea?

—Más o menos. En realidad, no estamos bajo tierra. Estamos bajo la nieve. Nieve profunda. Al cabo de un rato, parece un pueblo normal, con calles y casas y lugares para jugar. ¿Qué ocurre?

Janner agachó la cabeza, pensando en su hermano pequeño y en lo mucho que le habría gustado Kimera. Janner no soportaba pronunciar su nombre.

—No es culpa tuya —dijo Leeli. Cruzó cojeando la habitación y se sentó junto a Janner en la cama—. Nadie cree que sea culpa tuya.

—¡Pero si soy guardián del trono! —espetó Janner—. ¡Mi único trabajo en el mundo es protegerlo, y no pude hacerlo!

Leeli guardó silencio.

Janner sintió que un sollozo le subía a la garganta. Había pasado días y días huyendo. Había pensado muchas veces en Tink, pero siempre, al frente de su mente, estaba su búsqueda para llegar a las Praderas de Hielo. Había soñado con el abrazo de su madre. Había soñado con el descanso, la comida y la seguridad. En el fondo, lo acechaba la horrible imagen de Tink en el carruaje negro, con los ojos muy abiertos y llenos de terror. Durante todo ese tiempo, Janner había podido apartar la culpa porque no estaba seguro de encontrarse mucho mejor.

Pero ahora que estaba en una cama blanda, en una habitación cálida y con su familia tan cerca, le parecía injusto. No se merecía tanta comodidad cuando su hermano estaba… dondequiera que estuviese. Janner quería arrancarse el suave camisón, envolverse de nuevo en pieles de lobo y volver a través de las Montañas Pedregosas hasta Dugtown. Marcharía hasta el Colmillo más cercano y se entregaría. El carruaje negro parecía un destino mejor que aquella culpa insoportable.

—¡Ajá! —dijo una voz áspera.

Podo irrumpió en la habitación. Lucía igual que siempre, con sus pobladas cejas blancas y su alborotado pelo blanco, pero uno de sus brazos colgaba en cabestrillo. Janner recordó que la noche en que se separaron, cuando Podo había derribado la puerta de la taberna de Ronchy McHiggins, había oído crujir los huesos. Pero si la herida de Podo dolía, no se notaba. Se precipitó hacia delante y derribó a Janner sobre la cama. Olía a humo de pipa y a cerveza. Golpeó a Janner en las costillas con sus viejos dedos nudosos y se echó a reír, pero Janner solo se quedó tumbado boca arriba, inmóvil.

La alegría de Podo desapareció. Se dejó caer en la cama junto a Leeli con un fuerte suspiro y apoyó una mano en la pierna de Janner. Nia y Oskar aparecieron en la puerta y se percataron de la situación al instante. Oskar tenía las mejillas sonrosadas, su mechón de pelo bien acomodado contra la cabeza y las manos cruzadas sobre el vientre. Nia llevaba un vestido diferente, pero no parecía menos regia.

Sin mediar palabra, cruzaron la habitación y se sentaron en la cama, de modo que Janner se encontró rodeado por su familia. Estaba en un nido, las paredes hechas de aquellos que lo amaban. Todos guardaron silencio. Janner se quedó mirando el techo.

—Te amamos —dijo por fin Nia, poniendo una mano sobre el rostro de Janner.

El sollozo le subió a la garganta y se derramó.

—Lo perdí —se lamentó Janner—. Intenté encontrarlo, pero se había ido. Lo siento. Lo siento. Las lágrimas le corrían por la cara. Lloraba tanto que apenas podía respirar. Una y otra vez, decía: «Lo siento, lo siento». Y una y otra vez, Nia decía: «Te amamos, te amamos».

Cuando por fin las lágrimas de Janner remitieron, Podo lo estrechó entre sus grandes brazos y lo abrazó. Los ojos de Janner se cerraron. Sintió la mano de su madre en el pelo, la cabeza de Leeli apoyada en su brazo y la mano de Oskar en el pie.

Entonces, se rompió el silencio. Leeli oró en voz alta al Creador pidiendo protección para Kalmar Wingfeather. Cuando terminó, el pozo de Janner estaba seco. Ya no le quedaban lágrimas que llorar, y su mayor esperanza era que el Hacedor oyera realmente el nombre de Kalmar Wingfeather y descendiera hasta Kistamos para ayudarlo.

Leeli se llevó el arpa silbante a los labios y tocó. Era una melodía nueva, algo que estaba improvisando, igual que cuando tocó la canción de Nugget sobre las aguas del Mar Oscuro. Janner tenía los ojos cerrados, pero en unos segundos, la negrura se arremolinó y tomó forma, y pudo ver cosas muy, muy lejanas.

—¡Sigue tocando! —dijo Janner, saltando al suelo. Los adultos lo observaban con preocupación, pero a él le daba igual. Leeli parecía confundida, pero siguió tocando. Janner giró lentamente con la mano extendida, deseando que las imágenes de su mente se solidificaran. No lo sabía, pero cuando dejó de girar, miraba hacia el sur y el este, y si hubiera sido un pájaro volando en esa dirección, podría haberse elevado sobre las Praderas de Hielo, atravesado las aguas de un estrecho y llegado a una isla rocosa donde Peet el calcetín se debatía en una jaula.

Pero Janner no vio nada de eso. Solo veía imágenes borrosas y oscuridad.

Entonces, se dio cuenta de que la oscuridad era lo que se suponía que debía ver, y que las imágenes borrosas no lo eran en absoluto. Eran haces de luz que se deslizaban por grietas. Su cabeza giraba al ritmo de la melodía de Leeli, y por fin vio lo que buscaba: dos motas de luz, en lo profundo de las sombras, y el contorno de un rostro sucio e hinchado.

Una luz roja estalló en la oscuridad, y el rostro de Tink llenó la visión de Janner. Sus labios se movían. Sus ojos estaban hundidos y profundamente tristes. Cuando la luz fue más intensa, los ojos de Tink se cerraron agotados y desapareció.

El corazón de Janner latía con tanta fuerza que se llevó una mano al pecho.

—¡Lo he visto! —gritó—. ¡Está vivo!

—Hazlo callar —dijo la guardiana de la piedra, agitando una mano hacia Artham—. Está asustando a los niños.

—Cállate, hombre pájaro —gruñó uno de los Colmillos Grises—, o te atravesaremos.

Artham sabía que no lo harían, no después de todo lo que les había costado traerlo hasta allí, así que chilló aún más fuerte.

—¡He dicho que lo silencien! —ordenó la guardiana de la piedra.

Dos de los Colmillos lo tomaron por las garras y tiraron de sus brazos a través de la jaula. Su cara chocó contra los barrotes y lo inmovilizaron allí. Uno de los Colmillos puso su pata sobre la cara de Artham, lo que no detuvo los chillidos, pero los amortiguó. Por mucho que intentaba ver a Tink, era inútil; los Colmillos rodeaban la jaula.

Artham se dio cuenta de que ni la guardiana de piedra ni los Colmillos comprendían que el rey supremo de Anniera estaba en sus manos. Pensaban que era un muchacho más. Artham dejó de forcejear. Tal vez fuera mejor que no supieran quién era Tink. Pero si lo supieran, tal vez no lo enviarían a la caja.

—Entonces, ¿qué harás? Primero dices que obedecerás y ahora te resistes —le dijo la guardiana de la piedra a Artham—. ¿Te consideras más valioso que estos niños? De acuerdo. Te haremos mirar *a ti*. ¡Trae un lobo!

A través del grupo de Colmillos, Artham vislumbró a la guardiana de la piedra tendiéndole la mano.

—Tú, pequeño —dijo con voz tranquilizadora—. Acércate.

Oyó cada pisada mientras Tink subía las escaleras.

—¡Tmmmmk! —sollozó Artham en la pata del Colmillo—. ¡Tmmmmmk!

—El Colmillo le dio a Artham un puñetazo en la cara tan fuerte que se le nubló la vista.

—No les prestes atención, niño —oyó decir a la guardiana de la piedra—. Mantén tus ojos en mí.

—De acuerdo —dijo Tink.

—¿Cómo te llamas, niño? —preguntó la guardiana de la piedra.

Artham se quedó helado. Se preguntó qué haría la mujer cuando Tink le dijera su nombre. ¿Lo reconocería?

—Eh, Weaver —dijo Tink en voz baja.

—¿De dónde eres, Weaver? —preguntó la mujer. Tink guardó silencio. Artham oyó el *scrich* del Colmillo junto al estrado escribiendo las respuestas de Tink en el libro.

—Está bien. Ha sido un viaje terrible, ¿verdad, muchacho? Pero el viaje ha terminado. Pronto tendrás un nuevo hogar, un nuevo nombre y una gran fuerza. ¿Te gustaría eso?

—Sí —respondió Tink en voz baja.

—No —balbuceó Artham a través de la pata del Colmillo—. *¡No!,* gritó su voz interior.

—Entra conmigo y no temas más —dijo la guardiana de la piedra.

Tink suspiró.

—Sí, señora.

Artham oyó el chirrido de la puerta de hierro al abrirse. Oyó a Tink entrar. Oyó cómo se cerraba la puerta tras él.

Y entonces, oyó las primeras notas del espantoso canto de las piedras antiguas.

57

Abejorros y huesos viejos

Leeli bajó el arpa silbante de sus labios, y la imagen en la mente de Janner desapareció.

—¿Qué ves cuando Leeli toca? —preguntó Nia, inclinándose hacia delante.

—Imágenes —dijo Janner encogiéndose de hombros—. Pero no es cada vez que toca, y las tres veces ha sido una canción distinta.

—¿Tres veces? —dijo Leeli—. Solo recuerdo que ocurriera con los dragones marinos.

—Volvió a ocurrir cuando estaban en las montañas —dijo Janner, sonriendo ante la sorpresa en el rostro de Leeli—. Los vi a todos. No entendía lo que veía y no quería creerlo, pero los vi en la nieve, en lo alto de las montañas. Al mismo tiempo, vi a Tink en la jaula de los varados.

—¿En la jaula de los varados? —gruñó Podo—. ¿Fueron ellos quienes lo entregaron al maldito carruaje?

—Sí, señor —dijo Janner en voz baja, y a Podo le retumbó el pecho—. Mamá, ¿por qué hace eso la canción de Leeli? ¿Es magia?

Nia sonrió.

—¿Qué es la magia? Si le preguntaras a un gatito: «¿Cómo vuela un abejorro?», la respuesta probablemente sería: «Magia». Kistamos está lleno de maravillas, y algunos lo llaman magia. Esto es un regalo del Creador: no es algo que Leeli haya creado o querido hacer, ni tú querías ver estas imágenes. No buscaste doblegar los caminos del mundo a tu voluntad. Tropezaste con esto, del mismo modo que un gatito tropieza con una flor en la que se ha posado un abejorro. Es como el agua del primer pozo. La música que hace Leeli tiene un gran poder, pero está claro que el Creador puso el poder ahí cuando tejió el mundo. Si parece que hemos descubierto algún secreto, es solo porque las guerras de los siglos ocultaron lo que antes era tan común como la hierba.

—Sí —dijo Oskar—. He aprendido mucho de tu Primer Libro, muchacho. Mucho sobre Kistamos y la causa de su ruptura. Anyara… Anniera, era una ciudad tan brillante, muchacho. La justicia y la alegría eran las joyas de su corona —se quitó las gafas y se limpió el rabillo del ojo—. Pero Ouster Will lo arrasó todo. Vio los dones que daba el Creador, los corrompió y los doblegó a su voluntad. Pero eso fue mucho más tarde —dijo mientras se recolocaba las gafas—. Cuando la ciudad era luminosa, los niños cantaban música que hacía que las flores cambiaran de color de la noche a la mañana. Otros niños escribían poesías que, según se decía, elevaban los grandes arcos de piedra de las puertas de la ciudad. Y otros pintaban cuadros que, cuando el niño adecuado cantaba la canción adecuada o leía el cuento adecuado, *se movían.*

—¿Los dibujos se movían? —preguntó Leeli sin aliento.

—Eso decía —les dijo Oskar en un susurro—, y yo lo creo —miró Janner a Leeli con ojos brillantes—. Toda mi vida he querido creer que las historias eran ciertas. Nunca he podido acallar el placentero dolor entre el corazón y el estómago que sentía de niño cuando leía estos cuentos. Y ahora que estoy envuelto en la saga de los Wingfeather, ese dolor ha crecido tanto que apenas puedo soportarlo. Aquí estoy, en presencia de reinas, héroes y magia. Sí, magia. Solo cuando nos hacemos demasiado viejos dejamos de ver que el mundo del Creador está repleto de magia, que se esconde a plena vista en la música, el agua e incluso los abejorros.

—He visto muchas cosas, niño —dijo Nia, y una mirada lejana apareció en sus ojos—. Cosas maravillosas. Las viejas historias podrían llamarlas magia, pero yo las llamo belleza. Incluso podría llamarlas amor —parpadeó y volvió en sí—. Que puedas ver estas cosas cuando ella toca es un don. Nunca intentes convertirte en su amo, sino servirlo. Deja que sea lo que el Creador quiso que fuera.

La mente de Janner daba vueltas con mil preguntas. ¿Por qué la canción de Leeli solo funcionaba algunas veces? ¿Por qué decía Oskar que solo los niños tenían poder en sus canciones, poemas y pinturas? ¿Estaba Tink en el carruaje negro? ¿Qué iban a hacer?

—¿Vamos a quedarnos aquí sentados parloteando sobre gatitos todo el día? —preguntó Podo con impaciencia—. Hemos venido a buscar a Janner para cenar, si lo recuerdan.

—Sí, sí —dijo Oskar, frotándose las manos regordetas—. ¿Podríamos continuar esta discusión tomando sidra y guiso de garpa? Tengo mucho que contarte sobre tu Primer Libro, Janner. En la página veintisiete, tu madre y yo tradujimos una vieja música de arpa silbante: una canción llamada «La melodía de Yurgen», según pudimos averiguar. Imagina nuestra sorpresa cuando Leeli la tocó y se parecía mucho a una vieja melodía infantil que tu madre solía cantarte. ¡Imagínalo! —Oskar se sacudió de emoción—. Y, por supuesto, tienes que contarnos lo que te ha pasado, y puede que tengamos que hacer planes. «Aprende y planifica con comida, si puedes», dijo el gran R. T. Crunk. Estoy de acuerdo.

Todos se rieron, pero a Janner le rugió el estómago al oír hablar de comida, lo que les hizo pensar de nuevo en Tink. Salieron de la habitación en silencio.

Kimera era un laberinto de túneles redondos. Como muchas de las paredes eran de hielo y nieve dura, la luz de los faroles que bordeaban las pasarelas se fragmentaba y dispersaba, dando la impresión de que la ciudad estaba en lo alto del cielo, apartada de las nubes y de la luz del sol, y no en lo profundo de la nieve. Janner tenía frío, pero no tanto como podría haber pensado. No había viento. Se dio cuenta de que llevaba días durmiendo y paseando al aire libre, luchando contra un viento eterno y cortante que atravesaba cada capa de piel de lobo que llevaba. Kimera era cálida en comparación.

Un delicioso olor recorría el luminoso túnel y se hacía más fuerte a cada paso. Pasaron junto a varias puertas de madera, encajadas en el duro hielo igual que si hubieran estado en un marco de madera.

—Hola —dijo Podo mientras conducía a la compañía, al pasar junto a dos hombres con cubos de agua. Llevaban pantalones, pero no camisa. Tenían el pecho peludo y ancho como el de un abomachacador, mayor incluso que el de Podo. Tenían el pelo largo, pero la barba era más larga y, aunque sus rostros eran duros y fríos, esbozaron una sonrisa fina y hermosa cuando Podo los saludó.

—Hola a ti también, viejo —dijo uno de los hombres mientras le arrojaba un cubo entero de agua a la pared. El agua crepitó y se convirtió en hielo antes de llegar al suelo. El otro hombre mojó un trapo en su cubo y frotó la pared hasta dejarla lisa.

—Obtienen agua fresca de un pozo, en lo más profundo del subsuelo. Se calienta más cuanto más te adentras. ¿No es sorprendente? —dijo Podo. Mientras caminaban, explicó cómo los kimeranos reparaban las paredes de hielo y cómo conseguían comida cazando o pescando.

—¿Pescando? ¿Estamos cerca del Mar Oscuro? —preguntó Janner.

—Sí y no —le respondió—. Estas garpas proceden de un río que, según dicen, corre bajo el hielo, cerca de la ciudad. De ahí obtienen la mayor parte de su alimento. En cuanto al mar, si camináramos por la superficie, tardaríamos días, pero eso es solo porque el hielo se extiende kilómetros sobre el agua.

»Sin embargo, los kimeranos son más listos que eso. Hace muchísimo tiempo, excavaron túneles que conducían al Mar Oscuro, grandes cavernas en el hielo donde las olas bañan una orilla helada. De hecho, antes de la guerra, había un puerto kimerano. Los marineros podían dirigir sus barcos hasta un corredor helado lo bastante ancho para los remos, y luego remar durante kilómetros a través de un cañón blanco —la voz de Podo cambió, y Janner no necesitó preguntar si el viejo pirata había estado allí él mismo—. Al final del cañón, está la boca de un túnel, y los capitanes más locos esperaban hasta la marea baja y navegaban hasta allí. El túnel era kilométrico y llegaba hasta el puerto de Kimera, donde siempre había buen comercio y guiso de garpa para calentar los huesos.

—Hablando de guiso —dijo Oskar, y al doblar el túnel se detuvieron ante unas puertas gigantes de madera.

Podo las abrió de un empujón, y los sentidos de Janner se vieron asaltados. Cientos de personas estaban sentadas en largas mesas iluminadas con velas, riendo, gritando, cantando y charlando. El techo abovedado era liso como el cristal, y lo bastante transparente como para que Janner pudiera ver el resplandor anaranjado del sol poniente en el extremo occidental. La luz del sol daba a todos los kimeranos un resplandor feliz que se intensificaba mientras Janner observaba. Las paredes de piedra brillaban con el agua que se derretía de la cúpula helada y goteaba en un canalón que bordeaba el perímetro del suelo y enviaba la escorrentía a través de una alcantarilla.

El aire estaba impregnado del rico aroma del guiso de garpa, pero también olía a pan caliente y al alegre aroma de un fuego. En el lado opuesto de la habitación estaba la chimenea más grande que había visto nunca. La abertura era tan alta como un hombre y ancha como la puerta de un granero, y crepitaban árboles enteros en un fuego tan cálido que Janner lo sintió en la cara desde el lado opuesto de la habitación. Estaba hecha de piedras lisas como el mar, grises y negras y con capas de distintos tonos. La chimenea se elevaba hacia el hielo. Encima, había una enorme repisa sobre la que yacía una disposición de los huesos de una gran criatura que Janner no pudo identificar.

—¿Qué es eso? —preguntó—. Me refiero a los huesos.

—Un dragón marino —dijo Oskar.

—Es demasiado pequeño —dijo Janner—. Los dragones son enormes.

—Eso es porque —dijo Oskar con tristeza —era una de sus crías. No tenía más de unos pocos años. Hace muchos años, las crías de dragón marino alcanzaban precios muy altos. Eran casi imposibles de capturar, pero sus pieles valían más que muchas joyas. La carne de un dragón marino joven era uno de los mejores manjares de todo Skree. Solo los más ricos podían permitírselo.

—Eso es terrible —dijo Leeli.

—Lo era, querida —dijo Nia—. Se dice que los reyes de Anniera mantuvieron en otro tiempo una alianza con los dragones marinos. Durante épocas, los annieranos intentaron renovar la antigua alianza, pero no sabían cómo comunicarse con las bestias. Aun así, nuestro pueblo siempre creyó que, de todas las criaturas del Creador, los dragones marinos eran sagrados —su voz se ensombreció—. Pero para los cazadores de dragones, no había nada sagrado salvo las riquezas. Los hombres malvados hacen cualquier cosa por dinero. Los annieranos despreciaban a los cazadores de dragones y tenían razón al hacerlo.

Janner se estremeció. Los dragones eran criaturas de una belleza terrible. No podía imaginarse matando a uno, y mucho menos a una de sus crías.

—Esta es la parte más antigua de la ciudad —dijo una voz familiar desde el interior de la habitación. Vestido de negro, Gammon estaba apoyado en la pared con los brazos cruzados, sonriendo a Janner—. Es la única sala de toda la ciudad donde podemos quemar la madera de deriva tan caliente como queramos sin preocuparnos de que se derritan las paredes —señaló el techo—. Bombeamos agua del pozo a una fuente que se derrama sobre la cúpula de cristal noche y día. El aire del exterior es tan frío que se mantiene espeso y claro por mucho calor que haga aquí abajo.

—Gammon —dijo Podo a modo de saludo—, has hecho un gran trabajo aquí. No sabes lo bien que se vive en una ciudad sin Colmillos. Skree tiene suerte de contar con alguien como tú.

Janner no estaba acostumbrado a que Podo hablara así a otro hombre. Al viejo pirata le caía bien de verdad. Janner se alegró, porque Gammon también le caía bien. En las Montañas Pedregosas, había depositado su confianza en aquel hombre, y se sintió aliviado al ver que Podo lo habría aprobado.

—Gracias, Podo. Me alegro de que estés aquí. Siéntete como en casa. Kimera es una ciudad libre, tan libre como Skree antes de la guerra, y tan libre como Skree volverá a ser algún día. Janner, seguramente te estarás preguntando por Maraly. Ahí está, en la mesa junto a la pared.

Janner se sorprendió al ver a una chica con un vestido rojo. Llevaba el pelo aún corto y con estilo varonil, pero limpio y adornado con una tira de perlas. Si Gammon no la hubiera señalado, nunca la habría reconocido. Debajo de toda la suciedad y la mezquindad, Maraly era muy bonita. Entonces, la niña se inclinó, resopló y escupió en el suelo junto a la mesa. Se limpió la boca con la manga y se metió en la boca una cucharada grumosa de sopa. Una porción cayó sobre su regazo, la recogió con los dedos y se los lamió, y luego se limpió distraídamente los dedos en la parte delantera del vestido mientras recogía otra cucharada. Janner sonrió.

Nia enarcó una ceja.

—Veo que tenemos trabajo que hacer con ella.

La familia Igiby se unió a Maraly en la mesa, y tres mujeres kimeranas aparecieron con cuencos humeantes de guiso de garpa y jarras de sidra.

Para Janner, fue la mejor comida que había disfrutado en su vida. Si no hubiera estado sentado junto a su madre, habría engullido la comida igual que Maraly, pero se obligó a mantener la espalda recta y dar modestos bocados. Varias veces durante la comida, varios hombres, mujeres y niños se detuvieron en la mesa para dar la bienvenida a Janner y Maraly. Eran amables y respetuosos, sobre todo con Nia, que era claramente una especie de miembro de la realeza.

Maraly habló poco y comió tan ruidosamente como Podo durante toda la comida. Cuando se terminó la sidra, eructó y se palmeó el estómago. Podo se habría reído si Nia no lo hubiera fulminado con la mirada. Janner se dio cuenta de que su madre se esforzaba por no mostrar su desaprobación.

—Cuéntanos la historia, muchacho —dijo Podo—. ¿Qué pasó?

Todas las miradas se volvieron hacia Janner.

Sabía lo que se avecinaba. Siempre le habían gustado las historias de Podo y soñaba con el día en que tendría la suya propia, pero ahora que tenía una historia que contar, le resultaba difícil hacerlo. Habían ocurrido tantas cosas. ¿Cómo podría contarlo todo? Tenía miedo de revivir algunas partes y se avergonzaba de otras. Podo asintió para animarlo.

—Sé que es duro, muchacho, pero es tu historia. Encontrarás sanidad en ella, te guste o no. Empieza por el principio, en casa de Ronchy. ¿Qué pasó después de que echara la puerta abajo?

Janner respiró hondo y empezó.

Se los contó todo. Les habló de su enfado con Tink. Sobre los horrores en el pasaje Tilling, sobre la horrible oscuridad de la caja del supervisor y la paz que encontró allí. Les habló de Sara Cobbler, de Nurgabog y de Maraly.

Lo escucharon con los ojos muy abiertos. De vez en cuando le hacían preguntas, y más de una vez los ojos de Nia se llenaron de lágrimas. Pero lo que Podo había dicho era cierto: contar la historia dolía y ayudaba a la vez. Ya podía ver cómo la historia lo había cambiado y lo seguiría cambiando.

—Me quedé dormido en el bogan —continuó—, y cuando desperté, aquí estaba.

Oskar se recostó en la silla y se secó la frente con una servilleta.

—Eso *sí* que es una historia —dijo Podo.

Nia rodeó a Janner con un brazo y lo apretó.

—Pero tenemos que hacer algo con Tink —dijo Leeli—. Si Janner lo vio en la canción, eso significa que está vivo, ¿no? Y si está vivo, tenemos que encontrarlo.

—¿Cómo? —preguntó Janner—. Solo pude ver que estaba en una caja. Eso podría significar que está en el carruaje negro, en una mazmorra o incluso en un barco. No sería más fácil encontrarlo de lo que habría sido para ti encontrarme a mí cuando estaba en Dugtown.

—No hay esperanza para Kalmar —dijo Maraly. Era la primera vez que hablaba desde que empezó el relato de Janner.

—No digas eso —espetó Nia.

Maraly entrecerró los ojos ante Nia, y la varada volvió a aparecer.

—Es verdad. Nadie que se lleve el carruaje vuelve jamás. Mi padre envió a no sé cuántos niños (¡algunos eran de nuestro propio clan!) a las jaulas, y nunca volvieron. Amigos míos también. Chicos que sabían luchar mucho mejor que Kalmar y que conocían el bosque mejor que yo. Prometieron que encontrarían la forma de volver, y nunca lo han hecho. Ni *una* sola vez. ¿Qué les hace pensar que Kalmar será diferente?

Muchos de los kimeranos sentados cerca levantaron la vista de su guiso cuando se alzó la voz de Maraly. Gammon se levantó de su mesa, situada en el lado opuesto de la sala, y se dirigió hacia ellos.

—Tranquila, muchacha —le dijo a Maraly, que le sonrió. Extendió las manos y miró a las Igiby—. Llevamos años comiendo en paz, y apenas llegan ustedes, tenemos una refriega.

La sonrisa de Maraly desapareció y frunció el ceño hacia Nia.

—*Ella* está peleando.

—Mis disculpas, Gammon —dijo Podo—. Ya sabes cómo son las mujeres —Nia se quedó boquiabierta ante esto—, siempre discutiendo entre ellas. Nos calmaremos. ¿Verdad, hija? —Podo miró severamente a Nia, la cual le devolvió una mirada ardiente.

—Bien —dijo Gammon—. ¿Cuál fue el origen de la riña? Quizás pueda ayudar.

—Estábamos discutiendo cómo deberíamos buscar a Kalmar —dijo Oskar.

—¿Ah, sí? Creía que se lo había llevado el carruaje negro.

—Así es —dijo Janner.

—Entonces me temo que no hay forma de recuperarlo —dijo Gammon con gravedad.

—Eso es lo que les dije —dijo Maraly sin levantar la vista.

Nia tiró la servilleta sobre la mesa y salió de la habitación.

—Escucha, Gammon —dijo Podo—. Aquí somos huéspedes. Sé que te debemos mucho por haber traído a Janner sano y salvo. Pero tienes que entender algo.

—¿Qué cosa? —preguntó Gammon.

—Kalmar es su hijo. Tenemos motivos para pensar que aún puede estar vivo y, mientras eso sea cierto, no pretendemos olvidarlo ni rendirnos. Mantendremos la vela encendida, igual que hicimos aquí con Janner.

—Entiendo lo que dices, Podo, pero hay algo que también debes comprender. Nadie sale del carruaje. Hay demasiados Colmillos.

Podo se rio despectivamente.

—Ambos sabemos que los Colmillos no son tan problemáticos como una serpiente en la hierba si sabes usar una espada. Polvo y huesos, es todo lo que son.

—Ya no —dijo Gammon.

—¿Qué quieres decir?

—Quiero decir que son más fuertes. Más rápidos. Más peligrosos que antes, y ahora que vienen de las Phoob pueden llegar aquí más rápido…

—¿Las islas Phoob? ¿Qué pasa con ellas?

—Nada.

Podo lo fulminó con la mirada y esperó una respuesta.

Gammon suspiró y miró a su alrededor para asegurarse de que ninguno de los kimeranos estaba escuchando, luego se inclinó hacia él. Abrió la boca para hablar, pero negó con la cabeza —no puedo decírtelo. Demasiados oídos.

Podo puso los ojos en blanco.

—¿Qué, no puedes confiar en los tuyos?

—No. No puedo. ¿Recuerdas a Migg Landers? —preguntó Gammon. Podo gruñó—. Era uno de los míos y no podía confiar en él, ¿verdad? Tengo un plan, pero no pienso contárselo a nadie hasta que llegue el momento. Mientras tanto, tú y tu familia quédense donde están. Kimera los recibe. Disfruten del descanso —se levantó de la mesa—. Una cosa más. Sé que querías a tu nieto y que era importante en Anniera. Pero si se lo ha llevado el carruaje, es mejor que abandones tus esperanzas. Aunque siga vivo, el Kalmar que conociste ya no existe. Lo siento de veras.

Janner no entendió lo que quería decir, pero los ojos de Gammon eran sinceros y tristes. Podo estudió el rostro del otro hombre durante un momento, luego asintió rígidamente y Gammon se marchó.

La compañía se sentó a la mesa en silencio. El rugido del gran fuego, las risas y conversaciones de las mesas cercanas, el ruido de la cuchara sobre el cuenco... todo se burlaba de lo terrible que había dicho Gammon. Tink se había ido. Janner se sintió estúpido por permitirse esperar que su hermano pudiera salvarse. Agachó la cabeza.

—Sé algo sobre las Phoob —dijo Maraly.

—¿Qué cosa, querida? —dijo Oskar.

—¿Qué sabes? —preguntó Leeli, sonando como su madre.

—Oí a mi padre decir que el carruaje negro a veces iba allí en lugar de a Lamendron. Dijo que los Colmillos tenían algún plan nuevo. Puede que Kalmar esté allí. Sigo diciendo que nadie podría escapar del carruaje, pero... —hizo una pausa y ladeó la cabeza.

—¿Pero qué? —dijo Leeli.

—Nadie escapó jamás de allí, pero nadie tuvo ayuda —se encogió de hombros—. Quizás podríamos ir a buscarlo. No me importaría terminar ese partido de tacklebol que empezamos en el Recodo Oriental.

Podo sonrió. Y como una nube que se desliza a un lado para dejar pasar la luz del sol, la sombra de las palabras de Gammon se alejó y volvió la esperanza.

—Busquemos a Nia —dijo Podo—. No sé qué haremos ni cómo lo haremos, pero recuperaremos a mi niño, con o sin la ayuda de Gammon.

58

El acuerdo de Gammon

La primera vez que lo intentó, estaban en la habitación de Podo. Maraly, Oskar y los Igiby estaban sentados en círculo sobre una alfombra en el centro del suelo. Leeli se llevó el arpa silbante a los labios y tocó una melodía llamada «Palea el heno, es comida para burros». Janner cerró los ojos y pensó en Tink. En la oscuridad de su visión, vio formas geométricas que derivaban y florecían, pero no ocurrió nada especial. Cuando Leeli hubo tocado la canción por tercera vez, se dio por vencido.

—Nada —dijo.

—Quizás no estoy tocando lo suficientemente bien —dijo Leeli.

—No, la estás tocando muy bien —dijo Nia—. Perfectamente.

—Tal vez tenga que ser una canción determinada —sugirió Oskar—. ¿Y la del Primer Libro?

—O la que tocaste para Nugget. ¿Te acuerdas de esa? —preguntó Janner.

—La recuerdo exactamente —dijo Leeli—.

—Inténtalo, querida —dijo Nia.

Una vez más tocó, y aunque trajo a la mente de Janner todos los recuerdos de aquel día en los acantilados, cuando había oído por primera vez a los dragones marinos en su cabeza, no vio nada.

Abrió los ojos y se encontró con que todos lo miraban.

—Lo siento —dijo, e inclinaron la cabeza con decepción.

—Quizás deberíamos dejarlos solos —dijo Nia.

Salieron de la habitación, dejando a Leeli y Janner frente a frente sobre la alfombra. Leeli tocaba una canción tras otra, y Janner pensaba tanto que le dolía la cabeza. Pero no pasó nada. Encontraron a los demás en la habitación de Oskar, y se pusieron en pie de un salto cuando entraron Janner y Leeli.

—No funciona —dijo Janner—. Lo siento.

—Hemos estado hablando, muchacho —dijo Podo—, y da lo mismo una cosa que otra. Vamos a ir por él. Todos nosotros.

—¿Todos nosotros?

—Sí. Me parece que cada vez que esta familia se separa, ocurren cosas malas. Nos dirigiremos de nuevo hacia el sur y luego pensaremos qué hacer. Quizás vayamos a las islas Phoob —Podo carraspeó y desvió la mirada—. Recuerdo que allí hay un fuerte. Debe ser donde está el puesto de avanzada de los Colmillos, aunque no tiene mucho sentido. La última vez que estuve allí, estaba blanco de nieve y espuma de mar. No es un lugar probable donde los hombres lagarto puedan sobrevivir, pero Gammon dijo que estos eran diferentes, que Gnag ha reclutado a otra raza de Colmillos que puede soportar el frío. La cuestión es que no podemos quedarnos aquí sentados sin hacer nada. Vamos a buscar a tu hermano.

—Sí, señor —dijo Janner, luego corrió hacia Podo y lo abrazó con fuerza.

—¿Cuándo partimos? —preguntó Leeli.

—A primera hora de la mañana —contestó Nia—. Tenemos que acordar con Gammon el uso de unos cuantos bogans y un equipo de charvos.

—¿Charvos? —dijo Janner.

Los ojos de Leeli brillaron.

—¡Tengo que enseñártelos! Son preciosos, con las plumas más suaves. Los cuidadores me dejan darles de comer a veces.

—Ya habrá tiempo para eso por la mañana —dijo Nia—. Ustedes, niños, deberían irse a la cama. Yo prepararé las mochilas para que podamos partir temprano por la mañana.

Janner les dio las buenas noches a Maraly y Leeli y se fue a su habitación, donde se tumbó bajo las mantas y se quedó mirando el techo helado. La frustración por la canción había desaparecido. El pesar por haber abandonado tan pronto las comodidades de Kimera había desaparecido. Su corazón cantaba con la esperanza de que existiera la más mínima posibilidad de volver a ver a su hermanito.

Por fin, se durmió.

Lo despertó un golpe en la puerta. Janner se incorporó y se frotó los ojos, recordando enseguida que le esperaba el viaje. Se vistió, tomó el abrigo de piel del gancho y abrió la puerta de un tirón. Su sonrisa desapareció.

Un kimerano estaba ante él, con su larga barba cubierta de hielo. Estaba sin aliento y llevaba un fornido abrigo de piel gris que colgaba hasta el suelo.

—¿Qué pasa? —preguntó Janner.

—Lo lamento —dijo el hombre, y se lanzó hacia delante y ató los brazos de Janner a su espalda antes de que el chico supiera lo que estaba ocurriendo.

Empujó a Janner hacia delante, pasando por la habitación vacía de Leeli, luego la de Nia y después la de Podo. Todas estaban vacías. La puerta de Podo colgaba torcida, y su cama había sido derribada en un forcejeo.

—¿Qué está pasando? ¿Dónde está mi familia? ¿Dónde está Gammon? —preguntó Janner, pero el hombre no dijo nada.

Pasaron las grandes puertas del comedor y serpentearon por las calzadas heladas de Kimera, junto a escaparates cortados en el hielo, junto a cocinas y viviendas donde jugaban los niños. Cada vez que se encontraban con kimeranos, parecían confundidos y retrocedían contra la pared para que Janner y su captor pudieran pasar. Finalmente, doblaron una esquina y Janner lo vio, flanqueado por una pequeña compañía de kimeranos armados.

—¡Gammon! —gritó—. ¿Qué está pasando? ¿Dónde está mi familia?

—No pasa nada, muchacho. Todo irá bien. Simplemente, no puedo dejar que te vayas —se volvió hacia el hombre que estaba detrás de Janner—. Gracias, Errol. Es seguro entrar.

—Sí, señor —dijo Errol, y había preocupación en su voz.

Condujo a Janner a una pequeña cámara. Oskar, Podo, Nia, Leeli y Maraly estaban sentados, amordazados y amarrados a un largo banco en el centro de la sala. Janner se dio cuenta de que Maraly ya no llevaba vestido, sino pantalones y un abrigo, igual que Janner. Las paredes eran de piedra en lugar de hielo, y una antorcha chisporroteaba en la pared. Cuando Podo vio a Janner, el anciano gruñó y forcejeó con sus ataduras, y Errol se tensó.

—Hicimos falta cuatro de nosotros para atarlo, muchacho —dijo el kimerano.

—Casi mata a uno de nosotros, incluso con el hombro maltrecho —dijo otro guerrero al otro lado de la puerta—. Tu abuelo es fuerte.

—¿Por qué…? —empezó Janner, pero el hombre le ató un trapo alrededor de la boca y en unos instantes se encontró atado al banco junto a los demás.

—Eso es todo, Errol —dijo Gammon—. Asegúrate de que Elmer y Olsin están bien atendidos. Les han dado una buena paliza —bajó la voz—; después, prepárense, como habíamos planeado.

—¿Estás seguro? —preguntó Errol en voz baja.

—Sí. Más que nunca. Gracias, amigo. Prepárate.

—Sí, señor —dijo Errol, y los hombres se dieron la mano.

—No quería llegar a esto —dijo Gammon a los Igiby—. Les dije que se quedaran y descansaran. Les dije que se sintieran como en casa. Les dije que se dieran por vencidos con Kalmar. Pero no me quisieron escuchar, y ahí están. Mis hombres han aprendido que es bueno escucharme. ¿Verdad, hombres?

—Sí, señor —dijeron desde el pasillo.

—Deben comprender que haría cualquier cosa para proteger a Skree. No puedo dejarlos marchar, no cuando los Colmillos esperan que los entregue. Si pensara que hay otra forma más que entregarlos, los liberaría. Pero es a ustedes a quienes quiere Gnag, no a Skree. Basta con que los entregue a él para que acepte abandonar estas tierras. Llámenme malvado si quieren, pero el mayor mal es el sufrimiento que han traído a mi país. ¿Necesitan que los convenza? —Gammon apoyó un pie en el banco donde estaban sentados—. ¡Olfin, Urland, vengan aquí!

Dos de los hombres grandes del pasillo entraron en la cámara.

—Olfin perdió a sus padres por la invasión de los Colmillos. Quemaron su casa y mataron a todo su ganado. Urland tiene una historia similar. ¿Verdad, Urland?

—Sí, señor. Toda mi aldea fue arrasada. Me alegraré mucho cuando entregues a este grupo a los Colmillos, señor.

Gammon extendió las manos y sonrió.

—Envié la noticia por cuervo en cuanto llegamos de que por fin las joyas de Anniera habían sido capturadas.

Podo, Janner y Maraly gruñeron y forcejearon. Janner estaba harto de traiciones. Empezaba a creer que nadie en todo Kistamos era digno de confianza. Cuanto más crecía, más se demostraba que el mundo era un lugar torcido.

Cuidado, había dicho el dragón marino, y ahora Janner lo sabía. Todo el tiempo había sido Gammon; Gammon quería utilizar a los jóvenes para sus propios fines. Y Janner había sido demasiado tonto para darse cuenta. Había seguido al hombre hasta Kimera.

—Yo tenía una granja —dijo Gammon. Janner se quedó quieto. Intentó imaginarse a Gammon sin sus ropas negras y su presencia imponente. Se lo imaginó con una azada y un sombrero de paja, pero era tan ridículo que resopló.

Gammon lanzó una mirada a Janner.

—Gracioso, ¿verdad? —dijo, y Janner temió que el hombre lo golpeara. Pero Gammon se rio entre dientes—. Supongo que sí. Debo decirte que soy mucho mejor soldado que agricultor. Apenas si podía cultivar una totata más grande que una uva. Pero mi mujer, Yona, podía convertir hasta las totatas más pequeñas en una buena comida. Cuando llegaron los Colmillos, mataron a mi pobre Yona. Me dejaron a mi hija —dijo, mirando a Maraly—, que tendría más o menos tu edad, muchacha. Pero un año después, llegó el carruaje negro y me la arrancó de los brazos. Aquel día, juré que serviría a Skree. Haría lo que fuera necesario para liberar a mi tierra. ¿Lo entiendes? Haré *lo que sea.*

Janner lo miró con una mezcla de compasión e indignación.

—No sé por qué los quiere Gnag el Sin Nombre —Gammon se encogió de hombros—. Y la verdad es que no me importa. Ni siquiera creía que Anniera fuera real hasta que aparecieron aquí. Pero si puedo utilizarlos para desterrar este mal de mi país, lo haré. Al menos así su captura significará algo. Anímense con eso.

Se arrodilló ante Maraly.

—Lo siento, muchacha, pero a veces las cosas deben hacerse, te guste o no. Tendrás que pasar por el otro chico —Gammon le puso una mano en el hombro. Ella se agitó como un animal salvaje y Gammon retrocedió. Se enderezó y dijo:

—Eso es todo. Mandaré a buscarlos cuando llegue el momento. Los Colmillos no tardarán en llegar.

Permanecieron sentados largo rato, escuchando el chisporroteo de la antorcha y la respiración de los demás. Cada uno se retorcía los brazos para aflojar las ataduras, pero era inútil. Pronto, el silencio se rompió por sollozos, y Janner vio que Leeli estaba llorando. Nia intentó hablarle a través de la mordaza, pero fue inútil.

Cuando Leeli se calmó, empezó a tararear. No tenía arpa silbante ni podía formar palabras, pero la melodía que surgió destilaba cansancio y tristeza. La canción llenó la sala y todos sus corazones, incluso el de Maraly, resonaron con ella. Janner miró a cada uno por turnos y vio que tenían las mejillas húmedas. Cerró los ojos y vio colores brillantes.

Su mente estaba llena de remolinos y ráfagas de movimiento. Se elevó por las pendientes de las Montañas Pedregosas, tan cerca de una bandada de buitres punzantes que vio las plumas más diminutas de sus cuellos arrugados. Luego descendió en picada, pasando junto a un abomachacador, a través de las estribaciones y al sur de la Barrera hasta el caudaloso río Blapp. Sintió que la visión se dirigía hacia el sur, hacia Glipwood, pero recordó de los mapas dónde estaban las islas Phoob, y presionó su mente hacia el este. La imagen respondió y su visión giró hacia la izquierda. Rozó las copas de los árboles y vislumbró el río, hasta que la tierra se desvaneció y contempló el caos de las Cataratas Fingap.

Guio la imagen hacia el norte y el este, sobre el Mar Oscuro de las Tinieblas, hasta que vio un grupo de islas marrones frente a la costa de Skree. Voló más cerca de las islas, hasta que pudo distinguir los mástiles de los barcos y formas grises que se movían en sus cubiertas. Quería acercarse más, y presionó su mente en ese sentido, pero la imagen parecía resistirse, y recordó las palabras de su madre: *Que puedas ver estas cosas cuando ella toca es un don. Nunca intentes convertirte en su amo, sino servirlo. Deja que sea lo que el Creador quiso que fuera.*

Janner soltó las riendas y dejó que la imagen fuera donde quisiera. Oyó tenuemente las notas de la canción de Leeli, y rogó que siguiera tarareando. Sintió que estaba cerca de algo.

La imagen pasó a toda velocidad junto a las islas, hacia el norte a lo largo de la costa, donde las Montañas Pedregosas derramaban sus gigantescos riscos en el mar, hasta que la tierra se blanqueó con la nieve. La nada plana de las Praderas de Hielo se extendía hasta el horizonte, y Janner se preguntó qué debía ver.

Entonces, detectó una mancha en el horizonte. La imagen se acercaba con cada nota de la canción de Leeli, y la mancha aumentó de tamaño hasta que Janner vio lo que era. Fue una visión tan impactante y desconcertante que gritó, y cuando lo hizo, la canción de Leeli se interrumpió y el hechizo se rompió.

Janner abrió los ojos y solo vio las piedras grises de la celda, pero lo que había visto en su visión se grabó a fuego en su mente. Le produjo un violento escalofrío y un grito de júbilo. Se sentó en el banco con sus ataduras, saltando arriba y abajo como un niño pequeño en un arrebato de felicidad.

—¡Mmmt! —dijo a través de la mordaza—. ¡Mmmk! ¡Mmmt!

Lo miraron como si estuviera loco, medio preocupados y medio divertidos por la alegría de su cara.

—«¡Mmmk!» —repetía una y otra vez. No podían entenderle, pero a él le daba igual. Reía, chillaba y sacudía la cabeza con asombro. Cada vez que se calmaba lo suficiente para ver las caras de su familia, su confusión era tan deliciosa que le provocaba otro ataque de alegría.

¿Qué sucede?, preguntaban sus caras. *¿Qué viste?*

Janner no veía la hora de contárselos.

59

La transformación

Artham apretó los pies contra la puerta de la jaula y la espalda contra los barrotes traseros. Apretó los dientes, cerró los ojos y empujó con todas las fuerzas de su corazón. La espeluznante melodía llenaba sus oídos, y por encima de ella oyó gritar a uno de los Colmillos Grises: «¡Cuidado con el hombre pájaro! Está intentando romper la jaula!».

Artham sintió zarpas peludas en brazos y piernas, y más de una vez la culata de una lanza se estampó contra su cara, pero volvió a hacer acopio de fuerzas y

presionó. Los barrotes de la jaula eran gruesos, pero Artham sintió que cedían apenas y eso renovó sus fuerzas. Una y otra vez, el dolor florecía en su rostro cuando los Colmillos intentaban detenerlo. Los huesos de sus rodillas y espalda palpitaban y amenazaban con romperse si presionaba con más fuerza. La melodía de la cámara aumentó, e incluso con los ojos cerrados, vio el brillante destello de luz.

—¡Esben! —gritó, y en voz alta cantó junto con la melodía que salía del interior de la caja, la melodía que había intentado acallar durante tantos años. No podía huir más de su oscuridad.

Las voces de su cabeza que gritaban *cobarde* y *debilucho* volvieron a las sombras. Sabía que era esas cosas, pero ya no les temía. Entonces, habló otra voz. Lo llamó *guardián del trono*, *protector* y *tío*, y por fin lo creyó.

Una oleada de poder le recorrió los huesos. Con un último empujón, la jaula se hizo pedazos. Los Colmillos Grises se tropezaron y cayeron hacia atrás. El acero doblado se desparramó por el suelo.

Artham P. Wingfeather estaba de pie en el centro de los escombros, ensangrentado y jadeante, con los ojos encendidos.

Notaba una extraña sensación en la espalda y se preguntó si se habría roto alguna costilla. Los niños del carruaje se dispersaron por los rincones de la caverna, mientras los Colmillos Grises retrocedían y lloriqueaban como cachorros.

Artham respiró hondo, extendió los brazos y soltó un grito victorioso. Al hacerlo, dos gráciles alas se desplegaron desde su espalda, con las plumas húmedas y relucientes. Eran de color gris oscuro, con motas blancas y ojales moteados

del carmesí más brillante. Aunque seguían afiladas como cuchillos, sus garras se habían estrechado y alargado lo suficiente como para que parecieran más manos y menos garras.

Artham se sentía más ligero y fuerte y, por primera vez en nueve años, su mente estaba clara y segura. Las palabras de un centenar de sus propios poemas se desplazaron por su memoria; vio rostros de viejos amigos, batallas que había librado e incluso los momentos más terribles de su vida y, sin embargo, seguía siendo él mismo. El animal salvaje que llevaba dentro y que tanto había luchado por matar latía con fuerza, pero ya no era su amo. Afrontó el dolor y lo dominó como un caballero cabalga sobre un caballo.

Extendió las alas y saltó seis metros en el aire, por encima de las cabezas de los Colmillos acobardados, hasta el estrado. Aterrizó con pies seguros y abrió de un tirón la puerta de hierro.

—¡Tink! ¡Kalmar! —gritó en la oscuridad.

Salió humo flotando por el aire. Artham plegó las alas y entró en la cámara.

—¡Kalmar! —susurró.

Le respondió un quejido procedente de algún rincón. Artham introdujo la mano en la negrura humeante hasta que palpó un brazo peludo. Temblaba, húmedo y caliente al tacto. La criatura volvió a gemir.

—Shh, muchacho —dijo Artham—. Te tengo. Tu tío Artham te tiene. Esta historia acabará bien. No sé cómo, pero las cosas se arreglarán. Vamos.

Artham levantó a la cosa temblorosa y la sostuvo entre sus brazos. Se acercó a la puerta y echó un vistazo al exterior. Los Colmillos Grises se habían puesto en pie, pero ninguno parecía dispuesto a atacar al salvaje que acababa de romper una jaula en pedazos. Entonces, se oyó una voz desde lo más profundo de la caja.

—Llegas demasiado tarde, guardián del trono. El niño se ha ido y ha llegado algo nuevo —dijo la guardiana de la piedra—. Cuando se canta la canción de las piedras antiguas, la sangre de la bestia impregna tus huesos.

Artham se detuvo ante la puerta. Flexionó el cuello, agitó las plumas de sus poderosas alas y se volvió hacia la mujer, apenas visible en el fondo de la caja.

—¿Llamas a eso poesía? —dijo.

Con Tink inconsciente en sus brazos, Artham se acercó al borde del estrado y saltó al aire. Sus grandes alas batieron el aire y los llevaron a los dos por encima de las cabezas de los asombrados Colmillos Grises, incluso cuando la guardiana de la piedra emergió y ordenó a los Colmillos que los persiguieran. Aterrizó suavemente en la boca del túnel de donde había salido el carruaje negro, plegó las alas y aceleró hacia la superficie.

Muchos Colmillos Grises se habían reunido en la boca del túnel cuando oyeron desde adentro la frenética voz de la guardiana de la piedra. Artham vio sus siluetas bloqueando la salida, vio sus orejas de lobo crispándose. Bajó la cabeza y se abalanzó sobre ellos antes de que supieran lo que estaban viendo. Corría tan rápido que solo tuvo que desplegar las alas y se elevó por encima del transbordador, planeó en picada sobre el estrecho y se deslizó en un lento círculo sobre la isla.

Las diminutas figuras de la guardiana de la piedra y sus Colmillos Grises emergieron de la caverna y se agruparon rápidamente en compañías. Artham se dio cuenta de que su visión era más clara y precisa de lo que había sido jamás. Podía ver los ojos amarillos de los Colmillos Grises, las motas de caracolas marinas incrustadas en los muros de piedra de la fortaleza. Las torretas estaban repletas de bestias grises, que se organizaban mucho más rápido que cualquier Colmillo de escamas verdes que Artham hubiera visto jamás. Una flecha pasó zumbando y vio con alarma que un regimiento de arqueros lo tenía en el punto de mira.

Apretó contra su pecho el cuerpo peludo y tembloroso de Tink.

—Vamos a buscar a tu familia, alteza —dijo Artham con una sonrisa.

Levantó las alas y se lanzó como un halcón, directo hacia la fortaleza. La alarma en los rostros de los Colmillos Grises merecía el riesgo. Desplegó las alas en el último momento y pasó por encima de sus cabezas como un rayo. Los Colmillos Grises se agacharon y se dispersaron.

El impulso de Artham lo llevó en un grácil arco sobre el estrecho hasta la costa rocosa de Skree. Siguió el litoral montañoso hasta que la tierra se aplanó, blanca por la nieve de las Praderas de Hielo.

Una armada de barcos de guerra bordeaba la costa helada: un centenar, por lo menos. La nieve pisoteada alrededor de los barcos se acumulaba en un amplio camino que marcaba la perfecta superficie de las Praderas de Hielo. El camino llevaba al noreste, y supo que los Colmillos Grises marchaban hacia Kimera. Descendió hasta que voló a solo unos metros por encima de la nieve, siguiendo el contorno de la pradera mientras esta se elevaba y descendía en suaves y prístinas derivas.

A Artham se le humedecieron los ojos a causa del viento, de la velocidad y de la magnífica belleza de la tierra que se extendía bajo él. El agua brotó de las comisuras de sus ojos hacia sus orejas y, con el frío despiadado, se congeló formando joyas plateadas.

Tendría que escribir un poema sobre esto.

60

Secretos en la nieve

Las muchas horas que Janner pasó atado y amordazado en la celda con su familia fueron enloquecedoras. Janner empujaba la mordaza con la lengua, pero esta se mantenía firme por mucho que lo intentara. Todos lo miraban con confusión y destellos de esperanza, pero no entendían sus gruñidos y él no entendía los de ellos.

Seguía sin estar seguro de cómo funcionaban las imágenes. ¿Había visto las cosas como eran en realidad o imágenes que solo insinuaban la verdad? En la Fábrica Tenedor, cuando tuvo la visión de Leeli en las montañas, ¿se trataba de una imagen del lugar en el que ella estaba realmente o solo era una representación de su entorno, como en un sueño? Las imágenes giraban y se movían, pero siempre tenían el aspecto de una ilustración bien enmarcada en uno de sus libros ilustrados.

¿Podría eso explicar lo increíble que acababa de ver?

Era Peet, pero *no era* Peet. El Peet de su visión tenía grandes alas emplumadas y se elevaba como un fendril solitario a través de amplias extensiones de nieve. Su rostro era apuesto y audaz, no como el ojeroso e intranquilo Hombre Calcetín que Janner había llegado a conocer. Quizás fuera una metáfora. Tal vez Peet estaba corriendo —volando— hacia las Praderas de Hielo, y la mente de Janner le había añadido las alas.

Janner también había visto algo en los brazos de Peet y, aunque no lo veía con claridad, estaba seguro de que era Tink. Una y otra vez, Janner cerraba los ojos y reconstruía la visión, deseando captar todos los detalles, pero solo veía un borrón difuso entre los brazos de Peet. A pesar de ello, en lo más profundo de su corazón, sabía que era Tink.

Tras muchos gruñidos y movimientos de cabeza, Janner comunicó a Leeli que debía tararear de nuevo su canción. Ella lo intentó varias veces, pero como antes, no ocurrió nada.

La emoción de la visión de Janner se desvaneció y las horas fueron pasando, hasta que las cabezas se inclinaron y algunos dormitaron.

Por fin, la puerta se abrió y Gammon les echó un vistazo.

—Brogman, suéltalos del banco, pero mantenles las manos atadas. Y mantenlos amordazados.

Otra montaña barbuda de hombre entró en la habitación y les desató las cuerdas del banco. Con una soga, ató a los siete formando un tren con Podo al frente. Dejó libre un brazo de Leeli para que pudiera caminar con su muleta y le ató la otra muñeca al tren.

—Haz bien el nudo, Brogman —dijo Gammon. Cuando Brogman terminó, Gammon miró la cuerda e inspeccionó cada uno de los nudos. Cuando estuvo satisfecho, los condujo en fila india a través de Kimera. La ciudad de nieve estaba silenciosa como una tumba. Todas las habitaciones estaban vacías.

Se detuvieron al pie de una elegante escalera que se curvaba hacia arriba, hacia un techo alto, la misma escalera por la que había subido Nia la noche en que llegó Janner. Al pie de la escalera, había un montón de pieles. Los dos hombres que custodiaban la escalera cubrieron los hombros de la compañía con finos abrigos de pieles e incluso envolvieron el cuello de las mujeres con bufandas.

—Hace frío afuera —dijo Gammon con una sonrisa.

Detrás de la barba amarilla de Brogman, su rostro se crispó de aprensión.

—No temas, Brogman —dijo Gammon, poniéndole una mano en el hombro.

—No tengo miedo, señor. Solo estoy ansioso. La sonrisa de Brogman era feroz.

Gammon observó a los Igiby por última vez, y su mirada se detuvo en Maraly.

—Siento que hayamos llegado a esto, amigos.

Janner lo fulminó con la mirada. ¿Cómo podía llamarlos amigos cuando estaba a punto de hacer algo tan terrible? Maraly miró a Gammon con el odio más profundo, y a Janner le dio vueltas la cabeza por su traición. No podía creer que la sacrificara junto al resto. ¡Ella no tenía nada que ver con Anniera! Y Gammon le había hablado tan amablemente antes.

—El ejército está reunido y esperan mi entrega de las joyas. Brogman, asegúrate de conducirlos *exactamente* al lugar que te he indicado. Allí es donde los esperan los Colmillos Grises, ¿entendido?

Brogman asintió y dijo:

—Muy bien, pues arriba.

Gammon se detuvo al pie de la escalera y los observó. Janner lo miró a los ojos, con la intención de lanzarle una mirada de odio que nunca olvidaría, pero Gammon le guiñó un ojo. El enfado de Janner se convirtió en confusión. Estudió el rostro de Gammon, pero no vio más que la misma fría indiferencia, y se preguntó si el guiño no habría sido más que un tic nervioso.

La luz inundó la escalera al levantarse la trampilla. Podo caminó orgulloso hacia el brillante día de su traición. Desde la parte trasera del tren, Janner solo veía luz. Trozos de nieve se derramaron en el túnel y se esparcieron por los escalones. La luz del sol lo cegaba, pero con las manos atadas a la cuerda de la fila, era incapaz de protegerse los ojos. Oyó el aullido del viento y el crujido de sus pasos mientras Brogman los conducía a través de la nieve hasta el lugar que Gammon había designado.

Cuando por fin Janner pudo ver, deseó no hacerlo. Extendido ante ellos como una gigantesca alfombra gris había un ejército de lobos.

En Glipwood, cuando Janner era más joven, Nugget y un perro callejero se habían cruzado y peleado por un hueso de cerdo. Janner intentó separarlos y fue mordido. Nunca olvidó la forma en que el perro callejero enseñaba sus largos dientes, la forma en que sus labios se curvaban hacia atrás y su nariz brillaba. Miles de Colmillos Grises enseñaban los dientes del mismo modo salvaje.

Y, por si fuera poco, también llevaban espadas.

Los Colmillos Grises formaban filas. No eran los Colmillos revoltosos e indisciplinados a los que Janner estaba acostumbrado; tenían ojos tranquilos e inteligentes, y al frente de cada compañía había un Colmillo Gris que estaba claramente al mando. Hacia el sureste, serpenteaba una amplia franja de huellas que el ejército había dejado al atravesar las Praderas de Hielo desde las islas Phoob.

Entre los Igiby y los Colmillos había no más de veinte guerreros kimeranos. Janner reconoció a Olfin y Urland, los dos hombres que habían perdido a sus familias. Sus armas brillaban y sus barbas se agitaban al viento. Por feroces que parecieran, los kimeranos eran tan pocos que Janner los compadecía aunque pretendieran entregarles a él y a su familia. ¿De verdad creía Gammon que los Colmillos evacuarían Skree? Incluso Janner sabía que aquellas bestias no eran de fiar. En cuanto las joyas de Anniera estuvieran en poder de los Colmillos Grises, los lobos se volverían contra los kimeranos y la rebelión sería aplastada. La poca esperanza que quedaba para Skree —y para Anniera, en realidad— se extinguiría.

Janner escrutó el horizonte blanco en busca de alguna señal de Peet y Tink, pero solo vio nieve cegadora. Su visión había sido clara: Peet se acercaba. Pero ¿cuándo? ¿Llegaría en picada a salvarlos como había hecho tantas veces? No con tantos Colmillos tan cerca, no si estas nuevas bestias eran tan capaces como parecían. Sería mejor que Peet y Tink se quedaran lejos, muy lejos, hasta que terminara la batalla. Al menos así permanecerían libres. Sin embargo, Janner anhelaba volver a ver a su tío y a su hermano. No podía apartar los ojos de las colinas nevadas.

—¡Los tenemos! —gritó Brogman—. ¿A cargo de quién entregamos las joyas de Anniera?

¿Dónde está Gammon?, se preguntó Janner. *¿Por qué ese tal Brogman está haciendo todas las tratativas?*

—¡Mío! —respondió uno de los Colmillos Grises mientras avanzaba a grandes zancadas con una figura encapuchada a su lado, esforzándose por mantener el ritmo. Pasaron entre los hombres de Kimera sin mirarlos siquiera y se acercaron a Janner y a los demás. La voz del Colmillo Gris era profunda y ronca, no el crujido seco de los hombres serpiente, y su rostro era algo terrible, antinatural y con ojos amarillos. La nariz al final del corto hocico era negra y brillante; las orejas estaban en posición de firmes.

—Me llamo Timber —le dijo a Brogman—. Estoy al mando de estas tropas —olfateó el aire alrededor de Janner, Leeli y Maraly—. Entonces, ¿estos son los niños?

Maraly sacudió la cabeza y gruñó.

El Colmillo se volvió hacia la figura encapuchada.

—¿Son ellos, Zigrit?

La figura levantó los brazos temblorosos y se quitó la capucha. Dos ojos negros insertados en un rostro verde y escamoso miraban a los niños. Tenía la boca recubierta de escarcha y sus largos colmillos amarillos castañeteaban con el frío.

—S-s-sí —respondió sin mirar dos veces a Maraly. La criatura se sentía miserable, y Janner vio que, efectivamente, los Colmillos corrientes nunca habrían sobrevivido a una batalla en las Praderas de Hielo.

—Las joyas de Anniera —dijo Brogman—, sanas y salvas, como prometió Gammon —los dedos de Brogman se crisparon, y Janner pensó en un gato a punto de saltar. ¿Qué estaba ocurriendo?

—¿Y qué hay de la chica? —preguntó Timber, entrecerrando los ojos.

—Eh, ¿chica? —Brogman vaciló.

—Esta —dijo Timber. El Colmillo colocó una pata en la nuca de Maraly y le tiró de la cara hacia Brogman—. Este no es Kalmar Wingfeather, como prometieron.

Los ojos de Brogman se dirigieron nerviosos hacia la trampilla.

—No es tan fácil como crees engañar a los Colmillos Grises —dijo Timber—. Esta misma mañana me han dicho por un cuervo que Gammon solo tenía dos de las joyas. Gracias, Urland.

El hombre llamado Urland se apartó de los demás kimeranos. Los hombres le gruñeron como si fueran los propios Colmillos.

—¿Tú? —espetó Brogman—. Gammon sabía que había espías, pero *¿tú?* Urland parecía un ratón en un rincón.

—No es solo Urland —dijo Timber—. Hay varios. Gnag conoce los detalles de su rebelión desde hace años. Gammon no es un líder tan astuto como cree.

Timber gruñó y enseñó los dientes al guerrero, luego giró sobre sí mismo y dijo: —¡Triffin! Trae a dos soldados y apresen a estos prisioneros.

Tres Colmillos Grises se abrieron paso entre los kimeranos.

Janner esperó a que Podo rompiera sus ataduras, o a que apareciera Peet, o incluso a que una bandada de buitres punzantes aleteara y les proporcionara la distracción que necesitaban para hacer *algo*. Pero esta vez, no habría salvador. Esta vez estaban atrapados, no solo por un enemigo, sino por dos.

Leeli apoyó la cabeza en el costado de Nia. Podo se volvió y miró a su familia. Asintió a Oskar y Maraly, y se encogió de hombros. No parecía triste, pero tampoco parecía dispuesto a luchar. El viejo pirata podía ver, supuso Janner, que se habían quedado sin opciones y que lo mejor era ir sin contender. Que Tink al menos quedara libre le produjo cierto placer a Janner.

Tres Colmillos Grises marcharon directamente hacia Podo y le arrojaron un saco sobre la cabeza, luego hicieron lo mismo con Oskar y Nia. A Janner se le aceleró el corazón. Toda la huida, toda la lucha y el aferrarse desesperadamente a la esperanza de que algún día podrían escapar… todo se reducía a esto. Serían atados, amordazados y encapuchados en compañía de quienes debían protegerlos.

—¡Deteneos, os digo! —dijo una voz desde la escalera—. ¡No prosigáis con sus empeños de manos peludas! ¡Sin dilación!

El Colmillo Gris que estaba a punto de colocar el saco sobre la cabeza de Leeli se detuvo en seco. Sus orejas se aplanaron y gruñó.

Janner se volvió y vio a una figura con capa saltar de la escalera del túnel. Iba vestido de negro de pies a cabeza y agitaba una espada en el aire como si estuviera matando moscas.

—¡La E-e-espada F-f-florida! —balbuceó el Colmillo escamoso.

Brogman tiró de una correa de cuero que colgaba de las muñecas de Podo, y sus ataduras cayeron a la nieve. Janner sintió que las suyas también se desataban y vio que cada uno de sus nudos se soltaba con esa única correa. Él y los demás liberaron sus manos y se arrancaron las mordazas.

—¡Ajá! —exclamó la Espada Florida—. ¡Ese soy yo, ese soy yo! ¡Y antes me brotarían pieles y colmillos que permitir que vuestras pieles llenas de pulgas dañen a estas, las joyas de la Isla Brillante! ¡Ahora es el momento de nuestro poderoso triunfo! ¡Ahora es cuando fructifican nuestras muchas y deslumbrantes esperanzas a la amarillenta luz del sol de este día brillante y nevado en las Praderas de Hielo! ¡No más!

Cuando terminó de hablar, no se oyó en todas las Praderas de Hielo más que el silbido del viento. Miles de Colmillos Grises, un puñado de guerreros kimeranos y los Igiby estaban ocupados resolviendo en sus mentes qué rayos acababa de decir la Espada Florida.

—¿Gammon? —dijo Janner vacilante.

—¡Ajá! —la Espada Florida sonrió.

—¿Quién es este tonto? —preguntó Timber—. ¿Qué está pasando?

—¡Kimeranos! —bramó la Espada Florida—. ¡Haced la guerra! ¡Soltad el río!

Sonó un estruendoso crujido y el suelo tembló. Timber giró sobre sí mismo, demasiado agotado para saber si debía golpear a Gammon, apoderarse de las joyas de Anniera u ordenar a sus tropas.

Janner observó cómo las numerosas columnas de Colmillos Grises rompían la formación y se dispersaban. Enormes y dentados trozos de hielo estallaron en el aire e hicieron volar a los lobos, cientos de los cuales desaparecieron bajo la superficie. Cuando los pedruscos de hielo cayeron, grandes columnas de agua estallaron y rompieron más hielo. Aparecieron grietas estremecedoras a su alrededor, y pronto Janner vio la forma del gran río serpenteando en una curva cerrada y elegante alrededor de Kimera.

Se abrieron varias trampillas, algunas directamente debajo de los Colmillos Grises más cercanos a la ciudad. De la nieve y hacia las filas de los lobos andantes surgieron un millar de skreeanos que gritaban, hombres y mujeres jóvenes, vestidos con brillantes armaduras plateadas y blandiendo espadas. Entre ellos aparecieron charvos, enganchados a bogans de cuatro en cuatro. Los guerreros se agazaparon en los bogans con las riendas en una mano y las espadas en la otra mientras las grandes aves arrastraban a los guerreros hacia la refriega, arremetiendo contra los Colmillos Grises mientras corrían.

El chocar del acero hendió el aire, y comenzó la Batalla de Kimera.

Timber gruñó a Gammon y le apuntó con su espada. Varios de los guerreros kimeranos cercanos corrieron al lado de su líder y apuntaron con sus espadas al Colmillo Gris. Urland se interpuso entre los Colmillos y los kimeranos con la espada desenvainada, temblando de miedo. Parecía tan sorprendido como cualquiera de que Gammon y la Espada Florida fueran la misma persona.

Timber contempló el caos de su ejército, aulló y se alejó a toda prisa, bramando órdenes mientras los kimeranos luchaban por hundir a sus Colmillos en las aguas heladas. Muchos de los Colmillos Grises ya se habían recuperado de su conmoción, y estaba claro que pronto Timber los tendría bajo su control para contraatacar.

—¡Dame una espada! —gritó Podo. La fiebre de la guerra lo invadía.

—¡No! ¡Debéis daros prisa! —dijo la Espada Florida—. ¡Partid, amigos, a vuestro sagrado puerto!

—¡Habla claro, Gammon! —espetó Nia—. ¡No tenemos tiempo!

—Lo siento —dijo Gammon con cierta vergüenza. Se arrodilló ante Janner y se quitó la máscara—. Lamento los secretos, muchacho. Sabía que había espías y necesitaba que los Colmillos creyeran que tenía intención de entregarlos. No sabía en quién confiar, y podían pasar demasiadas cosas si me descubrían. Maraly, lo siento especialmente por ti. Si aún así quieres quedarte, me gustaría recibirte. Aquí hay sitio para ti —los ojos de Maraly eran puñales—. Si no, te deseo un buen viaje por el Mar Oscuro de las Tinieblas.

—¿Qué? —dijo ella.

—Hacia allí se dirigen. Hay un barco esperando. Estos annieranos no pueden quedarse aquí. No me traerán más que más problemas, y tengo la sensación de que una vez que se hayan ido, la preocupación de Gnag por Skree se irá con ellos. No creo que los Colmillos se marchen sin luchar, pero tampoco creo que luchen ni la mitad si las joyas de Anniera se han marchado. Así que he dispuesto una tripulación y pasaje a donde quiera ir el viejo marinero.

—¿Hay suficientes provisiones para llegar a los Valles Verdes? —preguntó Nia.

—El barco está bien abastecido. Todas tus cosas también están allí. No sé cómo irá esta batalla, mi señora, así que yo que usted, me iría. Decidan adónde ir cuando lleguen al agua.

—¡Nos quedaremos a luchar, Gammon! —gruñó Podo.

—No, tiene razón, papá —dijo Nia—. Este no es lugar para los niños.

Los aullidos llenaban el aire. Timber y una compañía de Colmillos cargaron a toda velocidad contra el pequeño grupo de guerreros que rodeaba a los Igiby.

—No hay tiempo —dijo Gammon, guiñándole un ojo a Janner. Buen viaje. Confío en que recuerdes cómo se navega, viejo.

Un guerrero se acercó, se arrodilló justo detrás de los Igiby y sacó de la nieve dos correas de cuero.

—Seré su conductor —dijo.

Era Errol, el kimerano que había conducido a Janner a su celda.

—¿CONDUCTOR? ¿CONDUCTOR DE QUÉ? —bramó Podo. ¡NO! ¡NO PUEDO!».

—¡Ahora! —gritó Gammon, y un golpe sonó a los pies de Janner—. ¿Maraly? Gammon le tendió la mano. Ella dudó una fracción de segundo, pero la tomó. Janner le sonrió, y cuando ella le devolvió la sonrisa, no vio a un varado, sino a una muchacha que había encontrado un hogar.

—¡Gammon, dame una espada! No puedo ir al mar! —gritó Podo con verdadero miedo en la voz.

—En palabras de… —empezó Oskar.

Entonces, el suelo se desplomó.

La nariz del bogan oculta en la nieve bajo sus pies cayó en un agujero oscuro. Oskar colapsó, llevándose consigo a los Igiby, que quedaron tendidos en una maraña de brazos y piernas sobre el bogan, detrás de Errol, mientras este descendía a toda velocidad por un túnel resbaladizo hacia el mar.

61

La Batalla de Kimera

Mucho antes de que Artham viera la batalla, la oyó. El choque del acero y el estruendo del río helado atravesaron la pradera hasta sus oídos y le hicieron batir con más fuerza sus nuevas alas. Tink nunca se movió. Dormía tan quieto y tranquilo como un bebé. Cada vez que Artham miraba al niño en sus brazos, su corazón casi se rompía de amor y compasión. Sabía bien el viaje que le esperaba a su sobrino, pero no cómo librarlo de él.

A lo lejos, Artham detectó una ligera elevación, lo más parecido a una colina que había visto durante su huida. Alrededor de la colina se libraba la batalla. Artham inclinó sus alas y se elevó vertiginosamente hacia el frío cielo para poder observar la situación.

Como un rizo de cinta negra sobre un suelo blanco, un río cargado de hielo se curvaba alrededor de la elevación de la colina y luego volvía a desaparecer bajo la nieve. Dividía a la mayoría de los Colmillos Grises de la batalla, y los que quedaban en el interior del bucle estaban trabados en combate con los kimeranos. Vio trozos de polvo y pieles arremolinándose en el aire donde habían caído Colmillos Grises, y vio también muchos kimeranos caídos. El río estaba lleno de cientos de lobos que arañaban los témpanos de hielo y luchaban por nadar bajo el peso de sus armaduras. Los charvos montados dividían las filas de los Colmillos, y allí donde se rompía la línea, los kimeranos aparecían con la espada y la lanza para hacer retroceder al enemigo hasta las mortíferas aguas. Los Colmillos Grises del otro lado del río no tenían forma de cruzar, pero sus arqueros enviaban andanadas de flechas a la batalla.

Artham admiró la estrategia de los kimeranos. Los guerreros nunca habrían derrotado a todo el ejército Colmillo, pero el río había dividido la fuerza por la mitad. Estaba claro que los kimeranos ganarían la batalla.

Pero ¿dónde estaban Janner y Leeli?

Artham se mantuvo quieto en el vendaval y escrutó el terreno en busca de Podo. Para encontrar al anciano, solo tenía que buscar un montón de Colmillos muertos. Vio a un hombre con una capa negra que parecía bailar sobre las cabezas de los lobos, blandiendo su espada tan rápido que parecía más una avispa urticante que un guerrero. Artham se preguntó quién sería y deseó poder conocer a un luchador así.

Pero no había rastro de su familia.

Desde su gran altura, podía ver en el borde oriental del horizonte el Mar Oscuro de las Tinieblas. Sabía por sus muchas andanzas que los kimeranos eran un pueblo de túneles, y recordaba que tenían caminos que conducían al mar.

¿Era eso movimiento? Entrecerró sus nuevos ojos y escrutó las aguas. Entonces, vio algo terrible. Algo que se movía más rápido que cualquier barco.

Al instante, Artham lo supo. Sabía dónde estaba su familia. Sabía dónde estaba Podo y su furia estalló en un chillido desgarrador. Tink se agitó en sus brazos y gimoteó.

Hacía muchos años que Artham no pensaba en el pasado de Podo Helmer. Hacía mucho tiempo que había confrontado a Podo por sus días de pirata, y el viejo lo había despreciado desde entonces por miedo a que revelara viejos secretos. Ahora, el pasado de Podo estaba a punto de alcanzarlo, literalmente, y Artham temía que acabara para siempre con el sueño de Anniera.

—Aguanta, muchacho —dijo Artham, abrazando con fuerza el cuerpo peludo de Tink.

Con una última mirada a la batalla que se libraba a sus pies, hizo acopio de fuerzas y se elevó hacia el Mar Oscuro de las Tinieblas, directo hacia el lugar donde se agitaban las aguas.

El bogan bajó siseando por el túnel de hielo en un ángulo agudo. La trampilla se cerró y la brillante abertura de arriba desapareció. Aumentaron tanto de velocidad que Janner sintió que iba a ahogarse con su propio estómago. Nadie hablaba. Hacía unos segundos, habían estado de pie bajo el sol y la nieve en medio de la ruidosa batalla, y ahora el mundo estaba oscuro y silencioso salvo por el siseo del bogan sobre el hielo.

De la *Criatupedia* de Pembrick

Janner pensó en la imagen de su padre de niño, sonriendo en la proa de un velero, y un escalofrío efervescente le recorrió la espina dorsal. Por fin conocería la sensación de un barco bajo sus pies. Probaría el rocío salado sobre el que solo había leído. Al final de este túnel, uno de sus sueños más salvajes se haría realidad.

Entonces se acordó de Peet y Tink. ¿Dónde estaban? ¿Qué harían cuando llegaran a Kimera y se encontraran con una batalla encarnizada y a sus seres queridos desaparecidos? Pero cuando pensó en la mirada tranquila y valiente de Peet y en la forma en que sostenía a Tink seguro en sus brazos, Janner se relajó. Probablemente, Tink estaba ahora más seguro que el resto de ellos.

El ángulo de la pendiente disminuyó. Errol encendió un farol y lo colocó bajo la punta del bogan. Janner contó las caras para asegurarse de que todos seguían allí. Los laterales de la nave se curvaban hacia arriba lo suficiente para adaptarse a la forma del túnel, pero no había barandillas. ¿Qué harían si alguien se caía? Oskar, por ejemplo, que a causa de su barriga aún se agitaba, incapaz de sentarse en el espacio reducido.

La pregunta de Janner quedó respondida cuando Podo se recuperó de la conmoción y gritó: «¡Paren!».

Errol lo miró y se encogió de hombros, luego tiró de una cuerda cerca de su pierna derecha, y un sonido chirriante surgió de la parte trasera del bogan. El hielo salpicó a su paso, y el trineo se detuvo lentamente. Delante y detrás de ellos, había oscuridad. Estaban sentados en una burbuja de luz amarilla que se reflejaba en la superficie lisa del túnel.

—Nos hemos detenido, señor. ¿Qué ocurre? —preguntó Errol.

—¿Qué ocurre? —espetó Podo—. ¿No me escuchaste? No podemos ir al mar. No podemos, ¿entendido?

—Abuelo, ¿qué pasa? —dijo Leeli.

Los ojos del anciano estaban oscuros y preocupados. La última vez que Janner lo había visto mirar así fue aquella noche en la tienda, cuando Podo se había despertado de una pesadilla. *«Hay cosas que hice hace mucho tiempo»*, había dicho. *«Cosas que no se han pagado»*.

—Leeli, no me atrevo a decírtelo —dijo su abuelo tras una pausa—. Confórmate con saber que no puedo ir al mar.

—Eso es un problema, señor —dijo Errol.

—¿Qué quieres decir? —preguntó Podo.

—No hay vuelta atrás. No se puede trepar otra vez. Ya estamos a más de un kilómetro de la superficie, y es demasiado empinado. Si intentaras salir arrastrándote, tarde o temprano resbalarías. Todos los que estamos en este túnel llegaremos al fondo, de un modo u otro.

—Entonces, cuando lleguemos al puerto, déjame salir, y rápido —dijo—. Hay formas de volver a Kimera. Tenemos una oportunidad si soy lo bastante rápido.

—Eso también es un problema —dijo Errol.

—¿Qué problema? —gruñó Podo—. He estado muchas veces en el puerto de Kimera.

—Este túnel no va al puerto. Es una ruta de escape: desemboca directamente en la cubierta de un barco en una cala de hielo oculta. Es lo que utilizaban los antiguos señores de Kimera para escapar cuando la ciudad estaba sitiada. Gammon supuso que, como eres un viejo marinero, estarías contento con la situación. Me temo, señor —dijo Errol tragando saliva—, que no tienes mucha elección en este asunto. Vamos hacia el mar, lo quieras o no. De hecho —añadió—, a estas alturas ya estamos sobre el mar de todos modos.

Podo miró instintivamente hacia abajo y luego volvió a mirar a Errol con los ojos muy abiertos.

—¿Qué has hecho? —gritó. Se lanzó hacia delante y agarró a Errol por la barba.

Nia le dio una palmada en la mano de Podo.

—¡Papá, ya basta! Este hombre intenta ayudarnos.

Podo soltó a Errol y se abalanzó sobre Nia.

—¡Yo también intento ayudarlos! ¿No te das cuenta? No *puedo* volver. Nunca más. ¡Ese es mi castigo, muchacha! Si alguna vez me huelen cerca de esa agua, será el fin, para mí y para toda pobre criatura a la vista.

—¿De qué estás hablando? —preguntó Nia.

—Podo —dijo Oskar—. Si tienes algo que decir, ahora es el momento.

Podo miró de Janner a Leeli y a Nia, moviendo la boca, pero no le salió nada. Miró a Nia como un cachorro asustado y sacudió la cabeza.

—No puedo —dijo—, no puedo ir al mar.

Sin apartar los ojos duros de su padre, Nia dijo:

—Errol, continúa. Vamos al barco.

Errol asintió y soltó el freno.

Podo saltó del bogan mientras se deslizaban.

—¡Abuelo, no! —gritó Leeli.

—No se preocupe, señorita —dijo Errol—. Mire.

Volvió a tirar del freno y el bogan se detuvo. Segundos después, desde la oscuridad que había tras ellos, Podo se deslizó hacia la luz de la lámpara, dando zarpazos al hielo en vano. Chocó contra la parte trasera del bogan y se quedó mirando al techo. Leeli se arrastró por encima de Oskar, tomó a Podo de la mano y lo volvió a subir a la nave.

—Continúa —dijo Nia a Errol, y el bogan descendió.

Nadie dijo una palabra.

Podo temblaba, y Janner supo que no era por el frío.

62

La ira antigua

Un débil resplandor apareció en la distancia.

—Ya casi llegamos —dijo Errol, y apagó el farol.

Los ojos de Janner se adaptaron a medida que la luz se hacía más intensa. Los demás se incorporaron —todos menos Podo— y miraron por encima del hombro de Errol. Instantes después, vieron un círculo azul pálido que crecía a medida que se acercaban.

—Agárrense —dijo Errol.

El bogan salió disparado del túnel, voló por los aires durante un instante angustioso y se estrelló contra un montón de nieve blanda. Janner solo veía blanco. La nieve fría y húmeda invadía todas las aberturas de su ropa, y perdió toda noción del espacio.

—¡Santo cielo! ¡Santo cielo! —dijo Oskar en algún lugar cercano.

Entonces, unas manos fuertes sacaron a Janner balbuceando del banco de nieve. Varios más de los grandes y barbudos kimeranos ayudaron a Nia y Leeli a ponerse en pie. Podo se arrastró desde el montón y corrió hacia la cubierta superior de la nave sin decir palabra.

—Bienvenido, Errol —dijo uno de los tripulantes—. ¿Va todo según lo previsto?

—Hasta ahora —respondió Errol mientras subía de la nieve—. Gammon quiere que salgamos al mar lo antes posible, por si las cosas van mal. ¡Despejen el lecho de nieve de la cubierta! ¡Suelten amarras!

La tripulación se puso en acción.

Janner estaba demasiado emocionado para preguntarse qué le pasaba a su abuelo. ¡Estaba en un barco! Oyó el chapoteo sordo del agua y luego el maravilloso crujido de las maderas. A ambos lados del barco se alzaban altas y lisas paredes de hielo. Si el barco no hubiera estado allí, el bogan habría chapoteado en el agua. No había orilla, ni siquiera un témpano de hielo perdido. Más allá de la proa, el corredor se abría al mar salvaje. Las olas retumbaban contra los acantilados de hielo y lanzaban espuma al aire.

Las velas se desplegaron, la tripulación tiró de gruesas cuerdas, los remos se agitaron y el barco avanzó crujiendo hacia mar abierto. Janner arqueó el cuello y entrecerró los ojos ante la hermosa vista del mástil y la vela mayor desplegándose en un rocío de luz solar.

Entonces, vio algo que le hizo esbozar una amplia sonrisa. Muy por encima del mástil, se acercaba una criatura alada. Dos piernas humanas colgaban detrás de las alas y, aunque parecía imposible, Janner supo que era su tío.

El familiar chillido de Peet surcó el cielo, y Janner gritó de alegría.

—¡Miren! —gritó cuando el barco avanzó y la proa se encontró con las primeras olas del mar—. ¡Es el tío Peet! ¡Y Tink! ¡Lo lograron!

Janner los saludó y se emocionó al ver que Peet le devolvía el saludo. Pero cuando su tío se acercó al mástil del barco, Janner se dio cuenta de que no estaba saludando sino advirtiendo.

Un poderoso trueno sacudió el aire y llovió agua fría sobre el barco. Nia gritó. Incluso algunos de los valientes guerreros kimeranos gritaron.

Por encima de todo, resonó la fuerte voz de Podo.

—¡SEÑORES DEL MAR! ¡SOY PODO HELMER! ¡ESCAMADOR, ME LLAMAN! CONOCEN MI NOMBRE, ¡Y LO HAN MALDECIDO CON RAZÓN ESTOS MUCHOS AÑOS! ¡SE LOS RUEGO! ¡DEJEN QUE SU IRA CAIGA SOBRE MÍ Y SOLO SOBRE MÍ!

Janner apartó los ojos del cielo y giró sobre sí mismo.

Unos dragones marinos surgieron de las olas y se alzaron sobre el barco. Sus ojos brillaban rojos como ascuas y sus poderosos flancos temblaban. Las bestias empequeñecían el barco; sus aletas se agitaban bajo el agua y mecían la embarcación como si fuera un juguete.

Podo se quedó en la proa con los brazos en alto. El dragón más cercano —el viejo que Janner había visto en su primera visión, el que había hablado en su mente— echó la cabeza hacia delante, enseñó una boca llena de dientes plateados a Podo y soltó un rugido que le arrancó el abrigo de los hombros e hizo que el barco se escorase a babor. Podo se mantuvo firme, mojado por el rocío del mar y el sudor.

Algo golpeó la parte trasera del barco y Janner se volvió, esperando ver otro dragón marino. Pero no era un dragón. Un Colmillo Gris se puso en pie donde se había deslizado por la cubierta trasera y chocó contra la barandilla de la popa. Desenvainó la espada y gruñó mientras otros dos Colmillos Grises salían disparados del agujero de la pared de hielo y se estrellaban contra la cubierta del barco. Independientemente de cómo les fuera a los kimeranos en la batalla, los Colmillos habían descubierto el túnel de escape. Otros tres Colmillos Grises se precipitaron sobre la cubierta trasera en una maraña de pieles y armas y se pusieron en pie.

—¡Más rápido! —rugió Errol—. ¡Aparten la nave del túnel!

Para cuando el morro del barco se adentró en mar abierto —y hacia la multitud de dragones— y la popa estaba alejada de la boca del túnel, quince Colmillos Grises merodeaban por la cubierta con los dientes enseñados y las espadas blandidas. Errol y los siete miembros de la tripulación que no estaban ocupados tirando de cuerdas y remos se enfrentaron a los Colmillos con gritos y mucha valentía. Detrás del barco, más Colmillos Grises chapoteaban en el agua y, aunque eran enemigos acérrimos, Janner sintió lástima por ellos mientras se agitaban en el agua y arañaban inútilmente las paredes lisas de la cala.

Entonces, la voz del dragón llenó la mente de Janner. Decía las mismas palabras que había pronunciado aquel día en los acantilados, pero ahora sabía a quién se refería.

Está cerca de ustedes, jóvenes. Ten cuidado. Él destruye todo lo que toca y busca a los jóvenes para utilizarlos para sus propios fines. Lo hemos estado observando, esperándolo. Navegó por el mar y está cerca de ti, niño. Podemos olerlo.

No era Gnag. No era Gammon.

La advertencia del dragón se había referido siempre a Podo Helmer.

Eran los dragones jóvenes los que estaban en peligro, no él y sus hermanos. Janner se quedó atónito. Sabía que Podo había sido pirata, y antes varado, pero nunca se había parado a pensar en las cosas horribles que podría haber hecho su abuelo, cosas horribles que no eran solo parte de una historia, sino que habían ocurrido de verdad.

Pero ¿matar a las crías de aquellas magníficas criaturas? Nia tenía razón. Los malvados harían cualquier cosa por dinero. No quería pensar en Podo de esa manera, pero no podía escapar al hecho brutal de que su abuelo había hecho aquella cosa terrible.

El dragón rugió.

La tripulación luchaba contra los Colmillos, pero estaban perdiendo. Varios de los hombres de Errol yacían ya inmóviles sobre la cubierta del barco. Los Colmillos

Grises, a diferencia de sus hermanos escamosos, luchaban en silencio, con precisión y gran habilidad. El resto de la tripulación se dispersó para proteger el barco de las inminentes paredes de hielo; otros tomaron arcos y los apuntaron contra los dragones marinos, aunque era evidente que las flechas no servirían de nada.

Oskar se tropezó y se desplomó sobre la cubierta, resbalando de un lado a otro como un pez muerto. Nia se quedó con la boca abierta en un grito silencioso. Leeli, sin embargo, se metió la muleta bajo el brazo, subió de un salto las escaleras y corrió por la cubierta superior directo hacia el dragón.

Janner arrebató una espada de la mano de uno de los kimeranos caídos y se preguntó si debía esconderse, saltar a la batalla contra los Colmillos Grises o seguir a Leeli hasta la cubierta de proa, donde Podo se enfrentaba a los dragones.

El viejo dragón se retorció en furioso triunfo, y su frenesí se extendió a los muchos dragones que tenía detrás. Rugieron y agitaron las aguas hasta que los glaciares se partieron y avalanchas se precipitaron desde las laderas de las Montañas Pedregosas.

Podo permanecía como una estatua en la proa, esperando su muerte.

Unas alas oscuras bloquearon de repente la visión de Janner y se encontró mirando a los ojos de Artham.

—Janner —le dijo.

Su voz era fuerte y segura, y cortaba el clamor. Su rostro era el mismo, aunque ahora teñido con el mismo tinte rojizo que sus antebrazos, y en lugar de pelo salvaje y blanco, finas plumas matizadas con sutiles colores y diseños cubrían su cabeza y hombros. Era precioso.

—Tío Artham, ¿cómo… qué ha pasado?

—No estoy seguro de poder explicarlo yo mismo —dijo Artham—. Janner, no hay tiempo. Llévate a tu hermano.

En los brazos de Artham, yacía un Colmillo Gris, pequeño e inmóvil. No llevaba ropa, pero su cuerpo estaba cubierto de un largo pelaje gris y blanco. Janner no pudo ocultar el asco en su rostro. Este no era Tink. Era un terrible error.

Entonces, el Colmillo se agitó y giró la cabeza.

A Janner se le heló la sangre. Ni el pelaje, ni las orejas puntiagudas, ni la nariz negra, ni los dientes afilados podían ocultar que se trataba efectivamente de Tink. Janner no quería tocarlo. No quería creer que se tratara de su hermano menor.

—Suelta la espada y llévatelo —dijo Artham—. Te necesita ahora más que nunca, guardián del trono. Los dragones nos matarán a todos si no hacemos algo.

Janner asintió y tomó a su hermano en brazos.

—¿Qué harás? —preguntó.

—Empezaré por ocuparme de estos lobos.

Artham tomó la espada que Janner había dejado caer, luego desplegó las alas y saltó en el aire. Se dejó caer en el centro de la lucha y mató a tres Colmillos Grises antes de que sus pies tocaran la cubierta. En cuestión de segundos, los kimeranos tenían ventaja y arrinconaron a los seis Colmillos Grises restantes.

Destrúyanlos, dijo la voz del dragón en la cabeza de Janner. Hablaba con los demás dragones marinos. *Destrúyanlos a todos.*

—¡Veo que estás enfadado! ¡Perdona a los demás! ¡Fui yo quien se llevó a tus hijos! —bramó Podo. Se arrodilló en la proa y apretó las manos, y su voz grande y rota se elevó por encima del caos—. *¡Por favor!*

Los dragones marinos aplastarían el barco y se los tragarían a todos. Todo por culpa de Podo. Todo por las maldades que había cometido. De nada servía intentar detener a los dragones, así como no serviría intentar detener una retahíla de nubes oscuras que se avecinaban. Nada en todo Kistamos podría detener una venganza tan amarga.

Más rápido de lo que Janner hubiera creído posible, el viejo dragón atacó. Como un látigo, la cabeza de la bestia se encabritó y salió disparada hacia delante, directa hacia Podo y…

—¡Leeli! —chilló Nia.

La niña alcanzó a su abuelo y se interpuso entre él y el dragón.

63

El trofeo de Hulwen

—¡Detente! —gritó Leeli, y el dragón lo hizo.

Se quedó inmóvil, tan cerca de Leeli que podría haber alargado la mano y haberle tocado la punta de la nariz.

Y así lo hizo.

Por primera vez en una era, alguien tocaba a un dragón vivo.

El agua de mar bajó por los costados de la cara resbaladiza del dragón y se encharcó en la cubierta. Su boca, llena de dientes más largos que la estatura de Leeli, estaba abierta para comerse entero a Podo. El viejo pirata se arrodilló con los ojos cerrados.

Janner intuyó que el dragón se había quedado mudo de la sorpresa de que aquella criaturita de pelo ondulado tuviera tanto valor. Las puntas de sus delicados dedos se posaron en la nariz del dragón. Lo miró tranquilamente a los ojos, aunque eran grandes como ruedas de carro y profundos como el mar. Una pequeña ráfaga de aire procedente de su nariz le echó el pelo hacia atrás.

Era tu canción la que caía de los acantilados.

—¡Sí! ¡Era su canción! —dijo Artham, y Janner se dio cuenta de que su tío también podía oír la voz. Artham se separó de los kimeranos en la popa, voló hacia la proa y aterrizó donde Podo estaba arrodillado.

—Señores del mar —dijo con una reverencia—, ante ustedes se encuentra la doncella musical de Anniera.

El dragón parpadeó, y de nuevo sus pensamientos se pronunciaron en la mente de Janner.

Imposible.

—Es cierto, señores —dijo Artham.

Anniera ha caído. El sueño ha terminado y el mundo está oscuro.

—Si el sueño ha terminado —dijo Artham agitando las alas—, ¿cómo explicas estas plumas? ¿Cómo explicas el valor de Leeli? ¿De qué otro modo podría escuchar tus palabras si no fuera guardián del trono? Es cierto que la Isla Luminosa es humo y cenizas y que la oscuridad se extiende sobre la tierra. Pero tu larga memoria te ha fallado. De todas las criaturas, deberías saber que la oscuridad rara vez es completa, e incluso cuando lo es, el destello de luz no tarda en llegar... y más excelente por la gran mortaja que la envuelve.

El dragón guardó silencio.

Artham le hizo una seña a Nia y Janner para que se acercaran. Nia tomó a Tink de los brazos de Janner y apoyó su peluda cabeza en su hombro, abrazándolo como había hecho mil veces cuando era muy pequeño.

A Janner le avergonzaba admitir que se alegraba de que se lo hubiera llevado. No le gustaba el tacto del pelaje del Colmillo ni el inquietante cambio en los rasgos de su hermano; era un recordatorio de que el guardián del trono había fracasado. Dijeran lo que dijeran, aunque sabía que no era cierto, Janner nunca se libraría del sentimiento de responsabilidad por lo que le había ocurrido a su hermano. Y entonces, empezó a comprender algo sobre su tío: era la culpa lo que había vuelto loco a Artham P. Wingfeather.

Nia subió los escalones con Tink en brazos, y Janner la siguió. Estaban de pie junto a Podo y Leeli, todos mojados y con frío, temblando bajo el borrascoso viento marino.

—El corazón del reino está ante ustedes. Contemplen —dijo Artham con un movimiento de manos—, el destello de luz.

El dragón bajó la cabeza y estudió a cada uno de ellos por turno. Cuando los gigantescos ojos se posaron sobre Janner, este luchó contra el impulso de arrodillarse como había hecho Podo. La bestia era tan antigua como las montañas, y su mirada era ponderosa. Cuando miró a Leeli, ella sonrió e hizo una reverencia, y el dragón inclinó la cabeza a su vez.

Los ojos del dragón volvieron a posarse en Podo, y un rugido salió de su pecho. *Nuestra ira es profunda. Sin embargo, por el bien de la vieja amistad con la Isla Luminosa y por el espíritu de la doncella musical, el barco puede pasar.*

—¡Nuestro agradecimiento, señor del mar! —exclamó Artham con un suspiro de alivio. Apretó el hombro de Podo y susurró a los demás—: Nos dejan marchar. Gracias al Hacedor, ¡nos dejan marchar!

El barco puede pasar —continuó el dragón—, *pero el Escamador es nuestro. Su ofensa es grande y no dejaremos que pise nuestras aguas tan fácilmente. Llevo mucho tiempo deseando aniquilar su carne.*

—No —gimió Janner.

—Por favor —dijo Artham.

—¿Qué dijo? ¡Dímelo! —exigió Nia.

—Calla, muchacha —dijo Podo. Miró a Nia con una sonrisa tierna—. Mi travesía ha terminado. Sabía que el mar solo me deparaba muerte y vergüenza. No pude soportar poner mis ojos en él todos estos años. Sabía que tarde o temprano mis aguas me traerían de vuelta aquí y habría un ajuste de cuentas.

—¡Silencio! —dijo Nia—. Estoy demasiado enfadada contigo para dejarte morir. ¡Este ajuste de cuentas no es nada comparado con lo que habría dicho mamá! Habernos ocultado esto, haber hecho estas cosas…

—Ella lo sabía —dijo Podo en voz baja.

—¿Qué? Mamá *despreciaba* a los cazadores de dragones. ¡Detestaba lo que hacían! —espetó Nia.

—Sí —dijo Podo—. Y yo también. Lo detesto más de lo que tú jamás podrías. Muchas veces he deseado poder volver atrás y arreglarlo todo, deshacer las cosas que hice en la Ribera y en el mar. Pero cuando tu madre me entregó su corazón, dejé atrás el viejo Podo y me despedí del mar. Nunca pensé que volvería a ver el mar una vez que me casé con tu madre en los Valles Verdes, pero entonces Esben te eligió como su reina. ¿Recuerdas cómo las envié a ti y a tu Má con anticipación y esperé hasta el invierno antes de cruzar el estrecho hacia Anniera?

—Sí, lo recuerdo —dijo Nia.

—Estaba muerto de miedo de que los dragones se alzaran como lo han hecho ahora. Los dragones me quitaron la pierna, y conocían mi olor. Fue un milagro que consiguiera cruzar el estrecho hasta Anniera, y me amigué con la idea de no volver a poner un pie en un barco. Me rompió el corazón, pero ya había roto muchos otros y lo consideré mi justa penitencia. Entonces, Gnag el Sin Nombre atacó, y aquella tormenta nos arrastró hasta Skree. Pensé que los dragones nos engullirían por el camino, pero creo que el Creador tenía otros planes. Todos aquellos años me quedé en la cabaña el Día del Dragón porque no soportaba mirar aquel amplio horizonte y saber que nunca volvería a navegar por él.

»Escucha, hija. Me alegro mucho de que solo me quieran a mí. Cuando salimos de aquel túnel, pensé con certeza que mi muerte sería también tu fin. Pero te dejan ir. Nia, querida, me iré a las profundidades feliz sabiéndolo.

—¡Ya basta! —dijo Nia. Rodeó a Artham—. Diles a estos dragones que soy la reina madre, que este es mi padre y que le perdono estos crímenes. Deben dejarlo pasar.

Artham vaciló.

—¡Díselos! —espetó Nia.

El pecho del dragón volvió a retumbar y sus ojos se entrecerraron. Janner tuvo la inquietante sensación de que su paciencia se estaba agotando.

—No hace falta que se los diga —dijo Artham en voz baja—. Acabas de hacerlo. Ellos te entienden.

—Nia, no lo hagas —dijo Podo—. He hecho cosas que no se han pagado, y ya es hora de que deje de huir de eso.

Escucha al viejo, dijo el dragón.

—Dice... dice que deberías escuchar a Podo, Nia —dijo Artham.

—¡No! —exclamó ella con toda la autoridad que pudo reunir, agarrando a Tink con tanta fuerza que este gimoteó.

El dragón ya no quería escuchar a Nia. Levantó la cabeza y les siseó. Los demás dragones se retorcieron, la nave se balanceó y parecía que iban a romperla en pedazos y tragársela entera.

—Por favor, señor —le dijo Leeli al dragón—, ¿no hay nada que se pueda hacer?

La respuesta del dragón fue un nombre.

¡Hulwen! —dijo— *¡Acércate, hija! Deja que estos rastreros vean lo que ha hecho el Escamador.*

Una dragona rojo rubí surgió de las aguas al lado del más anciano. Era la mitad de grande que los otros y nadaba dando bandazos sin gracia. Al acercarse, el dragón gris retrocedió para dejarle espacio. Le faltaba un ojo. Una cicatriz larga y retorcida iba desde la parte superior de la cabeza, pasando por el ojo que le faltaba, hasta la comisura de la boca. Una de sus aletas colgaba flácida, cortada en jirones, y en varios lugares sus escamas estaban retorcidas y corrompidas donde, supuso Janner, los arpones lo habían atravesado tiempo atrás. En lugar de una hilera de finos colmillos relucientes, faltaban dientes o sobresalían en ángulos extraños.

Podo sacudió la cabeza como un niño.

—Se los ruego, amos, por favor, no lo hagan. No puedo soportarlo.

La criatura colgó su cabeza desfigurada sobre la cubierta del barco, volvió su ojo bueno hacia Podo y gruñó. Janner esperó a que sus palabras llenaran su mente, pero no llegó ninguna. Leeli y Nia se taparon los ojos.

Mi hija —dijo el viejo dragón—, *que una vez fue tan hermosa como la luna naciente. Mi hija, cuyas numerosas cicatrices proceden de la espada del Escamador y de las lanzas de sus secuaces.*

Janner se sintió descompuesto. Una cosa era saber que su abuelo había hecho cosas terribles. Otra era ver esas cosas terribles con sus propios ojos. Y este solo era uno de los dragones a los que había atacado. Janner intentó mirar a Podo, pero no pudo.

¿Te acuerdas de ella, viejo?

—Quiere saber si… si la recuerdas —dijo Artham—. Es la hija del viejo.

Podo negó con la cabeza.

Entonces, ¡recuerda esto! —dijo el viejo dragón—. *Enséñasela, Hulwen.*

La dragona rojo rubí suspiró.

¡Enséñasela!

La dragona más pequeña sumergió la cabeza en el agua. Cuando emergió, les escupió algo. Un hueso blanco y limpio cayó a la cubierta donde Podo estaba arrodillado.

—Mi pierna —susurró. Miró a la dragona roja—. Fuiste tú. Ya me acuerdo. Oh, Hacedor, lo siento tanto.

Hulwen, la venganza es tuya —dijo el viejo dragón gris—. *Mata al que mató a tantos.*

64

Y el mar se tiñó de rojo

—¡No! —exclamó Janner—.

La dragona rubí gruñó, se echó hacia atrás y vaciló.

¡Hazlo! —dijo el viejo dragón.

Pero el ojo de la joven dragona se posó en Leeli y en su pierna torcida. Miró a Podo, tembloroso y doblado sobre sus rodillas.

No —dijo Hulwen, una voz joven y cansada en la mente de Janner.

¿Qué? —respondió el viejo.

Déjalos ir —dijo Hulwen—. *Sus cicatrices son más profundas que las mías.*

Entonces, se hundió bajo las olas.

La furia de la vieja bestia gris sacudió el aire. Sus flancos ondulaban como una bandera en una tormenta de viento. El grito sin palabras del dragón apuñaló la mente de Janner, que cerró los ojos y se apretó ambas manos contra la frente. Los demás dragones compartieron la rabia del anciano hasta que el agua que rodeaba el barco echó espuma como las Cataratas Fingap.

Artham se lanzó al aire y blandió su espada contra la gran bestia mientras descendía. Con un movimiento de su hocico, el dragón arrojó a Artham contra el glaciar con tanta fuerza que trozos de hielo se estrellaron contra el mar. Artham quedó aturdido, pero sus alas batieron el aire mientras caía. Las puntas de sus pies tocaron el agua mientras se abalanzaba y volvía a rodear al dragón.

Janner ya no oía palabras en su mente. La criatura se había vuelto salvaje. Sabía que si Artham no lo hubiera distraído, el dragón ya habría astillado el barco y ellos estarían muertos.

—¡Janner! —dijo Leeli—. Busca el Primer Libro. ¡Rápido!

—¿Por qué? ¡No sé dónde está!

—Pregúntale a Errol. Gammon dijo que nuestras cosas están en el barco. ¡Apúrate!

Janner no tenía ni idea de lo que Leeli tenía en mente, pero se alegró de hacer algo que no fuera esperar a que se lo comieran. Bajó los escalones de la cubierta de proa de un salto. Por el rabillo del ojo, vio que Oskar seguía agitándose sobre la espalda, incapaz de incorporarse en el barco que se balanceaba. Errol y el resto de la tripulación habían sometido a los Colmillos Grises y los mantenían contra la borda del barco a punta de espada.

—¡Errol! ¿Dónde están nuestras mochilas? —gritó Janner.

—¡En los aposentos del capitán, por esa puerta!

Janner irrumpió en la habitación y vio su mochila en un montón de sacos de dormir y pieles junto a un gran escritorio. Rebuscó en ella y sacó el viejo libro, preguntándose qué pensaba hacer Leeli.

Cuando salió del habitáculo, vio al gran dragón dando vueltas, chasqueando los dientes contra Artham mientras este volaba alrededor de su cabeza como un mosquito. El sonido de las fauces del dragón cerrándose sobre el aire vacío era como un rayo partiendo un roble en dos. Janner se preguntó por qué Podo y los demás no habían buscado refugio, pero sabía tan bien como ellos que era inútil. Si el dragón quería a Podo, lo tendría. Aunque el anciano se escondiera en la bodega del barco, a la criatura no le costaría mucho aplastarlo de un mordisco.

Janner subió los escalones y se detuvo frente a Leeli. Ella hojeó frenéticamente las páginas, empujó el libro hacia Janner y dijo:

—¡Mantenlo abierto donde pueda verlo!

Janner miró la página, pero no vio más que letras y líneas extrañas.

Leeli metió la mano en el abrigo y sacó el arpa silbante. Una luz se reflejó desde el instrumento y brilló en la cara del dragón. El dragón se aquietó.

Leeli se llevó el arpa silbante a los labios con manos temblorosas y estudió las marcas del antiguo papel. Un gran silencio pareció descender sobre el mundo. Los kimeranos, Artham e incluso los Colmillos Grises esperaron a ver qué ocurriría.

Entonces, la melodía irrumpió sobre ellos como un amanecer.

Tras las primeras notas, el dragón inspiró lenta y profundamente y cerró los ojos. La canción de Leeli creció en fuerza, tensión y belleza, y al llegar al primer estribillo, el dragón marino exhaló una nota cálida y montañosa. Su voz era redondeada y rica y, de algún modo, fragante, como la canción que cantaría un árbol cuando florece en primavera.

—La melodía de Yurgen —dijo Oskar, que dejó de forcejear y se recostó en la cubierta con una gran sonrisa en el rostro—. Bien hecho, Leeli.

El dragón levantó el rostro hacia el cielo con cuidadosa gracia hasta que sus relucientes escamas atraparon el sol y la bestia se elevó sobre ellos como un gigantesco cetro dorado. Pronto, los demás dragones se le unieron en el canto, y Janner sintió que su corazón podría estallar. Oyó el estrépito de las espadas al deslizarse de las manos inertes de los kimeranos mientras los hombres grandes permanecían en pie, asombrados. Artham extendió los brazos y las alas y disfrutó de la canción como si fuera la luz del sol.

Podo se arrodilló detrás de Leeli tan quieto como una estatua, sin querer o sin poder alzar los ojos hacia ella o hacia los dragones. En su rostro había una expresión de insufrible vergüenza, tanto por la matanza de jóvenes dragones como por la forma en que su traición había estado a punto de matar a aquellos a quienes amaba.

Leeli bajó el arpa silbante cuando hubo tocado todo lo que pudo de «La melodía de Yurgen», pero los dragones continuaron.

—Abuelo —dijo Leeli con suavidad. Podo levantó los ojos como si pesaran mil kilos—. Levántate —le susurró. Le tomó la mano vieja y torcida con la suya, diminuta y elegante, y lo levantó. Janner creía que ninguna otra fuerza en todo Kistamos, ni las mejores palabras ni el apretón más fuerte, habrían bastado para levantar al viejo pirata destrozado: solo la voz y la mano tierna de Leeli.

Los Colmillos Grises se taparon los oídos. Aullaban de dolor, pero el sonido era débil y distante y no tenía poder para interrumpir la música de los dragones. Tink se retorció en los brazos de Nia. Tenía los ojos cerrados, pero sus garras se clavaban en su piel y le sacaban sangre. Ella lo abrazó con más fuerza y besó su pelaje.

—Lleven a estas bestias bajo cubierta —dijo Errol—. Y atiendan a los heridos —él y sus hombres ataron los brazos de los seis Colmillos restantes. Las criaturas, atontadas y desorientadas, fueron conducidas a la bodega de la nave sin protestar. Los Colmillos muertos ya se habían convertido en polvo. Mechones de piel se acumulaban en los rincones y se levantaban con la brisa.

Janner esperaba que, cuando terminara la canción, los dragones se hundieran, como los había visto hacer tantas veces, pero no fue así. En lugar de eso, el viejo gris arqueó el cuello y los miró con una feroz quietud.

Por fin —dijo el dragón— *llega alguien que puede aliviar nuestra pena con una canción. Creíamos que nunca volveríamos a oír esta música. ¿Cómo aprendiste esta melodía, pequeña? Cantaste algo parecido cuando salió la media luna, pero hace mucho que no la oímos tal como estaba escrita.*[1]

—La aprendió de este libro —dijo Janner—. Es uno de los Primeros Libros.

¿Los Primeros Libros? —dijo el dragón—. *Hace épocas que se perdieron.*

—Y sin embargo —acotó Artham— la doncella musical acaba de tocar «La melodía de Yurgen». ¿De qué otro modo podría haberla aprendido?

Janner sintió que el dragón recordaba cosas de antaño, cosas que los dragones marinos habían olvidado que conocían, como si el arpa silbante de Leeli fuera una llave que abriera una cámara secreta en la mente del animal. Vio pasar las épocas como las páginas de un libro ilustrado. El viejo dragón gris se deslizaba hacia atrás por las aguas del tiempo con aletas como alas, rejuvenecía un día cada cien años y conducía a su rebaño mil veces desde las Cataratas Fingap hasta las profundas cavernas de las Montañas Hundidas, donde las piedras resplandecían y las paredes se arremolinaban con imágenes.

Vio a los dragones persiguiendo a los barcos piratas, dragones jóvenes atados y arrastrados a las cubiertas. Vio que, en la época de los piratas, los dragones jóvenes viajaban solos por las aguas y eran vulnerables. Solo cuando se agrupaban en manada, los piratas les temían y cesaba la caza.

Entonces, Janner sintió que el dragón nadaba hacia una época más antigua, cuando el propio mundo parecía más joven, cuando el sol era más brillante y las aguas cálidas. El viejo dragón se vio a sí mismo destrozando barcos, golpeando a marineros indefensos y a sus familias. Recordó cómo se abría paso hasta la costa para arrasar pueblos y dejar cicatrices en la tierra mientras la gente se lamentaba. El terror se reflejaba en sus ojos, y el dragón supo que sus propios actos habían sido oscuros en el pasado.

Indagó más en la memoria, pero se encontró con una nada gris. No había explicación para su furia, no había causa para la matanza. Haría falta otra canción para abrir aquellas cámaras. Janner sintió surgir una nueva emoción en la mente del dragón: la contrición. El dragón había hecho maldades propias y se arrepentía de ellas.

Hulwen, la dragona rubí, levantó su desfigurada cabeza del agua. El dragón gris cerró los ojos y la acarició con el hocico. Janner se dio cuenta de que hablaban entre ellos, pero lo habían dejado afuera. No podía oír nada de lo que

---

1. Ver Libro 1, página 58, donde Leeli canta con los dragones marinos.

decían y se preguntó si a Artham le ocurriría lo mismo. Cuando los dragones terminaron, Hulwen miró a Janner a los ojos y asintió.

Un último pasaje, dijo, y volvió a hundirse.

Janner y Artham se miraron con sorpresa.

No hay maldad en la justicia —dijo el dragón gris—. *El propio anciano lo sabe. Aunque «La melodía de Yurgen» ha despertado la piedad en mi antiguo corazón, la sangre de nuestros hijos clama por justicia. Le concederemos la misericordia de un último paso a través del mar. El Escamador puede vivir sus últimos días en paz.*

Pero si vuelve a entrar en estas aguas —dijo el dragón—, *sus días en Kistamos llegarán a su fin. Sin ira, sin advertencia, surgiremos de las profundidades y nos lo tragaremos. Así se honrará a nuestros muertos. ¿Está claro?*

Janner y Artham asintieron gravemente.

—Sí, señores —dijo Artham—. Les damos las gracias.

—¡Lo dejan pasar! —Janner corrió hacia Podo y lo abrazó por la cintura—. ¡Abuelo, te dejan pasar!

—¿Qué? —La expresión de la cara de Podo alternaba entre la incredulidad y la alegría, lo que hizo que sus pobladas cejas subieran y bajaran como olas espumosas. Nia levantó la cabeza hacia el cielo y musitó una plegaria, mientras Leeli chillaba y saltaba a los gruesos brazos de Podo.

Cuando se calmaron las risas y las lágrimas de felicidad, los dragones ya se habían ido. El barco se mecía sobre las olas con los acantilados de las Praderas de Hielo detrás y el amplio horizonte delante.

Entonces, habló una voz que acabó con la sonrisa de todos los rostros.

—Bájame —dijo. Era una voz extraña, ronca y profunda, así como joven.

Tink estaba despierto y gruñía.

Se revolvió sobre Nia y le arañó los brazos. Ella gritó y lo soltó, y el pequeño Colmillo se escabulló en cuanto sus patas tocaron la cubierta.

Se acuclilló en un rincón y jadeó como un perro. Sus ojos iban de su familia a la tripulación del barco, al rocío marino que salpicaba la cubierta… y fueron sus ojos los que provocaron un escalofrío en Janner.

Su hermano no era más alto que antes, e incluso con los rasgos lobunos seguía pareciéndose en cierto modo a Tink. Pero sus ojos eran amarillos y salvajes. No había profundidad ni reconocimiento, solo un vacío plano y superficial que Janner ya había visto antes. Lo había visto cuando Slarb lo miró en la celda de la cárcel de Glipwood; lo había visto cuando el comandante Gnorm le mostró sus dedos enjoyados; lo había visto en los ojos de Timber, el líder de los Colmillos Grises.

Aquella criatura podía parecerse a Tink, pero ya no era Tink. Era un Colmillo hasta la médula.

—Hijo —dijo Nia, con la voz cargada de dolor. Rayas de sangre coloreaban su piel donde él la había arañado—. Soy yo. Soy tu mamá.

Tink gruñó.

Ella se acercó un paso, pero el niño lobo movió una pata en el aire y curvó el labio.

—No te acerques más —le dijo—. ¿Dónde estoy? —miró a su alrededor, desesperado por escapar. Se volvió y se asomó a las olas por encima de la barandilla, como si fuera a saltar por la borda, y Janner se dio cuenta por primera vez de que su hermano tenía cola. A Janner se le revolvió el estómago y temió vomitar o llorar. No sabía cuál de las dos cosas.

—No lo asustes —dijo Leeli con la voz que utilizaba cuando había puesto su afecto en un animal—. No pasa nada. No queremos hacerte daño —el lobo la ignoró y se paseó por la barandilla, ansioso por encontrar un lugar al que huir.

—¿Cómo te llamas? —preguntó Artham.

Ante esto, Tink se quedó inmóvil. Ladeó la cabeza como un perro.

—No lo sé. No sé cómo me llamo.

—¿Te lo digo? —dijo Artham con cuidado—. Puede que no te guste.

Tink estudió al hombre rojizo con alas. Se movió sobre sus pies, se lamió las costillas y gimoteó.

—Dímelo —dijo en voz baja.

—Tu verdadero nombre es Kalmar Wingfeather.

Las orejas del niño lobo se aplastaron contra su cabeza y aulló al cielo. Estalló en un ataque de ira y corrió por la cubierta. Chasqueó y arañó a su familia. Nia y Leeli gritaban. Janner y Podo se interpusieron entre las mujeres y el animal salvaje mientras Artham luchaba por someterlo. Cada vez que ponía una mano sobre el lobo, sus dientes se hundían en su piel.

Los kimeranos tomaron las armas y corrieron hacia la proa ante la conmoción. Varios de ellos apuntaron con sus arcos a Tink y se echaron hacia atrás para disparar.

—¡Bajen las armas! —ordenó Artham—. ¡No es un Colmillo! —voló por la cubierta y en el último momento, derribó uno de los arcos hacia arriba, de modo que la flecha zumbó inofensivamente en el aire.

Pero, en cuanto Artham le dio la espalda, Tink saltó por la borda hacia el mar helado.

Ese fue el momento en que Janner se convirtió realmente en guardián del trono.

Sin pensarlo dos veces, Janner se arrancó el abrigo y echó a correr. El instinto más profundo de su corazón lo impulsó hacia delante y por encima de la borda del barco para salvar a su hermano.

En cuanto tocó el agua, el mundo se convirtió en un negro gélido y sin aire. Con demasiado frío como para pensar, agarró un puñado de piel y lo acercó. Unas garras le rasgaron la piel. Sintió los dientes de Tink una y otra vez, pero mantuvo a su hermano cerca. Cuando cada jadeo desesperado le llenaba los pulmones de agua, abrazó al Colmillo contra sí con todas sus fuerzas. El mar se tiñó de rojo con la sangre de Janner.

Lo último que sintió fueron las fuertes manos con garras de Artham. Se sintió elevado sobre poderosas alas desde la negrura a la luz, del silencio al sonido. Y aunque sus heridas eran profundas y sangraban abundantemente, aunque Tink aún luchaba por escapar de su abrazo, en el corazón de Janner ardía una gran alegría.

65

La travesía final de Podo Helmer

Y así, Podo Helmer navegó por última vez por el Mar Oscuro de las Tinieblas.

Los Wingfeather viajaron hacia el este, a los Valles Verdes, donde muchos años antes un pirata pendenciero fue domado por el tierno amor de una mujer llamada Wendolyn Igiby. A menudo se veía a Podo en la cubierta del barco a altas horas de la noche, mientras la mayoría de la tripulación dormía. Contemplaba el cielo iluminado por las estrellas y respiraba profundamente el aire salado, pues sabía que la noche tenía una belleza especial cuando uno estaba lejos de tierra. Llevaba el hueso de la pierna a todas partes y le gustaba mucho golpearlo contra el mástil para señalar la hora de comer. Pasó los días en paz y con asombro, pues por primera vez toda su historia se había contado, y descubrió que seguían queriéndolo.

Durante días, Oskar N. Reteep estuvo desesperadamente mareado. Su rostro estaba pálido, y cada pocos minutos se tambaleaba como un borracho hasta la borda del barco y les proporcionaba a los peces una comida bastante desagradable. Pero pronto, la coronilla del viejo se volvió curtida y correosa. Aprendió los gajes del oficio con deleite y pronto se convirtió en tan marinero como cualquiera de la tripulación. Los kimeranos lo convencieron de que se afeitara la cabeza y, en un arrebato de temeridad, incluso permitió que le tatuaran el brazo con la inscripción, tal vez poco impresionante: «Me gustan los libros». Aunque comía poco y trabajaba duro, al final del viaje estaba tan redondo y blando como siempre.

Nia y Leeli atendieron a los hermanos.

Cuando Janner despertó, le dolía todo, de pies a cabeza. Sabía que sus heridas eran graves por la expresión de la cara de su madre cuando le cambiaba las vendas. Permaneció en cama durante días, escuchando el crujido del barco y el ruido de los pasos sobre su cabeza. Toda su vida había soñado con navegar, y ahora que por fin estaba en alta mar, estaba confinado a una cama. Pero tuvo tiempo de sobra para reflexionar sobre su viaje de Glipwood a Dugtown, a las Praderas de Hielo y a la cama donde ahora yacía, y al final se sintió agradecido.

También tuvo tiempo de sobra para hablar con Tink.

El lobo yacía en la cama junto a Janner, atado con cuerdas de cuero. Se negaba a tomar sopa o incluso pescado cocinado, pero devoraba trozos de carne cruda que Nia y Leeli le echaban a la boca. Trataba de morder a cualquiera que se acercara, y cuando intentaban hablar con él, aullaba y gruñía.

Al principio, Nia lo atendía con el rostro compungido. Pero pronto experimentó un cambio y mantuvo la espalda recta y la barbilla alta. Le hablaba con firmeza y le decía: «Te quiero, Kalmar», le gruñera o no. Y todos los días, cuando llegaba y antes de irse, lo miraba a los ojos y le preguntaba su nombre.

Su respuesta era siempre violenta: «No lo sé», decía, o «No tengo nombre». Sus aullidos hacían retumbar las ventanas.

Pero por la noche, cuando la luz de la luna atravesaba la pequeña ventana redonda y se deslizaba por el suelo, Janner susurraba historias a Kalmar, y Kalmar escuchaba.

—Eras rápido —le dijo Janner—. Podías correr más que yo hacia atrás si querías. En verano, cuando los días eran largos, corríamos colina arriba hasta la casa de los hermanos Blaggus y jugábamos al zibzy hasta que oscurecía demasiado para ver.

—¿Qué es zibzy? —susurró Tink, y Janner se lo contó.

—Una vez escondiste un thwap en el cajón de la ropa interior del abuelo —dijo Janner con un siseo de dolor porque le dolía reírse.

—¿Y qué pasó? —preguntó el lobo.

—El abuelo saltó tan alto que su cabeza hizo un agujero en el techo. No te dejaron jugar al zibzy durante una semana, pero nos dimos cuenta de que al abuelo le hacía gracia.

Por la mañana, cuando Nia y Leeli llegaban con el desayuno, Nia le preguntaba al Colmillo Gris su nombre, y Tink volvía a ser todo dientes y aullidos. Sus ojos seguían siendo de ese horrible amarillo vacío. Janner empezó a desear que llegara la noche para no tener que ver aquellos ojos de lobo observándolo. Por la noche, podía mirar la luna y contarle cuentos a su hermano y fingir durante un rato que el animal se había ido.

Más de una vez, Artham entró en el camarote y habló con Tink, pero siempre que aparecía, el lobo se mostraba feroz.

—Te llamas Kalmar —decía Artham con impaciencia, y Kalmar aullaba de dolor. Pronto, Artham dejó de venir.

Entonces, una noche, algo cambió.

Janner le contó a su hermano sobre la Fábrica Tenedor y su huida por las calles de Dugtown. Le contó su decisión de rescatar a Tink de la jaula de Claxton Weaver y la desesperación que sintió cuando llegó demasiado tarde. Aquella noche no había luna, así que lo único que Janner podía ver de su hermano era una silueta junto a la pequeña ventana.

El lobo habló, deteniendo a Janner a mitad de la frase.

—Lo recuerdo —susurró Tink.

Janner no sabía qué decir, así que permaneció largo rato tumbado en la oscuridad, sin apenas atreverse a respirar. El mar estaba en calma, así que las olas apenas hacían ruido contra el casco. Entonces Janner oyó, tan suavemente que pensó que podría ser su imaginación, al Colmillo Gris llorando en la oscuridad.

Janner se durmió con esperanza en el corazón.

Por la mañana, cuando Nia y Leeli entraron en la habitación, Janner se quedó quieto, temeroso de abrir los ojos y descubrir que las lágrimas de Tink no habían sido más que un sueño, que el pequeño Colmillo Gris seguía salvaje y feroz como siempre. Janner suplicó al Creador que respondiera a sus plegarias.

Y el Hacedor lo hizo.

—Buenos días, Janner —dijo Nia. Se sentó en su cama y le besó la frente—. Tu abuelo avistó tierra esta mañana. Dijo que solo estamos a dos días de los Valles Verdes. Y buenos días a ti —le dijo a Kalmar. La criatura peluda se revolvió—. ¿Cómo te llamas?

—Mi nombre —dijo la criatura con los ojos aún cerrados— es Kalmar. Mi padre era Esben Wingfeather, y yo soy su hijo, el rey supremo de Anniera.

Si se le pidiera a un artista que pintara un cuadro de alegría y asombro perfectos, se parecería exactamente al rostro de Nia en aquel momento. Se echó a llorar. Leeli se tapó la boca con ambas manos y chilló de gozo. Janner saltó de la cama y corrió al lado de su hermano a pesar del dolor que le recorría el cuerpo.

—¿Tink? —dijo.

Kalmar abrió los ojos, que estaban claros y azules.

Apéndices

Un pasaje del Primer Libro, traducido al kimerano por Oskar N. Reteep y Nia Igiby Wingfeather:

Sucedió que el hijo de Yurgen, heredero del rey dragón, yacía moribundo por la mano de Omer.

El hijo de Yurgen creyó que Omer de Anyara, hijo de Dwayne, quería hacer daño a los dragones y luchó contra él en la orilla de las grandes Montañas del Sur. Omer venció al dragón pero no lo mató, y corrió montaña arriba hasta la sala de Yurgen, el rey dragón, pues en verdad no deseaba que el joven dragón muriera.

Omer temió por su vida y no le dijo a Yurgen que había sido él mismo quien había herido al hijo del rey dragón. Le habló a Yurgen del secreto de las piedras curativas del corazón del mundo, piedras que calentaban los días y abrían los ojos, piedras que el Hacedor encendió con vida cuando se hizo el mundo. Una brizna de holoré podría salvar al joven dragón, le dijo Omer, y entonces Yurgen y sus dragones excavaron. Arañaron a través de capas de granito y mármol, piedra de borde y escollera, a través de ríos más fríos que el hielo, a través de piedra tan caliente que burbujeaba, hasta que al final, debido a que sus raíces estaban huecas y débiles, las montañas cayeron.

Entonces, temblaron las rocas y la tierra se separó de la tierra. Muchas aguas llenaron los lugares profundos, y las ciudades se movieron como barcos desamarrados. Grandes olas barrieron los continentes y sepultaron a los pueblos y todas sus historias. Las canciones quedaron silenciadas para siempre.

Desconociendo la destrucción que había arriba, Yurgen cavó más profundo, llegando al fin a una caverna con un techo tan alto que llovían nubes y relampagueaban rayos, sí, incluso en la caverna; había joyas que brillaban en la piedra como estrellas en el espacio. Las paredes resplandecían con dibujos de belleza severa, extravagantes torbellinos y audaces líneas, maravillas que hablaban de misterios antiguos y refinados. Y Yurgen sabía que el Hacedor recorría los lugares profundos donde comenzaban los pozos del mundo y el holoré y el holoél se extendían bajo los pies como adoquines iluminados por el sol. Allí, el Hacedor plantó el poder que hace florecer el árbol y hace rodar la marea; allí dio vida a la canción que reúne las nubes para regar la tierra hasta la semilla y cubrir de nieve las coronas de las montañas; allí yace la magia que hace latir el corazón de Kistamos, y no disminuirá hasta el último día, pues así lo dijo el Hacedor y así se hará.

A la vista de sus dragones, Yurgen el rey dragón hundió los dientes en la piedra brillante y desprendió dos guijarros, diminutos destellos de sol. Subió a toda velocidad para salvar a su heredero herido, pero he aquí que lo encontró muerto, y su reino montañoso desmoronado también. Yurgen plegó las alas apenado por su locura, y los dragones disminuyeron. Hubo un gran lamento en Kistamos, pues muchos cadáveres yacían fríos en el fondo del océano. Incluso los behemots, moradores de las profundidades, llenaron el Mar Oscuro de música afligida, pues rondaban por todo el fondo del océano y reconocieron el mal en la muerte de tantos.

Así terminó la Primera Época.

Esta es la historia tal como siempre se ha contado.

Pero esa no es la verdad.

No, la traición trajo este mal al mundo, y el traidor se llamaba Will, segundo hijo de Dwayne, hermano de Omer.

Fue Ouster Will quien buscó el poder del holoré y el holoél, y sabía que su padre Dwayne nunca le mostraría el camino hacia los lugares profundos donde caminaba en comunión con el Hacedor. Así que Ouster Will se disfrazó de Omer. Cuando Omer se ausentó, Will robó la armadura de su hermano y cargó con su espada. Navegó hasta las Montañas del Sur y hundió la espada de Omer en el joven dragón heredero de Yurgen. Ouster Will se dirigió a la sala del rey dragón y, haciéndose pasar por Omer, engañó a Yurgen. Le habló a Yurgen de las piedras curativas, pues pensaba seguir al Rey Dragón hasta el núcleo del mundo y aprender muchos secretos.

Pero Ouster Will no previó que las montañas se desmoronarían y el camino quedaría sellado para siempre. Fue Ouster Will quien devastó el mundo, y Ouster Will quien difundió la mentira de que era obra de Omer. El Hacedor lo sabe y se vengará.

Esa es mi oración, pues yo soy Omer, hijo de Dwayne, y camino solo por el mundo. Es mi mano la que escribe esto, y no la de otro.

Una rima infantil vallerina tradicional sobre el infame Will, hijo de Dwayne, de la obra de Fencher, *Cuentos de miedo y espanto:*

Ouster Will

Ouster Will, Ouster Will.
Respira sobre tus tobillos bajo tu cama,
Espera a que duermas y en tu cabeza exclama,
Oscurece tus sueños y de muerte los inflama
Bajo la tierra en la colina del cementerio hostil

Ouster Will, Ouster Will.
Te hace cosquillas en el cuello como el hilo de una araña,
Exuda un olor horrendo como sudor que empaña,
Tus huesos estremece y tu columna vertebral daña,
En el alféizar de la ventana esboza una oscura sonrisa sutil.

¡Es Ouster Will, Ouster Will!
¡Abre los postigos y ponte en movimiento!
¡Deja entrar la luz y despierta al campamento!
¡Tu corazón está en pánico, has perdido el aliento!
Ha venido a asustar y matar, con intención vil.

Abres la persiana, la oscuridad se disipa en fragmentos mil.
Tus ojos recorren la habitación en busca de la malvada sonrisa,
De la forma del enemigo que amenaza indivisa,
En busca de la silueta del villano, sombría e imprecisa.
Tu voz clama, estridente: «¡Oh, Ouster Will!».

Pero solo es un escalofrío, ¡no es Ouster Will!
Es la sombra del árbol en la pared del dormitorio
El crujido de las tablas en el pasillo transitorio
Y el chirrido de un ratón en el suelo, algo irrisorio,
Descansa en paz. No es Ouster Will.

«El castillo de Peet» del cuaderno de bosquejos de Kalmar Wingfeather

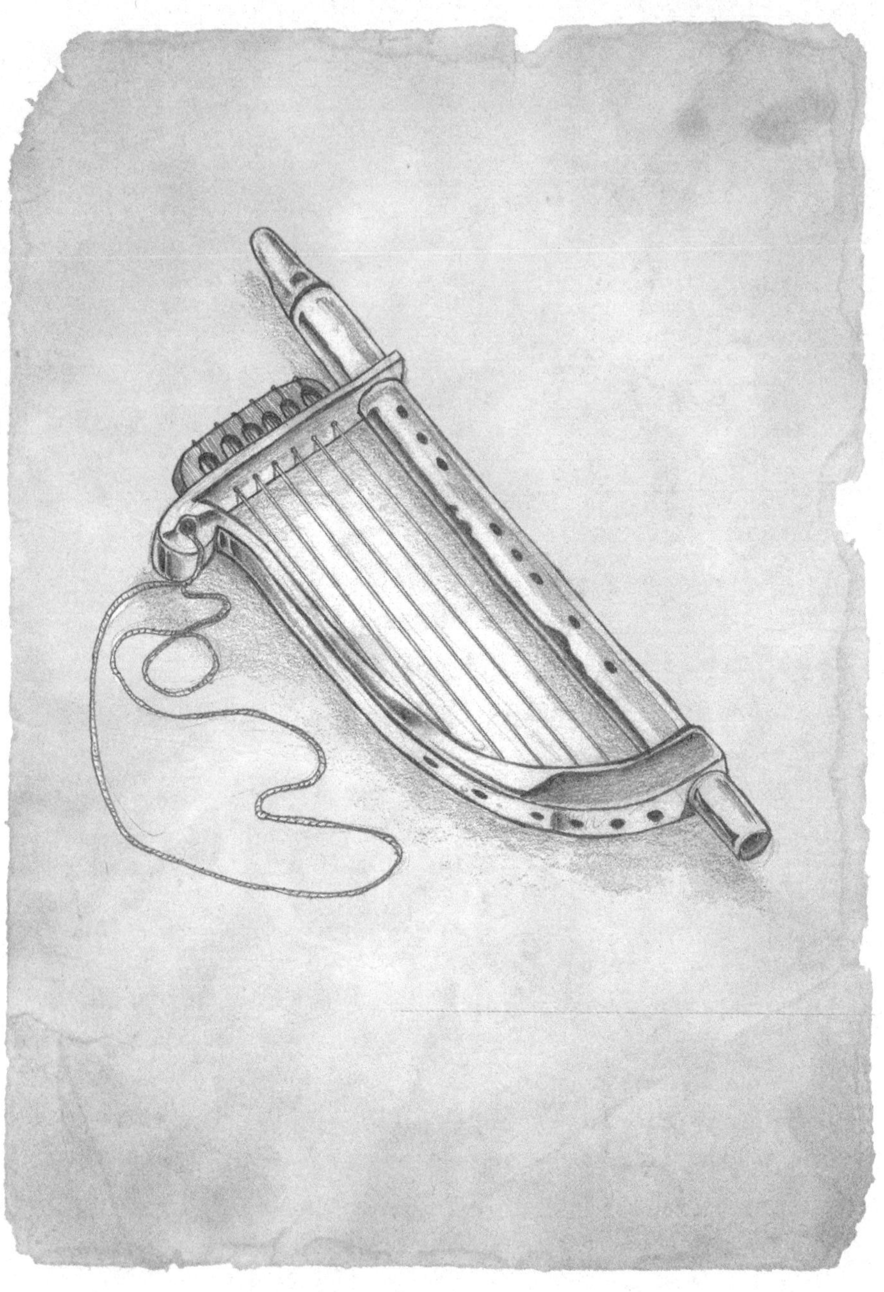

Una reproducción del arpa silbante que perteneció a Madia, reina de Anniera. El mismo arpa silbante llegó más tarde a manos de Leeli Wingfeather, doncella musical de la Isla Luminosa.

Del cuaderno de bocetos de Kalmar Wingfeather

Guía para el lector

1. «No sigan solo su corazón. Su corazón los traicionará». ¿Cómo y por qué podría traicionarte tu corazón? ¿A qué (o a quién) deberías seguir en cambio? ¿Cómo puedes entrenar a tu corazón para que sea más digno de confianza?

2. Leeli cree que alguien debería hacer algo con respecto a las condiciones existentes en la Ribera (págs. 145-46). ¿Qué sugerirías tú? ¿Conoces alguna zona cerca de ti donde la gente tenga que arreglárselas a duras penas? ¿Qué puedes hacer? Crea un plan para ayudar a alguien de tu vecindario.

3. Oskar le dice a Podo que los Wingfeather son «leyendas» (pág. 155). ¿Qué quiere decir Oskar con esto? ¿Qué hace que alguien sea una leyenda y no simplemente un héroe? En otras leyendas que hayas leído, ¿cómo se convirtieron los héroes en legendarios?

4. Ronchy McHiggins hace todo lo posible por ayudar, pero mira lo que ocurre (págs. 180-81). ¿Alguna vez te has esforzado al máximo por hacer lo correcto, solo para fracasar? ¿Qué significa eso? ¿Qué haces cuando te ocurre?

5. A Artham se lo conoce por muchos nombres: cobarde, debilucho, guardián del trono, protector, tío (pág. 335). ¿Son ciertos todos estos nombres? Algunos de sus nombres suenan mejor que otros. Piensa en algunos nombres que te hayan puesto o en nombres que te pongas a ti mismo. ¿Cómo te hacen sentir? ¿Hay alguien que conozcas que necesite oír un buen nombre sobre sí mismo? ¿Qué buen nombre puedes ponerle? Escribe una carta, nota o correo electrónico a esa persona, compartiendo su buen nombre y tus razones para ello.

6. En este libro, la mayor parte de la historia se cuenta desde el punto de vista de Janner, pero de vez en cuando vemos cosas desde la perspectiva de un personaje secundario. Piensa en una escena en la que aparezca un personaje secundario desde el punto de vista de Janner, y reescríbela desde el punto de vista de ese personaje.

Sobre el autor

Andrew Peterson es un artista discográfico y compositor aclamado por la crítica, así como el autor de la galardonada Saga Wingfeather. También es el fundador de The Rabbit Room, una organización que fomenta la comunidad a través de la historia, el arte y la música. Él y su esposa, Jamie, viven en Nashville.

Visita www.andrew-peterson.com para obtener más información sobre Andrew o www.wingfeathersaga.com para obtener más información sobre Kistamos y sus criaturas lamentablemente peligrosas.